GUÍA PRÁCTICA DE LA
PESCA

GUÍA PRÁCTICA DE LA
PESCA

Georges Cortay

Pascal Durantel

Patrick Maître

Maurice Sainton

KÖNEMANN

Agradecimientos:
Jean-Paul Goutte-Quillet
Alain Masseret
Marc y Martin Arnoud

© Copyright 1999 de la edición española revisada:
Könemann Verlagsgesellschaft mbH
Bonner Straße 126
D-50968 Colonia
Traducción del francés: Alèxia Pedrerol y Laurence Rubay
para Equipo de Edición S.L., Barcelona
Adaptación: Francisco José Carrión
Redacción y maquetación: Equipo de Edición S.L., Barcelona
Director de producción: Detlev Schaper
Diseño de portada: Peter Hynes
Impresión y encuadernación: Leefung Asco Printers Ltd., Hong Kong

Printed in China

ISBN 3-8290-2133-X
10 9 8 7 6 5 4 3 2 1

INTRODUCCIÓN

La pesca deportiva con caña está despertando un creciente entusiasmo, que coincide con el desarrollo del turismo verde... y con el impulso que ha recibido por parte de los aficionados de nuestro país desde hace unos años. Algunas cifras muestran el verdadero alcance de este fenómeno: más de un millón de personas hacen efectivas las licencias de pesca, pero, si se considera que la práctica pesquera se distancia cada vez más de las vías institucionales en beneficio del sector privado, el número real de pescadores estimados es de unos 2 millones. Así pues, se trata de un gran mercado potencial con un presupuesto anual que podría superar los 50.000 millones de pesetas. Más que una simple actividad de ocio, actualmente la pesca deportiva tiende a convertirse en un verdadero arte de vida.

La pesca es un simple placer contemplativo que consiste en encontrarse solo a orillas del agua, en la calma de un estanque que se despierta al alba.

Hoy en día, a causa de la modernización de los materiales, se puede hablar de la pesca como de una verdadera ciencia que se beneficia de todas las novedades de la tecnología moderna. Del mismo modo, se puede hablar de deporte cuando se practica en parajes más peligrosos. Pero, sobre todo, debemos recordar la nueva toma de conciencia que nos lleva a reconsiderar la pesca en sí, otorgando una mayor importancia a la protección (incluso a la restauración) de los ecosistemas acuáticos y de la población piscatoria, el auténtico estímulo de esta pasión.

En este libro, cuatro cronistas, famosos en el mundo de la pesca, intentan responder a las nuevas expectativas de los pescadores. Las técnicas y el material se describen con gran detalle, y los textos, ricamente ilustrados con gráficos explicativos, tienen en cuenta todas las novedades. Asimismo, los autores han dado la señal de alarma al concretar la naturaleza de los daños que amenazan a los ecosistemas acuáticos, remarcando, en particular, el peligro que corre el salmón, el rey de los ríos, víctima de las condiciones adversas del medio ambiente. De todos modos, no han olvidado destacar el admirable trabajo que realizan todas las personas que aman la pesca, cuyo único objetivo es transmitir a las próximas generaciones un capital que sólo nosotros podemos garantizar.

Sumario

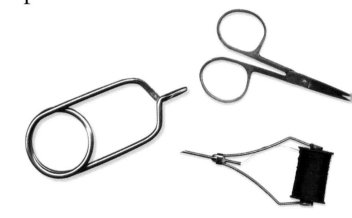

LA TRUCHA
Y LOS SALVELINOS

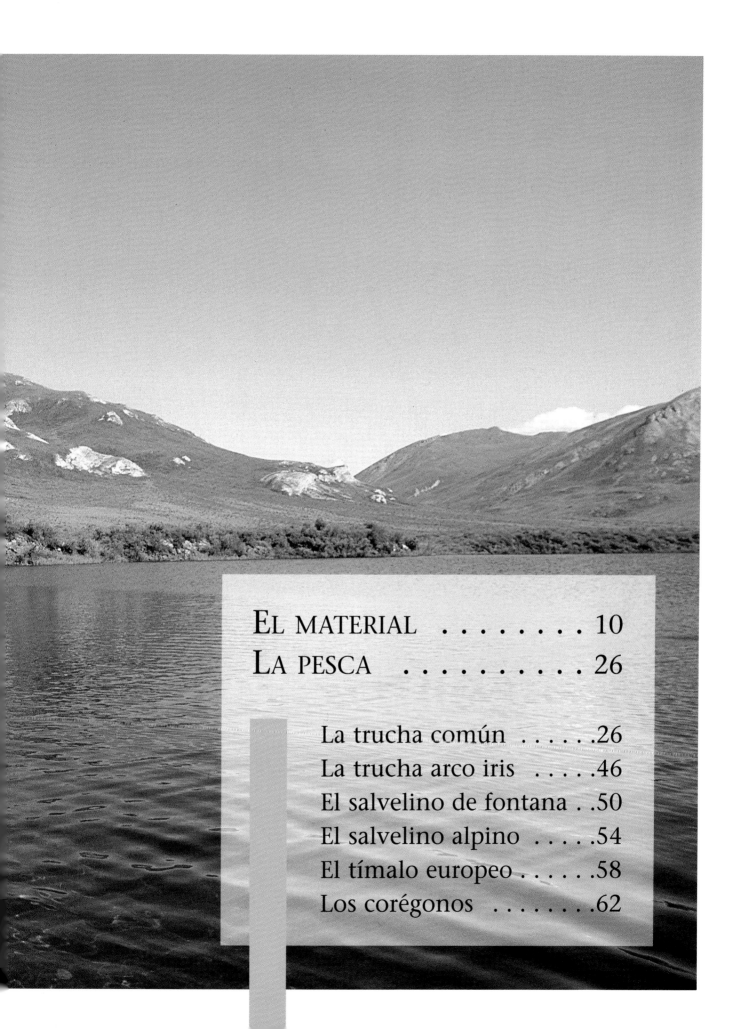

EL
MATERIAL

S *ería inútil intentar abarcar en un solo método de pesca la actividad de la trucha y el salvelino, a causa de la diversidad de su hábitat, la variedad de su alimentación y su comportamiento imprevisible: la trucha común, por ejemplo, se esconde en las cuevas del margen de los ríos en las regiones de alta montaña; la trucha arco iris prefiere chapotear al pie de las rocas de los lagos pirenaicos; el salvelino alpino se pasea a 40 m bajo el agua en los ibones... Cada encuentro con un salmónido es un caso particular por la técnica que se emplea para atraerlo, el material utilizado y la estrategia de pesca que se aplica en cada caso.*

Una clásica caña telescópica con anillas para pescar la trucha al toque y con pez vivo o muerto. ▷

La pesca con cebo natural independientemente de su forma (al toque, a la deriva con línea flotante o a la inglesa) continúa siendo la técnica más adaptable desde marzo a septiembre, siempre y cuando las circunstancias lo permitan. ▽

LA PESCA AL COUP

La pesca al coup es una de las técnicas más eficaces, aunque en ligero descenso en beneficio de técnicas más modernas y proteccionistas. Está estrechamente relacionada con la búsqueda de la trucha y el salvelino, y reúne un amplio apoyo entre los incondicionales de los salmónidos. Por otra parte, excepto en algunos casos concretos, la alimentación cotidiana de la trucha y el salvelino se compone de, al menos, un 90 % de larvas, gusanos e insectos. Sin embargo, no hay que confundirse: aunque pueda parecer rústica, la pesca al coup puede ser tan delicada como las técnicas llamadas nobles como, por ejemplo, el lanzado ultraligero o la pesca a la mosca.

LA PESCA AL TOQUE Y SU MATERIAL

Es la modalidad de pesca que más se utiliza a principios de temporada. Esta técnica consiste en pasear el cebo por la zona donde se supone que hay truchas, mediante una línea sencilla. Para ello, el pescador debe guiarla hacia las zonas de remansos tras las rocas sobresalientes del lecho del río, el interior de los recodos pronunciados o bajo las márgenes. Asimismo, el gusano o la polilla deben arrastrarse por el fondo pedregoso de los ríos y los fondos arenosos... No se puede olvidar ningún rincón. La picada, muy característica, se percibe por una serie de ligeras sacudidas del hilo que zarandean la puntera de la caña y tiran del

brazo del pescador. Podríamos resumir la pesca al toque en pocas palabras: dominar a la perfección la deriva del hilo y el movimiento del cebo, sea cual sea el curso del río y la fuerza de la corriente, y percibir los tirones más suaves. En medios rurales, el toque es la pesca más utilizada por su finura de tacto y por el mayor conocimiento que exige de los peces y de los lugares en que éstos abundan. Constituye la máxima expresión del arte de la pesca y es practicada por un gran número de pescadores veteranos, tan deportistas como cualquier otro aficionado a técnicas más puristas.

• Las cañas

Han de ser largas (de 6 a 8 m) para poder atacar a los peces desde lejos, sin provocar su desconfianza, y muy ligeras (de fibra de carbono) por el esfuerzo prolongado que supone manejar este tipo de «pértigas». La puntera debe tener una gran sensibilidad para detectar el más mínimo tanteo de la trucha sin ofrecer resistencia al pez que, de otro modo, soltaría el anzuelo. Las cañas de anillas permiten el uso del carrete o de una reserva de sedal, pero este modelo suele tener una puntera demasiado dura. Si se usa este tipo de cañas, una buena solución consiste en retener una brazada de sedal entre los dos dedos para poder soltar el hilo con rapidez desde el primer tirón o a la más mínima detención de la línea a la deriva.

• Las cañas de hilo interior

Muchos ríos y riachuelos son de difícil acceso, porque están bordeados de espesas zarzas y escaramujos o se encuentran cubiertos por las copas de alisos y avellanos que forman auténticas bóvedas. Si elegimos una caña grande para la pesca al toque, sólo conseguiremos perder los nervios. Si optamos por una muy corta, ganaremos una gran libertad de movimientos, pero será muy complicado, o imposible, el acercamiento a las truchas. Afortunadamente, la caña de hilo interior puede solucionarnos el problema. Posee una longitud aproximada de 4 m y puede equiparse con un carrete reserva de hilo o uno semiautomático para la pesca a la mosca. Esta caña permite reducir el peso al máximo y que el cebo se deslice a lo largo de los márgenes más inhóspitos y sin riesgo de que el sedal se enganche, porque va por dentro de la caña. No escatime la calidad, sobre todo en el número de anillas interiores, que deben ser un mínimo de 30 para que la línea se deslice sin problemas. No olvide llevar consigo una varilla, siempre indispensable para pasar el hilo de un extremo a otro de la caña.

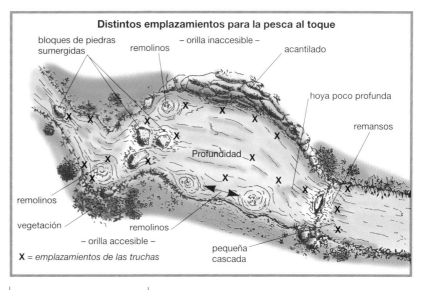

Distintos emplazamientos para la pesca al toque

bloques de piedras sumergidas — remolinos — orilla inaccesible — acantilado — hoya poco profunda — remansos — Profundidad — remolinos — vegetación — remolinos — orilla accesible — pequeña cascada

X = emplazamientos de las truchas

△ La pesca será más eficaz si se realiza corriente arriba, de un margen del río a otro, para que tanto los movimientos del pescador como las capturas no despierten la atención de otros peces.

△ El carrete de bobina cerrada, de gran calidad, evita los enredos y permite devanar el hilo al instante.

• La línea para el toque

De una gran simplicidad, se compone de un cuerpo de línea de 0,14 a 0,18 mm, cuya longitud varía según el tipo de río.

La plomada, elemento determinante para la correcta deriva de la línea, cambia según la profundidad y la fuerza de la corriente. En lugares profundos o con mucha corriente se emplea plomo abundante y agrupado, y en lugares poco profundos o de aguas más tranquilas, plomo escaso y espaciado. En la práctica, se debe estudiar en cada caso las condiciones exactas del río y escoger entre estos dos extremos. Utilizada en la pesca a la inglesa, la masilla de plomo o de tungsteno es perfecta cuando las circunstancias exigen separarla, agruparla o aligerarla, porque podemos desplazarla libremente (o incluso sacarla) sin dañar el sedal.

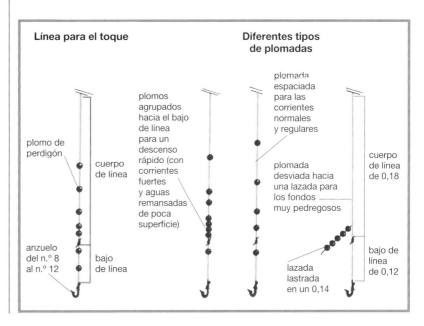

Línea para el toque — **Diferentes tipos de plomadas**

plomo de perdigón — cuerpo de línea — anzuelo del n.º 8 al n.º 12 — bajo de línea

plomos agrupados hacia el bajo de línea para un descenso rápido (con corrientes fuertes y aguas remansadas de poca superficie)

plomada espaciada para las corrientes normales y regulares — plomada desviada hacia una lazada para los fondos muy pedregosos — lazada lastrada en un 0,14

cuerpo de línea de 0,18 — bajo de línea de 0,12

△ *Caña inglesa de 3,9 m, carrete ligero, línea en la mano... Cuanto más aprende la trucha, más se refina la pesca con cebo.*

El bajo de línea ha de ser fino (de 0,10 a 0,14), incluso en aguas un poco turbias, ya que, más que las consideraciones visuales, la presentación natural del cebo es lo más importante. Por último, se debe prestar especial atención al anzuelo que se elige: ha de ser fuerte (pero delgado), la punta ha de estar muy afilada, la tija debe ser relativamente corta y, a ser posible, debe estar invertido. El tamaño del anzuelo, que depende del cebo, varía en general entre el nº 8 y el nº 12.

LA LÍNEA FLOTANTE Y SU MATERIAL

El toque se ha vuelto muy limitado desde que la pesca se realiza en ríos que superan los 8 ó 10 m de ancho, en lagos y en aguas bajas y claras,

Dos nudos para el anzuelo de pala

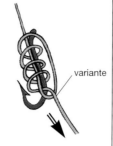

variante

△ *Hacer un bucle con la parte final del bajo de línea, dispuesta a lo largo de la tija del anzuelo. Realizar de 6 a 8 espiras aprisionando el bucle y el anzuelo; después, sacar la hebra libre del bucle y tirar.*

UTILICE HILOS QUE SE HUNDAN CON RAPIDEZ

Los hilos de nailon que se hunden con rapidez, utilizados en la pesca a la inglesa, ofrecen un excelente rendimiento en la pesca con cebo. Estos hilos especiales se encuentran disponibles en todos los diámetros necesarios y se hunden con bastante rapidez en el agua, por lo que permiten economizar en perdigones. Por otro lado, cuando se pesca sin lastre en aguas bajas, no existe nada que pueda orientar mejor el anzuelo en los tramos más estrechos del río.

LOS PUNTOS DE REFERENCIA EN LA LÍNEA

Antiguamente existía la costumbre de liar una hebra de lana o de cáñamo a la línea para visualizar su posición durante la actividad de pesca y controlar la velocidad y la altura del movimiento del cebo. Se puede imitar a nuestros antepasados mediante estos materiales o con *rigolettos*, pequeñas bolas de poliestireno de colores fluorescentes que se colocan en el hilo como flotadores. Una hebra de nailon fluorescente, que se deslice por la línea, ofrece mejores resultados, porque, aunque sea menos visible, no muestra resistencia alguna a la picada.

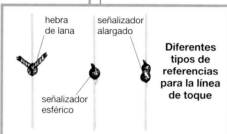

hebra de lana

señalizador alargado

señalizador esférico

Diferentes tipos de referencias para la línea de toque

Una línea y su punto de referencia

de la orilla o a ras de los desniveles abruptos del terreno, donde los peces están tranquilos. Cuanto más avanzada se encuentra la temporada, más distantes están las truchas, sobre todo en los lugares sometidos a una excesiva presión de pesca. En este último caso, la línea flotante resulta un gran aliado.

• Las cañas

Las cañas enchufables o telescópicas han de medir un mínimo de 4 ó 5 m para que la corriente no se lleve la línea. Así se evita una deriva demasiado rápida del aparejo o que se cale, lo que resultaría desastroso. Será muy útil utilizar muchas anillas para evitar que el sedal mojado se pegue a la fibra.

donde los peces se han tornado inaccesibles. En estos casos, la línea flotante resulta una buena alternativa y aumenta el campo de investigación del incondicional de la pesca con cebo. Así pues, la pesca consiste en inspeccionar todos los emplazamientos que el toque tradicional no puede explotar, es decir, los menos frecuentados. En las orillas del bosque es conveniente dejar la línea a la deriva bajo las ramas inclinadas sobre el agua. Asimismo, se debe llevar la línea flotante hacia los remolinos que se encuentran a más de 10 m

Diferentes emplazamientos para la línea flotante

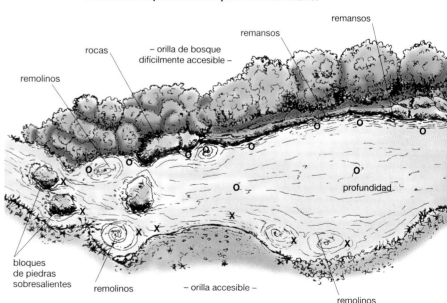

remansos

remansos

rocas

– orilla de bosque difícilmente accesible –

remolinos

profundidad

bloques de piedras sobresalientes

remolinos

– orilla accesible –

remolinos

X = *emplazamientos de pesca al toque o a la línea flotante*
O = *emplazamientos exclusivos de pesca a la línea flotante*

△ *La actividad de la pesca incluye la exploración prioritaria de la orilla opuesta, avanzando, si es posible, río arriba por tramos pequeños.*

• El carrete

Arme su caña con un resistente carrete de bobina fija, cuyo funcionamiento es perfecto (buen devanado del hilo y freno progresivo), y cárguelo con una línea de 0,14 a 0,18.

• La línea

La pesca con flotador es una técnica sencilla que consiste en colocar un flotador sobre el cuerpo de línea, a continuación, un bajo de línea de 30 a 40 cm con un diámetro de 0,10 a 0,14 y, finalmente, una plomada. Escoja la forma (esférica o cónica) y la medida del flotador en función de la plomada que deba soportar, la fuerza de la corriente y los remolinos.

Resulta imprescindible disponer de flotadores de varios tamaños para adaptar la línea a cualquier situación.

En la actualidad, existen flotadores pequeños de cualquier textura, composición, formato y peso, por lo que se pueden cambiar según lo exijan la corriente o la plomada. Para ahorrarse tiempo cuando prepare su línea, no olvide cortar los flotadores a lo largo hasta su eje central. Así, podrá cambiar de modelo en cuestión de segundos. Como en el caso de la pesca al toque, resulta muy útil utilizar masilla de plomo para cambiar rápidamente la disposición de la plomada, sin que el sedal corra ningún riesgo. En ríos profundos, procure elegir una línea con flotador deslizante, ya que facilita los lanzados y, al mismo tiempo, permite regular la profundidad de pesca con precisión.

LA PESCA AL LANZADO

La pesca al lanzado o *spinning* ilustra bastante bien la deportividad que puede comportar la pesca, ya que es una técnica que requiere desplazamientos y mucha actividad. Aunque a veces es despreciado por los pescadores de cebo, el lanzado no constituye, ni mucho menos, una técnica mecánica, monótona y repetitiva

Nudo tope para flotador deslizante

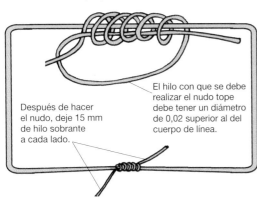

Después de hacer el nudo, deje 15 mm de hilo sobrante a cada lado.

El hilo con que se debe realizar el nudo tope debe tener un diámetro de 0,02 superior al del cuerpo de línea.

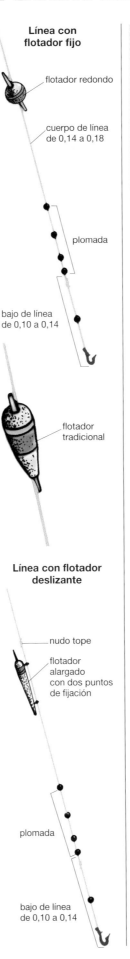

Línea con flotador fijo

flotador redondo

cuerpo de línea de 0,14 a 0,18

plomada

bajo de línea de 0,10 a 0,14

flotador tradicional

Línea con flotador deslizante

nudo tope

flotador alargado con dos puntos de fijación

plomada

bajo de línea de 0,10 a 0,14

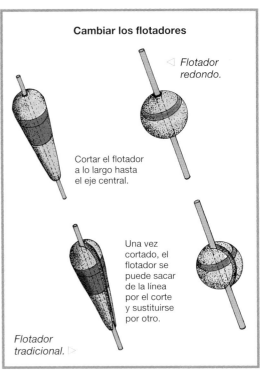

Cambiar los flotadores

◁ *Flotador redondo.*

Cortar el flotador a lo largo hasta el eje central.

Una vez cortado, el flotador se puede sacar de la línea por el corte y sustituirse por otro.

Flotador tradicional. ▷

NUNCA SIN BULDÓ...

El buldó es una pequeña bola de plástico llena de agua, que se usa muchas veces como un flotador, aunque ésta no es su aplicación más correcta. La pesca con insecto vivo a 20 ó 30 m de la orilla sin buldó es muy difícil de realizar. De igual manera, los desconfiados peces no se acercarán a menos de 15 ó 20 m si utilizamos un aparejo a la deriva en aguas bajas y claras, sin este eficaz accesorio.

El buldó es ligero y ocupa poco espacio, así que resulta fácil llevar siempre algunas bolas en el bolsillo, lo que le salvará en más de una ocasión. En el río, no olvide lanzar más arriba del lugar en que se encuentra el pez, para evitar que éste oiga el temido «chof», porque este sonido provoca su huida instantánea. En las superficies de aguas tranquilas, donde los peces no paran de moverse, anticípese a sus movimientos lanzando justo delante de ellos.

cuerpo de línea de 0,16 a 0,18

Insecto con buldó

cuerpo de línea de 0,16 a 0,18

Cebo de deriva con buldó

que se limita a examinar el agua sin ningún criterio con el primer señuelo que se encuentra. Algunos aficionados al lanzado o *chatarreros*, como se les suele denominar, manejan la caña como auténticos artistas y son capaces de lanzar un señuelo de pocos gramos a una distancia de 15 m, justo al lado de una trucha.

LOS SEÑUELOS PARA LA PESCA AL LANZADO

Es asombroso que ante los cientos de señuelos que ofrecen los fabricantes, cada uno con fama de ser mejor que el otro, la búsqueda de un modelo que se adapte a nuestras necesidades parezca ser una cuestión de suerte. Para simplificar la *elección*, resulta útil reagrupar los señuelos por «familias». Asimismo, procure no otorgar demasiada importancia a la estética o a la decoración de un señuelo. Debe fijarse en el peso, la medida y el tipo de señal que emite en el agua. La medida y el peso de un

sin plomo

bajo de línea de 1,20 m
y de un diámetro de 0,10 a 0,12

insecto

dos pequeños
perdigones

lombriz

◁ *Pequeña trucha común irlandesa pescada con un lanzado ultraligero.*

¡VIVA LA PESCA A LA INGLESA!

Del mismo modo que la pesca con flotador ha reemplazado la pesca al toque cuando el ancho de los ríos lo ha requerido, la pesca a la inglesa ha sido sustituida por la pesca con flotador en algunos casos concretos. Así, el cambio se produce cuando se pesca en un tramo profundo y tranquilo, donde se guía una línea sumergida a 20 ó 30 m de la orilla de un río grande y, sobre todo, en aguas tranquilas. Resulta idónea una caña fibrosa, de carbono, de 3,9 a 4,2 m y un carrete cargado de una línea de 0,14 a 0,16.

Se recomienda utilizar flotadores fusiformes ligeramente inflados en la base (tipo Wagglers) con un único punto de fijación. No olvide preparar un bajo de línea corto (aproximadamente 30 cm) de 0,10 a 0,12 para evitar enredos en el lanzado. De este modo, obtendrá una gran calidad de presentación y la máxima sensibilidad en la percepción del toque del pez, incluso a muchos metros de distancia.

nudo tope

detalle

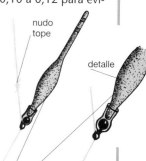

Aparejo a la inglesa en un río grande

nudo tope

flotador con un
punto de fijación

tetina de silicona lastrada
para dar peso al flotador,
lo que permite ahorrar
plomo en la línea

plomada reducida

**Aparejo
para peces
difíciles**

cuerpo de línea
de 0,14 a 0,16

plomada

Tres bonitas truchas arco iris, pescadas a la inglesa, una técnica muy eficaz en determinadas circunstancias. ▽

bajo de línea
de unos
30 cm,
de 0,10
a 0,12

señuelo (que a menudo van estrechamente ligados) están condicionados por el tipo de agua explorada, la profundidad y la fuerza de la corriente. Sería inútil explotar los recursos de un poderoso torrente pirenaico con una cucharilla de 2 g, así como utilizar una de 8 g en un pequeño riachuelo de la zona alta de León.

• Las cucharillas giratorias

La vieja cucharilla giratoria sigue siendo un señuelo estupendo y continúa prestando excelentes servicios tras muchos años de uso. Este señuelo se compone de una paleta giratoria más o menos oval que gira libremente alrededor de un eje lastrado y acabado en triple anzuelo (o simple para no dañar a las truchas pequeñas). La cucharilla, que no imita ninguna forma conocida (sería sorprendente que las truchas confundieran una cucharilla con un pez), se caracteriza por la vibración que produce, combinada con el reflejo parpadeante del metal en el agua.

La cucharilla giratoria representa más un intruso que una presa, lo que molesta a la trucha hasta el punto de hacerla reaccionar a menudo con violentos cabezazos.

La principal cualidad de la cucharilla giratoria es la perfecta rotación de la paleta alrededor de su eje: se deben descartar los modelos que no permitan una rotación inmediata de la paleta al más mínimo toque del pez. De lo contrario, sería imposible aprovechar al máximo los tramos en que la cucharilla dispone de menos de un metro de carrera para atraer a un pez poco dispuesto a salir de su guarida.

A este respecto, se ha de prescindir de las cucharillas cuya rotación frena la recuperación del hilo cuando ésta es muy lenta, porque no permite peinar el fondo con detenimiento en los grandes tramos del río o en lagos profundos. Asimismo, se ha de elegir la medida y, sobre todo, el peso del señuelo, en función de las dimensiones del lecho del río que se explora. De todos modos, un peso aproximado de 2 a 8 g es apto en casi todas las situaciones. Si la ocasión es propicia y la búsqueda se realiza en lugares muy profundos, puede utilizar una plomada suplementaria en la cabeza de la cucharilla para dar más lastre al señuelo.

A pesar de la gran variedad de colores y formas, no existe ningún criterio a la hora de elegir la cucharilla giratoria, por lo que se suele escoger los modelos que han ofrecido mayor rendimiento. En términos generales, no existen diferencias notables de eficacia entre un modelo

△ Los pececillos flotantes, señuelos mixtos que se componen de una paleta giratoria y un señuelo ligero, se pueden encontrar en las gamas reservadas para el lanzado ligero y ultraligero.

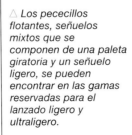

Nudo del ahorcado para señuelos

muy sobrio, plateado o dorado, y otro decorado con puntos de colores, con un enorme ojo, y recubierto por un atractivo faldón cerca del anzuelo.

Los salmónidos, sobre todo en aguas vivas, disponen de poco tiempo para atacar al señuelo, y el pez se mueve más por la señal vibratoria emitida y la precisión del pescador, que por la recargada decoración del señuelo.

• Las cucharillas ondulantes

Los pescadores de truchas y salvelinos pocas veces las utilizan (y es un error), aunque deberían de estar siempre en la cesta de cualquier «pisacharcos».

Se pueden encontrar en un tamaño de 3 a 7 cm y un peso que oscila entre los 4 y los 12 g.

Los modelos bastante torneados ofrecen un gran resultado, ya que tienen un buen apoyo en el agua. Si agitamos la línea con sacudidas y recuperamos el hilo frenando y acelerando, provocaremos que el señuelo avance de forma superficial e imprevisible, lo que permitirá aprovechar al máximo las cualidades de la cucharilla ondulante.

En los lagos, los modelos de color fluorescente (amarillo y naranja) son letales a una profundidad de 8 a 12 m.

• Los pececillos flotantes

Aunque son imitaciones de pequeños peces que llegar a crear confusión, su eficacia se debe al tipo de vibración que emiten. Una conocida marca finlandesa ofrece desde hace algunos años modelos que no sólo constituyen verdaderas obras maestras por la calidad de su acabado, sino que rozan la perfección a la hora de flotar y en la agresividad que provocan. Los modelos de 3,5 y 7 cm, plateados, dorados o de colorido realista (el gobio o trucha pequeña), muestran un óptimo resultado. Debido a que tardan más que una cucharilla en hundirse en el agua y entrar en acción, los pececillos flotantes se destinan a los cursos de agua medianos y grandes, así como a lagos, donde resultan idóneos. De todos modos,

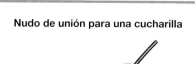

Nudo de unión para una cucharilla

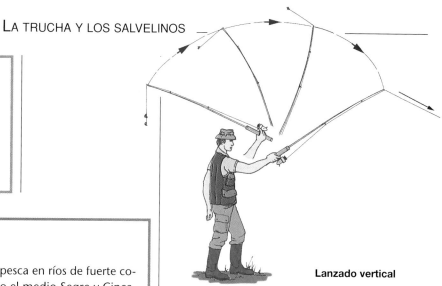

Lanzado vertical

LOS DEVONES

El devón, que procede de una tradición de pesca en ríos de fuerte corriente, sobre todo en zonas como Galicia o el medio Segre y Cinca, continúa siendo un señuelo de primera categoría, aunque en la actualidad se emplea poco. Se le atribuye el problema de que desgasta la línea por completo. Este inconveniente se puede evitar si utilizamos un emerillón entre la línea y el señuelo. Otra solución consiste en disponer de algunos devones que giren hacia la izquierda y otros que lo hagan hacia la derecha, e irlos cambiando a lo largo de la jornada. Por desgracia, cada vez son más difíciles de encontrar en los comercios. Por esta razón, a continuación, ofrecemos un consejo para los amantes del bricolaje, que sugiere un guía de pesca de Irlanda, y que es válido tanto para el salmón como para la trucha.

Consiga unas válvulas de latón de neumático de tractor y córtelas en trozos de 3 a 6 cm, según las necesidades del recorrido. Lime los extremos para darle forma ojival y realice 2 cortes a cada lado de la cabeza siguiendo un ángulo de 45° y en sentido opuesto (para permitir que gire después). Recorte 2 palas de las mismas dimensiones de cuero o latón y suéldelas sobre los cortes. Una cuerda de piano debe cruzar el devón por el eje para unirlo al anzuelo triple en un extremo y al emerillón en el otro, y así evitar que la línea se desgaste.

Una válvula de cámara de aire de un tractor.

La forma que se obtiene tras limar los extremos.

Realice un corte a cada lado en sentido opuesto, más o menos a 1 cm del extremo anterior del devón.

Las palas se recortan sobre una hoja de latón.

El devón visto desde arriba una vez soldadas las palas.

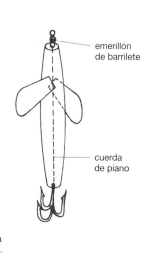

emerillón de barrilete

cuerda de piano

los modelos flotantes pequeños que se dejan a la deriva río abajo (sobre todo cuando el follaje impide el lanzado) y, a continuación, se guían río arriba por el borde, hacen picar a más de una trucha.

• Los señuelos ligeros

Se destinan a la búsqueda de otros peces depredadores, pero algunos señuelos ligeros pueden ser útiles para la pesca del salvelino o la trucha.

Más que las vírgulas o los flagelos, lo más apetecible para la mayoría de los salmónidos son los peces artificiales. Éstos se articulan a través de una sucesión de estrechamientos en el cuerpo y se encuentran disponibles en diferentes colores y medidas. El peso de las cabezas plomadas o de las monturas previstas para estos señuelos se adapta a cada situación de pesca.

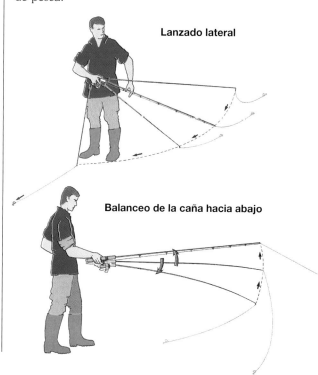

Lanzado lateral

Balanceo de la caña hacia abajo

EL LANZADO LIGERO Y SU MATERIAL

El lanzado ligero, que exige un gran conocimiento del río, se basa en la combinación del acercamiento, la observación, la precisión y el esfuerzo físico. El pescador debe «leer» el curso del río para descubrir los posibles emplazamientos. Se ha de lanzar el señuelo a la orilla del río, donde la corriente permite a los peces apostarse sin esfuerzo, junto a los obstáculos que rompen la fuerza de la corriente (las rocas, las raíces hundidas o los troncos de árbol arrastrados por la crecida). Asimismo, intente el lanzado bajo, a ras de superficie, para que el señuelo se deslice bajo las ramas inclinadas sobre el agua. No desprecie los lugares despejados de corriente media, sobre todo los fondos de 1,5 a 3 m de arena y guijarros, y centre sus esfuerzos en la correcta recuperación del señuelo, a ras de fondo, peinando cada palmo del río.

• Las cañas

Los fabricantes proponen gran cantidad de modelos de caña destinados al lanzado ligero, pero no todos son aptos: en la práctica, una buena caña de lanzado debe medir de 1,8 a 2,5 m, según el recorrido de la pesca. La elección es muy difícil porque, aunque una caña corta ofrece una gran libertad de movimiento al permitir explorar los rincones más inaccesibles, no responde bien ante los mejores ejemplares, sobre todo si se ayudan de la corriente para huir. Lo contrario se puede aplicar a la caña larga: cuanto más se acerca la caña a la franja de 2,2 a 2,5 m, más precisos son los lanzados, y más fácil resulta guiar el señuelo y controlar el movimiento de la trucha. En lo que respecta a la caña, se ha de seleccionar los modelos que tengan la puntera semiflexible para aumentar la precisión del lanzado, pero deben ser fibrosos para el correcto comportamiento durante la lucha. En este sentido, los materiales compuestos y el carbono se adaptan muy bien a ambas exigencias. La potencia de la caña, que suele indicarse en la parte baja de la empuñadura, debe permitir lanzar señuelos de 2 a 10 g.

• El carrete

El carrete de bobina fija, que se debe escoger en la categoría «ligera», debe cumplir dos requisitos esenciales: calidad y un peso adecuado. En efecto, el *pick-up* se ve sometido a duras pruebas en cada jornada de pesca, ya que se abre y se cierra cientos de veces. El más mínimo fallo significa una pérdida de eficacia y, por lo tanto, de placer. Asimismo, es necesario escoger un modelo cuyo peso equilibre al

Esta trucha común acaba de ser capturada al lanzado ligero bajo una cascada. ▷

Cargar bien el carrete

El hilo no llega al borde de la bobina. ▽

Incorrecto
La bobina del carrete no se ha cargado suficientemente y el sedal se devana mal.

El hilo supera los bordes de la bobina. ▽

Incorrecto
La bobina del carrete se ha cargado demasiado y causa enredos.

El hilo roza los bordes de la bobina. ▽

Correcto
El hilo apenas roza los bordes de la bobina, lo que permite un lanzado óptimo, sin que se enrede el sedal.

Es indispensable que el carrete sea fuerte, que el hilo se enrolle bien y que el freno sea preciso. ▷

máximo la caña: así se ganará en precisión y se ahorrarán esfuerzos. Del mismo modo, no olvide cargar correctamente el carrete: las últimas espiras del hilo deben rozar el borde de la bobina para que la línea se devane a la perfección.

• Verificar regularmente el nudo

Compruebe de un modo regular el nudo, porque, tarde o temprano, acaba aflojándose, ya sea por negligencia o por la picada de los peces. No olvide que cuando el hilo se engancha, o bien pica algún pez o el pescador entabla una lucha, las espiras del nudo se

LA TORSIÓN, EL EMERILLÓN Y LA DISTORSIÓN

Un señuelo giratorio como la cucharilla presenta el inconveniente de retorcer el sedal, lo que produce unos enredos en el lanzado imposibles de deshacer. El emerillón quitavueltas, que es un enganche metálico que gira libremente sobre sí mismo, atenúa el problema, aunque el sedal siempre acaba retorciéndose un poco. Para desenredarlo, sitúese al inicio de un gran tramo, abra el *pick-up* y devane la línea hasta que se tense; a continuación, rebobínela. Si tiene un carrete de bobina doble, enrolle la línea usada en el segundo carrete. Así, se invertirá el hilo y se conservará en perfecto estado. Recuerde cambiar regularmente el sedal para sacar un mayor provecho de sus cualidades.

aprietan, lo que provoca que la resistencia del hilo disminuya un cincuenta por ciento. No olvide rehacer el nudo de fijación del señuelo de vez en cuando; evitará una gran cantidad de problemas.

EL LANZADO ULTRALIGERO Y SU MATERIAL

El lanzado ultraligero es la técnica predilecta de los «cazadores» de truchas. Sigue un principio muy parecido al del ligero, pero, a diferencia de éste, emplea un material muy sensible, una línea muy fina y señuelos pequeños que, a menudo, no llegan a los 2 g. Esta modalidad se practica en riachuelos y torrentes muy pequeños, donde el lanzado con un material clásico es muy difícil o casi imposible.

El lanzado ultraligero es una técnica que permite explorar los rincones de difícil acceso o sacar de su escondite a los peces más listos en casi todo tipo de ríos, incluso los grandes. Asimismo, el lanzado bajo las ramas y en medio de algún ramaje sumergido, o el uso de una imitación de saltamontes en los tramos más estrechos consigue excelentes resultados.

△ *Dos cañas destinadas específicamente a los señuelos ultraligeros.*

El río Jonte, cuyas aguas son extraordinariamente limpias, resulta idóneo para la práctica del ultraligero, mientras nos guíe la prudencia en nuestro avance. El atractivo del lugar aumenta con el inolvidable espectáculo de las bandadas de buitres planeando en el cielo azul. ▽

• Las cañas

Si consideramos las pequeñas dimensiones del recorrido, los frecuentes obstáculos y la poca amplitud de los lanzados, las cañas para el ultraligero deben medir poco, de 1,20 a 1,70 m, aunque la caña más larga es la que ofrece una mayor precisión, un mejor dominio del señuelo y la mayor comodidad en la lucha frente a grandes peces. Debido a las reducidas dimensiones de la caña, los materiales más indicados son los de tipo fibroso, como el carbono o el kevlar.

• El carrete

Para equilibrar un equipo tan limitado resulta indispensable un carrete de bobina fija, pequeño y bastante ligero, que posea la máxima precisión. Los diámetros del hilo empleados oscilan entre 0,12 y 0,14. A veces, cuando se ha de contener al pez, se usa un 0,16, y para engañar a los peces más astutos, un 0,10. Sin embargo, en este caso, se necesita una gran destreza para controlar a una intrépida trucha

de río con este «hilo de araña». El poco hilo que se necesita en el lanzado ultraligero (casi siempre se lanza a menos de 8 ó 10 m), posibilita que se guarde un *backing* (reserva de hilo) de nailon de 0,20, sobre el que se debe enrollar unos 40 m de línea más fina.

• Los señuelos

Todos los señuelos que se han indicado para el lanzado ligero sirven para el ultraligero, siempre y cuando se elijan modelos más pequeños. Se puede añadir a esta lista las moscas de hélice, las imitaciones de saltamontes y los *streamers* de plumas ligeras, realzadas con adornos brillantes que imitan a los alevines. El ultraligero se utiliza a menudo con truchas o salvelinos, que disfrutan de un área de captura de sus presas bastante limitada, lo que permite al pescador beneficiarse del efecto sorpresa, aprovechándose del poco tiempo de que disponen los peces para examinar el cebo.

EL GOBIO MUERTO INSERTADO Y SU MATERIAL

La pesca con pececillo muerto, quizás la técnica más eficaz ante los peces selectivos, es una mezcla de pesca con cebo y lanzado ligero, ya que se ofrece cebo natural a los peces, pero guiando la línea y explorando como si se tratase de la pesca con señuelo. Esta técnica se basa en guiar un pez de tamaño pequeño, lastrado en la cabeza y equipado con uno o dos anzuelos, hacia todos los posibles emplazamientos de los peces. En la práctica, si se recupera el cebo muerto (la madrilla, el gobio, la boga e incluso un alevín de trucha) de forma irregular se tienta a la trucha con la oportunidad de capturar a un pececillo en apuros. Piense que la trucha, como casi todos los depredadores, siempre elige la vía fácil:

Un pequeño carrete ligero, pero robusto y fiable, resulta excelente para la pesca de la trucha al lanzado. ▷

△ *Los pescadores de los cursos medios y llanos usan una caña de coup, con un sedal lo suficientemente rígido para pescar con gobio muerto. Se trata de la pesca al toque, que es sencilla pero eficaz. El montaje se reduce a un hilo de nailon de 1 m de largo y una montura.*

entre un pez herido y otro sano, el primero siempre será la víctima principal de los ataques de la trucha.

Como la pesca al pez muerto es una técnica en movimiento, un equipo y material demasiado voluminosos resulta poco adecuado. Deje el recipiente para cebos vivos en el coche, equipado con un ventilador encendido, o, mejor, utilice un modelo tipo cesta y sumérjalo cerca del margen que vaya a recorrer, disimulándolo por si acaso lo ve algún pescador desaprensivo. Lleve una cantimplora de tapón ancho atada a la cintura e introduzca unos veinte pececillos. Sus movimientos constantes, al agitar la cantimplora, permitirán la oxigenación del agua de un modo regular y mantendrán a los cebos vivos en perfectas condiciones.

• Las cañas

La caña para la pesca con pez muerto resulta más eficaz si es fibrosa (de carbono o fibra compuesta rígida), ya que transmite todos los movimientos del pez muerto y permite un tirón inmediato. El poco peso de la caña permite explorar el río y animar al pez-cebo sin cansarse demasiado, sobre todo en sesiones de pesca prolongadas. Los modelos de 2,4 a 2,8 m son polivalentes, pero ciertos recorridos precisan de otras medidas. En lugares cubiertos de maleza resulta mejor una caña corta, que sea bastante rígida. Por el contrario, una caña de 4 a 4,5 m, en pequeños cursos de agua muy despejados, permite balancear el gobio sin movernos de nuestro sitio y sin acercarnos demasiado a la presa.

• El carrete

Para la pesca con pez muerto se debe utilizar un carrete para lanzado ligero, cargado con nailon de 0,20 a 0,24.

◁ *El pez muerto, muy eficaz en la pesca de la trucha, requiere el uso de unas monturas adaptadas. Las más sencillas suelen ser las mejores.*

LA PESCA A LA MOSCA

Es una técnica deportiva y apasionante, que ya no se considera como una muestra de gestos elegantes, un alarde de material caro o la pertenencia a cierta élite. Es decir, el aspecto ostentoso de la pesca a la mosca ha desaparecido en beneficio de una nueva ética de pesca, mucho más enriquecedora, que tiende a asociar esta técnica al conocimiento del ecosistema de las aguas y a la toma de conciencia de los problemas que afectan a los salmónidos. Casi desprovista de cualquier esnobismo, la pesca a la mosca (que ya se

△ Pesca a la mosca en un río de montaña, que esconde espléndidas truchas entre las rocas de su lecho.

△ Aunque es un tema de permanente discordia, la elección de una mosca artificial no debería centrar toda la atención del pescador.

◁ Un equipo muy reducido resulta suficiente para la pesca a la mosca y permite una gran libertad de movimiento.

▽ Las cañas actuales, hechas con carbono, boro o kevlar, y de una longitud de 1,8 a 3 m, se adaptan a todas las situaciones.

practicaba en medios rurales a finales del siglo pasado) es una excelente escuela para la observación y una manera muy ecologista (en el sentido noble de la palabra) de combinar pesca y naturaleza.

LA MOSCA SECA Y SU MATERIAL

Esta técnica, dirigida en sus inicios a las truchas y otros salmónidos que se alimentan en la superficie, depende en gran medida de las aglomeraciones de insectos que se producen sobre el agua. En las zonas de poca corriente y de superficie lisa es más difícil engañar a una trucha, ya que puede observar a la mosca artificial antes de cogerla. Por el contrario, la mosca seca en aguas rápidas es una táctica muy efectiva, que se basa más en el efecto sorpresa, el sentido del ritmo y el acercamiento, que en una perfecta presentación del cebo.

• Las cañas
Realizadas a base de materiales compuestos, como el carbono, el boro o el kevlar, las cañas

actuales poseen una gran precisión y ligereza, y se pueden adquirir a unos precios muy asequibles, exceptuando algunas marcas de prestigio.

La elección de una acción de punta (dura) o semiparabólica (suave) depende ante todo del carácter y el físico del pescador. La longitud estándar de la caña se sitúa alrededor de 2,6 m, pero en los ríos bordeados de márgenes boscosos, un modelo de 1,8 a 2,15 m hace más fácil la pesca. Al contrario, en ríos grandes y accesibles, una caña de 3 m favorece los lanzados más largos. En ríos de curso más pequeño, pero de aguas más rápidas, una caña larga, incluso para los lanzados cortos, suele ser muy útil, porque evita que el sedal se hunda demasiado.

△ Los salvelinos alpinos y las truchas lacustres americanas han sido víctimas de grandes streamers.

△ El carrete manual simple debe estar elaborado con materiales ligeros que permitan el máximo equilibrio de la caña.

• El carrete

Un modelo manual, cuyo peso ha de equilibrar la caña, cargado de unos 30 m de sedal y otros tantos de hilo de reserva (*backing*), se adapta a todas las circunstancias. El carrete automático permite recuperar rapidamente el sedal, pero suele pesar mucho y a menudo tiene un funcionamiento poco fiable. El semiautomático, ligero y equipado de una manivela de recuperación rápida muy ergonómica, se sitúa en un punto medio, pero su coste es elevado.

• La línea

Se trata de seda sintética, autoflotante, de doble huso, que permite lanzar bastante lejos el peso ínfimo del bajo de línea y de la mosca.

Empalmar la seda con el bajo de línea

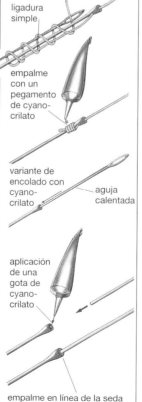

ligadura simple

empalme con un pegamento de cyano-crilato

variante de encolado con cyano-crilato

aguja calentada

aplicación de una gota de cyano-crilato

empalme en línea de la seda con el bajo de línea

Es conveniente escoger el sedal en función de la potencia de la caña y la clavada que se busca (entre el nº 2 y el nº 5).

– *El bajo de línea*

Al menos tan largo como la caña, el bajo de línea, también llamado cola de rata, debe tener un diámetro disminuido desde el empalme de la seda hasta el punto de unión con la mosca. Puede fabricarse en un solo hilo disminuido o a base de conexiones de nailon de diferentes secciones. La punta de esta pieza maestra puede variar del 0,06 (6/100) al 0,14 (14/100), según el tamaño de la mosca, el tipo de recorrido, la inteligencia de los peces... y la habilidad del pescador.

– *El backing o la reserva de hilo*

Treinta metros de sedal disponibles son, en principio, más que suficientes para capturar una trucha o un salvelino. A pesar de todo, debe considerarse la posibilidad de que un pez grande, al bajar un largo tramo de agua, agote todo el sedal. Así pues, tenga la precaución de enrollar de 30 a 50 m

Confección de un bajo de línea con mosca

El bajo de línea se obtiene atando cinco hebras de nailon de diferentes diámetros, que disminuyen desde el inicio hasta la punta. ▽

0,50 m en 30/100

0,70 m en 40/100

0,50 m en 26/100

0,60 m en 14/100

0,50 m en 20/100

Punta

de nailon o de dacrón y luego empalmarlos con
la seda, lo que le evitará más de un problema.
Por otro lado, la forma de cargar el *backing*
permite rebobinar la seda en espiras más largas,
lo que evita que se formen tirabuzones
y acelera la recuperación.

• Las moscas

Escoger la mosca adecuada es un tema
controvertido que divide a los pescadores
a la mosca en dos
tendencias: por un
lado, los partidarios de
la mosca exacta, y por
otro, los adeptos a la
mosca comodín.
La solución parece
encontrarse a medio
camino entre ambas
opciones, ya que,
entre la entomología
rigurosa que diferencia
el macho de la hembra
de un insecto y la
simplificación radical
del problema, existe
un punto medio.

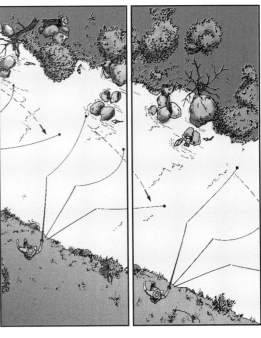

**Deriva de la mosca ahogada
en semicírculo**

> **LA DESIGNACIÓN
> DE LAS SEDAS**
>
> **L**as primeras letras indican el perfil de la
> seda: DT = doble huso, WF = huso des-
> centrado, L = seda paralela. En función de
> su peso y diámetro, las sedas van nume-
> radas del 1 al 12. Se deben escoger según
> las posibilidades de la caña.
> Las letras que siguen a la cifra indican la
> naturaleza de la seda: F = flotante, S = su-
> mergida, F/S = punta sumergida, I = in-
> termedia.
> Por ejemplo, una seda DT 5 F es una seda
> de doble huso nº 5 flotante.

Es indispensable probar las principales
familias de insectos y observar cuáles son
las preferencias que manifiestan los peces.
Se debe recordar que, además de ser una
imitación perfecta del insecto, las cualidades
de la mosca estriban principalmente en su
tamaño, su forma, su flotación y en su óptima
presentación.

LA MOSCA AHOGADA
Y SU MATERIAL

La mosca ahogada es una técnica de gran
eficacia, ya que por un pez que se alimenta en
la superficie hay diez que lo hacen bajo el agua.
Sin embargo, no es utilizada por la mayoría de
pescadores a la mosca. El pretexto que
exponen, muy discutible, es que se trata
de un método carente de finura y estética.
Esta técnica, que se realiza río abajo, consiste
en que la mosca describa semicírculos
explorando todos los emplazamientos
potenciales. La mayor dificultad reside en la
percepción delicada de los toques, que exigen
un tirón inmediato. Para ello, el control de la
deriva no debe ser ni demasiado tenso, ni
demasiado firme.
Se estima que un pescador experto sólo percibe
uno de cada dos toques, a causa de la rapidez
con que los peces pueden escupir una mosca
artificial.

• La caña

Se recomienda elegir un modelo de 2,6 a 3 m
de longitud, de acción semiparabólica, apto
para amortiguar la violencia de los tirones,
sin por ello, retrasarlos por un exceso de
suavidad.

◁ *Un grupo de tímalos
americanos pescados
a la mosca en el río
Noatak, Alaska.*

◁ Cuanto más delicada es la pesca, más necesario es el salabre. La raqueta fijada con un cordaje elástico es la mejor solución.

• Las moscas

Bajo la denominación de moscas ahogadas se engloba tanto a las imitaciones de insectos ahogados que se arrastran por la corriente, como a las larvas acuáticas o los crustáceos. Menos adornadas que las moscas secas, una gran cantidad de moscas ahogadas presenta la inclinación característica de los *hackles* o las fibras de plumas, lo que asegura un buen comportamiento en el agua. Resulta interesante pescar con dos moscas diferentes para probar sus posibilidades a la vez. La mosca «de punta» se fija en el extremo de la línea, mientras que la mosca «saltarina» se monta sobre una hijuela más arriba, lo que permite pescar con una mosca a nivel de superficie y con la otra a más profundidad.

• El carrete

El carrete manual o el semiautomático, con un sistema de freno preciso, se adapta muy bien a la técnica de la mosca ahogada.

• La línea

Se escogerá una línea autoflotante para explorar los pocos centímetros que se sitúan bajo la superficie o una línea de punta sumergible para bajar a más profundidad. La seda oscila entre el nº 4 y el nº 6, según la potencia de la caña. El bajo de línea, tan largo como la caña, ha de tener una puntera de un diámetro superior a 0,12 ó 0,14. Este tipo de puntera es necesario debido a que esta pesca se realiza río abajo, y a la gran fuerza de los tirones se suma la reacción del pez, que se beneficia de la fuerza de la corriente.

La cesta de pesca de mimbre es una compañera inseparable del pescador de truchas. ▽

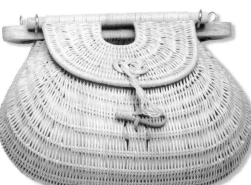

LA NINFA Y SU MATERIAL

La pesca a la ninfa, actualmente muy de moda, consiste en guiar unas imitaciones de larva en diferentes zonas, tanto cerca del fondo como en el espacio que se sitúa justo por debajo de la superficie. Esta técnica, que se adapta al material descrito para la mosca seca, requiere una gran observación y movimientos más discretos, ya que la práctica a distancias cortas a veces delata al pescador. La ninfa «a la vista», técnica muy utilizada en aguas claras y bajas, se dirige a los peces que cazan ninfas justo antes de su aglomeración y necesita una gran agudeza visual, así como mucha calma por parte del pescador, que debe esforzarse en advertir la captura de la ninfa por parte del pez y tirar de inmediato.

• Las ninfas

La mayoría de ninfas son pequeñas y de una gran sencillez: tórax desarrollado, seguido de un abdomen fino y, en ocasiones, algunas fibras de plumas en los cercos y las patas. Los modelos lastrados, unas imitaciones de diferentes especies de la fauna bentónica, se usan para la pesca cerca del fondo. Por el contrario, las ninfas que representan al insecto emergiendo o al que está provisto de su saco alar subiendo hacia arriba, se emplean en la pesca realizada cerca de la superficie o a la vista.

Ninfas lastradas

Para montar una ninfa lastrada se debe enrollar un hilo de plomo al anzuelo antes de realizar la imitación. ▽

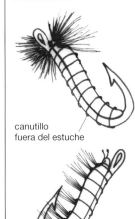

canutillo fuera del estuche

gámbaro

LA VUELTA A LOS BUENOS MATERIALES DE ANTAÑO

Algunos puristas sólo utilizan los materiales naturales, que son trabajados con esmero por algunos artesanos de prestigio. La prueba la encontramos en las cañas de bambú refundido que, aunque no son tan ligeras como las de carbono, proporcionan acciones parabólicas o semiparabólicas. Estas cañas poseen una gran suavidad y están tan bien acabadas que parecen obras de arte. Las sedas naturales se posan con delicadeza y resultan muy eficaces en la pesca para la mosca ahogada, siempre y cuando se desengrasen en los últimos metros. Actualmente, estas sedas vuelven a usarse, pero continúan siendo objetos muy caros.

LA PESCA

LA TRUCHA COMÚN

*E*ste pez trepidante se sirve de su hocico para ir por la corriente. Sus costados son de color dorado o marrón y están moteados de rubíes. Su comportamiento es muy despierto y desconfiado. La trucha común (Salmo trutta fario), *también conocida como de río, fario, autóctona o indígena, siempre se encuentra en los márgenes.*

El cuerpo de nuestra pequeña reina de aguas vivas, también llamada pintona, se caracteriza por sus manchas. ▽

UN PEZ QUE SIEMPRE HA FASCINADO AL HOMBRE

La trucha indígena es uno de los peces más antiguos que existe, ya que la familia de los salmónidos no ha evolucionado desde su forma primitiva, hace ya más de 50 millones de años. Ningún otro pez ha aparecido tanto en la literatura, incluso en los escritos más antiguos, como los de Aelius, que, hace casi unos 2.000 años, describía con todo detalle, los primeros pasos de la pesca con mosca artificial, que aún se usan en la actualidad.

Sin duda, la pasión por la pesca de la trucha, que nuestros antepasados intentaron capturar por todos los medios, sigue siendo el máximo exponente de la tradición en el arte de la pesca. Nosotros, los pescadores del siglo XX, tan sólo perpetuamos una actividad ancestral, con todo su fervor y esencia, y que, hoy en día, es más asequible por los grandes avances tecnológicos.

LA ESPECIE MÁS DINÁMICA

La trucha común se puede encontrar en todo el mundo. En Europa, se halla desde España hasta el Reino Unido; desde Grecia hasta los países escandinavos, pasando por Austria, Polonia o Eslovenia. Pero también la encontramos en Estados Unidos, tanto cerca de Nueva York como en las Montañas Rocosas; en América del Sur, desde la Cordillera de los Andes hasta la Patagonia; en el norte de África, en la cordillera del Atlas y en el alto Atlas marroquí; en el sur de África; en Nepal o, incluso, en Afganistán. En países centroeuropeos, cuando el hombre respeta su hábitat, la trucha ocupa casi todo el territorio: desde los grandes ríos de la costa atlántica hasta los torrentes de los Pirineos; desde los pequeños riachuelos del centro hasta los grandes ríos del este, pasando por los lagos de los Alpes.

La trucha, que habita desde el nivel del mar hasta más de 2.000 m de altitud, en los más variados biótopos, es, sin duda, la especie más dinámica de las aguas españolas.

COLORES CAMBIANTES

La trucha común se localiza en las aguas vivas, aunque, también, se puede encontrar en los lagos y en los ríos lentos. Muestra una gran adaptación a los cursos de aguas vivas y a las turbulencias acuáticas. Su cuerpo es fusiforme y sus líneas armoniosas. Tiene unas aletas fuertes que le permiten ponerse en movimiento con una gran rapidez y alcanzar una velocidad impresionante en distancias cortas. Por su estructura ósea, fuerte y ágil, este pez es capaz de dar media vuelta acrobáticamente en un espacio muy reducido y franquear las cascadas. Estas atléticas cualidades provocan que el conocimiento de la trucha se deba realizar a través de una larga observación. Por ejemplo, su arte para utilizar la fuerza del río, para mantenerse sin esfuerzo en la corriente o calarse en el fondo contra una roca; su rapidez de desplazamiento a la hora de cazar presas variadas o la agudeza de sus sentidos siempre en alerta. El cuerpo de la trucha se caracteriza por tener un dorso de color negro tirando a oliva oscuro, los costados de color amarillo o dorado con puntos rojos o negros, a menudo bordeados en blanco, y un vientre blanco. Las escamas son muy pequeñas y suele haber de ciento diez a ciento veinticinco a lo largo de la línea lateral. La cabeza, grande y redonda, tiene una parte superior plana y una boca muy rasgada, típica de los depredadores, cuya comisura empieza un poco antes de la línea del ojo. Éste tiene un gran tamaño y se caracteriza por tener una parte negra con un fino borde color amarillo más o menos dorado. A menudo, el opérculo está decorado con una gran mancha a la altura del ojo.

UN PEZ
MUY AVENTURERO

La trucha es un pez que se adapta de un modo rápido y perfecto a los medios más variados. Sabe aprovechar al máximo todos los recursos del río o de las aguas tranquilas en las que vive. Tiene un comportamiento muy territorial, ya que ocupa una zona bastante fija según la estación y las condiciones

LA TRUCHA DE LAS MIL CARAS

El cuerpo de la trucha puede adquirir colores muy variados. La única característica sistemática de este pez es la presencia de unos puntos rojos o negros, que a veces se entremezclan. La piel de la trucha es muy bonita, tanto por el mimetismo que muestra con su entorno, como por la armonía del colorido. Así, las truchas rubias moteadas con pequeños puntos se localizan en los ríos despejados de fondos arenosos claros. Las truchas de piel de mármol marrón y amarillo se encuentran cerca de los fondos donde alternan guijarros oscuros y arena clara. Asimismo, hallamos las truchas doradas y verdosas en lugares de vegetación acuática, y las truchas negras en las gargantas accidentadas o en riachuelos a los pies de barrancos boscosos. Existen truchas lacustres con un dorso azulado y unos costados muy claros, casi sin manchas, lo que le permite confundirse con la superficie del agua y perseguir a los pececillos. Algunos tipos de trucha presentan una fina línea anaranjada, a veces de un blanco nacarado (como los salvelinos), en la parte inferior de las aletas caudal y anal. Una prueba más de la belleza de este pez es la aleta adiposa que, a veces, es de un rojo muy vivo. La variedad es infinita y en los lugares donde se han realizado pocas repoblaciones con alevines es fácil reconocer a una trucha «auténtica», adaptada a su medio ambiente, sólo por la apariencia y por el color de los costados.

Los riachuelos con un nivel alto de agua son idóneos para la práctica del toque, sobre todo al principio de la temporada. No obstante, la ausencia de vegetación obliga a acercarse con precaución a los márgenes. ▽

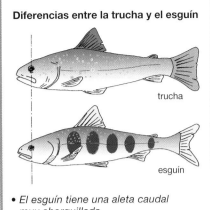

Diferencias entre la trucha y el esguín

trucha

esguín

- *El esguín tiene una aleta caudal muy ahorquillada.*
- *La comisura de las mandíbulas de la trucha sobrepasa la línea del ojo.*
- *Los costados del esguín tienen de ocho a doce manchas azuladas.*

las arañas, los coleópteros, y los saltamontes y las langostas atrapados por el agua a la lista de alimentos de la trucha autóctona. Por último, no se debe olvidar la propensión de la trucha, sobre todo si es grande, a los pececillos que comparten su mismo hábitat. Esta «cazadora» se esconde cerca del fondo, se arrima a una madera hundida, un accidente rocoso o unas matas de hierbas y se lanza a gran velocidad hacia los pececillos. A veces, una trucha pequeña le basta. En los grandes pantanos de los Alpes, donde existe una gran población de ciprínidos, las truchas se especializan en la caza de bancos de alburnos, bremas, etc. A causa de esta alimentación tan energética, estos peces pueden alcanzar tamaños desproporcionados (de 5 a 8 kg, incluso más).

UN LECHO DE PEQUEÑOS GUIJARROS PARA LA FREZA

La trucha común alcanza su madurez sexual a los 3 años de edad. A partir del mes de noviembre (octubre en zonas montañosas), las truchas empiezan migraciones que pueden alcanzar una longitud de decenas de metros, incluso, a veces, 1 o 2 km, para llegar a las zonas más propicias para la reproducción. Se trata de fondos de arena gruesa poco profundos (a menudo de menos de 1 m), oxigenados por una co-

del agua. En aguas bajas y de corriente reducida, las truchas se alimentan en todas las venas de agua que arrastran comida, en el borde de los remolinos creados por las cascadas, en las rocas que obstruyen el lecho del río, en las cuevas profundas de los márgenes huecos, en las proximidades de los márgenes boscosos y en las corrientes despejadas entre las hierbas acuáticas. En el periodo de crecida (por las lluvias, el deshielo o el vaciado de gran cantidad de agua de pantanos), la trucha huye de la corriente demasiado fuerte y permanece junto a los márgenes y las zonas muertas, donde puede mantenerse en posición de nado sin esfuerzo y, a la vez, beneficiarse de un gran aporte de comida. La fauna bentónica y los insectos constituyen más de un 80 % de su alimentación cotidiana. Durante gran parte del año, se alimenta de camarones, caracolillos, larvas de tricópteros, de efemerópteros, y otros. Con el buen tiempo, sobre todo de mayo a septiembre, las eclosiones de insectos provocan que los peces se sitúen cerca de la superficie, donde su intensa alimentación en esta zona manifiesta, a veces, una actitud parecida a la bulimia. Sin embargo, se debe precisar que estas eclosiones se producen casi todo el año, aunque no son tan numerosas, y que, en aguas bajas, es posible ver cómo se alimentan las truchas en pleno invierno. Además de los insectos cuyo ciclo de desarrollo es acuático, se ha de añadir los dípteros,

UN BAJO NIVEL DE REPRODUCCIÓN EN LA TRUCHA

Las posibilidades de supervivencia de la trucha dependen del tiempo de incubación de los huevos. La trucha autóctona es uno de los ejemplos más reveladores. Durante los 2 meses (por término medio) entre la puesta y su nacimiento, los huevos están expuestos a todo tipo de peligro. Por ejemplo, las crecidas, que erosionan el substrato del fondo, se llevan los huevos río abajo; el barro que produce el vaciado de los pantanos encenaga y asfixia casi todo lo que vive encima y debajo del fondo; o el funcionamiento de las centrales hidroeléctricas.

A partir de su nacimiento, los alevines son víctimas de algunas larvas gruesas o tordos de agua, pájaros que caminan bajo el agua. Cuando los alevines, un poco más crecidos, se acercan a nadar cerca de la arena gruesa junto a los márgenes, son víctimas de las garzas y los martín pescadores. Aparte, en los cursos donde abunda la perca y el alburno, los alevines sufren grandes pérdidas, sin contar con que las mismas truchas se alimentan de su propia descendencia. En suma, se estima que sobre una puesta de 1.000 a 1.500 huevos, sólo cinco alcanzarán su madurez sexual, es decir, la edad de 3 años. Así, pues, la polución, las infraestructuras desproporcionadas y las centrales hidroeléctricas perjudican en gran medida a nuestros ríos que, hoy en día, están lejos de alcanzar un equilibrio salmonícola satisfactorio.

◁ Las aguas irlandesas, que todavía
no se han contaminado, están pobladas
de muchas truchas comunes.
Una de ellas acaba de ser pescada
aquí, con una pequeña mosca
seca hábilmente presentada.

medirá menos de 28 cm a los 5 años.
En un gran río de llanura calcárea medirá más de 40 cm y pesará casi 1 kg,
mientras que en un embalse lleno de
peces blancos, la misma trucha alcanzará los 65 cm y pesará casi 3 kg.

¿LA TRUCHA ESTÁ REALMENTE AMENAZADA?

Las transformaciones que experimen-
ta su hábitat afectan en gran medida a
la trucha común. Los pantanos alteran los cursos de muchos ríos, ya sea
a causa de simples retenciones o por
la actividad de las centrales hidroeléctricas. Estos pantanos ralentizan la velocidad del agua en sectores situados
río abajo, provocan restituciones cir-
cunstanciales (con frecuentes variaciones de unos 20 m³/s) y una oscilación
constante de los caudales en periodo
estival.
La consecuencia principal de estas alteraciones es un caudal demasiado
grande o insuficiente, lo que afecta la
vida de los peces, es decir, su reproducción y la vida de la fauna bentónica
(principal fuente de alimentación de
las truchas). Aunque los grandes caudales perjudican la freza, los caudales
débiles resultan aún más peligrosos,
ya que disminuyen la velocidad del río
y provocan su recalentamiento, la dis-
minución del oxígeno disuelto y la
obstrucción o la calcificación del fondo, lo que significa la destrucción de la
fauna bentónica e imposibilita los frezaderos.
No se debe olvidar que las operaciones
de calibrado y las extracciones de áridos de algunos ríos de llanura, los convierte en «autopistas» acuáticas, sin refugios para las truchas en cientos de
metros.
Por el contrario, muchos ríos se hallan
en un alarmante estado de abandono.
Sus márgenes están tan poblados de
árboles y arbustos que se han vuelto
impracticables; además, su lecho está
cubierto de árboles muertos y de restos

rriente regular y bastante constante.
La composición del fondo es importante en el proceso de reproducción de
la trucha: debe presentar un lecho de
piedras pequeñas y medianas cuyo tamaño medio varíe entre 10 y 30 mm.
En un gran frezadero de un río bastante poblado se pueden observar a menudo varias decenas de ejemplares
agrupados en unos cien metros cuadrados. El mayor número de reproduc-
ciones se produce en el mes de diciembre, aunque, según las diferencias de
temperatura, la freza puede tener lugar
en noviembre o en enero. Entonces, la
hembra abre un surco en la arena, en
un lugar donde no haya limo o restos
vegetales, contorsionándose y cavando con su aleta caudal. Los huevos, entre 1.500 y 2.000 por kilo de hembra,
se expulsan sobre este hoyo y son fecundados al momento por el esperma

(o lecha) del macho, que se queda muy
cerca de la hembra durante la puesta.
A continuación, los progenitores vuelven a cubrir los huevos de arena gruesa con las aletas. Los huevos se oxige-
nan por la corriente que pasa por los
pequeños espacios que hay entre las
piedras y se encuentran bien escondi-
dos. La incubación dura un largo periodo, de unos 410 grados/día, es decir,
de 50 a 80 días, según la temperatura
del agua, que suele variar entre los 5 y
10 °C. Después de su nacimiento, los
alevines se ocultan entre la arena gruesa del fondo y se alimentan de las reservas de su vesícula vitelina. Cuando
ésta es absorbida, el alevín mide de 2 a
2,5 cm y se alimenta de plancton. A
los dos años alcanza unos 20 cm, aunque el crecimiento de la trucha puede
ser muy diferente. Una trucha que vive
en un torrente de granito de montaña

vegetales que provocan un rápido encenagamiento del fondo.

Los deportes de aventura, tan de moda hoy en día, como el kayak, las canoas y el *rafting*, invaden nuestros ríos, destruyen los frezaderos y perturban la tranquilidad de las truchas. Y hay que tener en cuenta que todo lo que se hace en favor del medio acuático, aunque lejos de ser suficiente, sale del bolsillo del pescador y nunca del de los aficionados a los deportes de aguas vivas.

Para finalizar este apartado, debemos considerar algunos aspectos que afectan muy negativamente a nuestro ámbito, como por ejemplo el hecho de pescar diez truchas por persona en un día, una cifra excesiva. Asimismo, la legislación que autoriza la captura de truchas inmaduras de un tamaño de unos 20 cm (18 cm en algunas zonas), no permite la reproducción y la continuidad de la especie.

Un río perfectamente conservado: el Jonte, en la región de las Cévennes, cuyo lecho pasa a través de unos desfiladeros espectaculares, poblados de buitres, halcones peregrinos y castores. ▷

La contaminación genética de la raza original

Tras medio siglo de una nefasta gestión de las aguas de mayor categoría, sin hablar de los problemas actuales (contaminación, destrucción de los biótopos, construcción de embalses, extracción de áridos...), se ha aniquilado a gran parte de las truchas autóctonas, las que denominamos salvajes.

Numerosas familias originales de truchas autóctonas, que desarrollaron desde hace miles de años una adaptación casi perfecta a los biótopos particulares, han desaparecido para siempre. La principal causa de su extinción reside más en las excesivas repoblaciones con alevines que en las repoblaciones realizadas con ejemplares adultos, aunque éstas

deban prohibirse. En efecto, se han importado millones de alevines sin preocuparse nunca (o casi nunca) del origen de los progenitores.

Así, muchas repoblaciones con alevines provienen de huevos de truchas escandinavas o de progenitores de procedencia desconocida que, a menudo, llevan años viviendo en cautividad. El resultado inmediato ha sido que estos peces han entrado en competencia demasiado directa con las truchas salvajes o se han cruzado con ellas y han provocado una degeneración de la raza, casta o cepa original.

Por el contrario, siguiendo el ejemplo de lo que se hace hoy en día (aunque de

forma esporádica), para nuestras truchas resultaría más beneficioso pescar los progenitores salvajes mediante sistema eléctrico para tomarles sus huevos y esperma y, después, dejarlos en incubadoras artificiales. Si se siguiera este método, el porcentaje de éxito alcanzaría el 95 %.

De esta manera, se podría haber repoblado los cursos de los ríos con unos alevines que tuvieran unas características idénticas a las truchas autóctonas. Si el dinero invertido durante estos años en la reproducción de truchas de origen incierto (embriones o alevines) se hubiera utilizado de esta manera, hoy día no nos encontraríamos con este problema.

LAS SOLUCIONES MÁS FAVORABLES PARA LA TRUCHA COMÚN

• Establecer un diálogo con la Administración y los municipios

Cada sociedad de pescadores, en colaboración con su respectiva federación regional, debe intentar establecer un diálogo constructivo con la Administración y con las empresas hidráulicas para que se respeten los caudales reservados. En este sentido, se pueden establecer acuerdos con los municipios en cuyos ríos se practiquen deportes de aguas vivas para reglamentar su acceso. Por una parte, estas actividades náuticas deberían prohibirse de diciembre a mediados de abril, para garantizar la tranquilidad de los frezaderos y el respeto a los huevos y a los alevines. Por otra parte, estos deportes podrían empezar dos o tres horas después del amanecer e interrumpirse dos horas antes del anochecer, y, así, dar a las truchas un descanso al principio y al final del día, que es el periodo de máxima actividad alimenticia.

• El mantenimiento de los ríos debe convertirse en una prioridad

Los márgenes han de despejarse, pero sin desbrozarlos en exceso: no se trata de crear unos paisajes lunares, sino una alternancia armoniosa entre las zonas cubiertas de vegetación y los claros, lo que implica sombra y luz. Para la libre circulación del agua, se debe despejar los tramos que se han obstruido por los troncos hundidos y otros objetos. Al canalizar los cursos de agua importantes hacia las zonas frecuentadas para la freza de la trucha, se suele colocar las rocas estratégicamente para desviar las aguas, suprimir los limos y restos de piedras y, en definitiva, hacer que los frezaderos sean hábiles de nuevo. A principios de octubre, en un río calcáreo de caudal lento, basta con suprimir las zonas atascadas o traer

piedras desde los márgenes para que los frezaderos sean de nuevo aptos para la reproducción. Por último, en los lugares donde el encenagamiento es grave, sólo con una draga o depuración del lodo se obtendrá la mineralización eficaz del cieno y se permitirá la recuperación de la vida de la fauna bentónica y el buen desarrollo de las truchas.

• La colocación de escaleras y el ascenso de los peces

En muchos embalses resultaría sencillo construir algunas escaleras, lo que permitiría recuperar las truchas que, por naturaleza, quieren retornar a sus puntos de origen: la cabecera de los ríos. La libre circulación de los peces en largos recorridos permite a los progenitores ir a frezaderos más apropiados río arriba y, sobre todo, aumentar la dinámica de la población, característica esencial para la evolución de la especie.

• La repoblación

Es uno de los remedios que se puede aplicar en las zonas en que la trucha común tiene serios problemas. Sin embargo, se debe precisar que estas medidas sólo funcionarán si se realiza un esfuerzo para la correcta gestión de los ríos. La repoblación de peces adultos (con ejemplares de trucha común o arco iris) no es recomendable. Además, casi todas estas truchas «domésticas», con un patrimonio genético muy disminuido, son capturadas en los primeros días de pesca. Asimismo, si no se capturan, cerca del 80 % de estos peces muere, ya que no saben alimentarse en un entorno natural. El resto de peces que sobrevive no posee la capacidad de reproducirse. La única cualidad, si se puede denominar así, de estas truchas de «plástico» es que sobre ellas se ejerce la presión de pesca en periodo de veda, lo que permite cierto margen a las «auténticas» truchas comunes.

Un pescador a la mosca debe saber esperar y observar el agua durante mucho tiempo para «entender» la actividad de los insectos y su incidencia sobre el comportamiento alimenticio de los peces. ▷

Si el medio es favorable, la repoblación de alevines en el periodo de absorción de la vesícula (más o menos 2 cm) o tras la reabsorción total (de 3 a 6 cm) muestra unos resultados excelentes. Aunque estos peces se conviertan en hermosos ejemplares de pesca dos o tres años más tarde, se estima que sólo un 20 ó 30 % de ellos son capaces de reproducirse. Cada sociedad de pescadores ha de poseer su propia incubadora para criar unos alevines que desciendan de los progenitores originarios de la balsa administrada por ellos.

LA PESCA CON CEBOS NATURALES

El objetivo que persiguen los cebos naturales es ofrecer a las truchas una gran variedad de cebos idénticos a su alimentación natural o, por lo menos, muy parecidos. Al principio de temporada, sobre todo cuando las aguas bajan turbias, la lombriz es la base principal de la alimentación de la trucha. En cambio, a medida que las aguas se aclaran, y sobre todo cuando aumenta la presión de pesca sobre las truchas, los cebos que ofrecen mejores resultados son los pequeños y finos, como los canutillos, los camarones, los pequeños grillos, los saltamontes y las pe-

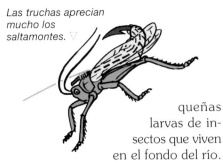

Las truchas aprecian mucho los saltamontes. ▽

queñas larvas de insectos que viven en el fondo del río.

La pesca con cebos debe acompañarse de una buena observación del río, para poder descubrir todos los posibles emplazamientos de las truchas. En primer lugar, se debe observar el interior de los márgenes del río, las pequeñas cuevas que se forman tras las rocas que obstruyen el caudal de agua, bajo las ramas y zarzales, y alrededor de los remolinos que se producen por las cascadas, etc. En pocas palabras, se deben buscar aquellos lugares que ofrezcan alimento y cobijo.

• El toque

El toque es una técnica muy sencilla tanto en lo que respecta a la táctica como al material utilizado.

△ Dos moscas domésticas en un anzuelo del nº 12.

Línea para el toque

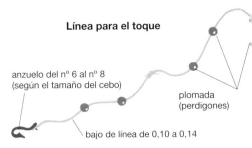

anzuelo del nº 6 al nº 8 (según el tamaño del cebo)

plomada (perdigones)

bajo de línea de 0,10 a 0,14

No obstante, no deja de ser una técnica mortífera y muy sutil. Se aplica a los riachuelos, torrentes y, en general, a los ríos cuya anchura no supera una decena de metros. Un terreno despejado requiere una gran caña (de 5 a 7 m) sin carrete, sólo equipada de un cuerpo de línea de 0,16 a 0,18 y de un bajo de línea de 0,10 a 0,14, que permite sacar provecho de cada toque. Si los márgenes son boscosos será conveniente utilizar una caña más corta (de 3,5 a 4 m) provista de anillas (exteriores o interiores) y equipada con un carrete, lo que permitirá regular mejor el peso para deslizarla a través de la vegetación.

La lombriz montada sobre un anzuelo del nº 6 al nº 8. ▽

La técnica de este tipo de pesca se limita a llevar el cebo justo donde se en-

Toque en torrentes

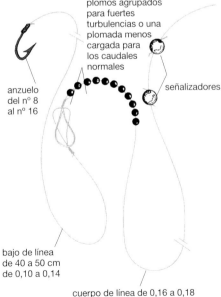

plomos agrupados para fuertes turbulencias o una plomada menos cargada para los caudales normales

anzuelo del nº 8 al nº 16

señalizadores

bajo de línea de 40 a 50 cm de 0,10 a 0,14

cuerpo de línea de 0,16 a 0,18

◁ Este pescador acaba de capturar una trucha macrostigma, con un cebo local muy apreciado: la larva de abeja.

cuerpo de línea de 0,16 a 0,18

referencia visual (señalizador)

cuentran las truchas, lo que no es una tarea fácil por las condiciones del caudal. En este caso, el factor determinante del toque es la plomada, porque de su correcta distribución sobre la línea depende el buen movimiento y la deriva natural del aparejo. Cuanto menos potente es el caudal, menos cantidad de plomos hemos de colocar, y viceversa. Además, cuanto más reducido es el espacio de pesca, más agrupados han de situarse los plomos para que el cebo se hunda con rapidez y precisión. Por el contrario, las corrientes regulares en lugares poco marcados exigen una plomada más espaciada, lo que permite una gran exploración de la línea. Hay que probar diferentes opciones: añadir algunos plomos, quitar unos cuantos en el siguiente intento y modificar su distribución en el momento en que las características del río lo exija. Ningún aparejo resulta válido durante todo un recorrido.

• La línea flotante

También llamada pesca al tapón, suele ser de utilidad allí donde el toque encuentra limitaciones. Entre estos lugares destacan los ríos cuya anchura supera a menudo los 10 ó 12 m, aquellos que presentan tramos de aguas profundas que exigen una gran reserva de hilo, y también esas zonas donde las truchas sólo se pescan si se deja un aparejo a la deriva y nos quedamos aguas arriba. Una caña bastante fibrosa de 3,5 a 4,5 m (caña tipo inglesa) y un carrete bien cargado de 0,14 a 0,16 resultan muy adecuados para este tipo de pesca. El flotador, elemento muy importante para esta técnica, ha de permitir sostener la línea y guiar su deriva. La elección del flotador depende de la importancia de la plomada y de la fuerza de la corriente. Por razones de sensibilidad, el flotador, de tipo esférico algo achatado por abajo, ofrecerá mejores resultados cuanto más pequeño sea, ya que opondrá una resistencia mínima al hundimiento de la línea en caso de toque. Así, tendremos a nuestro alcance todos los remansos y

△ El acercamiento a un margen despejado obliga, a veces, a arrastrarse por el suelo para no desvelar nuestra presencia.

Estas truchas salvajes proceden de un sector del riachuelo donde la repoblación con alevines no se ha realizado nunca. ▷

los emplazamientos situados en el margen opuesto del río, donde las truchas están menos presionadas. Al igual que con el toque, la importancia y la distribución de la plomada variará según el tipo de coup, para conseguir que el cebo se mueva de la forma más natural posible. Si pescamos en tramos amplios y profundos, el flotador deslizante, que se regula mediante un nudo de parada sobre la línea, nos permitirá lanzar a cualquier profundidad de pesca. En verano, en los ríos de poca agua, se puede dejar un flotador de me-

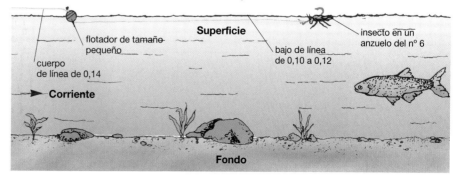

Línea flotante para la pesca con insecto

flotador de tamaño pequeño

Superficie

insecto en un anzuelo del nº 6

cuerpo de línea de 0,14

bajo de línea de 0,10 a 0,12

Corriente

Fondo

△ *Un pescador sacando una trucha del río Verdon (Alpes-de-Haute-Provence), que ha sido pescada con un gobio muerto, correctamente montado.*

nos de 10 mm de diámetro a la deriva, un bajo de línea sin plomo y un señuelo con un grillo o un saltamontes. A veces, este método es la única manera posible de pescar los peces más desconfiados.

LA PESCA CON GOBIO MUERTO INSERTADO

Este tipo de pesca cada vez cuenta con más adeptos y está más considerado. Aunque esta técnica se ha prohibido en muchas zonas libres y cotos sociales y privados, resulta fascinante, ya que se encuentra entre la pesca con cebo y el lanzado. El método de esta práctica se basa en que el pez muerto se mueva de manera irregular para simular los movimientos de un pez en apuros. La trucha es un animal depredador y oportunista, y este pequeño pez agonizante representa para ella una estupenda presa. La pesca se desarrolla explorando todos los posibles emplazamientos de las truchas. Suelen ser muy buenos lugares para este tipo de pesca los márgenes huecos, las zonas remansadas y las proximidades a pequeñas cascadas. También se utiliza esta modalidad en las grandes corrientes regulares, con algo de profundidad, donde los emplazamientos no son muy evidentes. Los lanzados en diagonal u orientados río arriba, aseguran una exploración eficaz, porque permiten que el pez muerto describa una larga curva que resulta atrayente para la trucha. La recuperación de la línea debe realizarse a sacudidas y no de forma constante, porque así se consigue el movimiento irregular del cebo cerca del fondo. Por ello, es importante la elección del material: si el tramo está despejado y las dimensiones del río lo permiten, la caña debe medir de 2,5 a 3 m, ser ligera y, sobre todo, fibrosa, para que pueda transmitir cualquier movimiento que le queramos imprimir. El carrete, con un funcionamiento perfecto, ha de equilibrar la caña y debe estar cargado con nailon de 0,20 a 0,24. Existe una gran variedad de aparejos, pero el más sencillo suele ofrecer los mejores resultados. Basta con deslizar sobre el hilo un plomo de cabeza equipado con un disco de plástico y, después, con ayuda de una aguja, atravesar con el hilo el pez cebo desde la boca hasta la región anal. Realizado esto, sólo queda fijar un anzuelo triple de gran tamaño al extremo del hilo. En comparación con la mayoría de aparejos que tienen dos anzuelos triples, esta versión con un solo anzuelo evita los riesgos de desgarro durante la recuperación del sedal. Por otro lado, un solo anzuelo triple, bastante grueso, sujeta igual de bien o incluso mejor a las truchas que dos pequeños. La última ventaja de este aparejo reside en que nos obliga a rehacer el nudo del anzuelo cada vez que cambiamos el cebo, lo que puede parecer una pérdida de tiempo en principio, pero nos evita innecesarias roturas del nudo.

• La captura y conservación del cebo

Lo primero que se ha de hacer en esta modalidad de pesca es conseguir un pececillo muerto. Algunas tiendas ofrecen a los pescadores gobios, madrillas, alburnos, bogas y carpines a unos precios bastante razonables. Si no se escoge esta primera opción, vale la pena aprovechar algunas horas libres para ir a buscar peces vivos. Necesitaremos una pequeña línea flotante, con un bajo de línea de 0,08 terminado en un fino anzuelo de acero sin muerte (así no se hiere a los pececillos). Para este tipo de pesca nos convendrá un asticot o una lombriz de tierra. Otra forma, menos deportiva, pero muy eficaz, consiste en colocar una pequeña red o cedazo al borde de una pequeña corriente por donde pasen los bancos de gobios. Sin embargo, se ha de vigilar que el tamaño de la red no sea excesivo: infórmese en la federación de pesca de la región donde se encuentre sobre la legislación exacta que regula este tipo de pesca. En

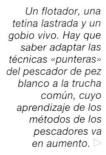

Un flotador, una tetina lastrada y un gobio vivo. Hay que saber adaptar las técnicas «punteras» del pescador de pez blanco a la trucha común, cuyo aprendizaje de los métodos de los pescadores va en aumento. ▷

La pesca de la trucha con un cebo vivo

El cebo vivo no es muy usado entre los pescadores de trucha, mientras que el pececillo muerto reúne a miles de adeptos. Aun así, un gobio vivaz (así como un alburno o una brema pequeña) no deja indiferente a la trucha. Además, puede ser un buen método para seleccionar peces de gran tamaño, que suelen desconfiar más de los gusanos y cucharillas, que de los pececillos. Se puede pescar tanto con cebo vivo al toque, explorando determinadas zonas, como a la línea flotante en las grandes corrientes regulares, sobre todo si en el río se encuentran sectores profundos o accidentes rocosos. Aunque un recorrido con abundancia de gobios permite observar cómo se alimentan las truchas, es bueno localizar los emplazamientos y, a continuación, conducir al cebo vivo cerca del banco de peces. El primer ataque supondrá la captura de la trucha, porque es menos rápida en escapar. Por regla general, la picada de la trucha suele ser clara. Para su pesca, un anzuelo de hierro fino del nº 8, clavado en el labio superior del pececillo vivo (o en el nacimiento de la cola) constituye una sujeción suficiente. A pesar de todo, algunos días las truchas matan sistemáticamente a todos los pececillos vivos que se le ofrecen y los escupen a tal velocidad que ni la persona con los reflejos más rápidos del mundo podría reaccionar. Esta extraña conducta quizás responde a que no tienen hambre y sólo desean eliminar a un competidor en su territorio. En este caso, el empleo de dos anzuelos resuelve parte del problema. Después de anudar el anzuelo simple al bajo de línea, hay que fijar otro en la parte de la línea sobrante, más o menos 2 cm más abajo. Hemos de clavar el primer anzuelo en el labio del pececillo vivo y el segundo, bajo la piel del dorso, justo delante de la aleta dorsal, lo que provoca a menudo una «autopicada», es decir, que la trucha se queda clavada a pesar de su resistencia.

◁ *Colocación de dos anzuelos a un pececillo vivo.*

España está prohibida la pesca con pez vivo o muerto, a excepción de alguna región que sólo autoriza el pececillo si es autóctono (capturado en el mismo lugar en donde será utilizado). Aunque el gobio sea muy resistente, se ha de saber conservar a los peces vivos. La mejor solución es tener una cubeta en el jardín; si esto no es posible existen otros métodos:
– el acuario equipado con un aireador;
– una nevera portátil de unos 50 litros, llena hasta los dos tercios y con un aireador. Se podrán conservar unos cincuenta pececillos vivos, si se le renueva el agua cada día. No obstante, no se debe olvidar de bajar la tapa, sin cerrarla herméticamente, para que los peces no salten.

La pesca con señuelos

La pesca al lanzado con señuelos, práctica muy utilizada, responde a las expectativas de los incansables «pisacharcos» o «trotarríos», para quienes la pesca y el deporte son inseparables. Además de ser un gran ejercicio físico, el lanzado ligero o ultraligero es un tipo de pesca muy eficaz, siempre y cuando se respeten algunas normas básicas. La pesca al lanzado exige que desarrollemos una gran agudeza visual, así como la facultad de acercarnos con cuidado y sigilo a las truchas. El pescador, el mayor de los depredadores, debe confundirse con el medio ambiente y con la vegetación de los márgenes, además de desplazarse adecuadamente en función de cada captura.

A continuación, mediante un material adecuado y muchas horas de práctica, la precisión de los lanzados será lo que permitirá materializar numerosos esfuerzos de acercamiento. En efecto, excepto en algunos momentos durante los que las truchas atacan todo lo que se mueve en el agua, a esta especie no le gustan las desenfrenadas carreras persecutorias. En realidad, el señuelo debe provocar al pez en su refugio. A menudo, 20 cm de más o de menos en el lan-

La «trucha del puente» es devuelta a su entorno, bajo un puente de tierra. ▷

La trucha al curricán

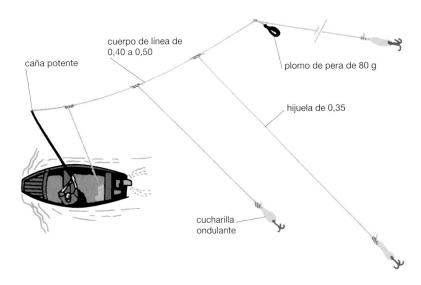

caña potente

cuerpo de línea de 0,40 a 0,50

plomo de pera de 80 g

hijuela de 0,35

cucharilla ondulante

△ *La* Salmo trutta lacustris *es una subespecie de la trucha común que se encuentra en numerosos ríos. En los grandes lagos de los Alpes, los mejores ejemplares se pescan al curricán, empleando aparejos peculiares como el que presentamos sobre estas líneas.*

LA ELECCIÓN DEL SEÑUELO

La elección del señuelo, a pesar de ser más fácil que la de la mosca, también merece que se le preste una especial atención.

A pesar de los esfuerzos de los fabricantes para proponernos señuelos de una estética cada vez más lograda, más vale no dar excesiva importancia a la apariencia de una cucharilla o de un pececillo flotante, y fijarse más en los tipos de señal que emiten en el agua.

La trucha percibe los objetos que se desplazan por el agua visualmente y por determinadas ondas. Algunas de ellas, sobre todo las que emiten una señal vibratoria, suelen provocar la agresividad de la trucha, un hecho que resulta muy interesante. El giro de la paleta de la cucharilla giratoria, la agitación del pececillo flotante o el movimiento de la cucharilla ondulante también son muy adecuados para la pesca de este pez.

---

zado significan que la trucha se decida a atrapar una cucharilla o un pececillo flotante.

• El lanzado ligero

La pesca al lanzado, empleada en casi todos los tipos de río, debe realizarse con un material que responda a unas exigencias concretas. La caña, la principal arma, ha de ser ligera y fibrosa, para conseguir una trayectoria semiparabólica. Los modelos de carbono y kevlar cumplen los requisitos, porque permiten un lanzado de gran precisión y, al mismo tiempo, el dominio de grandes ejemplares. La longitud de los modelos, que oscila entre 1,9 y 2,4 m, se ha de escoger en función del margen y de la anchura media de los tramos que se exploren. Aunque no se suele reconocer, no hay que dudar en usar cañas de 2,5 a 2,8 m en ríos grandes, despejados y de corriente bastante potente. Una caña larga permite conducir muy bien al señuelo y combatir en mejores condiciones, lo que se agradece cuando la trucha se ayuda de la corriente para luchar.

El carrete ha de ser muy fiable, porque ninguna otra modalidad de pesca necesita tanto de este apa-

rato. Se debe utilizar un carrete de probada solidez, con un cierre inmediato y suave del *pick up*, así como un freno que sea progresivo. En la mayoría de casos nos servirá un hilo de 0,16 a 0,20, que procuraremos cambiar regularmente para que conserve su resistencia. La exploración se realiza río arriba, lanzando en un ángulo de tres cuartos o un cuarto, incluso en diagonal, peinando cada posible refugio del pez.

Constituye una pesca muy rítmica y aunque se han de realizar diferentes lanzados, tampoco se trata de hacer diez intentos iguales, uno detrás de otro, porque si el señuelo cae en el fondo de una hoya, entre dos contracorrientes o justo bajo una cascada, la trucha apostada picará a la primera pasada, en ocasiones a la segunda,

pero rara vez después de muchos lanzados. En los tramos más regulares, de perfil menos accidentado, la pesca al lanzado debe centrarse más en la rapidez de la recuperación y, por lo tanto, en la profundidad que puede llegar a alcanzar el señuelo.

El pescador debe procurar no imprimir un movimiento demasiado monótono a la cucharilla o al pececillo flotante. Así, el señuelo debe acelerarse, frenarse o casi pararse, y reanudar el movimiento de repente. Este tipo de movimiento en el momento de la recuperación suele provocar la agresivi-

◁ *La trucha, muy sensible a las vibraciones y a las ondas, a menudo se deja engañar por un pececillo flotante. Los tamaños más indicados son de 3 a 17 cm.*

No hay que olvidar que, según la opinión de los fabricantes, el señuelo debe hacer picar primero al pescador. Por ello, lo importante es confiar plenamente en el objeto que ponemos al final del sedal. Así pues, no se debe dudar en emplear el señuelo que más nos guste. El segundo parámetro importante es el tamaño y peso del señuelo, ya que son aspectos determinantes para un movimiento eficaz, en función de las circunstancias del momento. Cuanto mayor es la cantidad de agua y la corriente, mayor será el peso del señuelo, lo que permitirá una exploración cercana al fondo. Si, además, el señuelo tiene un buen tamaño, las señales emitidas se percibirán a distancia. Por el contrario, en zonas de agua de poco caudal, este tipo de señuelo impacta ruidosamente y emite vibraciones desproporcionadas que, nueve de cada diez veces, asustan a la trucha. En este caso concreto, la elección se orientará hacia modelos más pequeños.

△ Las aguas claras del río Jonte, en la región de las Cévennes, son ideales para la práctica de la pesca con ultraligero.

△ En las categorías de 3 a 7 cm, ya sean sumergibles o flotantes, los pececillos rapala continúan siendo una garantía de éxito para la pesca de la trucha.

dad de las truchas porque, al contrario que en los casos anteriores, el efecto sorpresa no funciona.

– *Los señuelos indispensables*
Se ha de escoger las cucharillas giratorias (doradas y plateadas, con decoración opcional...) entre los nº 1, 2 y 3, en función de las condiciones del agua y las dimensiones del río. Tan sólo podemos tener en cuenta aquellos modelos cuya paleta entre inmediatamente en rotación.

Las cucharillas ondulantes (plateadas, con decoración opcional...) de 3, 5 y 7 cm, según la profundidad del agua y la fuerza de la corriente, exigen una práctica parecida a la del gobio muerto.

Los pececillos flotantes (plateados, dorados, gobios de colorido realista, truchas pequeñas, etcétera) pueden ser de 3, 5 y 7 cm, de forma gruesa (en el caso de 3 cm) o torneada. Los modelos deslizantes, más o menos sumergibles, se usan en los tramos bastante despejados y profundos. Los pececillos flotantes son muy útiles para que el señuelo tenga una deriva hacia lugares inaccesibles y, después, se pueda conducir río arriba. El pececillo flotante no entra tan rápidamente en acción como la cucharilla giratoria, así que resulta menos eficaz en los tramos cortos en los que el señuelo dispone de un recorrido limitado.

• **El lanzado ultraligero**
Esta técnica resulta idónea en los ríos pequeños, donde el espacio para pescar,

muy reducido, requiere gran sigilo y mucha precisión. Además, el ultraligero es de una gran eficacia en aguas bajas de ríos más grandes, y para atraer peces familiarizados con el riesgo o para pescar en puestos «imposibles». Se debe emplear en los periodos de mayor actividad de las truchas, sobre todo desde finales de abril hasta junio y durante todo el verano, por la mañana o a última hora de la tarde.

Esta técnica, que utiliza insectos y señuelos muy pequeños, de un peso casi insignificante, se practica con un material muy ligero. Para que este lanzado se deslice bajo las ramas de los árboles y se sitúe en lugares muy reducidos, la caña no debe sobrepasar el 1,5 m y ha de tener un tacto muy sensible, lo que no significa suave, de lo contrario sería imposible pescar un buen ejemplar.

paleta decorada
revestimiento de «oruga»

◁ Una cucharilla-mosca Duborgel.

Teniendo en cuenta que la distancia de pesca es reducida y que la caña pesa poco, resulta imprescindible un carrete pequeño y ligero. En lo que se refiere al funcionamiento, se debe ser aún más intransigente que para el lanzado ligero. Un hilo de 0,12 ó 0,14 completa la armonía y eficacia de este equipo. En riachuelos o cascadas, se ha de explorar cada emplazamiento potencial: a lo largo de los márgenes, detrás de cada piedra, bajo cada rama que flota en el agua, en los pilones más pequeños o en el fondo de los hoyos más estrechos. En ríos de mayores dimensiones, se debe aprovechar las posibilidades que ofrece cada técnica para abandonar los puestos clásicos y concentrarse en los emplazamientos difíciles, donde las truchas casi nunca son molestadas: el efecto sorpresa sólo se consigue realizando este esfuerzo.

– *Los señuelos imprescindibles*
Las cucharillas giratorias (plateadas o doradas) del nº 0, ocasionalmente acompañadas de una mosca rellena, funcionan bastante bien. Los pececillos flotantes, de 3 cm, que se dejan a la deriva para, a continuación, conducirlos río arriba contra los márgenes, muestran una gran efectividad.
Los *streamers* de pluma o pelo, plomados en la cabeza del anzuelo, recuerdan el perfil de un alevín.
Los señuelos flexibles en forma de pez (*pikies*), apenas plomados en la cabeza del anzuelo, miden de 3 a 4 cm.

Este hermoso ejemplar de trucha común, ha sido víctima del efecto de una pequeña mosca clara. ▷

LA PESCA A LA MOSCA

La pesca a la mosca constituye una práctica muy estética que ha inspirado gran parte de la literatura piscatoria en países como Francia, Inglaterra o Irlanda, y en la actualidad también en España.
No resulta necesario demostrar la eficacia de esta técnica, porque es muy conocida. Esta práctica se articula alrededor de dos grandes principios: conocer bien los ríos y saber observar las costumbres alimenticias de las truchas. El principal factor que ha motivado el ascenso de la pesca a la mosca reside en el elevado porcentaje de insectos (en diferentes etapas de su desarrollo) que compone la dieta cotidiana de la trucha (a menudo superior a un 80 %).
Así pues, el arte de la pesca a la mosca se limita a ofrecer a la trucha imitaciones de estos insectos, bajo todos los aspectos que ofrecen durante el ciclo de desarrollo, ya sea en función de la estación, la hora del día o la actividad de los insectos. Las moscas artificiales se caracterizan por tener un peso insignificante, lo que hace imposible su lanzado a menos que dispongamos de un material muy específico.

• La mosca seca
El término mosca seca se refiere a la utilización de moscas artificiales que flotan sobre la superficie del agua. Se trata de señuelos compuestos de pluma, pelo y materiales sintéticos, que imitan de forma más o menos realista a un insecto a la deriva en la superficie. El mayor uso que se realiza de la mosca seca, en oposición a la ahogada o a la ninfa profunda, se basa en la mejor

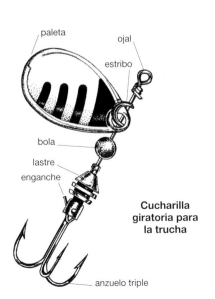

Cucharilla giratoria para la trucha

paleta
ojal
estribo
bola
lastre
enganche
anzuelo triple

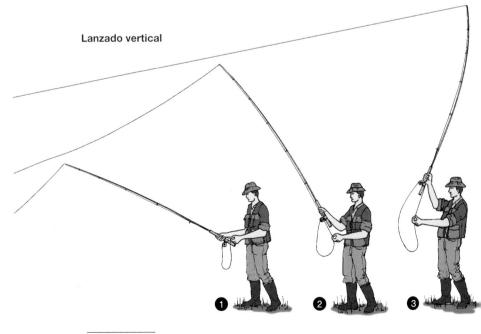

Lanzado vertical

➊ ➋ ➌

visualización del insecto, porque vemos a la mosca flotando desde el mismo instante en que se posa en el agua. Así, presenciamos la picada «en directo», ya que podemos observar el ascenso de la trucha que va a cazar a la mosca artificial.

Excepto durante algunos periodos de bulimia, se ha de tener presente que cuando una trucha se alimenta en la superficie, diez lo hacen bajo el agua (sobre todo en el mes de junio).

La pesca a la mosca requiere un material específico que, si bien antiguamente sólo estaba al alcance de los más adinerados, hoy en día resulta asequible para todo el mundo. La caña, que suele medir 2,6 m, de carbono o kevlar, tiene una acción de punta o semiparabólica. Una caña de 2,15 m nos permitirá más soltura en los lanzados realizados en tramos con muchos obstáculos. En ríos despejados, de aguas bastante rápidas, una caña de 3 m nos ayudará a controlar mejor la deriva y a evitar el calado de la línea.

La caña ha de equilibrarse mediante un carrete, manual o semiautomático, fabricado con materiales que le proporcionen una gran ligereza (los automáticos son demasiado pesados y su funcionamiento, en ocasiones, no muy fiable). La seda sintética será autoflo-

tante y su grosor dependerá, por una parte, de la acción de la caña y, por otra, del tipo de agua en que pesquemos. Cuánto más bajo sea el número del sedal, más fino y ligero debe ser el grosor, lo que permitirá una clavada más delicada. Por último, hemos de fijarnos en el bajo de línea, que es la parte terminal que se anuda al sedal. Resultan muy adecuados los modelos llamados cola de rata, uno de cuyos extremos acaba en 0,10 ó 0,12. Otra solución consiste en empalmar unos hilos de nailon de 0,50, 0,35, 0,25, 0,18, 0,12 y 0,10. Si las truchas se acercan a la mosca, el extremo de 0,10 ó 0,12 les produce un rechazo sistemático. Entonces, se debe bajar el grosor a 0,08. Algunos pescadores lo reducen a un 0,065, pero, en este caso, la actividad precisa una muñeca muy flexible. Dos grandes ejes de exploración permiten definir las posibilidades de la mosca seca: pescar en la superficie o pescar en el agua.

En los grandes lagos irlandeses, la pesca a la mosca suele ser la mejor técnica para pescar truchas. ▷

– *La pesca en la superficie*

Se tiende a ofrecer verdaderos insectos o unas imitaciones fieles a las truchas que se alimentan en la superficie. Así pues, la primera acción del pescador a la mosca será localizar remolinos concéntricos que delaten la pre-

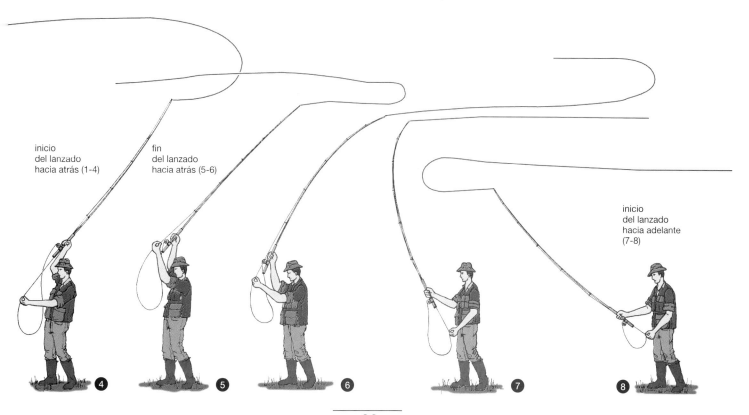

inicio del lanzado hacia atrás (1-4)

fin del lanzado hacia atrás (5-6)

inicio del lanzado hacia adelante (7-8)

4   5   6   7   8

La elección de la mosca seca

La elección de la mosca seca continúa siendo el tema de discusión preferido de los pescadores a la mosca. Los incondicionales de la mosca exacta, que emplean el insecto preferido de las truchas en cada circunstancia, intentan combinar pesca y entomología. Otros, por el contrario, creen en las moscas de fantasía, que no corresponden a nada existente, pero despiertan la curiosidad de los peces. Algunos llevan cientos de moscas diferentes en los bolsillos, mientras que otros pescan toda la temporada con menos de diez modelos. En realidad, es preferible fijarnos en el conjunto más que en los detalles. Tres grandes criterios permiten definir a la mosca artificial: el tamaño, la silueta y el tono del conjunto (es preferible hablar del tono que del color, porque se desconoce la percepción de los colores que tiene la trucha).

sencia de las truchas que se alimentan en la superficie. El acercamiento ha de ser lo suficientemente sigiloso como para que nos permita situarnos a un lado u otro del pez. En esta posición se debe realizar un lanzado en diagonal y río arriba.

El lanzado ha de conseguir que el sedal se pose bastante lejos del pez para que la mosca llegue a su alcance de forma natural. La finura del extremo del bajo de línea desempeña en este sentido una importante función. El hecho de utilizar un 0,10 o, incluso, un 0,08, permite a menudo que la mosca artificial flote de un modo atractivo para la trucha.

Los peces más desconfiados huyen ante el menor error de presentación. Por ello, la pesca río abajo ofrece la gran ventaja de presentar la mosca frente al pez, sin que se vea el bajo de línea. En este caso, la trucha se halla frente al pescador cuando se apodera de la mosca, lo que provoca que se retrase el tirón para no arrancársela de la boca.

– La pesca al agua

La pesca al agua presenta diferencias, ya que detectar el cebado en la superficie se convierte en algo secundario. Esta técnica consiste en pasear la mosca por todos los emplazamientos potenciales de la trucha, sobre todo en los fondos llanos, pequeñas corrientes y en las proximidades a los márgenes accidentados o boscosos.

Con frecuencia, las truchas se encuentran cerca de la superficie, pero rara vez suben a alimentarse. Además, hay que estar muy atento al ascenso de los peces en la corriente. La pesca, que suele ser más fácil si se conoce el tramo y los emplazamientos de las truchas, consiste en peinar metódicamente la superficie del agua con pequeños lanzados bastante cortos, pero reiterados.

En aguas rápidas, la elección del modelo de mosca tiene menor importancia que en aguas calmadas, ya que la trucha dispone de poco tiempo para observar, lo que provoca rápidas ascensiones. No dudemos en utilizar un

La calidad de la clavada y de la deriva constituyen elementos esenciales para pescar con mosca seca. ▽

material relleno, que flote bien, para poder localizar mejor a la mosca artificial en aguas turbulentas. En verano, la pesca a la mosca seca en las pequeñas corrientes permite cobrar hermosos ejemplares.

• **La mosca ahogada**
La pesca a la mosca ahogada consiste en pasear una o varias moscas bajo la superficie del agua, a profundidades muy variables. Los insectos, cuya vida es muy corta, se mueven casi siempre sobre el agua, aunque también se hunden por las turbulencias de la misma. Por ello, las truchas continúan alimentándose bajo la superficie. Ésta es la razón por la que no se puede decir que las truchas están inactivas cuando no se detecta ningún alimento en la superficie. La técnica de la mosca ahogada, que resulta más difícil de practicar de lo que se cree, se limita a pasear una o varias moscas artificiales por las capas de agua donde se alimentan con más frecuencia las truchas. Se trata de una práctica más «ciega» que requiere una gran sensibilidad de tacto por parte del pescador, ya que las truchas detectan al instante el engaño y escupen la mosca artificial. Toda la dificultad reside en la percepción de los toques. Este tipo de pesca se realiza río abajo, pero también en la posición de un cuarto río abajo, para que las moscas puedan moverse más ampliamente y en espiral. Durante la trayectoria de las moscas, el pescador ha de controlar la deriva y mantener el sedal ni demasiado tenso (para evitar un calado que resultaría nefasto) ni demasiado flojo (para percibir el más mínimo tanteo o la menor detención de la línea). Cada toque, por discreto que sea, exige un tirón inmediato. Se estima que un pescador de buen nivel sólo percibe uno de cada dos toques cuando pesca a la mosca ahogada. A pesar de todo, en muchas situaciones (a principio de temporada y en aguas frías un poco turbias o sometidas a un gran caudal)

QUÉ DEBE CONTENER LA CAJA DE MOSCAS IDEAL

• Esta caja ideal debe contener unas imitaciones que floten bien arriba y recuerden la silueta de insectos vivos que van a la deriva en la superficie del agua o que estén desovando. Ha de incluir las arañas y los *palmers*, cuyo tono de conjunto oscila entre el negro, el rojizo, el tostado y el rubio. Otros modelos como la Panamá, la Indispensable, la Mosca de Mayo, la French Tricolore o la Doble Collarín, permiten pescar truchas en casi todo tipo de aguas y durante toda la temporada. Las sedges, cuya principal característica consiste en la presencia de largas alas en la prolongación del cuerpo, resultan indispensables para explotar la actividad crepuscular de las truchas, así como la matutina. Resulta muy útil tener este tipo de moscas en varios tamaños, montadas en anzuelos del nº 10, 12 y 14. En el momento en que se muestran más inaccesibles, sobre todo en verano, los moscardones toman el relevo (Blue Dun, Olive Quill, Wickam's Fancy, Red Quill...). Estos modelos pequeños se montan en anzuelos del nº 16, 18 y 20.
• Otras imitaciones son las que flotan bajo y que copian a los insectos muertos que van a la deriva en la superficie, también llamados *spents*. Los modelos mencionados se montan con las alas muy separadas y planos, en función del tamaño del anzuelo.
• Por último, las imitaciones que flotan muy bajo, que representan a insectos que atraviesan la superficie del agua durante su eclosión, como los famosos *cul de canard*. El tono de todos estos insectos emergentes oscila entre el negro, el tostado, el rubio, el amarillo y el blanco. Se montan en anzuelos del nº 14, 16 y 18.

la mosca ahogada es más eficaz que la seca. Más avanzada la temporada, siempre queda tiempo para dedicarse a la mosca seca, cuando las condiciones son realmente favorables.
En un río de gran corriente, el material para la mosca ahogada ha de ser más potente que el de la mosca seca. Si bien el carrete puede ser el mismo, la caña ha de medir de 2,7 a 3 m. El movimiento ante la picada debe ser bastante brusco para que el tirón sea eficaz, incluso a distancia, y la línea se recupere fácilmente. El sedal autoflotan-

te (del nº 4 al nº 6) se adapta bien a las aguas poco profundas, porque sólo debe hundirse bajo la superficie el bajo de línea.

– *Los modelos de mosca ahogada*
La mayor parte de las moscas artificiales que imitan a un insecto adulto ahogado o en su última fase de vida acuática tienen un aspecto bastante pobre. Las alas o las patas se reducen a la mínima expresión y están elaboradas con fibras de *hackle* o pelo asentado (a la española), mientras que el cuerpo está

A veces, el salabre de tipo raqueta, rígido o plegable, resulta muy útil en la pesca a la mosca y en la pesca de grandes ejemplares. ▷

más trabajado. Éste suele ser abultado (pallareta) y cilíndrico, de color naranja, amarillo, rojo o verde, y bordeado con un hilo de un color que contrasta con los otros tonos o adornado con motivos dorados o plateados. Aunque muchas moscas ahogadas no se parecen a nada conocido, ya que los materiales sintéticos y las plumas utilizadas presentan una coloración muy viva y variada, las truchas las suelen atrapar con rapidez. Por ejemplo, las moscas artificiales irlandesas como la Green Highlander, la Claret Bumple, la Bloo-dy Butcher, la Teal and Red, la Duck Fly y otras, son capturadas por los peces, ya que las deben de confundir con minúsculos alevines.

• La ninfa

La ninfa, variedad de la mosca ahogada, suele implicar una pesca profunda con imitaciones más o menos realistas de numerosas larvas y de insectos que viven en el fondo. La alimentación de las truchas se basa mucho más en los insectos durante su fase acuática que durante su estadio aéreo definitivo. La mayoría de estos insectos pasa largos meses bajo el agua para vivir tan sólo 2 ó 3 días en el aire, a veces, unas pocas horas.

– La ninfa profunda

La ninfa profunda recuerda a la mosca ahogada, pero se diferencia en el tipo de pesca que requiere, mucho más profunda y a ras de fondo. El material empleado es el mismo que para la ahogada, salvo en el sedal. Puesto que la acción de pesca exige una bajada rápida y una profunda exploración de la línea, el sedal ha de ser sumergible o semisumergible (tan sólo los últimos metros del sedal llevan lastre).

Esta técnica, que depende en gran medida del tacto, requiere un control permanente de la línea, que no debe estar ni demasiado floja ni demasiado tensa, para poder percibir el más mínimo toque o la más sutil detención de la deriva. Las ninfas utilizadas, lastradas o no en función de las dimensiones de la superficie de agua explorada, son imitaciones de camarones, tricópteros y otras larvas de insectos que viven en el fondo de los ríos. A principios de temporada, en aguas frías, cuando las truchas se quedan a ras de fondo, la ninfa profunda suele constituir la única forma de llevar a los peces al salabre.

– La ninfa a la vista

Esta técnica, muy de moda desde hace algunos años, se parece visualmente a la mosca seca, pero se desarrolla bajo el agua, que ha de estar limpia. Si bien es cierto que resulta difícil ver a una minúscula ninfa a algunos metros de distancia, incluso en aguas cristalinas, los peces son muy fáciles de ver. Su actitud nos muestra cómo siguen a la ninfa y su ataque nos indica que la ha capturado.

Al igual que los demás tipos de pesca a la vista, esta técnica exige un acercamiento cuidadoso a las truchas y un gran sigilo. No se puede interrumpir la comida de las truchas, pero para obtener buenos resultados, es necesario acercarnos lo máximo posible a los peces para pasear la ninfa con precisión y observar las reacciones de las truchas para tirar en el momento adecuado.

EL TREN DE MOSCAS AHOGADAS

El tren de moscas, que se compone de dos o tres moscas de diferente fabricación, permite pasear cada mosca a diferentes profundidades. En el bajo de línea, de diámetro decreciente, situaremos a las moscas en el tramo final. Una mosca se fija al extremo, mientras que la segunda (incluso una tercera) se sitúa más arriba, sobre una lazada de hilo denominada hijuela. La punta del tren de moscas y las hijuelas, a causa de los tirones violentos y de una acción de pesca bastante rápida, no tienen que ser inferiores a 0,14, en algunos casos 0,12, siempre y cuando se manejen con delicadeza.

• La mosca de punta o de cola, fijada al extremo del bajo de línea, es la que bajará a pescar a mayor profundidad. Su cuerpo es voluminoso, ligeramente cargado a veces, y los *hackles* o los pelos son poco numerosos y muy inclinados para facilitar el calado.

• La mosca media se fija a una hijuela que se encuentra a 50-60 cm de la mosca de punta para una exploración más cercana a la superficie. El cuerpo de ésta es mucho más fino y los *hackles* están poco inclinados, lo que disminuye el calado.

• La mosca saltarina o emergente también se fija a una hijuela a 50-60 cm de la mosca media para moverse rozando la superficie. Su cuerpo es delgado y los *hackles* se montan rectos, como si fuera una mosca seca con poco relleno, lo que la estabiliza en la superficie.

En función de los resultados registrados (se suele capturar a la mayoría de los peces con una o dos moscas, pero nunca con tres), el tren de moscas puede variar mucho. Es posible quitar la saltarina o la media, espaciar más las moscas o lastrar más la mosca de la punta.

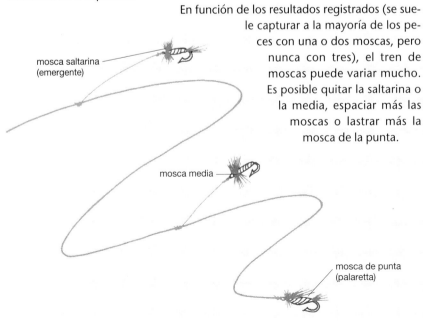

mosca saltarina (emergente)

mosca media

mosca de punta (palaretta)

Tren de moscas situado por encima de un buldó

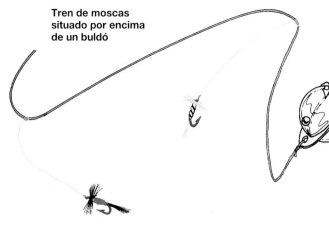

LA PESCA EN LAGOS DE ALTA MONTAÑA

La alta montaña, uno de los pocos lugares en que la naturaleza todavía se conserva, es un paraíso para el pescador de truchas que busca la autenticidad y la aventura. En los Alpes, así como en los Pirineos, algunos lagos se encuentran a más de 2.000 m de altitud y se suele acceder a ellos tras varias horas de caminata, con desniveles importantes. No obstante, después de este esfuerzo, encontramos la paz de las cumbres, una fauna y una flora excepcionales y, casi siempre, truchas en estado salvaje.

La pesca en alta montaña, además de exigir un intenso ejercicio físico, desarrolla el sentido de la organización y la elección del material esencial.

Caminar durante varias horas, pescar, comer y dormir a lo largo de 2 ó 3 días implica una gran logística. Se debe contar con una tienda impermeable, un cálido edredón (incluso en los meses de julio o agosto el termómetro puede bajar hasta los 0 °C), un hornillo, alimentos energéticos, etc., y, sobre todo, el material de pesca. Para cargar con todo el equipo es indispen-

sable una mochila resistente, especial para el excursionismo de alta montaña. En cuanto al calzado, ha de ser impermeable, alto y confortable.

La pesca con señuelo y gobio muerto siempre resulta eficaz en lagos de altitud, pero también la pesca a la mosca ahogada con buldó, sobre todo al mediodía.

La mosca seca, por la falta de espacio para lanzar adecuadamente, se suele practicar en los márgenes, sobre todo por la mañana y a última hora de la tarde. Por último, si prefiere los cebos vivos, iníciese en la pesca a la inglesa, técnica que combina una distancia de pesca apreciable, finura y una sensible percepción de los toques.

Si realiza esta pesca de altitud, no olvide llevar la cámara fotográfica. El bellísimo espectáculo que ofrecen las cabras montesas, el águila real, así como las truchas y los salvelinos, merece, sin duda alguna, esta carga suplementaria en su mochila.

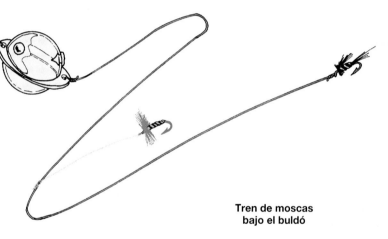

Tren de moscas bajo el buldó

En los lagos de alta montaña, incluso en verano, las condiciones climáticas pueden ser extremas. ▷

DESTINOS PRIVILEGIADOS

Sería imposible enumerar aquí todas las zonas de interés para los pescadores de truchas. La selección arbitraria que sigue sólo pretende indicar algunos lugares donde la calidad o el tamaño de estos peces compiten con la belleza del entorno.

Resulta imposible no hablar de los ríos franceses de Franche-Comté, el Loue, el Ain, el Dessoubre, el Doubs, etc., y sus magníficas truchas listadas.

Podemos dirigirnos hacia el sudoeste francés, en los Pirineos, por el torrente de Pau, de Oléron o, más arriba de Font-

Romeu, hacia los lagos de Carlite y el pantano de Bouillouses, único lugar donde la trucha arco iris ha formado cepa.

Si desea pescar grandes ejemplares, diríjase al sudeste, sobre todo hacia las aguas turquesa del Verdon (Alpes de la Alta Provenza), donde inmensas truchas remontan regularmente el lago de Sainte-Croix, principalmente en marzo o septiembre. Si lo prefiere, vaya hacia el lago de Serre-Ponçon, cerca de Gap (Altos Alpes), donde es posible pescar enormes truchas lacustres al curricán. Las proximi-

dades del Aveyron y los riachuelos de la meseta de Aubrac tampoco le dejarán indiferente. Después, suba a Cantal, Morvan y las gargantas del alto Allier.

No podríamos acabar con esta rápida vuelta a Francia sin llevarle a los ríos costeros de Bretaña y Normandía, tales como el Sélune o el Sée donde, por fortuna, las truchas marinas y los salmones inician un prometedor regreso.

España ofrece también excelentes lugares para la pesca de la trucha, como los ríos pirenaicos, los de la vertiente cantá-

El equipo empleado para la mosca seca se adapta perfectamente a esta técnica, incluso el sedal autoflotante. El extremo del bajo de línea, por la transparencia del agua, debería variar entre 0,08 y 0,10. Se ha de escoger modelos de fabricación y tamaño diferentes según la profundidad en que se muevan las truchas.

Las ninfas emergentes o de entre dos aguas, destinadas especialmente a las truchas que se alimentan cerca de la superficie, presentan en su mayoría tonos neutros (beige, tostado, rojizo, etc.), un cuerpo voluminoso y unas patas y alas (dobladas o en el interior de su saco alar) compuestas por pelo o fibras de plumas. La Oreja de Liebre y la March Brown son excelentes modelos.

Las ninfas lastradas de tono muy similar, diferentes por su aspecto más relleno y, sobre todo, por un mayor peso, se hunden con mayor facilidad y pasean de un modo fiable sobre el fondo.

Las imitaciones de camarones, canutillos, o bien una Pheasant Tail, suelen ser muy eficaces cuando pescamos peces que se encuentran a ras de fondo. Asimismo, también son claramente útiles cuando es imposible distinguir las truchas.

El pescador controla la deriva e imprime un movimiento variado al señuelo con ayuda de la puntera. ▽

△ *Un bello paisaje de la montaña de Córcega (sobre estas líneas el alto Rizzanese), con unos torrentes poblados de una cepa específica: la trucha macrostigma.*

brica y Galicia. En el río Órbigo (León) podrá disfrutar de verdaderas truchas comunes.

Por último, no se olvide de Córcega, una isla de una gran riqueza hidrográfica muy desconocida por los aficionados a la pesca. Allí tendrá ocasión de observar el *Salmo trutta macrostigma*, una auténtica trucha común.

Puesta del *streamer* en un remanso

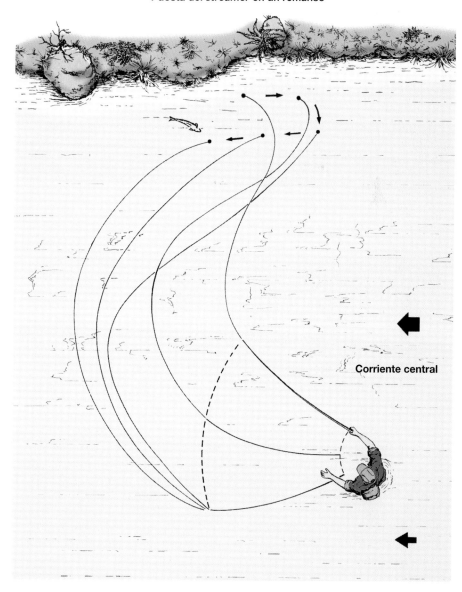

Corriente central

LA TRUCHA ARCO IRIS

*L*a trucha arco iris (Oncorhynchus mykiss) *es un pez de gran nivel deportivo que no tiene comparación en la lucha y cuya defensa feroz se combina con espectaculares saltos fuera del agua. Por ello, merece una mejor consideración que la actual, ya que se la relega a «pez de barreño» o «porción de media veda». La causa de esta reputación se debe buscar en las abusivas repoblaciones que se han realizado en los ríos para aumentar su densidad. Por suerte, la posibilidad de un bonito trofeo de última hora en un lago reconcilia a los pescadores con la trucha arco iris.*

Una morfología inconfundible. Esta trucha arco iris capturada en un lago de gran altitud y que acaba de ser devuelta a su elemento, mantiene intactas sus aletas. Éstas prueban que se trata de un pez salvaje al cien por cien. ▽

UN PEZ MUY LUCHADOR

Introducida en Europa a finales del siglo pasado, la trucha arco iris se ha repoblado en diferentes lugares. En algunos países, se ha necesitado realizar un gran esfuerzo, porque se otorgaba más importancia a la calidad que a la cantidad para adaptarla con éxito a sus aguas. En la mayoría de casos, la arco iris sigue siendo un pez de piscicultura, criado a gran escala para el consumo ordinario o para repoblar los ríos o aguas tranquilas. La trucha arco iris se ha convertido incluso en el pez más numeroso de los cotos privados, donde, casi siempre, la pesca constituye más una especie de feria que un arte.

De ahí que la mayoría de pescadores desconozcan la belleza original de esta trucha, su extrema desconfianza y la técnica que requiere su pesca.

PRESENTE EN TODA EUROPA

Además de América del Norte, su lugar de origen, la trucha arco iris puebla todas las aguas europeas, desde España e Italia a Escandinavia, pasando por el Reino Unido y Austria. Existe una forma migratoria de la arco iris bautizada con el nombre de *steelhead* (cabeza de acero), sobre todo en Alaska, en la Colombia británica y en Argentina.

En países como Francia, además de los sucedáneos producidos en piscicultura, la trucha arco iris, introducida en la etapa de alevín, da excelentes resultados en los lagos y en los torrentes de montaña, aunque también en ríos de baja altitud muy oxigenados, como el Sorgue. En algunos lugares, a veces, se ha reproducido, creando una nueva raza autóctona. Las *bouillouses*, en los Pirineos orientales, representan el único ejemplo que demuestra el éxito de la reproducción de la trucha arco iris en el país vecino. Algunas federaciones de pesca, como la de la región de los Altos-Alpes, repueblan las aguas con alevines procedentes de las *bouillouses*.

Un emigrante bien aclimatado

Aunque el aspecto general de la trucha arco iris recuerda al de la trucha común, algunos detalles son inconfundibles. Posee una boca menos rasgada, el cuerpo es esbelto y bastante alto (su altura alcanza un cuarto de su longitud) y tiene una cabeza bastante pequeña. En los flancos, donde domina la tonalidad plateada, presenta una banda mediana en colores que van del rosa al violeta, mientras que el dorso suele ser de un azul verdoso bastante intenso. El cuerpo y las aletas dorsal y caudal están moteados con pequeños puntos negros, exceptuando el vientre, que es de un blanco nacarado. Durante la freza o a partir de los cuatro años, el opérculo adquiere un tono violeta muy luminoso. Del aspecto general de la trucha arco iris se desprende su potencia y extrema vivacidad.

• Potencia y vivacidad

Siendo sus costumbres muy similares a las de la trucha común, la arco iris manifiesta un comportamiento territorial típico. La encontramos tanto en torrentes de montaña y lagos de gran altitud, como en ríos de llanura, incluso en estanques. Más adaptable que el resto de salmónidos a índices de oxí-

EL CAMBIO DE FAMILIA

La trucha arco iris, clasificada hasta el momento dentro del género *Salmo* (como la trucha común y el salmón atlántico) y bautizada como *Salmo gairdneri*, hoy es vinculada por los ictiólogos al género de los *Oncorhynchus* (como los salmones del Pacífico).

Si se observa la forma del cuerpo, el color de la piel, el aspecto de la cabeza y la medida de las mandíbulas, resulta que se parece mucho más al salmón del Pacífico que a la trucha común. Siguiendo esta lógica, se debería cambiar su nombre común y llamarla «salmón arco iris».

No obstante, para los pescadores este pez sigue siendo la trucha arco iris, como hasta ahora.

Un estanque es un depósito, natural o artificial, de aguas tranquilas, de buena calidad, que permiten la adaptación de los salmónidos.

En estos cotos privados sólo se suele autorizar la pesca a la mosca. La reglamentación en vigor prevé un número diario de capturas muy reducido, así como la captura de peces con un tamaño mínimo o la devolución sistemática al agua de todos los ejemplares pescados.

Al adaptarse mejor que sus primos más o menos cercanos, la trucha arco iris es el pez que se ha introducido mejor y en mayor cantidad en los cotos. Además, los pescadores deportivos disfrutan de la espectacular defensa que ofrece este salmónido.

En los estanques, la ninfa o el *streamer* superan a la mosca seca. Las ninfas suelen representar a quironómidos y a tricópteros y se montan sobre anzuelos del nº 10 al nº 14. Por otro lado, los *streamers*, mucho más voluminosos (montados sobre anzuelos de tija larga del nº 1 al nº 5), recurren a plumas, pelos o materiales sintéticos de gran colorido, que se seleccionan por su movili-

dad en el agua. Aunque en el mejor de los casos logran imitar la silueta de un alevín, a menudo no existe parecido alguno, porque lo que se busca con el *streamer* es provocar la agresividad de la trucha arco iris.

Tanto en el caso de la ninfa como en el del *streamer*, la experiencia demuestra que, por encima de la elección del modelo, los factores más determinantes para el éxito son la profundidad de pesca, la rapidez de recuperación del sedal y la animación del señuelo, ya que los peces se apostan en diferentes capas del río según la estación o la hora del día.

geno disuelto bastante bajos, la trucha arco iris consigue vivir en aguas cuya temperatura ronda los 20 °C. De todos modos, el hábitat predilecto de este pez se encuentra en los lagos de altitud y en los cursos de agua de media y alta montaña (incluso por encima de los 2.000 m). Menos recelosa que la común, la trucha arco iris se caracteriza por una actividad constante que se manifiesta en un cambio frecuente de emplazamiento, incluso en el río. Además, la arco iris crece muy rápido por su gran apetito.

No es demasiado extraño que, en un medio rico, un alevín de 6 ó 7 cm pese más de 1 kg tres temporadas más tarde. Se capturan peces de más de 5 kg cada año (en el Roya, río franco-italiano del sur de Francia, se llegó a pescar un ejemplar de 10 kg). Cualquier alimento es apetecible para este pez: insectos, larvas, gusanos, y pececillos. La trucha arco iris prefiere alimentarse más en la superficie que en las aguas profundas.

• La freza a más de 2.000 m de altitud

En América del Norte, la trucha arco iris se reproduce de noviembre a febrero, igual que la común, y hunde los huevos (alrededor de 3.000 por kilo de peso de la hembra) entre los guijarros de los fondos poco profundos y oxigenados por una corriente viva. La incubación, más corta que en el caso de la común, es de 310 grados/día (alrededor de 2 meses en aguas a 5 °C). La madurez sexual se alcanza a la edad de 3 años, en los dos sexos. En Francia resulta distinto, porque la arco iris sólo consigue reproducirse de un modo natural en alta montaña, a menudo por encima de los 2.000 m. Parece ser que la freza tiene lugar entre junio y julio, sobre todo en las entradas y salidas de agua de los lagos de gran altitud. Al menos, esto es lo que los pescadores pirenaicos observan cada año, y que el propio autor ha constatado en los Alpes, cuando pescó a principios de verano machos muy coloreados y hembras a punto de expulsar los huevos, cerca de los afluentes de algunos lagos de la región de Mercantour. A todo esto se debe añadir las repoblaciones regulares de alevines que hacen difícil, si no imposible, comprobar el número exacto de la reproducción de esta especie.

• Una aclimatación sorprendente
A pesar que la trucha arco iris padece los mismos problemas que la trucha común, causados por la alteración de los ríos (minicentrales, encenagamiento de los frezaderos, limitación de los desplazamientos, contaminación...), en la actualidad, la trucha arco iris no forma parte de ningún programa de envergadura para su aclimatación. A excepción de los Pirineos, la Saboya y los Altos-Alpes, donde se intentan desarrollar colonias aptas para la reproducción, la arco iris continúa siendo, en la mayor parte de Europa, un «pez de veda», introducido en la etapa adulta y capturado fácilmente a los pocos días.
Sin embargo, se debería realizar una adaptación con un mínimo de rigor en países como España y Francia, a imagen de lo que se hace en Austria, Eslovenia, Polonia y en otros muchos países europeos donde la adaptación de la trucha arco iris es un rotundo éxito. Si se repuebla con alevines las numerosas entradas de agua de algunas regiones y de ciertos lagos de altitud, así como los cursos de agua de media y alta montaña, existen grandes expectativas de que nuestro pez se reproduzca sin demasiadas dificultades. La solución de declarar estos sectores zonas reservadas, provisional o definitivamente, sigue siendo la mejor opción, y además implica la posibilidad de recuperar la pesca eléctrica de alevines o progenitores para extender el área de repoblación de esta especie.

LA PESCA DE LA TRUCHA ARCO IRIS

La trucha arco iris puede pescarse con los mismos tipos de cebo con que se pesca a la trucha común. El cebo, el señuelo, el pececillo muerto o la mosca artificial resultan técnicas idóneas para su captura. Sin embargo, más vale conocer el comportamiento

△ Los grandes ejemplares de la trucha arco iris ofrecen una resistencia incomparable, sobre todo, si son pescados a la mosca en un estanque, como el de la fotografía.

específico de la arco iris, sobre todo en aguas tranquilas, de altitud media o alta, para adaptar determinadas técnicas de pesca.

• La pesca a la mosca ahogada en aguas tranquilas
Cuando empieza el buen tiempo, al amanecer, al atardecer y al mediodía, las eclosiones se multiplican y la arco iris pasa la mayor parte de su tiempo alimentándose en la superficie. Aunque la mosca seca suele atraerla, la ahogada ofrece todas las garantías de éxito.
Si los márgenes nos permiten suficiente retroceso, resulta idóneo emplear una caña para la mosca de 2,8 a 3 m, bastante potente, equipada con un carrete cargado con sedal del nº 6 ó nº 7 y alrededor de 50 m de reserva de hilo (backing). Si los márgenes son

escarpados o boscosos, es más ventajoso emplear el buldó. En ese caso, basta con usar una caña de 3 a 3,5 m y un carrete de lanzado ligero cargado con sedal del nº 0,16 ó 0,18. El buldó resultará más efectivo si lo colocamos en el extremo de la línea y lo llenamos casi totalmente para que la estela en la superficie sea lo más discreta posible. A continuación, las moscas se montarán en derivación mediante hijuelas cortas (de 7 a 8 cm), que han de realizarse con un nailon muy rígido para que la presentación de la mosca se distinga de la línea general. La primera mosca se moverá 1 m por encima del buldó y la segunda, 0,80 m más arriba de la anterior. Tanto con la caña lanzada como con el buldó, la recuperación se realiza justo bajo la superficie y de forma irregular. Desde esta perspectiva, las pequeñas olas provo-

• La pesca con cebo natural

La principal característica de la trucha arco iris reside en que se interesa por todo lo que es comestible, tanto en la pesca con flotador deslizante como en la pesca a la inglesa. Asimismo, muestra una predilección especial por alimentarse en la superficie. La trucha americana, que come insectos vivos, muertos y ninfas a punto de eclosionar, tiene un comportamiento muy confiado en período alimenticio y casi todos los señuelos son aptos para seducirla. Esto nos permite mezclar moscas artificiales con cebos naturales, aunque hay quien dice que la combinación de ambos géneros es desafortunada. El montaje es muy sencillo: se fija un buldó mediano a una extremidad del cuerpo de línea (0,16) mientras que la mosca ahogada se sitúa sobre una hijuela de 7 a 8 cm a un metro por debajo del primero. Después, anudamos 1,20 m de hilo de 0,14 a la segunda anilla de sujeción del buldó y, para acabar, fijamos un anzuelo del nº 8 ó nº 10, bastante fino e invertido. Este largo bajo de línea, sin ningún tipo de plomada, permitirá el movimiento en la superficie de un saltamontes, un grillo o un tábano. El lanzado se realizará a lo largo de los márgenes, cerca de los fondos profundos, y, en general, allí donde la actividad de los peces en la superficie sea evidente. Mientras el insecto flote, será preferible recuperar la línea poco a poco, a pequeños tirones seguidos de largas pausas, ya que la arco iris se mueve muy deprisa y no tarda en advertir un señuelo tan tentador. Cuando el insecto se hunde, la recuperación debe realizarse de un modo más rápido, pero irregular, porque en este instante la mosca ahogada, y no los otros insectos, despierta la atención de los peces. A menudo, la mosca es rechazada y el saltamontes es capturado segundos más tarde. Cuando se ex-

cuerpo de línea de 0,14 a 0,16

mosca en hijuela

buldó

bajo de línea de alrededor de 1,20 m con un diámetro de 0,10 a 0,12

insecto sobre anzuelo del nº 8 al nº 10

Aparejo mixto: mosca ahogada y cebo con buldó

ploran los márgenes abruptos, en lugar de insectos pueden emplearse larvas del alerce o de la harina, sin plomada y maniobrando lentamente. En este caso, la pesca de la trucha está asegurada.

Por la finura y sensibilidad que la caracterizan, la pesca a la inglesa ha abierto una nueva vía a los adeptos de la pesca con cebo natural, ya sea en lago o en las aguas muertas de los ríos. ▷

cadas por el viento son el mejor aliado de la mosca ahogada en aguas tranquilas. Los modelos pueden ser muy realistas (pallareta, negra con cuerpo rojo, pelirroja con cuerpo rojo, hormiga alada), pero la arco iris aprende demasiado rápido ante unas imitaciones que nunca son perfectas. En este sentido, las moscas de fantasía ofrecen mejores resultados. Las plumas y materiales de mucho colorido, realzados con adornos plateados o dorados y montados sobre anzuelos del nº 8 al nº 10, permiten realizar miniaturas de mosca para salmón. Sin duda, dichos modelos son los más susceptibles de despertar la curiosidad y agresividad de la arco iris.

En aguas tranquilas, los peces rara vez se mantienen apostados y se desplazan con gran rapidez. Por esta razón, resulta imprescindible identificar la dirección tomada por la trucha con el fin de compensar la distancia con el lanzado.

EL SALVELINO
DE FONTANA

*E*l salvelino de fontana
(Salvelinus fontinalis) de aspecto
irisado, se encuentra en aguas heladas.
A diferencia de otros peces de su
familia, parece ser que ocupa casi todo
su tiempo en alimentarse... lo que a
menudo le cuesta la vida, ya que es
confiado y eso lo convierte en una
presa fácil para los pescadores.
Asimismo, el salvelino es un serio
competidor de la trucha, ya que
comparte la misma dieta alimenticia y
muestra la misma conducta territorial.

*Lomo azul verdoso vermicular,
puntos de color rosa y blanco
en los flancos, y aletas con
aureola blanca: éstos son los
primeros detalles que
identifican al salvelino.* ▽

EL SAVELINO ES MÁS RESISTENTE QUE LA TRUCHA ARCO IRIS

Al savelino se le denomina de un modo impropio trucha de fontana, y procede de América del Norte, de donde
fue importado a toda Europa a finales
del siglo pasado, como la trucha arco
iris. Al igual que esta última, el salvelino de fontana se ha aclimatado bien
en diferentes zonas. Sin embargo, en
países como España y
Francia, a excep-
ción de zonas como
los Pirineos, Navace-
rrada, Córcega o la Sa-
boya, es un pez de cría
que se introduce en los
ríos en época adulta y resulta capturado casi inmediatamente. De todos
modos, dada su gran capacidad de supervivencia en aguas heladas, incluso
a una altitud donde la trucha suele tener problemas de tolerancia, el salvelino americano podría llenar este espacio ecológico.

UN AMANTE DE AGUAS MUY FRÍAS

Además de encontrarse en el norte de
América, el salvelino de fontana también se localiza en el Reino Unido,
Austria, Eslovenia, Polonia y en la mayoría de países europeos. En Francia,
puebla las zonas montañosas, donde,
introducido en su etapa de alevín, casi
siempre ofrece excelentes resultados.
Es el caso de Córcega, donde se ha reproducido superando cualquier expec-
tativa, así como en los Alpes y en los
Pirineos, por citar sólo algunos ejemplos destacados.
Es evidente que el salvelino se adapta
bien a las aguas muy frías. Así, en la región de la Saboya se repuebla con alevines el curso alto de los torrentes de
alta montaña, allí donde las truchas no
se aclimatan correctamente por la excesiva altitud (más de 2.000 m).
Resulta alentador comprobar que los
salvelinos alpinos se asientan en estos
tramos altos y rara vez tratan de coloni-
zar los sectores más bajos, donde en-
trarían en competencia directa con la
trucha común.
La reproducción natural de estos salmónidos es menos frecuente que la de
la trucha arco iris, y hasta el momento

◁ El salvelino se alimenta en el fondo, en aguas intermedias y en la superficie, en función de la intensidad de la luz, que condiciona en gran medida su actividad alimenticia.

lares a los de la trucha. Se trata de un pez muy activo que se mueve indiferentemente por la superficie, las aguas profundas o las capas intermedias. Aunque su comportamiento en el río es muy territorial, en aguas tranquilas se vuelve más gregario, por lo que no es nada extraño encontrar grupos de salvelinos circulando a lo largo del margen o en el fondo de una pequeña cala.

El apetito del salvelino de fontana parece que no tenga límites. Tan pronto va a la caza de ninfas cerca del fondo como persigue a los gobios... eso si no se encuentra recorriendo la superficie absorbiendo todo tipo de insectos. El autor, después de haber vaciado a una hermosa trucha, ha visto con frecuencia cómo los salvelinos se apoderaran de sus entrañas, haciendo grandes esfuerzos para engullir este almuerzo.

• Un desarrollo fuera de lo común

En los ríos americanos y europeos donde se ha aclimatado, la freza del salvelino de fontana, semejante a la de la trucha, se desarrolla de octubre a febrero y, a menudo, de noche. La hembra, sexualmente madura a los 3 ó 4 años (el macho a los 2 ó 3 años), deposita de 1.500 a 2.000 huevos por kilo bajo los guijarros de los fondos arenosos poco profundos y bien oxigenados. La incubación en las aguas heladas dura unos 3 meses. Debido a que es un pez con un gran apetito, el desarrollo del salvelino es muy rápido en un entorno rico y puede alcanzar 1 kg de peso durante su tercer año de vida. Sin embargo, el tamaño máximo del salvelino no suele ser muy grande, de forma que resulta extraño encontrar ejemplares de 1 kg. No obstante, se han pescado dos ejemplares que superaban los 2 kg en el lago de Serre-Ponçon (Altos Alpes), una superficie de agua inmensa y excepcionalmente rica en peces-cebo. Recientemente, en la región de Saboya, a unos 2.000 m de altura, se ha capturado un ejemplar de 3,1 kg.

las reiteradas repoblaciones de alevines sólo han logrado mantener una población estable.

UN PRIMO VORAZ DE LA TRUCHA

El salvelino de fontana posee una piel que no tiene comparación por sus flancos de color verde o verde azulado, moteado de puntos de color amarillo, rosa y blanco, con un lomo más oscuro y vermicular (con trazos de manchas sinuosas y claras). Otra de sus características son las aletas, anaranjadas con una aureola blanca. La forma general del cuerpo recuerda a la de la trucha común. La boca, típicamente carnicera, es muy rasgada (la comisura sobrepasa la línea del ojo) y sus grandes ojos muestran un delgado iris amarillo.

• Una gran facilidad de adaptación

El salvelino, que se adapta muy bien tanto a las aguas corrientes como a los lagos, habita emplazamientos simi-

• Un pez demasiado fácil de capturar

Al igual que la trucha arco iris, el salvelino de fontana es, con frecuencia, objeto de repoblaciones con ejemplares adultos, lo que impide desarrollar una gestión eficaz. En las regiones montañosas, la repoblación a partir de alevines de 5 a 7 cm resulta cualitativamente mucho más beneficiosa, aunque ello no implica un asentamiento duradero.

El gran problema que plantea el salvelino a sus administradores es la facilidad con que se puede pescar. En muchos casos sólo la repoblación regular consigue mantener una población a niveles interesantes. La declaración de zona reservada de algunos lagos de montaña y sectores altos, biótopos de una calidad magnífica, podría resolver en gran parte el problema, ya que permitiría a los salvelinos disfrutar con plena tranquilidad de su crecimiento y reproducción. Una vez la especie estuviera bien arraigada, sería posible recurrir a estas reservas para la introducción de alevines con éxito en otras zonas de pesca.

LA PESCA DEL SALVELINO DE FONTANA

Su gran voracidad lo convierte en una captura fácil para la práctica de cualquier tipo de pesca. El salvelino, que siempre pica después de un par de ti-

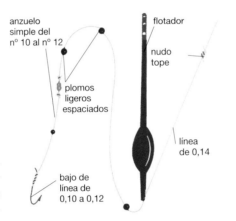

anzuelo simple del nº 10 al nº 12

plomos ligeros espaciados

bajo de línea de 0,10 a 0,12

flotador

nudo tope

línea de 0,14

△ En la época de freza del salmón, los salvelinos de fontana pueden formar grandes grupos sobre los frezaderos para comer un alimento especial: los huevos de los peces migratorios.

Aparejo inglés de línea flotante para pez vivo

El salvelino de fontana no puede resistirse a los pececillos vivos. ▽

Plomadas con derivaciones

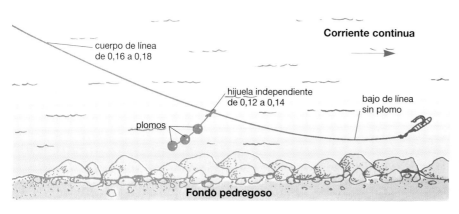

cuerpo de línea
de 0,16 a 0,18

Corriente continua

hijuela independiente
de 0,12 a 0,14

plomos

bajo de línea
sin plomo

Fondo pedregoso

Plomada espaciada ligera

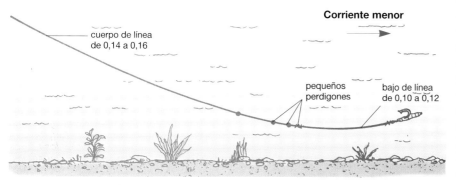

cuerpo de línea
de 0,14 a 0,16

Corriente menor

pequeños
perdigones

bajo de línea
de 0,10 a 0,12

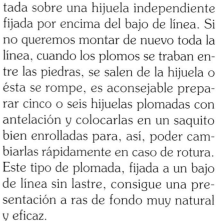

rones fallidos, se ha convertido en una presa muy común para la mayoría de pescadores.

• La pesca al toque en el río

El salvelino de fontana se muestra muy activo en todos los cursos de agua que se encuentran a una gran altitud.

Al contrario que la trucha común, el salvelino se adapta muy bien al agua con una temperatura que puede oscilar entre los 5 y 6 °C a principios de temporada.

En los torrentes o grandes arroyos cuyos márgenes no tienen vegetación, escoja una caña de anillas fina y fibrosa, de 4 a 5 m.

Para completar su equipo, elija un carrete ligero cargado con sedal de 0,16. Si el tramo es caudaloso, no dude en escoger una plomada agrupada, pero con derivaciones, es decir, mon-

La pesca de uno o dos savelinos resulta suficiente. Hemos de dejar crecer al resto para que se reproduzcan. ▷

**PESQUE Y...
SEA COMPRENSIVO**

Si explora un tramo lleno de salvelinos, sea razonable: pesque tan sólo algunos ejemplares y devuelva el resto al agua. De este modo, dará la posibilidad a otros de crecer y reproducirse.

tada sobre una hijuela independiente fijada por encima del bajo de línea. Si no queremos montar de nuevo toda la línea, cuando los plomos se traban entre las piedras, se salen de la hijuela o ésta se rompe, es aconsejable preparar cinco o seis hijuelas plomadas con antelación y colocarlas en un saquito bien enrolladas para, así, poder cambiarlas rápidamente en caso de rotura. Este tipo de plomada, fijada a un bajo de línea sin lastre, consigue una presentación a ras de fondo muy natural y eficaz.

Si el caudal disminuye, recurra a una plomada espaciada, bastante ligera, que se adapta mejor al carácter errático del salvelino y permite una larga exploración. La lombriz constituye el señuelo por excelencia de las aguas de corriente fuerte, ya sean turbias o claras. Si las aguas son bajas y muy limpias, la polilla, el gusano de bosque o el saltamontes ofrecerán excelentes resultados.

En caso de toques inconstantes, se debe insistir durante un mayor periodo de tiempo. A menudo, añadiendo uno o dos plomos suplementarios para moderar la velocidad de la deriva, provocaremos que el salvelino se decida a picar más rápidamente.

EL SALVELINO ALPINO

Reliquia de la era glacial, el salvelino alpino (Salvelinus alpinus) habita los grandes lagos fríos y profundos. Este pez de costumbres aún poco conocidas, suele moverse a 40 m de profundidad o incluso más, y constituye el único salvelino autóctono de países como Francia. Al salvelino alpino le gustan los troncos y grutas donde pueda escapar de la luz, y tiene un apetito voraz. Su aspecto adquiere una preciosa tonalidad roja en época de freza. Salvo contadas excepciones, sólo se le puede pescar mediante técnicas muy particulares.

A menudo, el salvelino alpino es pescado al curricán en los grandes lagos. Junto a estas líneas, un especialista acompañado por sus amigos en el lago Pavin, en la región del Puy-de-Dôme. ▽

UN PEZ AMANTE DE AGUAS MUY FRÍAS

Hace varios millones de años, cuando los glaciares desaparecieron, una parte de los salvelinos alpinos, que debían de ser muy numerosos por aquel entonces, quedaron atrapados en algunos sistemas lacustres de envergadura. Así, tan solo las aguas frías y oxigenadas de ciertos lagos, con características similares a las de su anterior hábitat, han permitido a estos hermosos peces crecer y multiplicarse hasta nuestros días.

EN LOS GRANDES LAGOS DE MONTAÑA

Los salvelinos alpinos se encuentran en Rusia, Siberia, países escandinavos e Islandia. Asimismo, también puede hallarse en Gran Bretaña, Irlanda, Escocia, Suiza o Austria.

En Francia, se localiza en las aguas frías y oxigenadas de los grandes lagos de montaña. En los Alpes, los lagos Léman, Bourget, Aiguebelette o Serre-Ponçon albergan grandes poblaciones, así como el lago Pavin o el cerro de Tazenat, en el Macizo central.

Las repoblaciones de alevines efectuadas en lagos de gran altitud (Maurienne, Queyras...) dan unos resultados irregulares y, a menudo, decepcionantes. El salvelino resiste y se reproduce, pero su tamaño es muy pequeño.

Dicha especie también se encuentra en

En Francia, el salvelino alpino es el único de los salvelinos que no ha sido importado. Aunque es un emigrante anádromo bajo las latitudes árticas, en las regiones francesas adquiere un carácter sedentario y lacustre. ▷

el norte del Canadá y Norteamérica, donde adopta un comportamiento migratorio anádromo.

UNA ESPECIE MUY VARIABLE

El salvelino alpino, muy parecido al salvelino de fontana y con el aspecto general de una trucha, tiene un cuerpo esbelto. Por la gran cantidad de subespecies que existen (a veces en un mismo lago), nos vemos obligados a centrarnos en el salvelino alpino más corriente.

Los flancos de este pez, cuya pigmentación varía según la zona geográfica, suelen ser de un color gris azulado con pequeñas motas claras, blancas o de

△ En el río Noatak (Alaska), un ejemplar de salvelino alpino recién traído del Mar de Bering es devuelto al agua.

color amarillo claro. El dorso es verde o color oliva oscuro y el vientre, blanco rosado, si no es época de freza. Las aletas son rosadas y tienen una aureola blanca característica de los salvelinos; la aleta caudal, más oscura, es ahorquillada (la del salvelino de fontana es recta y la de la trucha lacustre americana también es muy ahorquillada). La cabeza, más bien pequeña, presenta una boca medianamente rasgada cuya comisura rebasa la línea del ojo.

En época de freza, el salvelino alpino cambia su pigmentación. En sus flancos aparecen reflejos violeta muy luminosos, mientras que el vientre y las aletas inferiores se vuelven de color naranja intenso, incluso rojo, en contraste con la orla blanca nacarada que las rodea.

• La voracidad del salvelino alpino

En Francia, sólo hallamos la forma lacustre del salvelino alpino. Esta especie vive en profundidades de unos 20 ó 40 m, incluso más, y en aguas frías y oxigenadas. Los salvelinos, bastante gregarios, se desplazan en grupos grandes. Su dieta se compone de larvas, crustáceos y moluscos que viven en el fondo. Cuando alcanza un tamaño respetable, también se alimenta de sus congéneres más jóvenes.

• Una reproducción enigmática

La reproducción del salvelino sigue siendo poco conocida en los sistemas

lacustres donde tiene lugar. Tan sólo la captura de ejemplares, de gran colorido, indica la presencia de peces en plena freza o a punto del desove. Parece ser que, en un mismo lago, las colonias de salvelinos se reproducen en épocas diferentes.

La freza puede tener lugar tanto en primavera como en otoño. Los frezaderos que se han localizado, y que han sido bautizados como *salvelineros,* se sitúan sobre fondos de piedras de gran tamaño. Los 3.000 ó 4.000 huevos por kilo de peso de la hembra son depositados en los huecos de estos fondos irregulares y el macho los fecunda inmediatamente con su esperma. La incubación, que se realiza a una temperatura de 4 a 5 °C, suele durar de 80 a 90 días.

El crecimiento del salvelino alpino depende principalmente de los medios que ofrece el entorno natural, lo que provoca que sea muy variable. En la mayoría de los casos, hacen falta de 6 a 8 años para que dicho pez adquiera una longitud de 40 a 50 cm. En este sentido, los salvelinos alpinos alcanzan la madurez sexual a los 3 ó 5 años, en función de las cualidades que presente el biótopo.

• Una excelente adaptación al entorno

Es importante precisar que en los lagos franceses, a menudo de gran superficie, donde la especie se desarrolla bien, la intensidad de la actividad pesquera no altera demasiado la vida de este pez, sobre todo por la técnica específica que requiere su pesca. Parece ser que los lagos albergan una o varias subespecies diferentes, que han desarrollado una gran adaptación al entorno.

La repoblación arbitraria con alevines debe prohibirse en los lagos donde la reproducción natural se considera insuficiente, ya que da mejores resultados repoblar a partir de la raza local, mucho más apta genéticamente para sobrevivir en ese entorno concreto. Esta repoblación arbitraria de alevines se puede realizar en los lagos donde no se encuentra esta especie. Se cree que las aguas tranquilas de poca superficie no permiten un buen desarrollo del salvelino.

◁ *Al norte del círculo ártico, el salvelino alpino remonta los ríos en masa y pica tanto a la mosca como a los señuelos metálicos.*

LA PESCA DEL SALVELINO ALPINO

Exceptuando unos pocos días al año en que se produce la inversión de las capas térmicas y el agua fría sube a la superficie y las aguas templadas descienden, las técnicas de pesca que se destinan a los salmónidos no sirven para la pesca de los salvelinos. Su tendencia a desplazarse por las aguas profundas exige una técnica particular de pesca y la aplicación de unos métodos específicos.

La pesca desde la orilla, excepto en desniveles muy profundos, no es muy aconsejable. Este espléndido pez ha de pescarse con ayuda de una embarcación.

• La pesca en el lago a la inglesa

Aunque es posible pescar salvelinos alpinos desde la orilla con cucharilla ondulante o pececillo muerto, es preferible elegir señuelos naturales o vivos, a la inglesa. Esta técnica permite un control total de la profundidad de pesca, lo que nos ofrece una inmensa ventaja. Desde el margen, si existen grandes desniveles (acantilados, barrancos muy pronunciados), o desde una embarcación, nuestra principal tarea consiste en determinar la altura a la que se desplazan los peces.

Los flotadores ingleses del tipo Waggler son idóneos, muy sensibles, y tienen sólo un punto de fijación por la base de la quilla. En determinadas circunstancias, un flotador deslizante, fusiforme, con dos puntos de fijación, también puede resultar útil. Considerando la gran profundidad de pesca, se debe utilizar modelos que resistan de 4 a 5 g de lastre, ya que una línea muy plomada baja rápidamente a la profundidad deseada.

La pesca consiste en desplazar el nudo tope para regular la profundidad de pesca hasta el momento en que se registren los toques.

Cuando cobramos las primeras piezas, conviene anotar el emplazamiento exacto del sector pescado, la tempora-

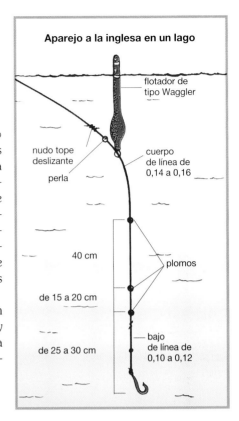

Aparejo a la inglesa en un lago

flotador de tipo Waggler

nudo tope deslizante

perla

cuerpo de línea de 0,14 a 0,16

40 cm

plomos

de 15 a 20 cm

de 25 a 30 cm

bajo de línea de 0,10 a 0,12

da, la hora del día y la profundidad exacta de pesca. Estos datos serán de gran utilidad para próximas sesiones de pesca.

Los señuelos que debemos emplear son gusanos de harina, larvas, camarones y otros bichos pequeños, sin olvidar el cebo vivo, ya que, a menudo, el gobio vivo puede atraer a un gran salvelino.

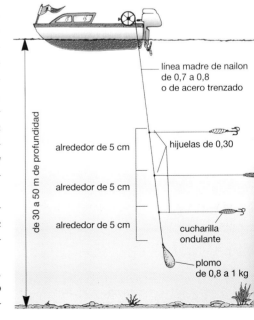

Acción de pesca al curricán

línea madre de nailon de 0,7 a 0,8 o de acero trenzado

de 30 a 50 m de profundidad

alrededor de 5 cm

hijuelas de 0,30

alrededor de 5 cm

alrededor de 5 cm

cucharilla ondulante

plomo de 0,8 a 1 kg

Por otro lado, los administradores deben asegurarse de que la riqueza planctónica de las aguas sea suficiente antes de introducir a estos peces, ya que los salvelinos alpinos podrían dejar de desarrollarse y quedarse demasiado pequeños.

La cepa de Léman es la más utilizada en las operaciones de repoblación con alevines en los lagos donde no existen salvelinos alpinos. Asimismo, algunos estudios han evidenciado el efecto positivo que las antiguas canteras de extracción de minerales granulados tienen en la reproducción.

Estas explotaciones vertían al agua todos los materiales inservibles, lo que ha proporcionado unos fondos pedregosos que se han convertido en excelentes salvelineros. Es importante hacer hincapié en este hecho, ya que, por una vez, la extracción de granulados favorece el desarrollo de una especie piscícola.

Por extensión, quizás se debería utilizar este recurso en otros lagos cuyos fondos no sean lo suficientemente pedregosos; de esta manera, se podrían crear lechos con grandes rocas para los salvelinos que sufren este déficit.

• La pesca al curricán en grandes lagos

En los grandes lagos alpinos, con una población salmonícola numerosa, el salvelino alpino, como todas las truchas comunes lacustres, se pesca sobre todo al curricán (generalmente, la legislación vigente permite su práctica sin ningún problema).

Esta técnica se practica desde embarcaciones bastante grandes, ya que es

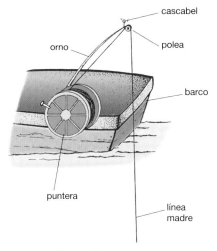

Torno de mano para la pesca al curricán

en hojas de aleación muy ligeras, doradas, plateadas, nacaradas o, incluso, estampadas con todo tipo de motivos decorativos.

Estos señuelos son objeto de una fabricación sumamente cuidadosa y detallada La operación más importante (y la que genera interminables discusiones entre los pescadores de curricán) reside en colocar la cucharilla de forma que adquiera una curvatura ideal, para que obtenga un movimiento atractivo y eficaz en el agua.

La mayoría de pescadores sólo apuesta por cucharillas que fabrican ellos mismos, pero hay algunos que se desplazan hasta Suiza para comprar los famosos señuelos Revelli.

Sin embargo, todos coinciden en afirmar que, antes que la elección del se-

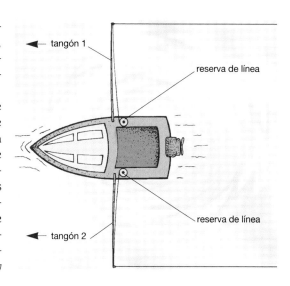

Tangoneras en el curricán (visto desde arriba)

ñuelo, la clave del éxito se encuentra en la correcta determinación de la profundidad en la que se desplazan los peces. Esto mismo se puede aplicar a casi todas las técnicas de pesca.

frecuente encontrar tempestades en estos pequeños mares interiores. Este tipo de pesca se destina a peces que se desplazan a 30 m de profundidad, incluso más, y consiste en la utilización de grandes plomadas a una velocidad de curricán bastante lenta.

El plomo (de fabricación artesana) suele pesar de 0,8 a 1,5 kg y se fija al extremo de la línea. Esta última puede ser de nailon de 0,70 ó 0,80, de dacrón o de acero trenzado, que es la opción más usada. Por encima del plomo, a intervalos de 4 ó 5m, se colocan los señuelos en los extremos de las hijuelas de nailon de 0,30 y de 3 a 4 m de largo, unidos a la línea madre.

En ocasiones, se usan cucharillas giratorias o pececillos flotantes, sin embargo, las primeras son las más apreciadas por los pescadores. Este tipo de cucharillas se encuentran cortadas

Barcos de pesca al curricán zarpando al alba en el lago de Serre-Ponçon (Altos Alpes) ▷

EL TÍMALO EUROPEO

L os términos latinos que designan el género y la especie del tímalo europeo (Thymallus thymallus) aluden al aroma de su carne, que deja un delicado sabor a tomillo. En términos gastronómicos, el particular sabor de un tímalo recién pescado se asocia a la base de su dieta alimenticia: unos pequeños coleópteros acuáticos que giran como canicas en la superficie del agua denominados girinos. Ya sea por su valor culinario o por su interés piscatorio, el tímalo levanta pasiones.

Un tímalo adulto acompañado de un ejemplar joven. Los principales rasgos morfológicos que les diferencian de otros salmónidos son su boca pequeña y las grandes escamas. ▽

UN PEZ DIFÍCIL DE CLASIFICAR

Según los biólogos, el tímalo se puede clasificar tanto en la familia de los salmónidos como en la de los timálidos, un grupo completamente distinto.

Aunque la presencia de una aleta adiposa puede asociarlo a un salmónido, el cuerpo cubierto de grandes y visibles escamas y la boca minúscula lo relacionan con la morfología típica del pescado blanco.

El tímalo europeo, sobre todo el macho, posee una aleta dorsal que llama la atención por sus dimensiones exageradas, lo que ha valido a la especie el sobrenombre de portaestandarte.

Dicha aleta resulta de gran utilidad para guiar el esperma del macho a los huevos, ya que esta operación se suele realizar en zonas de fuerte corriente; de esta manera, se evita que el esperma se disperse de forma demasiado rápida.

EL INDICADOR DE UNA REGIÓN ESPECÍFICA

Según las características del curso de agua, el científico Huet ha determinado cuatro regiones a partir de unos criterios hidrográficos específicos: el tipo de substrato, la velocidad de la corriente, el índice de oxígeno...

El extremo superior del río se designa como la región de la trucha, por sus aguas frías, rápidas y muy oxigenadas, mientras que el límite inferior se conoce como la región de la brema. Esta zona ofrece una sucesión de corrientes tranquilas y tramos profundos, espacios y réculas cubiertos de hierbas. Aquí predominan los peces blancos y los depredadores. En las zonas intermedias se encuentra la región del tímalo. Este sector, que responde a las exigencias del pez, está formado por una sucesión de corrientes, fondos planos, fondos arenosos y tramos lentos con fondo pedregoso (condición necesaria, porque esta especie es litófila).

El tímalo europeo ocupa zonas muy diferentes según la estación. En verano y en pleno invierno, para huir de las temperaturas extremas o del déficit de oxígeno, se mueve en la penumbra de las hoyas y tramos profundos. En periodo

Cómo se alimenta el tímalo

de entretiempo (primavera y otoño), se dedica a cazar en los fondos llanos, muy herbáceos, y en la corriente.

UN DEPREDADOR OPORTUNISTA

Ante todo, el tímalo europeo es un pez que se sitúa en el fondo o entre dos aguas para alimentarse de pequeños invertebrados que van a la deriva. En cualquier caso, todos sus rasgos morfológicos indican este tipo de dieta alimenticia, sobre todo la estrechez de su boca.

En los ríos con una gran presión de pesca permanece en el fondo de los tramos y ni siquiera sube a la superficie para atrapar moscas durante la veda. Sin embargo, en la época de las eclosiones de insectos otoñales o invernales, y cuando los márgenes se han quedado vacíos de pescadores, asciende a las capas superficiales a alimentarse de insectos que van a la deriva. Este sistema de subsistencia es capaz de mantenerlo incluso durante los meses de diciembre y enero.

LA FREZA PRIMAVERAL

Al contrario que los salmónidos, que se reproducen a finales de otoño o durante el invierno, el tímalo europeo freza en primavera, de marzo a mayo, en función de la temperatura del agua. Las condiciones que requiere el frezadero son muy estrictas, y resulta indispensable un fondo cubierto de guijarros y arena gruesa.

Cada hembra expulsa de 2.000 a 3.000 huevos por kilo, que incuba alrededor de tres semanas a una temperatura de unos 10 °C.

LA PESCA CON CEBO NATURAL

Despreciada por los puristas de la mosca artificial, que consideran esta técnica indigna del tímalo, la pesca con cebo natural es muy eficaz si se tiene la experiencia suficiente. El procedimiento consiste en montar sobre aparejos ultrafinos todo tipo de cebos que pertenezcan a la dieta diaria del tímalo, sobre todo pequeñas larvas de tricóptero, de efémeras o de crustáceos, como los camarones.

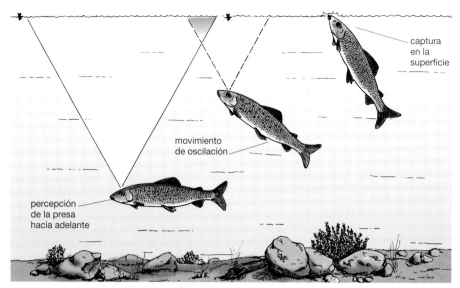

captura en la superficie

movimiento de oscilación

percepción de la presa hacia adelante

EL TÍMALO AMERICANO (*THYMALLUS ARCTICUS*)

Muy semejante al tímalo europeo, tanto por su morfología como por su comportamiento, el tímalo americano o ártico suele encontrarse en gran número en aguas norteamericanas. La confusión entre ambos peces es frecuente, y las formas árticas observadas en Noruega o Finlandia, por ejemplo, pertenecen a la especie europea y no a la raza americana.

El tímalo americano se distingue del europeo por una dieta alimenticia mucho más variada. De hecho, su pequeña boca no le impide ser un depredador que se mantiene siempre al acecho de alevines de trucha, de salmón o de corégono. La falta de insectos por las latitudes en las que habita (excepto los mosquitos), lo convierte en un cazador mortífero que adopta de buen grado costumbres gregarias y se desplaza, en ocasiones, en bancos de decenas de ejemplares. El macho tiene un aspecto magnífico por los reflejos color bronce y los puntos azulados y negruzcos de sus flancos.

En el periodo nupcial, la alerta dorsal del tímalo presenta incontables manchas luminosas con reflejos color azul que producen un hermoso efecto. La variada dieta alimenticia del tímalo americano soluciona muchos problemas del pescador, que lo puede pescar con cebo natural, a la mosca lanzada y al lanzado ultraligero. Su resistencia es impresionante, y su carne con cierto aroma de tomillo, deliciosa. En las zonas de pesca de América del Norte, el tímalo a la brasa suele figurar en los menús típicos que se sirven a orillas del río.

Una colección de tímalos americanos pescados a la mosca en el norte de Alaska: un suculento banquete para sus pescadores. ▷

Esta refinada técnica, que exige un sensible tacto y agudos reflejos, constituye uno de los medios más seguros para la pesca del tímalo.

Los auténticos especialistas han de saber racionalizar las capturas y no seguir el ejemplo de los pescadores desaprensivos que «saquean» los ríos.

El material empleado depende en gran medida de las condiciones de pesca, así como de las costumbres del pescador. Aunque la caña al toque puede adaptarse perfectamente, los grandes especialistas utilizan cañas a la inglesa de 3,9 m, equipadas con un carrete pequeño cuya única función es reservar el hilo. Por ejemplo, se puede optar por un carrete de mosca de tipo Vivarelli. La bobina se carga con 50 m de hilo de 0,12. Se escoge tal finura del hilo para que este pez tan selectivo no desconfíe. Es preferible elegir un nailon de color fluorescente para poder percibir mejor los toques discretos.

Estas magníficas y limpias aguas permiten practicar la pesca a la ninfa a la vista. ▽

El aparejo comprende un pequeño emerillón de barrilete, seguido de un bajo de 50 cm de 0,10 con un anzuelo fino de hierro de tija larga, del n.º 12 al n.º 16 en función del cebo empleado: larva, canutillo, polilla, camarón e incluso la lombriz de tierra para aguas turbias.

Otra característica interesante del hilo fino es que el nailon ofrece menos resistencia a la corriente, lo que favorece una deriva más natural.

Por otro lado, la plomada ha de ser ligera y sutil para no obstaculizar la deriva del cebo.

• La pesca

Este pez exige una gran experiencia y una buena vista. Su pesca consiste en mantener de un modo constante una deriva que sitúe el cebo a ras de fondo. Para ello, la caña debe barrer suavemente la corriente. Se debe procurar que el nailon se mantenga siempre recto bajo la caña. Si el brazo no acompaña a la deriva, la larva se alejará del fondo y dejará de ser útil. Es necesario prestar mucha atención, porque el toque característico no se percibe nunca. Éste viene indicado por un

ligero desplazamiento del nailon fluorescente (de ahí la importancia de este tipo de hilo), al que hemos de responder con un suave tirón.

LA PESCA A LA NINFA

Con la pesca con cebo natural, la ninfa se ha convertido en la actualidad en una de las técnicas obligadas para la pesca del tímalo. Se trata de un tipo de pesca a la vista que exige una gran atención y que sólo puede practicarse en aguas transparentes, lo que limita su puesta en práctica en algunos ríos, por ejemplo en la región francesa del Jura o en los tramos subterráneos del Sorgue.

Las ninfas deben imitar a las larvas de insectos acuáticos que forman parte de la alimentación ordinaria del tímalo. Además, suelen ser plomadas y de color claro. El material empleado se compone de una caña clásica para mosca de 2,6 a 2,7 m de longitud provista de una seda de huso descentrado del n.º 3 ó n.º 4.

El equipo se completa con un bajo de línea decreciente de 0,10, con una longitud de 5 a 7 m. Entre los accesorios y para reducir los efectos de los

reflejos del sol, hay que prever también una gorra de visera larga y unas gafas polarizadas.

La pesca del tímalo se basa en lanzar la caña hacia un punto superior al de los peces detectados río arriba, para que la ninfa se encuentre en el nivel deseado cuando alcance la vena de agua ocupada por el pez. A la más mínima reacción extraña del pez, hay que tirar sin dilación.

LA PESCA
A LA MOSCA SECA

El tímalo cada vez se siente menos atraído por la mosca seca, ya que se ha vuelto muy desconfiado y selectivo, a excepción del otoño o, en ocasiones, al final del día.

El material básico comprende una caña de 2,7 m de acción parabólica con un carrete manual de bobina cargada con hilo autoflotante. La seda puede ser de doble huso o de huso descentrado, del nº 3 ó nº 4. Para conseguir una deriva perfecta, el bajo de línea ha de ser muy largo, por lo menos de 5 m, incluso de 7 m, si nos dirigimos a peces selectivos.

Las moscas para el tímalo constituyen un hábil término medio entre la seca y la ahogada. Se trata de moscas «emergentes», ahogadas en la película de agua y bastante desplumadas. La mayoría se montan sobre anzuelos pequeños, del nº 16 al nº 20.

Una de las grandes clásicas es la Peute de Bresson, o aquellos modelos realizados en *cul de canard*. La pesca consiste en lanzar más arriba de la zona donde se alimentan los tímalos en la superficie, intentando ejecutar una clavada en zigzag en zonas de corriente para evitar los efectos que produce el calado.

△ *Este joven pescador puede sentirse realmente orgulloso de las capturas que ha realizado a la mosca.*

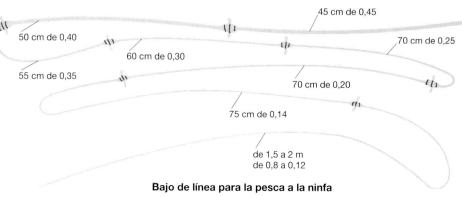

50 cm de 0,40
55 cm de 0,35
60 cm de 0,30
45 cm de 0,45
70 cm de 0,25
70 cm de 0,20
75 cm de 0,14
de 1,5 a 2 m
de 0,8 a 0,12

Bajo de línea para la pesca a la ninfa

La deriva ha de ser perfecta. Si el tímalo no ha realizado ningún movimiento anormal, iniciará una oscilación característica que le llevará a la superficie para atrapar el cebo artificial. El cebado en la superficie ha de ir seguido de un tirón inmediato.

LOS CORÉGONOS

Refugiados en aguas frías muy oxigenadas y con abundante plancton desde la última glaciación, los corégonos en Europa sólo pueblan los grandes lagos profundos. Se trata de uno de los peces más misteriosos y desconocidos de agua dulce. En este sentido, existe un corégono gigante, el inconnu (Stenodus lencichthys), que, en algunos ríos de Alaska, puede alcanzar el respetable peso de 40 kg y que es uno de los peces deportivos de mayor tamaño y más venerados por los pescadores americanos.

El corégono presenta una piel acerada con pequeñas escamas, boca pequeña y cola ahorquillada. ▽

¿QUIÉNES SON LOS MISTERIOSOS CORÉGONOS?

Antiguamente, los corégonos europeos (Coregonus lavaretus, Coregonus albula, Coregonus oxyrinchus) se clasificaron en la familia de los salmónidos, dada su aleta adiposa, pero ahora se ha descubierto que pertenecen a la de los coregónidos.

Esta especie se encuentra en Rusia, sobre todo en los lagos del Volga superior, Noruega, Alemania, Escocia, Francia, Gran Bretaña, Irlanda y Suiza. También existe un corégono migratorio anádromo en algunos ríos de Alaska (río Kobuk), que supera por término medio los 10 kg y que recibe el original nombre de *inconnu*. La mayoría de los individuos de esta especie viven en los estuarios y en los tramos inferiores de los ríos, y migran aguas arriba para frezar, aunque también existen algunas poblaciones lacustres no migratorias.

Los corégonos abundan también en los grandes lagos alpinos, como el Neuchâtel, el Léman, el Aiguebelette o el Bourget. En ocasiones, su identificación resulta difícil por la existencia de muchas subespecies e híbridos. Por lo general, los corégonos poseen un cuerpo alargado y cubierto de pequeñas escamas brillantes. La cabeza, relativamente pequeña, tiene una forma redondeada y orientada hacia abajo (es el caso del *C. lavaretus*), o puntiaguda y con la mandíbula saliente en el caso del *C. albula*. Los ojos son de color amarillo pálido y muy grandes, casi desproporcionados. Las aletas, cuyo color predominante es el gris, están bastante desarrolladas, sobre todo la caudal, que es larga y muy ahorquillada.

Los corégonos son bastante desconocidos y misteriosos, ya que viven en aguas muy profundas y sólo excepcionalmente suben a la superficie. Esta especie, que depende de la abundancia de plancton, parece asentarse mucho más en las capas de aguas frías, cuya temperatura oscila entre los 6 y los 9 °C, lo que equivale a una profundidad de 40 a 80 m.

La pesca deportiva de los corégonos requiere unas técnicas específicas y un material adecuado, ya que este habitante de los grandes fondos pocas veces es pescado por azar.

Pesca a la plomada

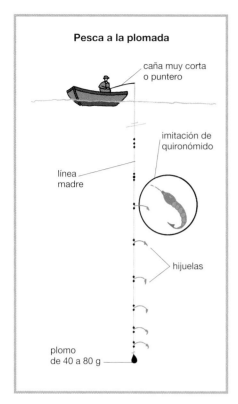

caña muy corta
o puntero

imitación de
quironómido

línea
madre

hijuelas

plomo
de 40 a 80 g

*Los grandes lagos fríos y profundos
constituyen el lugar predilecto
de los corégonos.* ▽

LA PESCA A LA PLOMADA

• La embarcación es indispensable para pescar en el fondo

La pesca a la plomada es una técnica que se originó tras constatar que la pesca al fondo sólo se puede realizar desde algún tipo de embarcación. Este tipo de pesca usa como cebo las imitaciones de larvas que componen la alimentación ordinaria de los corégonos. Estas pequeñas ninfas son representaciones de larvas de quironómidos o pequeños crustáceos. Se debe fijar un plomo bastante pesado al extremo de la línea y las ninfas han de ir escalonadas mediante hijuelas. Las referencias situadas en la línea madre permiten saber con exactitud a qué profundidad se desarrolla la pesca. Normalmente se practican dos métodos diferentes.

• Dos métodos eficaces

El primer método consiste en mantener la línea en la mano y, una vez que ésta se estabiliza perpendicularmente al barco, se imprime a las ninfas una oscilación lenta e ininterrumpida de un metro de amplitud aproximadamente. En el segundo método se utiliza una caña de pescar bastante potente, con una puntera sensible, que transmita el más mínimo tirón. En ambos casos, se debe dar el tirón en cuanto se advierte el toque, ya que el corégono tiende a escupir lo artificial. La pesca del corégono desgasta y exige mucha tenacidad. En este sentido, la pesca a la plomada constituye el método más seguro para pescar el corégono. Si se realiza en grupo, existen más posibilidades de éxito. Para ello, cada pescador debe probar, simultáneamente, diferentes profundidades de pesca y diferentes tipos de ninfa, para ampliar al máximo el campo de investigación. Así, tendrán muchas más posibilidades de localizar la actividad de los corégonos en ese momento.

anilla
de punta

caña

línea

Caña de puntera frágil o cañín

E L
SALMÓN

E<small>L</small> MATERIAL

*S*egún Hugh Falkus, famoso cronista
británico de pesca, la primera vez
que se habló de la pesca del salmón fue
en el Tratado práctico de pesca,
el primer libro impreso en inglés en
1496. En él se afirma que: «El salmón
es el pez más imponente que el hombre
pueda pescar en aguas dulces [...].
Puede ser pescado [...] con una mosca
artificial cuando salta, de la misma
manera que se captura una trucha
o un salvelino.»

△ *Esta caña para
mosca, provista de una
empuñadura de
combate, resulta ideal
para pescar esguines.*

Hugh Falkus afirma también que
las cañas de aquella época eran muy
rudimentarias. La parte inferior de la caña se
componía de dos elementos y estaba hecha de
avellano, sauce o serbal. Era tan ancha como
un brazo y su longitud total alcanzaba los 3 m.
Asimismo, la puntera se componía de dos
partes: el primer elemento se realizaba con
madera de avellano y, el segundo, anudado
al primero, se componía de dos metros de
madera de endrino, manzano salvaje o enebro.
Una vez unidos todos los elementos, la caña
medía unos 5,50 m. La línea, fijada
al extremo de la puntera, estaba hecha de
crin de caballo. Las primeras cañas de bambú
aparecieron a principios del siglo pasado
y su máxima utilización se produjo a finales
de la era victoriana. Más tarde, surgieron
magníficas cañas de bambú refundido y,
finalmente, con la llegada de los materiales
modernos, las cañas ultraligeras de fibra de
vidrio o carbono.

LA PESCA A LA MOSCA O AL LANZADO: UN MATERIAL ADAPTADO

• Las cañas para la pesca a la mosca
En la elección de la caña se debe considerar
la técnica de pesca que queremos emplear,
el tipo de señuelo y la longitud requerida
de los lanzados, en vez del tamaño de los
peces. En la
mayoría de los
casos, sobre todo
a principios de
año y durante las
estaciones
intermedias, el salmón
se busca a ras de fondo,
ya sea el salmón común
u otros ejemplares que
pertenecen a cepas del
Pacífico, lo que significa
que se debe buscar al pez
con ayuda de la mosca ahogada, *streamers*
o Tube flys. Lo ideal para estos señuelos,
bastante pesados, es ayudarse de una caña de
dos manos, que permita lanzados más largos,
un mejor control de la deriva y una mayor
comodidad en la lucha con el pez.
Estos modelos permiten, sobre todo, practicar
el lanzado durante muchas horas sin cansarse

*El salmón rojo tiene
fama de picar poco.
Sin embargo, si la deriva
es lenta, se presta
a picar a la mosca.* ▽

△ *Purple Shrimp
(río Suir, Irlanda).*

demasiado y facilitan la práctica del *spey-cast* (lance rodado), que evita fastidiosos falsos lanzados. Se eligen según su tamaño y su longitud puede oscilar entre 3,6 y 4,5 m. Estos modelos de caña se consideran los más polivalentes. Por su parte, los norteamericanos prefieren cañas cortas de una mano. Para nosotros es impensable y se convierte en un obstáculo si se trata de un pez muy grande. Esta miniaturización del material procedente del otro lado del Atlántico se justifica por la gran abundancia de peces en los ríos. No obstante,

△ *Monroe Killer (río Spey, Escocia).*

◁ *Cybèle: la tradicional cucharilla ondulante de la región de Allier.*

la utilización de la caña de una mano puede considerarse en la captura en seco de pequeños salmones de verano o *grilses*, que suben atraídos por moscas del tipo *sedge* que se hunden en la superficie. En este caso, se escogerá una caña de 2,9 a 3,2 m con una línea del nº 7 ó nº 8.

• Las cañas para el lanzado

Para la captura de peces grandes, se debe exigir calidad y robustez. Una caña sólida, equipada con un portacarretes roscado de una potencia de 20-40 g ó 30-60 g, será suficiente. Si deseamos pescar salmones de verano, cuyo peso no suele sobrepasar los 2 kg, se pueden utilizar modelos ligeros, incluso ultraligeros, de una potencia de 1 a 3 g.

Las cucharillas giratorias de paleta en forma de hoja de sauce nº 3 a nº 5 constituyen excelentes señuelos para salmones de cualquier especie. Sin embargo, hemos de cambiar los anzuelos por otros más fuertes e indeformables, de hierro. ▷

Estos salmones plateados han sido pescados con moscas de gran colorido. ▽

△ *Carretes manuales para la mosca empleados en la pesca del salmón.*

• Los carretes para la mosca

La primera vez que se menciona la existencia del carrete es en 1651, cuando Thomas Barker lo describe en su tratado piscícola, *The Art of Angling*.

El pescador desconocido que utilizó por primera vez un carrete en una caña de anillas, implantó el mayor avance en la historia de la pesca. Desde entonces, fue posible cobrar grandes piezas con más seguridad y la pesca del salmón adquirió una nueva dimensión deportiva.

Los carretes manuales se deben elegir entre las mejores marcas, ya que la calidad del conjunto, en particular la del freno, ha de ser inmejorable. Estos carretes han de llevar de 100 a 150 m de *backing* (reserva de hilo), además del sedal. Los mejores carretes son de marca inglesa, como Hardy, que ofrece sus famosos Hardy Marquis nº 2 (para cañas de dos manos) y Hardy Perfect Salmon (para cañas de pesca de una sola mano).

• Los carretes para el lanzado

La elección, en este ámbito, es más amplia. Numerosas marcas en todos los países ofrecen excelentes modelos a precios razonables. En este caso, también hemos de fijarnos en la robustez, la calidad del freno y la velocidad de recuperación. Aunque la mayoría de carretes utilizados en Europa son de bobina fija, los norteamericanos prefieren los de tambor giratorio. En cualquier caso, hay que poder cargar la bobina con 200 m de 0,50.

La tradicional mosca de Allier ha tenido mucho éxito en todos los ríos del mundo. ▷

• El backing

Se trata de un hilo de dacrón cuya carga de rotura suele ser de 30 Lbs y que se empalma con el sedal. Su función es determinante en caso de lucha con un gran ejemplar, ya que éste puede tirar de todo el sedal en un arranque a favor de la corriente. Se recomienda hacer provisión de 100 ó 150 m de *backing*, en función de la capacidad de la bobina.

• El bajo de línea

Cuanto más se pesca a ras de fondo más corto debe ser (de 1,50 a 2 m). Si se utilizan Tube Flys o *streamers*, la confección de una cola de rata no resulta útil.

– La confección de los bajos de línea
A principio de temporada, si se pesca muy cerca del fondo o si intentamos pescar el *King salmon*, un bajo de línea muy corto (de 2 a 2,50 m) con una sola hebra será suficiente, siempre que tal medida lleve la mosca rápidamente al nivel deseado. El diámetro en punta depende del supuesto tamaño de los peces y también del grosor o volumen de la mosca. Por ejemplo, una mosca grande para el salmón *king* sólo nadará correctamente si se fija a una línea de 0,45 ó 0,50, mientras que los modelos pequeños que se mueven bajo la superficie, en *greased line*, se fijarán más a una línea de 0,28 a 0,30 para que no se detenga la deriva. Numerosos especialistas prefieren un bajo de línea de cola de rata, de

• El sedal

A cada tipo de caña le corresponde un sedal de un diámetro particular. La escala va del n° 3 (sedales finos) al n° 12 (los más pesados y con un mayor diámetro). En la mayoría de los casos, los sedales empleados en la pesca del salmón se escogerán entre los n° 7 ó n° 8 (a veces 9) para las cañas de una mano, n° 8 ó n° 9 para las cañas de 3,6 m de dos manos y n° 10, 11 y 12 para las cañas de 4,3 m o superiores de dos manos. Sin embargo, hay que tener en cuenta que a veces resulta necesario «cargar» las cañas americanas (Orvis, Sage). Así, conseguiremos pescar mejor si elegimos una línea cuyo diámetro corresponda a una numeración superior a la que se indica en la caña. El sedal cambiará según el tipo de pesca y la profundidad explorada. Los buenos pescadores de salmón suelen tener varios carretes o carretes de bobina intercambiable que contienen tres tipos de sedal:
– un sedal autoflotante para pescar en seco o a poca profundidad;
– un sedal de bajo sumergible para profundidades medianas, que es la línea estándar más utilizada por los pescadores de salmón;
– un sedal muy sumergible, usado a gran profundidad y en la exploración de tramos de aguas lentas a principio de temporada. Si pescamos a la mosca seca con una caña de una mano, es aconsejable emplear un sedal de doble huso. Las líneas de bajo sumergible, utilizadas con las cañas de dos manos, se emplearán mejor con un huso descentrado.

△ *El carrete de bobina fija debe disponer de un freno a prueba de fallos cuando se pesca el salmón.*

△ *Un* streamer *para el salmón* king.

Un pececillo flotante es un excelente señuelo para el salmón. ▷

LOS DEVONES Y LOS PECECILLOS FLOTANTES

Durante mucho tiempo, el tradicional gran devón de latón con aletas, de fondo rojo a rayas negras, ha sido el señuelo básico de los pescadores que pescaban en aguas de veda, de gran altitud y frías, y en grandes ríos, como el Allier, o torrentes pirenaicos.

Se trata de uno de los pocos señuelos que se puede utilizar con éxito en grandes caudales ya que, por su peso (entre 15 y 40 g) y su densidad, no necesita lastre para nadar a ras de fondo. Su utilización no requiere un movimiento concreto, sino que se acelere y frene sucesivamente la recuperación del sedal.

Los irlandeses, de espíritu pragmático, utilizan devones fabricados con válvulas de cámara de tractor limadas para obtener una forma hidrodinámica perfecta. Se trata de señuelos que miden entre 5 y 8 cm, llamados *leather eels* (literalmente, agujas de cuero).

△ *Dos devones de latón, uno de ellos vestido con el tradicional «pijama» rojo a rayas negras.*

La pesca al devón se asemeja a la de los señuelos metálicos. Sin embargo, se debe procurar practicar una pesca río abajo, dejando que la corriente se lleve el señuelo sin recuperar el sedal.

Si el caudal es suficiente, el devón describirá un semicírculo de forma natural, en dirección al margen donde se encuentra el pescador. Cuando alcance el borde del margen, el señuelo debe recuperarse lentamente, a ras de fondo, variando el movimiento que se le haya aplicado. En ocasiones, será en este preciso instante cuando el salmón se decida a picar.

◁ *Un salmón pescado al devón.*

diámetro decreciente, para explorar corrientes rápidas y poco profundas, utilizando una línea autoflotante.

LA PESCA CON GUSANO: UNA LOMBRIZ BIEN FIJADA

La lombriz de tierra es un cebo utilizado por casi todos los pescadores de salmón de todo el mundo, excepto en EEUU, donde suele estar prohibida, y en Francia, donde la lombriz nunca ha sido apreciada por los pescadores por razones inexplicables, concretamente en los torrentes pirenaicos y en Allier.

• La mosca del jardinero

Se trata de la lombriz. Para atraer a los salmones en época de crecidas o en aguas de

△ *La lombriz es un cebo universal en aguas turbias.*

La caña para mosca de dos manos, de una longitud de 4,5 m, es el modelo comodín. ▽

gran curso, donde el resto de cebos o señuelos resultan inútiles, la lombriz no tiene comparación, por eso su uso se prohibe en algunos recorridos. El cebo es válido en otras circunstancias, como por ejemplo, durante la veda, cuando los peces, apáticos, no se acaban de decidir a recorrer algunos metros para capturar un señuelo, o en periodo estival, cuando los salmones permanecen al pie de una plataforma. Al igual que cuando se pesca con un racimo de huevos en los ríos norteamericanos, este tipo de pesca con gusano tiene como particularidad que el anzuelo atrae a un pez que, en teoría, no se alimenta nunca en agua dulce.

Se trata de otro misterioso comportamiento del salmón que no deja de sorprender. Los pescadores escoceses consideran que este tipo

de pesca resulta una práctica poco traumatizante para los peces. En todo caso, esta técnica respeta más la tranquilidad de las aguas que los señuelos metálicos. Por esta razón, la pesca con lombriz se autoriza en periodos de subida de caudal, en algunos tramos reservados para la pesca a la mosca.

• Las cañas

Algunos pescadores utilizan las cañas inglesas para carpa, ya que permiten un control preciso de la deriva y se comportan de forma excelente durante la lucha con peces de gran tamaño, gracias a sus empuñaduras de combate. Más clásica, la gran caña telescópica de 4,5 m puede resultar demasiado pesada. Los pescadores a la mosca prefieren emplear modelos de dos manos, de 4,5 a 5,5 m, que son perfectos.

• Los carretes

El carrete de bobina fija se escogerá entre los modelos ligeros de grafito. Se carga con 200 m

△ *Un buen control de la deriva, a ras de fondo, es esencial para obtener buenos resultados.*

Plomada desviada en una hijuela

Un conjunto de lombrices clavadas sobre un aparejo Stewart. ▽

de nailon, cuyo diámetro dependerá del supuesto tamaño de los peces que remontan el río. En los ríos de la región de la Bretaña, por ejemplo, un 0,35 será suficiente, pero si nos enfrentamos con salmones de 15 a 20 kg, como en la península de Kola (Rusia), en Noruega o en Islandia, es más recomendable usar de un 0,45 a un 0,55.

• El aparejo

El aparejo comprende el bajo de línea, de una longitud de unos 1,50 m, anudado al cuerpo de línea por un emerillón barrilete de tamaño considerable. En este sentido se debe precisar que, cuando se trata de peces de gran tamaño, sólo los emerillones de rodamiento resultan verdaderamente fiables y nunca se abren. Se puede lastrar la línea madre con una pequeña oliva que se detenga en el nudo del emerillón (protegido por un pequeño tubo de silicona) si pescamos en fondos limpios. Sin embargo, cuando el lecho del río está anegado por troncos de árbol o por numerosos cantos rodados es preferible montar una plomada desviada en una hijuela con ayuda de perdigones. En cuanto a los anzuelos, se puede emplear una sólida popera de triple anzuelo, sobre la que se debe clavar un racimo de lombrices, cuyo movimiento se asemeja al de

un pulpo, o un anzuelo grande, simple, del nº 1 ó nº 2. Algunos pescadores prefieren el aparejo Stewart, compuesto por dos anzuelos: el primero, del nº 1 ó nº 2, en el extremo, y el segundo (del nº 4) situado 5 cm más arriba. Este aparejo tiene la ventaja de que ofrece una mejor presentación y es más flexible. Además, los cebos se fijan bien y las picadas fallidas son más escasas. Los pescadores irlandeses y noruegos, cuando la subida de las aguas facilita que los peces remonten el río, utilizan aparejos muy pesados destinados a la pesca estática al calado. Así, exploran las plataformas profundas situadas justo al pie de las cascadas, que los salmones intentan superar. Esta técnica se utiliza, sobre todo, en los pequeños ríos costeros en verano. Los peces que giran alrededor de las terrazas y que esperan un caudal suficiente, se lanzan río arriba, lo que supone el éxito garantizado de la lombriz.

LA PESCA A LA GAMBA: UN SURTIDO BIEN PRESENTADO

Pocos cebos despiertan la curiosidad y la agresividad de los peces como la gamba o el camarón, hasta el punto de que se han prohibido en las Islas Británicas y en Alaska, donde el uso de estos crustáceos se prohibe en todos los ríos frecuentados por los salmones del Pacífico. El hecho de que la gamba no pase inadvertida ante el salmón no significa que siempre le haga picar. En efecto, en una zona de aguas tranquilas muy poblada de peces, un puñado de gambas puede provocar a veces reacciones inesperadas: los salmones en un primer momento se alteran por la presencia del crustáceo, y manifiestan su agresividad saltando fuera del agua antes de desaparecer presas del pánico. De todos modos, durante el periodo estival y si la temperatura del agua sobrepasa los 15 °C, la gamba es una de las

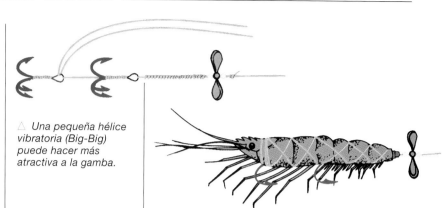

△ Una pequeña hélice vibratoria (Big-Big) puede hacer más atractiva a la gamba.

mejores maneras de cobrarse un buen ejemplar cuando éste se esconde en la penumbra de las profundidades.

• La caña y el carrete
La caña clásica de lanzado es útil, pero puede resultar demasiado rígida para lanzar y manipular un cebo muy frágil. En ese caso, podemos aprovechar la modernidad de algunos materiales y adquirir una caña larga inglesa para carpa (de 3,90 m), de acción bastante blanda, que ofrecerá un perfecto resultado, o bien una caña para pececillo muerto destinada al lucio. Todo esto dependerá del tamaño medio de los peces que observemos. El carrete de bobina fija se carga con nailon de 0,28 a 0,40, incluso 0,45, siempre en función del tamaño previsible de las presas y el estado más o menos despejado del lugar.

Movimiento de una gamba en una poza

UNA PESCA FRUCTÍFERA

Con frecuencia, la pesca se realiza en pozas al pie de las cascadas. En estos lugares abundan los remolinos a lo largo de las depresiones rocosas que anuncian la presencia de cavidades situadas, a veces, a 10 m de profundidad. Estas cavidades son frecuentadas por los grandes salmones que pueblan la zona. El cebo se sumerge después de ser lanzado con delicadeza, para no romper el frágil señuelo. En el momento en que toca el fondo, el cebo se mueve sin desplazarlo de su sitio, haciendo que oscile como un pez de estaño. Sea discreta o no, la picada tiene que ser respondida con un inmediato tirón.

En un tramo grande del río bastará con lanzar transversalmente o aguas abajo (sólo un poco) y, a continuación, recuperar el sedal lo más lentamente posible, con reiterados tirones bruscos e irregulares, imitando los movimientos de la gamba.

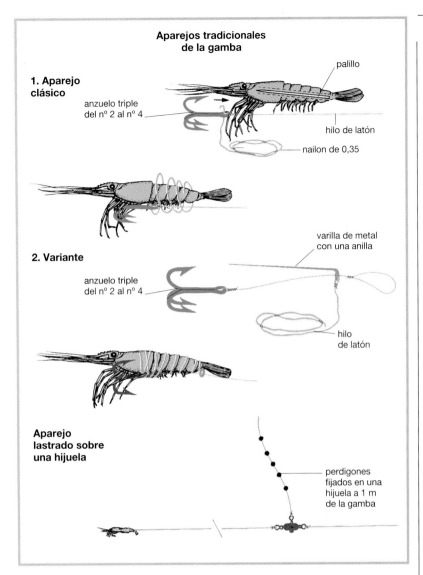

Aparejos tradicionales de la gamba

1. Aparejo clásico

anzuelo triple del nº 2 al nº 4

palillo

hilo de latón

nailon de 0,35

2. Variante

anzuelo triple del nº 2 al nº 4

varilla de metal con una anilla

hilo de latón

Aparejo lastrado sobre una hijuela

perdigones fijados en una hijuela a 1 m de la gamba

• **Los aparejos más recurridos**

Algunos pescadores británicos, al intentar pescar los salmones que acaban de remontar el río usan la línea flotante con ayuda de flotadores Waggler deslizantes. Otros, prefieren la pesca al calado, en la que la gamba se encuentra inmovilizada en el fondo mediante un lastre apropiado. Sin embargo, la técnica más clásica sigue siendo la insertada, en la que el crustáceo se fija sobre un aparejo adecuado y se le imprime un movimiento sobre el fondo que se asemeja al pececillo muerto. Según la estación, se utilizan diferentes especies de gamba, aunque hay que tener en cuenta que esta técnica se practica sobre todo en el periodo estival. De mayo a junio, cuando la temperatura del agua aún no ha alcanzado los 12 °C y los caudales mantienen un nivel adecuado, las gambas cocidas representan la mejor opción. A lo largo de la temporada y cuando hace más calor, es preferible emplear pequeños crustáceos, como por ejemplo la gamba gris (*Shrimp*) o las gambas pequeñas (*Baby Prown*), al igual que en la pesca a la mosca.

Con frecuencia, los pescadores irlandeses y escoceses tiñen las gambas para adaptarlas a las condiciones atmosféricas. En este sentido, los pescadores a la mosca también siguen las mismas reglas: colores oscuros (violeta, sepia) cuando el cielo está nublado y claros, cuando hace sol (rosa, naranja). El color también varía en función del estado de las aguas: rojo en hoyas profundas y malva en aguas transparentes.

LOS ACCESORIOS

El pescador de salmón dispone de numerosos accesorios pequeños más o menos útiles. Suele ser coleccionista y posee viejas reliquias, como cajas de moscas de madera de las que no se

Una bella colección de salmones plateados pescados a la mosca. ▷

separaría por nada del mundo o una vieja caña de dos manos de bambú refundido que, de vez en cuando, por nostalgia, utilizará para dibujar arabescos de seda sobre el agua. Además de la caña, el carrete lleno de seda y las innumerables moscas multicolores que adornan las cajas, existen algunos accesorios ineludibles que deben figurar en el equipo de todo salmonero.

LOS ACCESORIOS PEQUEÑOS

• La porra

Es indispensable para reducir el sufrimiento del salmón. Las porras que se encuentran en los comercios consisten en una simple vara de acero acabada en una pesada bola metálica. En América del Norte se sustituye por un sólido

Una báscula de muelle. ▷

bastón de madera seca, cortado por un castor, que después de estar largo tiempo en remojo es lo suficientemente espeso como para cumplir esta función.

• Las pinzas desembuchadoras

Se trata de otro utensilio muy útil que evitará numerosas heridas (véase el apartado del botiquín, pág. 76). Los anzuelos de una cucharilla, de un señuelo o de una mosca, a veces se encuentran muy clavados en el cartílago del pez. En este caso, las pinzas permiten quitar rápidamente el señuelo y ganar un tiempo precioso si se quiere devolver la presa al agua.

• El cuchillo suizo

Procure escoger uno de los modelos más grandes de este utensilio multiusos, equipado de numerosos accesorios interesantes, donde destacan las tijeras y el degollador.

• La báscula de muelle

Nos indicará el peso exacto del pez. Se trata de un utensilio interesante cuando se cree haber capturado un buen ejemplar.

• El rodillo de Chatterton

Este elemento, que puede sustituirse por una lámina de caucho extraída de una vieja cámara de aire de bicicleta, resulta muy útil para fijar un carrete a una caña. Se ha de tener en cuenta que los mejores portacarretes roscados o de anilla ceden tarde o temprano... y, por lo general, en el momento más inoportuno. Desde luego, no hay nada más desagradable que dejar escapar el carrete cuando al otro lado de la línea tenemos un gran salmón.

• El cordel

Resulta de una gran utilidad, especialmente cuando se debe transportar un gran salmón hasta el campamento o el albergue.

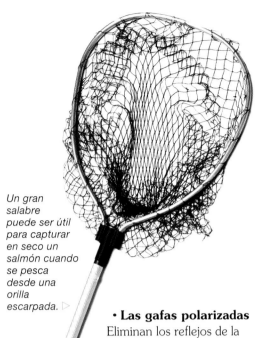

Un gran salabre puede ser útil para capturar en seco un salmón cuando se pesca desde una orilla escarpada. ▷

• Las gafas polarizadas

Eliminan los reflejos de la superficie del agua y permiten ver mejor los peces, lo que resulta una ventaja, sobre todo en verano, cuando se pesca el salmón a simple vista en aguas bajas y claras.

• El Wading stick o bastón de vadeo

Es indispensable para mantener el equilibrio entre los cantos rodados resbalosos que se encuentran en los ríos largos y de fuerte corriente. Algunas corrientes no se pueden cruzar sin este apoyo.

• La petaca de bolsillo

Se ha de llenar en función de las preferencias del pescador. La petaca es una buena excusa para entablar una conversación con un pescador local y superar la barrera que representa la diferencia de idiomas y culturas.

• La bolsa para el pescado

Sirve para transportar las capturas y conservar la pesca.

LOS ACCESORIOS PARA LA PESCA

• El salabre

Los auténticos pescadores de salmón prefieren sacar los peces con sus propias manos, por la belleza del gesto y por una determinada ética deportiva. Sin embargo, un gran salabre resulta necesario en algunos casos, como por ejemplo, cuando se trata de un pez de tamaño muy grande o cuando los márgenes son muy elevados, lo que

La elección de los señuelos depende de las circunstancias y de la intuición personal. ▽

impide el acceso directo al lecho. En este caso, sólo con la ayuda del salabre se podrá coger la presa para llevarla al margen.

• El gancho

El uso del gancho implica un comportamiento muy cruel hacia el pez y no debería utilizarse nunca.

• El *tailer*

Es un tipo de lazo cobrapeces que ha de apretarse a nivel del pedúnculo caudal y que puede sustituir al salabre.

• El hilo de plomo y los perdigones

Este tipo de lastre es imprescindible para hundir una mosca que no se encuentre en la profundidad idónea.

• Las cajas de moscas y señuelos

Existen numerosos modelos que van desde la simple caja de plástico con compartimentos a magníficas piezas de madera o aluminio, como las cajas inglesas Richard Weathley. La elección de las cajas se basa en el gusto personal y, sobre todo, en el presupuesto. La colección de moscas debe estar bien ordenada y protegida

de la intemperie. A veces, las moscas para salmón suelen colocarse ostentosamente en estuches, por su belleza y gran colorido.

LA ROPA

La pesca del salmón es bastante estática, por ello la ropa adquiere una gran importancia debido a que el pescador está expuesto al frío o a un calor tórrido durante horas.

El chaleco de pesca clásico es indispensable para los pescadores de salmón. ▷

△ *Los forros de piel permiten aguantar las escarchas invernales: los pescadores de salmón que pescan a principios de temporada han de ir bien protegidos del frío.*

◁ *La caja de moscas y su magia de colores.*

El pescador que actúa en las islas Británicas (Irlanda, Escocia), debe protegerse especialmente de la intemperie. Cuando se trata de climas húmedos y suaves, como los de tipo oceánico, lo ideal es una chaqueta de algodón engrasado y un sombrero de la misma tela. Por el contrario, en Alaska, donde el clima es bastante seco y frío, la mejor opción es la lana polar.

El vadeador (pantalón especial) es indispensable para pescar el salmón en cualquier época del año. En la actualidad, el plástico y el caucho han sido sustituidos por el neopreno, pero este material resulta muy caluroso en verano y alcanza, en ocasiones, el límite de lo aguantable. Se debe prestar atención a la calidad de las costuras entre los botines y el pantalón. La marca Daïwa propone un modelo muy resistente, cuya suela antideslizante de fieltro es muy eficaz y supera a los tacos que antes fijaban las suelas de las botas, aunque en la actualidad cada fabricante cuenta con un vadeador especial de alta calidad. El bolsillo ventral del vadeador ha de ser lo bastante profundo para que quepa un mínimo de accesorios.

El chaleco de pesca resulta indispensable para transportar cajas de moscas o señuelos, así como algunos utensilios imprescindibles. No es necesario tener muchos bolsillos, pero han de tener una gran capacidad, dado el tamaño de las cajas.

El vadeador de neopreno permite pescar durante varias horas en aguas glaciales. Las suelas antideslizantes de fieltro evitan resbalar sobre los guijarros. ▷

Existe un modelo en concreto que es idóneo: el chaleco Shakespeare, que se puede inflar de dos maneras diferentes: manualmente o mediante un cartucho de gas carbónico que se activa con la ayuda de un cordel; además, se puede utilizar como chaleco salvavidas.

A principios de temporada los guantes pueden ser muy útiles, ya que evitan el entumecimiento de los dedos. Asimismo, permiten, con independencia del tiempo, frenar el devanado de un carrete de mosca sin quemarse la palma de la mano. En este caso más vale utilizar guantes de ciclista, cuyos dedos están cortados. Sin duda, para apreciar la necesidad de este equipo se debe haber «vivido» una picada y el tirón brusco de un salmón *king* de más de 20 kg con una fuerte corriente.

EL BOTIQUÍN

En Rusia y en América del Norte, el pescador de salmón se encuentra muchas veces aislado en el margen de un río, totalmente incomunicado de la civilización.

Así, pues, es necesario un botiquín de urgencia con un mínimo de accesorios y medicinas.

En este caso, el botiquín de microcirugía puede resultar indispensable.

En relación a esto, la aventura de un amigo ocurrida en Alaska, mientras pescaba un salmón, es bastante ilustrativa. El pez dio una violenta sacudida al intentar volver al agua con una serie de saltos espectaculares, lo que provocó que una de las muertes del anzuelo triple se clavara profundamente en la mano del pobre pescador. No es difícil imaginar el dolor que sintió la víctima enganchada al anzuelo. Por fortuna, un médico que formaba parte del grupo consiguió liberar al pescador practicando una operación de microcirugía, después de inyectarle una importante dosis de anestésico. Un botiquín corriente ha de pesar lo menos posible, ser impermeable y hermético, y debe estar bien aislado del frío y del calor.

– remedios contra la deshidratación (pastillas de sal);
– antidiarreicos y laxantes;
– aspirinas vitaminadas;
– pastillas contra la tos y el dolor de garganta;
– colirio (infección, cuerpo extraño);
– gomas de caucho;
– vendas elásticas;
– rollos de gasa y compresas estériles;
– imperdibles;
– termómetro;
– esparadrapo;
– algodón hidrófilo;
– curas estériles adhesivas (sutura de pequeñas heridas);
– tul graso (quemaduras y heridas más profundas);
– crema de protección solar máxima;
– suero antivenenoso adaptado al país;
– alcohol de 90°;
– agua oxigenada;
– *Mercryl*;
– jabón quirúrgico;
– mercromina.

Por último, no se debe olvidar algunas vacunas, como la leptospirosis, la hepatitis B y el tétanos.

◁ *El hidroavión, descargado, está a punto de despegar. Este grupo quedará «aislado del mundo» durante varios días. En tales condiciones, un botiquín completo es imprescindible en el equipaje de los pescadores.*

Una expedición preparada, un buen día de pesca y unos filetes de salmón ahumados de forma artesanal. ▽

A continuación, presentamos una lista de productos y materiales que debería llevar este tipo de botiquín:
– bisturí;
– tijeras;
– pinzas finas;
– jeringuillas de 5 ml en paquetes estériles con agujas;
– material de suturas;
– varios antibióticos para todo tipo de infecciones (dentales, respiratorias...);
– antiinflamatorios;
– pomadas (antibióticas, cicatrizantes, para las quemaduras del sol, contra los insectos, antimicosis);
– pomada para contusiones varias (esguince, distensión muscular);
– calmantes y sedantes;

LA PESCA

EL SALMÓN

Aunque los torrentes cantábricos ya no muestran el esplendor de antaño y en el Allier (río emblemático en Francia) ya no se permite la pesca durante cierto periodo, los espectaculares ascensos de salmones en los ríos de Bretaña en 1994 y en 1995, permiten prever una nueva edad de oro de la pesca del salmón. En los ríos Ulla (Galicia) o Bidasoa (vertiente cantábrica), también se ha producido una recuperación de este pez. Hoy en día, el sueño de capturar salmones en el macizo Armoricano es cada vez más real. Sin embargo, la pesca del salmón requiere una gran constancia, tesón y perseverancia. Su práctica exige una buena observación y un perfecto conocimiento de los emplazamientos y de las costumbres de los peces.

Un smolt *preparado para iniciar el descenso del río. Ahora, su piel plateada se asemeja a la del adulto.* ▽

UN MITO

La captura del primer salmón *(Salmo salar)* deja un recuerdo imborrable. Su resistencia es magnífica y, en aguas dulces, no se puede comparar con otros en pureza, formas armónicas e hidrodinamismo. En función del caudal, la estación y, sobre todo, la temperatura del agua, los salmones adoptarán comportamientos opuestos y ocuparán diferentes emplazamientos. En cualquier caso, los resultados de la pesca estarán a la altura de las esperanzas que se han acumulado durante largos años.

UN LARGO VIAJE

El salmón atlántico cruza el océano para reproducirse en el río donde nació, lo que le obliga a recorrer una distancia de unos 5.000 km.

• La fase juvenil en aguas dulces

El salmón nace en los frezaderos a finales de invierno, cuando los huevos han sido sometidos a unos 420 grados/día (lo que significa un periodo de incubación de 105 días a una temperatura del agua de 4 °C). La incubación se desarrolla bajo un lecho de grava, que es un refugio muy oxigenado, donde los alevines permanecen más o menos 6 semanas. Este tiempo es el que requiere el alevín para reabsorber la vesícula vitelina.

Al finalizar su primer verano, los esguines miden un promedio de 10 ó 12 cm. Presentan un aspecto muy parecido al de la trucha (en España, se les llama pintos), de forma que siempre existe el riesgo de confusión, algo que debe evitarse a toda costa. Además, adoptan un comportamiento alimenticio muy similar y ocupan cazaderos individuales. Durante la primavera siguiente, la mayor parte de los esguines empezará su migración río abajo y, poco a poco, sufrirá las transformaciones que les permitirá adaptarse a la vida marina.

Este fenómeno, que implica unos profundos cambios fisiológicos, se conoce como *smoltificación*, de ahí que a los alevines se les llame *smolt*.

Desde el punto de vista físico se observa una modificación en los colores de la piel: desaparecen las marcas y manchas de colores vivos y la piel adquiere una tonalidad lisa plateada por una sustancia llamada guanina, que se impregna en las escamas.

La *smoltificación* no se relaciona con el tiempo de vida en agua dulce, sino más bien con el tamaño alcanzado por los peces, que, a su vez, depende de la calidad del entorno: la riqueza del alimento y los contenidos minerales. Así, pues, los peces de crecimiento más débil (del 20 % al 40 % de los ejemplares nacidos el mismo año) permanecen en el río uno o dos años más antes de iniciar el descenso. Éstos colonizarán zonas corrientes, pero más profundas que las de su primer año de vida. La *smoltificación* aparece como consecuencia de las modificaciones de tipo hormonal (secreciones endocrinas, sobre todo tiroideas) que dependen, a su vez, de factores exteriores como las horas de luz (fotoperiodo) o la temperatura del agua.

• El descenso

Generalmente, se inicia en marzo y puede durar hasta principios de verano. Se pueden producir descensos en otoño, pero es poco frecuente. Sin embargo, se han capturado salmones jóvenes en otoño que presentaban signos de *presmoltificación*. Los *smolt* suelen bajar en bancos por la superficie y de noche. Los ejemplares marcados en el alto Allier y capturados en el río Loira, a la altura de los depósitos de agua de la central nuclear de Saint-Laurent-des-Eaux, han permitido establecer la velocidad media de descenso, situada en una franja de 10 a 30 km/día. Los aumentos de temperatura, así como las crecidas primaverales, son factores que favorecen este descenso.

• La llegada al mar

Esta etapa del salmón es muy desconocida. No obstante, algunas observaciones efectuadas en determinados lugares, como Escocia, suelen demostrar que la llegada al mar puede realizarse sin periodo previo de adaptación al agua salada, siempre y cuando los *smolt* sean fisiológicamente aptos para realizar esta transición. Así, si su evolución no es óptima, se observan

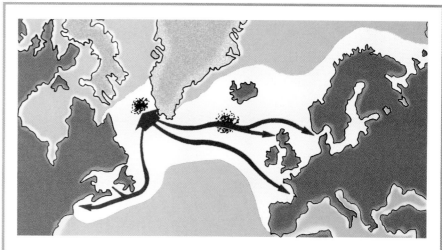

△ *Tres grandes ejes principales de migración del salmón atlántico, dos de ellos en Europa y uno en la costa este de América del Norte. Las áreas de engorde se localizan a lo largo de Groenlandia y las islas Feroe.*

índices de mortalidad muy altos. El movimiento de las mareas, así como las diferencias de temperatura entre el agua dulce y salada, determinan el periodo de permanencia en los estuarios de los *smolt*.

• La etapa marina o talásica

Los alevines marcados, que se han vuelto a capturar, han permitido situar las principales áreas de engorde del salmón de Allier a lo largo de las islas Feroe y en la costa oeste de Groenlandia.

Los contingentes que pertenecen a otras cepas pueden vivir el periodo de engorde a lo largo de las islas Lofoten, aunque se ha constatado que algunos peces llegan hasta el Báltico. Este largo viaje de casi 5.000 km que recorre el pequeño *smolt* nacido en los frezaderos del alto Allier, sigue siendo misterioso, y las vías de migración son muy poco conocidas. La única certeza estriba en la velocidad de desplazamiento, que es de unos 50 km/día, aproximadamente.

El salmón, que ha alcanzado sus áreas de engorde, adopta un régimen alimenticio compuesto de peces (agujas, capellanes, arenques) y zooplancton, unos pequeños crustáceos de la familia de los anfípodos y eufosiáceos. En función de la abundancia de alimento, el crecimiento de los alevines resulta prodigioso, ya que se estima en 2 a 4 kg al año.

El tiempo de permanencia en el mar, que se supedita al determinismo genético, es muy variable según las cepas. Algunos ejemplares, tal y como se ha observado en Escocia, Irlanda, Islandia e, incluso, en peces de Allier, no efectúan sus migraciones hacia áreas de engorde y permanecen en las aguas costeras. Por el momento, se desconocen las razones de este fenómeno. Se trata de peces que remontan el río después de un solo año de permanencia en el mar en el estadio de esguín. En cuanto a la cepa de Allier, los salmones permanecen de 1 a 3 años en el mar, incluso a veces 4 años, aunque la mayoría de ejemplares observados se queda en el mar durante 3 años. Cuando empiezan a remontar el río pesan de 5 a 15 kg y miden de 85 a 115 cm.

• El regreso al río natal

El salmón decide abandonar la vida marina por el instinto de reproducción, que depende de las secreciones hormonales. En este momento se produce uno de los fenómenos más curiosos dentro del reino animal: después de haber vivido varios años en el mar, a miles de kilómetros de su río natal, el salmón vuelve al frezadero exacto en que nació. Extraordinario y misterioso, ya que los fenómenos de orientación en el mar se conocen muy poco. Sin embargo, parece ser que el campo magnético, la posición de los astros y la calidad fisicoquímica del agua mari-

na, que varía en alta mar en función de cada estuario, permiten a los peces guiarse. Ello supone que el salmón debe poseer sensores gustativos extremadamente desarrollados. Hoy en día, el reconocimiento del río de origen se establece con bastante exactitud mediante los trasvases de peces marcados en diferentes etapas de desarrollo. Este reconocimiento se efectúa mediante la memorización del olor del río en el momento del descenso en etapa de esguín. Se trata de una adaptación prodigiosa a un modo de vida migratorio.

Además, estos pequeños *smolt* podrían marcar sus respectivos ríos de origen con secreciones particulares (feromonas) procedentes de las sales biliares. Sin embargo, el sistemático regreso al río natal, que los anglosajones conocen como fenómeno *homing*, se ha vuelto a cuestionar por científicos escoceses. Éstos han observado casos concretos en los que, por la imposibilidad de remontar el río (gran sequía, contaminación, construcción de pantanos), los salmones se iban a reproducir a ríos distintos del natal.

Los salmones del Allier aparecen en el estuario del río Loira a partir de otoño, en el caso de los más precoces, sin embargo, las llegadas pueden prolongarse hasta principios del verano siguiente. Los peces se introducen en el río cuando el nivel del agua crece, sopla viento del mar, está nublado o lluvioso y es de noche. La marea alta parece favorecer sus movimientos migratorios. La mayor caudalosidad, que en el caso del Loira se relaciona principalmente con las obstrucciones de barro, también constituye un elemento determinante, ya que la migración anádroma se ve muy favorecida con un mayor nivel de agua.

Los salmones nunca entran en el estuario cuando el Loira tiene un caudal inferior a 500 m³/s. Por el contrario, alcanzan grandes cotas de ascenso si el caudal supera 1000 m³/s.

Los primeros contingentes, llamados salmones de invierno, aparecen de octubre a enero y se componen de hembras. Se trata de los peces de mayor tamaño, aunque son menos numerosos y emprenden el ascenso de forma individual. En el Allier, permanecen de 13 a 15 meses en agua dulce, pero se reproducen al año siguiente. A continuación, llegan los salmones de verano, en mayor número y menor tamaño (de 6 a 8 kg), que remontan el río en pequeños bancos de marzo a mayo. Por último, los esguines, *grilses* o peces inmaduros, que pesan de 1,5 a 3 kg, realizan la migración durante todo el verano. En este contingente se hallan muchos ejemplares que no han efectuado el viaje a las zonas de engorde.

• El ascenso a los frezaderos: el trayecto del luchador

Una vez que llega a las aguas dulces, el salmón adulto deja de alimentarse. Todas sus reservas energéticas se movilizan para permitirle finalizar un viaje de casi 1.000 km, así como para asegurar la maduración de sus órganos sexuales.

El pez sufre grandes transformaciones de carácter fisiológico: una progresiva atrofia del sistema digestivo, paralización de los riñones, disfunciones hepáticas, espesamiento de las arterias. El resultado final es la pérdida del 40 % del peso durante el camino hacia el frezadero.

La velocidad de progresión está relacionada con la temperatura del agua, aunque también depende del nivel de los caudales. De esta manera, durante el invierno, cuando la temperatura del río es inferior a 3 °C, casi no realizan desplazamientos. Entre 3 y 6 °C los peces logran realizar cortos trayectos, pero se detienen con facilidad ante fondos elevados que exigen un gran esfuerzo de salto. Por encima de los 5 ó 6 °C, es posible franquear estos obstáculos.

Con mayor temperatura, la migración anádroma alcanza un nivel alto, ya que en el Allier se han observado desplazamientos de peces hasta temperaturas muy elevadas: durante el mes de agosto de 1981 se capturaron tres peces a su paso por la presa de Vichy en un agua de 24 °C.

• La reproducción: dar vida para después morir

En el Allier, los salmones frezan donde la calidad del agua responde a sus exigencias, es decir, a una distancia media de 155 km comprendida entre la parte alta del infranqueable pantano de Saint-Étienne-du-Vigan (cuya destrucción está prevista dentro del proyecto «Loire grandeur nature») y el río Issoire. Sin embargo, algunos años se han observado nidos hasta la altura de Clermont-Ferrand. Así, los peces se aparean en frezaderos que responden a criterios físicos precisos, sobre todo a la oxigenación del agua y a la granulometría.

Se establece cierta jerarquía entre los machos, de forma que los mayores echan a los más jóvenes. Esta misma jerarquía se observa entre progenitores, ya que los machos son apartados por las hembras encargadas de acondicionar el nido. Para ello, mediante potentes aletazos, limpian una zona concéntrica de 50 a 80 cm de grava antes de marcar un surco con movimientos convulsivos de los flancos y el abdomen. Para efectuar esta operación, que suelen realizar en dos lugares diferentes, se apoyan en su aleta caudal.

A continuación, la progenitora deposita los huevos de tres a cinco veces (de 2.000 a 3.000 por kilo), que, luego, fecundará el macho. Las huevas son escondidas bajo la grava para protegerlas de los depredadores y de los depósitos de sedimentos que limitan la oxigenación y la entrada de luz.

Las puestas son nocturnas y una misma hembra puede abrir varios nidos, más o menos distantes los unos de los otros y no necesariamente situados en una misma corriente. En cualquier caso, el periodo de freza dura varios días y los óvulos de una hembra pueden ser fecundados por diferentes machos, lo que asegura un buen desarrollo genético de las poblaciones.

• El descenso tras la freza

Después de la reproducción, la mayoría de salmones mueren, víctimas de las deficiencias glandulares y cubiertos de hongos parasitarios, ya que han perdido la mayoría de sus defensas inmunitarias.

Al parecer, los machos pagan más caras las transformaciones fisiológicas producidas por la freza. Débiles, con la mandíbula inferior curvada en forma de pico, se dejan arrastrar por la corriente y descansan en las zonas tranquilas del río, intentando volver al océano para vivir un nuevo periodo de engorde.

Sólo un 1 ó 2 % de los peces que se han reproducido volverán a realizar la migración de nuevo, y un 5 % sobrevivirán a la freza. Se trata de algo excepcional, ya que la mayoría de funciones biológicas vitales (sistema urinario, sistema digestivo...) se atrofia durante la época de freza, aunque se recuperan con el tiempo.

Este fenómeno podría clasificarse como una segunda vida, un hecho que los biólogos están estudiando con gran interés, esperando descubrir los secretos de la inmortalidad.

LA PESCA A LA MOSCA

Para el gran novelista americano Jim Harrison, «Pescar a la mosca es una combinación ideal entre el agotamiento y el placer estético. Se trata del deporte practicado al aire libre más fascinante». (*Just before Dark,* 1991).

La pesca a la mosca es la modalidad más noble y la única que respeta a este prestigioso y espléndido pez.

En cierto modo, la pesca al látigo permite concebir la naturaleza de una forma diferente, conocer mejor el río y su complejo funcionamiento. Para el

Reproductores: 2
Adultos de regreso: 4
Smolts: 50
Esguines: 200
Alevines emergentes: 650
Alevines vesiculares: 4.500
Huevas: 7.500

El destino de un salmón (según Gary J. Anberson y Ann E. Brimer)

◁ *Un gran número de salmones del Pacífico (aquí aparecen algunos ejemplares del salmón keta) llegan a un frezadero. Un espectáculo que en algunas zonas, como Francia, ha desaparecido.*

pescador apasionado, este tipo de pesca, que está cosechando cada vez más éxitos en EEUU y en los países escandinavos y cuenta cada día con más adeptos entre los jóvenes, es mucho más que una actividad de ocio: es un arte de vivir. Entrar a formar parte del mundo de la pesca del salmón a la mosca es algo así como convertirse a la religión: se adquiere un nuevo lenguaje, se observan los secretos rituales y se sigue una ética irreprochable. Sin embargo, tampoco hay que «encerrarse» en los códigos estrictos de los países anglosajones, donde la pesca al salmón fue, durante mucho tiempo, una práctica reservada a algunos lores ingleses que compartían en voz baja sus confidencias en la silenciosa atmósfera de clubes muy exclusivos.

En Francia, la pesca del salmón a la mosca era practicada tradicionalmente por los campesinos bretones, antes de que se inventara el carrete de bobina fija y se introdujeran en la pesca consideraciones metafísicas. Las diferencias entre estas dos culturas, también, se observan a través de los diversos modelos artificiales existentes. La mosca bretona, cuyo mejor ejemplo es la realizada por un gran pescador de salmón conocido como «padre Clerc», resulta de lo más sencillo, pero también de lo más eficaz. Aunque sea apagada, tosca y deforme, funciona muy bien.

Por el contrario, las moscas inglesas son consideradas pequeñas obras de arte, muy estéticas y de colores vivos. El montaje de tales modelos responde a razones históricas: los mosqueros oficiales del Ejército de las Indias traían antiguamente numerosas plumas de varios pájaros exóticos cazados por ellos (entre los que destaca el famoso *jungle cock*), lo que contribuyó a la creación de las imitaciones multico-

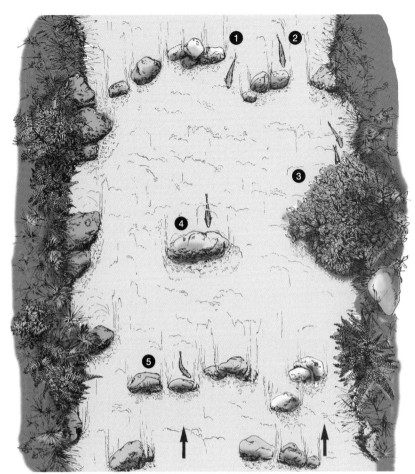

Emplazamientos del salmón

1-2. El salmón que llega a un remanso: pica a menudo.

3. El salmón escondido junto a un margen: posibilidad de captura.

4. El salmón hundido en medio del remanso: pica poco.

5. El salmón que sale del remanso: pica.

lores que hoy en día se consideran como los arquetipos de las moscas británicas.

En cuanto a las monturas americanas destinadas al *king salmon,* son de una gran creatividad y se asemejan a pequeños monstruos que parecen extraídos de la imaginación de un autor de ciencia-ficción. La eficacia de estas moscas está más que probada.

La pesca a la mosca se convierte en un desafío, cuyo único objetivo es probar los placeres de la vida al aire libre, ofreciendo las máximas posibilidades a nuestro adversario. El material y la técnica utilizados dependerán en gran medida del perfil del río, de su anchura, del caudal, y del supuesto tamaño de los peces (para la elección del material, véase las páginas 66-68).

Por lo que se refiere a la caña, algunos pescadores prefieren el modelo de dos manos, que permite lanzados más largos y un mejor control de la deriva, así como el impulso de los señuelos muy lastrados. Para ríos grandes de tipo pirenaico, bastará una caña de 4,6 m. Se trata de un excelente término medio

entre la caña de 3,6 m (especialmente adecuada por su fácil manejo para las manos pequeñas), dirigida a los pequeños ríos de Bretaña o Irlanda, y la de 5,5 m, una inmensa caña que requiere tener la espalda y los brazos de un atleta para manipularla durante un día entero. Con la caña de 4,6 m se logra dominar sin esfuerzo a todos los peces de gran tamaño, ya se trate de los *salar* gigantes del Kola, en Rusia, o de los *king* del Kenai River, en Alaska.

Por su parte, los americanos y los canadienses prefieren pescar con cañas de una mano. Estos modelos son extrapolables a los ríos pequeños de Francia, aunque no suelen utilizarse, al menos para la pesca en seco o en *greased line*, ya que los lanzados no son tan largos y el enfrentamiento con un ejemplar grande puede resultar azaroso, a pesar de la calidad del material americano.

Un espléndido salar *pescado a la mosca en la península de Kola, Rusia, uno de los últimos paraísos de la pesca del salmón atlántico.* ▷

La elección del sedal se efectuará en función de la zona de pesca, así como de la temperatura.

La línea de bajo sumergible resulta idónea para la exploración de aguas medias a profundas con la caña de 4,6 m de dos manos. En cualquier caso, será imprescindible para pescar peces como el *king salmon*, que sólo pica en el fondo. No es aconsejable utilizar Extra fast sinking, difícil de sacar del agua y cuyo empleo sólo se justifica en aguas frías, cuando la temperatura está por debajo de los 10 °C. En todo caso, se elegirán modelos de doble huso del nº 9 para la caña de 3,6 m y del nº 10 al nº 12 para la de 4,6 m. Cuando la temperatura del agua sobrepasa los 15 °C (especies estivales) y se pesca en *greased line* justo bajo la superficie, utilizaremos un sedal autoflotante. Los estadounidenses y canadienses que pescan con cañas de una mano suelen emplear sedales del nº 7 al nº 8.

• La pesca

No es tan difícil como declaran algunos puristas. Los gestos del lanzado se adquieren con más facilidad utilizando una caña de dos manos que con un modelo de una mano. La pesca consiste en desplegar de 25 a 35 m de se-

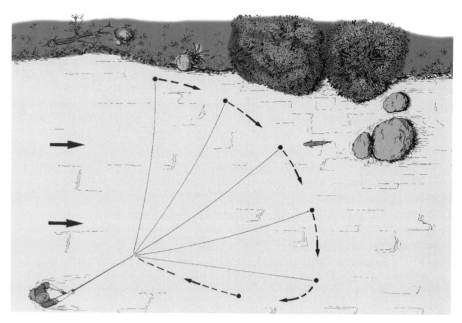

Pesca a la mosca a la deriva río abajo

dal de forma transversal o describiendo un ángulo de 90°, un cuarto de río abajo, intentando efectuar una clavada recta antes de que la mosca se deje arrastrar a la deriva. El descenso del señuelo puede acompañarse por el balanceo de la puntera de la caña para imprimirle un mayor movimiento y dar la impresión de vida. Asimismo, durante la deriva, el movimiento de animación resulta imprescindible para aumentar el atractivo de la mosca. Éste se realizará mediante balanceos laterales u oscilaciones verticales de la puntera, así como con pequeños tirones del sedal. Muchos especialistas discuten sobre si es o no necesario tirar en cuanto se produce una picada. Sin entrar en el debate, la experiencia ha demostrado que es preferible tener una espira de seda de 1 m en la mano izquierda, que debe soltarse en el momento en que el pez pique el señuelo, antes de que vuelva al fondo. Así pues, un tirón a destiempo puede conseguir mayores capturas que un tirón inmediato.

• La lucha y el cobro del pez

El combate con un pez de gran tamaño puede resultar azaroso en algunos ríos, sobre todo cuando se pesca en aguas tranquilas llenas de restos de troncos y situadas entre potentes rápidos. Resulta muy difícil dominar a un gran ejemplar que baja a toda velocidad por una corriente, arrastrando el

sedal y el *backing*. La única solución es intentar que dé media vuelta y volver acompañando con la caña sus movimientos (no al contrario) o seguirlo a favor de la corriente desde la orilla, lo que no resulta fácil en los márgenes escarpados; además, suele acabar con un resbalón y un baño forzoso. Si el pez no se suelta al inicio de la lucha, nueve de cada diez veces lo consigue cuando se cobra en la superficie: o bien porque el salmón reserva sus fuerzas para realizar una última y prodigiosa huida o porque la muerte del anzuelo, mal clavado, acaba por desengancharse o abrirse, si el acero es de mala calidad.

La primera recomendación es no utilizar nunca el freno en el momento en que el pez se sumerge, para evitar que se rompa el sedal en un tirón del salmón. A partir del momento en el que el pez «blanquea», es decir, cuando muestra los primeros signos de agotamiento y aparece en la superficie, conviene observar los alrededores en busca de un lugar tranquilo, sin corriente y, a ser posible, en una pendiente suave, donde se obtendrá el cobro. En las aguas poco profundas, lo mejor es empujar con suavidad al salmón por la cola hacia el margen y, a continuación, izarlo, asegurándonos de que lo sujetamos fuertemente por el pedúnculo caudal. A cada lado de este órgano, el salmón presenta dos cartílagos que le proporcionan un firme, sólido y excelente equilibrio.

Un pescador orgulloso de la captura que ha conseguido a la mosca: un bonito ejemplar irlandés que acaba de remontar el río Moy en dirección a Ballina (el condado de Mayo). ▷

de insectos a la deriva a intervalos regulares. Para confirmar sus observaciones en el agua, emprendió un estudio sobre el contenido estomacal de estos peces, que resultó componerse en su totalidad de frigáneas. Después de esta constatación, cabe preguntarse por qué existe la creencia de que los salmones no se alimentan en agua dulce . Todos los peces que se han capturado de este modo eran esguines que no habían pasado más de un año en el mar. Sobre esto, Jean-Loup Traütner deduce un sorprendente fenómeno: los salmones jóvenes recuerdan su modo de vida en agua dulce. De todos modos, no tan sólo encontramos esguines. Pierre Affre, otro periodista piscatorio, capturó peces de casi 15 kg en seco en un reciente viaje a Rusia en el mes junio. Por mi parte, en compañía de mi amigo Jean-Luc Martin, pescador de salmón afincado en Escocia, cobré de este modo algunos *king salmon* en Peter's Creek (Alaska) en julio de 1994, siempre en las mismas condiciones: al inicio de una larga y potente corriente, que finalizaba en un remanso. Hundíamos bajo la superficie grandes imitaciones flotantes del tipo Muddler Minnow o Irresistible, cuyos cuerpos estaban compuestos de pelo de corzo (los norteamericanos emplean pelo de ciervo de Virginia o ciervo *mulet*), atravesando la corriente de forma transversal, justo en el lugar en que chocaban las aguas vivas y muertas. Esta táctica funcionó varias veces, pese a ser poco ortodoxa.

La pesca a la mosca en seco se practica a la vista en los ríos limpios de Gaspésie o en la Isla de Anticosti (Canadá). Los canadienses suelen emplear un material bastante ligero: caña de una mano provista de un sedal del nº 7 o nº 8 y, como modelo básico, cualquier cosa parecida a los grandes *sedges*. También en este caso, la técnica consiste en hundir el modelo bajo la superficie, junto a la zona en que los salmones saltan. Todavía queda mucho por aprender en este ámbito y podemos centrar nuestras expectativas en las nuevas experiencias que durante los próximos años vivirán los pescadores en los ríos de la península de Kola en su búsqueda de grandes ejemplares, lo que nos permitirá conocer mejor esta técnica.

A continuación, retiraremos el anzuelo del pez y, entonces, si queremos devolverle su libertad, lo oxigenaremos durante un buen rato antes de soltarlo. Nunca se libera a un pez agotado y asfixiado, porque podríamos causar su muerte. Si queremos conservar nuestra presa, hay que darle un golpe seco y limpio en la cabeza con un bastón. Los pescadores que prefieren ahumarlo, primero deberán desangrarlo. También podemos cobrar al salmón con un *tailer*, un tipo de lazo, o con un gran salabre. No mencionaremos el cobro con gancho, porque es un método muy cruel que no debería usarse.

• La pesca a la mosca seca

Para muchos pescadores se trata de un desafío imposible. No obstante, los estadounidenses y los canadienses emplean este tipo de pesca con éxito en ríos donde abunda el salmón. En el número 36 de la revista *Plaisirs de la pêche*, publicada en marzo de 1995, Jean-Loup Traütner, a quien la pasión por el salmón le ha llevado a establecerse en Irlanda, a orillas del Suir, hace observaciones muy interesantes. Nos cuenta que ha pescado muchos salmones en seco con imitaciones de frigáneas. La mayoría de sus capturas eran peces que acababan de remontar el río y que se alimentaban en la superficie

LA PESCA AL LANZADO

La pesca al lanzado con señuelos metálicos resulta la técnica más eficaz para pescar el salmón en cualquier estación. Sin embargo, su máximo rendimiento se presenta en los primeros meses de veda, cuando las aguas caudalosas y frías no permiten la práctica de la pesca al látigo. De todos modos, hay que señalar un aspecto muy desagradable de esta técnica: el lanzado con cucharillas de grandes plomadas suele utilizarse en verano, en periodo de estiaje, para pescar los salmones a la vista, más abajo de los lugares donde se reúnen.

En 1995, en Bretaña se observó este tipo de pesca furtiva organizada a gran escala. Cuando se llega a tales extremos, quizás convenga prohibir el lanzado y tan sólo autorizar la pesca a la mosca, en la que se produce un número menor de picadas accidentales por la espalda.

la espira de seda se sujeta bajo el índice

Picada del salmón

Cobro del salmón

el salmón toma la mosca y da la vuelta

el dedo índice suelta la espira de seda

la corriente actúa sobre la espira de seda y asegura el cobro

• Un lanzado ligero que hay que dominar

Al igual que en la pesca al látigo, el material depende del tamaño de los peces, la longitud de los cursos de agua y el caudal. En periodo estival, cuando nos dirigimos a esguines de 1 a 2 kg (caso frecuente en los ríos irlandeses en agosto), podemos utilizar el material clásico para la trucha, con un nailon de 0,18 a 0,20.

La pesca al lanzado ligero proporciona grandes emociones. En los pequeños ríos irlandeses, bretones y normandos, o cuando nos dirigimos a salmones del Pacífico de tamaño mediano como el salmón plateado, el salmón rojo o el salmón rosa, puede servirnos un material clásico para pescar lucio a la cucharilla o al pececillo muerto. Este material se compone de una caña de potencia de 15 a 25 g, de una longitud de 2,5 m, provista de un carrete de bobina fija o giratoria, cargado con 200 m de seda de 0,28 a 0,35, en función de lo accidentado del terreno o de la presencia de rápidos. En los grandes ríos (cantábricos, escoceses, noruegos, rusos o norteamericanos) podemos encontrar peces de más de 15 kg en corrientes rápidas, profundas y llenas de obstáculos, por lo que no debemos privarnos de un material potente. Para esta modalidad conviene utilizar una caña de 3,2 a 3,5 m, incluso de más longitud, si es una caña inglesa para carpa. Con una potencia de 30 a 60 g, la caña debe estar provista de un buen carrete de bobina fija, con un freno infalible y de gran capacidad, cargado con 200 m de seda de 0,45 a 0,50.

• Las cucharillas giratorias o las ondulantes

Las cucharillas se encuentran entre los señuelos más utilizados del mundo. Se suele usar cucharillas giratorias, sobre todo a mitad de temporada y en verano en las hoyas, los remansos y las corrientes lentas. Cuando el caudal sube y aumenta la presión de la corriente, se

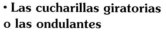

◁ *Un Rapala podrá seducir al salmón más desconfiado, si se presenta con habilidad.*

dejan de utilizar, ya que tienen tendencia a subir cerca de la superficie. Entonces, se emplean cucharillas ondulantes (muy empleadas en América del Norte, países escandinavos o islas Británicas), que dan mejor resultado a ras de fondo. Se trata de una consideración general, ya que el salmón en función de la hora del día y del humor que tenga (a menudo, cambiante), puede hacer caso omiso a una cucharilla ondulante bien presentada y, sin embargo, lanzarse sobre ella al pasar de nuevo.

La técnica de esta modalidad de pesca, sobre todo si buscamos salmones del Pacífico, reside en cambiar regularmente de modelo o categoría hasta encontrar el señuelo adecuado en el instante preciso. Entre las mejores cucharillas ondulantes podemos citar las Quimperloises, con faldones de caucho, las Mepps doradas, plateadas o fluorescentes (rojo y naranja) con paleta «de uña« o con hoja de sauce: del nº 3 al nº 5 para ríos grandes y peces de gran tamaño; del nº 2 al nº 3 para los esguines en pequeños cursos de agua, y las Blue Fox (del nº4 al nº 6). Las ondulantes presentan una amplia gama: la clásica cucharilla Allier es estupenda, así como la Syclops de Mepps, la Krokodil (16 g), plateada o cobriza, la Loon en las versiones de 6 g, 10 g, 17 g ó 20 g, la Toby, de Abu (10 g, 12 g, 18 g), o la Orkla. Si la corriente es fuerte o de gran profundidad, se podrá añadir una plomada suplementaria a los señuelos.

◁ La Quimperloise: una paleta giratoria unida a un cuerpo lastrado que ofrece unos excelentes resultados.

• **La pesca**

Parece muy simple en sí misma, pero no se trata de una actividad pasiva, sino de una búsqueda muy activa que exige un profundo conocimiento del estado del agua, así como de los emplazamientos ocupados por los peces en función de la estación, la temperatura y el caudal. Se suele empezar en el inicio de un tramo de aguas tranquilas, que se recorrerá hacia abajo poco a poco, peinando cada corriente. El lanzado debe ser transversal o ligeramente río abajo, recuperando el sedal de la forma más lenta posible, a la velocidad mínima necesaria para provocar la rotación de la cucharilla. A veces, basta con mantener la deriva río abajo, sin utilizar el carrete, ya que la fuerza del caudal es suficiente para mover el señuelo. Éste ha de situarse casi a ras del fondo, adaptándose al relieve. El movimiento debe ser más lento a principios de temporada, porque en esta época los peces se muestran apáticos. Así pues, el éxito reside en dos puntos clave: la lentitud de la búsqueda, que ha de ser metódica, y el buen conocimiento de los emplazamientos donde puede esconderse el pez. Si es necesario se puede agitar el señuelo

con un tira y afloja del sedal, recuperándolo de manera irregular, e imprimir a la puntera una oscilación lateral y vertical (que puede llegar a convencer a un pez reacio a picar).

La picada puede manifestarse de diferentes maneras: una brusca interrupción de la deriva, una sensación de pesadez, la subida del nailon río arriba, a veces a mucha velocidad, y, más clásicamente, un fuerte tirón. Las luchas más espectaculares se desarrollan con peces clavados por la cola accidentalmente. En este caso, el pescador ha de realizar grandes esfuerzos.

LA PESCA DEL SALMÓN DEL PACÍFICO

Para el pescador aventurero, existen algunos destinos de prestigio donde abunda el salmón y en los que éste puede remontar las aguas más puras y sin contaminación alguna. La costa oeste de América de Norte y Canadá

△ La cucharilla americana específica para el salmón king.

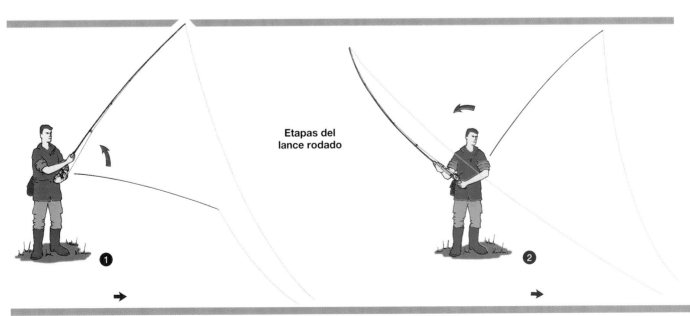

Etapas del lance rodado

① ②

LA BUENA MOSCA

Existen incontables modelos, que reflejan las diferentes tradiciones locales, culturales o nacionales, o bien son fruto de la imaginación o la creatividad de especialistas que, en función del lugar, tienen sus preferencias y sus pequeños secretos. Según Pierre Affre, los cuatro primeros modelos fueron descritos por Juliance Berners en su *Traité pratique de la pêche*, publicado en 1496 en la segunda edición del *Livre de Saint Albans*. Desde entonces, se ha dedicado a este tema un gran número de obras, por ejemplo la de George Kelson, aparecida a finales del siglo XIX, que nos presenta más de 37 modelos. En la actualidad, podemos considerar la existencia de un cen-

△ *Una Sun Ray Shadow realizada por el pescador noruego Brucks.*

◁ *Una Shrimp que representa una gamba.*

tenar de moscas clásicas catalogadas y utilizadas en el mundo entero. Entre ellas, las primeras y más «clásicas» fueron las moscas inglesas multicolores, aparecidas durante el imperio colonial y realizadas con plumas de pájaros exóticos como el *jungle cock*, el tucán, el macao o el cuervo de las Indias. La Jock Scott o la Durham Ranger, pequeñas obras de arte, también pertenecen a esta categoría. Los modelos franceses, mucho más sobrios, se realizan con plumas de becada, faisán, pelo de marta, ardilla, liebre o tejón. Cada categoría tiene sus partidarios, aunque la cuestión se centra en la confianza que despierta cada modelo durante la pesca y en el respeto a ciertos principios elementales.

La elección de la mosca se realiza en función de numerosos parámetros físicos: el caudal, la profundidad, la temperatura del agua y del aire, así como la calidad de la luz. En general, se preconiza el uso de moscas oscuras y peludas cuando el cielo está oscuro (por ejemplo, la Black Doctor), moscas claras y poco peludas con cielo despejado (Lemon Grey) y modelos de tonalidades medias con cielo nublado (York Scott). Asimismo, las moscas poco peludas nos serán muy útiles en las aguas de poca profundidad y claras, y los modelos voluminosos, en las aguas turbias y de gran caudal. Normalmente se intenta que el tamaño de las moscas coincida con la temperatura del agua.

– De 1 a 3 ºC: más vale abstenerse de pescar a la mosca, pero para los incondicionales de la pesca al látigo, se debe elegir una Tube fly de 2.

– De 3 a 6 ºC: una Tube fly de 1"1/2 o una mosca montada sobre un anzuelo del nº 1/0 al nº 2.

– De 6 a 8 ºC: una mosca montada sobre un anzuelo del nº 2 al nº 4.

– De 8 a 10 ºC: una mosca montada sobre un anzuelo del nº 4 al nº 6.

– De 10 a 12 ºC: una mosca montada sobre un anzuelo del nº 6 al nº 8.

– De 12 a 15 ºC: una mosca montada sobre un anzuelo del nº 8 al nº 10 y seda flotante. En estas condiciones, se pesca en *greased line*, bajo la superficie.

△ *La mosca de Henri Clerc.*

La Silver Doctor. ▷

La potencia del caudal y el perfil concreto del río también tienen su importancia. En las zonas tranquilas, los mejores modelos son aquellos que ponen en funcionamiento todos sus componentes al menor toque. Las moscas bretonas ofrecen grandes ventajas en este sentido por su cuerpo hecho de pelo de jabalí, cercos de plumas de faisán y alas de fibras blandas de pavo real. Resultan idóneas en los ríos del macizo Armoricano, caracterizados por el *chalk-stream* de aguas lentas y profundas. En corrientes fuertes y aguas vivas, optaremos por las grandes clásicas inglesas: Jock Scott, Silver Doctor, Lemon Grey, que dan excelentes resultados, así como los modelos franceses realizados con fibra de zorro, ardilla o marta.

permitirán al pescador encontrar salmones del Pacífico. Éstos se hallan también al otro lado del estrecho de Bering, en Kamtchatka, en cuyos ríos se usa muy poco la pesca a la línea (la pesca profesional con redes es la más frecuente).

Podemos encontrar cinco tipos de salmones del Pacífico en la costa oeste de América del Norte, sobre todo en los ríos de los Estados de Alaska (Estados Unidos) y Columbia Británica (Canadá). En Alaska, la naturaleza ha permanecido virgen. Lo denominan el «país superlativo» por su abundancia: 3 millones de lagos, más de 3.000 ríos, 5.300 km de costas, montañas de más de 6.000 m y decenas de volcanes, todo ello distribuido en un territorio tan grande como Europa y poblado por tan sólo 500.000 habitantes. En este paraíso de los pescadores,

LA PESCA AL GUSANO

Esta técnica se parece a la denominada «del rastreo con gusano», que se emplea con la trucha. Se trata de explorar metódicamente todos los remansos profundos donde los salmones están al acecho, dejando el nailon, sostenido con una mano, a la deriva. Se ha de estar pendiente de cualquier sensación extraña (un pequeño cosquilleo en la mano, la interrupción repentina de la deriva, una serie de toques, casi imperceptibles) y dar al salmón el tiempo suficiente para tragar. Éste suele morder el anzuelo, a veces durante largos segundos, antes de tragárselo. Se debe esperar el momento en el que la línea se desplaza con claridad río arriba para tirar con un movimiento amplio y bien apoyado. Los mejores puestos para pescar con gusano en periodo de aguas altas son las grandes superficies profundas de aguas tranquilas, las terrazas situadas río abajo tras un obstáculo, las plataformas elevadas y las cataratas.

Los peces se demoran en estos lugares, porque son difíciles de franquear, lo que, por otro lado, les resulta bastante molesto y les incita a picar.

millones de salmones remontan cada año los ríos para reproducirse. Resulta interesante estudiar estas especies, porque son un foco de atracción para los apasionados que proceden de todos los continentes.

• El *king salmon* o el salmón *chinook* (*Oncorhynchus tshawytscha*)

En la costa oeste de América del Norte, desde California hasta Alaska, el *king salmon* siempre ha sido muy considerado por los pueblos nativos que, desde tiempos inmemoriales, solían pescar durante todo el periodo de migración anádroma. Hasta tal punto, que los indios llamaban al salmón, con gran respeto, *tyee*, que significa jefe. Por su belleza y fiereza, los norteamericanos lo llaman hoy en día *king*, el rey de los peces. Los científicos han conservado su apelativo de *chinook*, un nombre de origen indio como homenaje a los pueblos nativos de América del Norte.

El *chinook* tiene una piel plateada que adquiere poco a poco una tonalidad roja al acercarse la freza. Es fácil de identificar por su tamaño, porque es muy grande: el récord mundial establecido en el Kenai River, en Alaska, ronda los 50 kg. No obstante, se trata de un ejemplar excepcional, ya que el peso medio de este pez se sitúa, según los ríos, entre 10 y 15 kg, lo que resulta un peso apreciable.

Los puristas del *Salmo salar*, el salmón atlántico, consideran con cierto desdén al salmón pacífico. Ello supone menospreciar una resistencia y una potencia incomparables. Un gran *king* que acaba de remontar el río es capaz de romper la caña más fuerte con su impulso y cortar con el movimiento de la aleta caudal un sedal de 0,50 o, incluso, aplastar un anzuelo con sus sólidas mandíbulas. El salmón *king* se pesca al lanzado (señuelos metálicos), a la mosca y con cebos naturales.

En el lanzado, se recomienda emplear una caña muy resistente, de una potencia de 30 a 60 g, provista de un carrete de gran capacidad cuya bobina se carga con 200 ó 300 m de 0,50. Se ha de prestar especial atención a la calidad del carrete, cuyo freno ha de ser infalible y bien regulado; de lo contrario, acabará por romperse. Asimismo, se deben verificar con regularidad los nudos que unen los señuelos a la línea. En función de las circunstancias, la profundidad o el caudal, se utilizarán cucharillas giratorias, ondulantes o pececillos nadadores. Si se pesca alrededor de la media noche, una Mepps del nº 5 giratoria, roja o naranja fluorescente, o una Syclops de Mepps (ondulante) en los mismos colores ofrecen unos excelentes resultados. Asimismo, se utilizan mucho las cucharillas giratorias Blue Fox (nº 4, 5 y 6), con sus campanillas fluorescentes vibratorias, en particular en la isla de Kodiak (Karluk River), en Alaska, así como las Mepps de hoja de sauce rojas o doradas. Se debe cambiar todos los anzuelos triples por modelos fuertes de acero, ya que los primeros suelen ser aplastados por las potentes mandíbu-

Un estupendo salmón king de 14 kg, pescado en las aguas del Karluk River, en Alaska. Este ejemplar se devolverá al río, ya que los cupos de capturas son muy estrictos. ▷

las del *king*. El emerillón es otro elemento imprescindible. La experiencia demuestra que los modelos más robustos, a largo plazo, son los franceses de enganche JB.

En cuanto a las moscas, los norteamericanos emplean a menudo grandes *streamers* fluorescentes rojo anaranjado. Se trata de buenos modelos que se emplean con cielo oscuro y en ríos donde no se puede pescar con racimo de huevos. Unos cuantos adornos brillantes pueden aumentar el atractivo del señuelo. En este sentido, pueden ir bien las moscas escocesas, así como la especial de Allier, amarilla y negra, de *jungle cock*. El material básico se compondrá, en función de los gustos de cada uno, de una caña de dos manos de una longitud de 4,6 m, provista de un carrete manual cuya bobina se cargará con una línea de bajo sumergible del nº 10 y de 150 m de *backing*.

Un encuentro sorprendente en Kodiak (Alaska), en el Karluk River. Éste es uno de los placeres de pescar en un santuario único en el mundo, donde miles de salmones sirven de alimento al oso más grande del planeta. ▽

La ética deportiva del pescador de salmón requiere que el cobro se realice cogiendo el pez por la cola. ▷

Es preferible no utilizar los sedales Extra fast sinking (muy sumergibles, pero difíciles de sacar) y lastrar con un trozo de *lead core* o un perdigón, para poder explorar en la profundidad deseada. Es necesario mover el *streamer* a ras de fondo, como los señuelos metálicos.

Por su parte, los norteamericanos suelen pescar con pequeñas cañas de una mano y muy ligeras. Con estas cañas, no dudan en emprender luchas de más de una hora para cobrarse un pez. El final del combate con un *king* siempre es incierto, sobre todo si el fondo del río está lleno de obstáculos o si el salmón decide dejar las aguas tranquilas para bajar por una corriente rápida.

En una ocasión, un salmón *king* de 22 kg de peso, aproximadamente, me hizo recorrer 3 km persiguiéndolo por los rápidos, para acabar soltando el anzuelo después de una hora y media de lucha.

Los pescadores norteamericanos también pescan con cebos naturales, en este caso con racimo de huevos unido a un curioso señuelo: el payaso. Se trata de un tipo de bolita roja fluorescente, ligera y provista de dos aletas que giran con la corriente. El racimo de huevos de salmón unido al señuelo se envuelve en un pequeño velo de tul. El conjunto se mantiene a la deriva con la corriente, a ras de fondo, o se deja inmovilizado en los remansos profundos. A pesar de la densidad excepcional de peces en Alaska y en la Columbia Británica, los cupos de captura son muy estrictos y no suelen superar los dos peces por pescador y por río y un total de cinco durante toda la temporada. Así pues, la mayor parte de los peces deben ser devueltos al agua con precaución después de su captura.

• El salmón rojo (Oncorhynchus nerka)

Este pequeño salmón (el peso medio es de 2,5 a 5 kg y el peso máximo 7,5 kg), con su aspecto plateado cuando acaba de remontar el río, cambia poco a poco de color cuando llega la freza y adquiere un color rojo escarlata, de ahí su nombre. Suele remontar el río en grandes bancos compuestos por miles de peces entre los meses de junio y julio.

Se trata de uno de los peces más buscados para la industria conservera por su valor económico. Suele picar tanto a la mosca como a los señuelos metálicos, pero sólo se muestra realmente agresivo en las zonas de freza. La densidad de peces es tal que hasta podrían capturarse peces en pleno descenso y cerca del mar, cuando la especie se parece todavía al salmón atlántico. Se convierte, entonces, en un gran oponente que efectúa saltos espectaculares (por eso no se entiende la reputación de pez deportivo de poca importancia). Suele entrar con cucharillas giratorias u ondulantes n° 3 ó n° 4 y *streamers* de colores principalmente vivos, azules, rojos o naranja. Con frecuencia, se captura accidentalmente con moscas para *king*. Si estamos seguros de querer pescar tan sólo salmones rojos, hay que prever un material más ligero que para el *chinook*, como el lucio a la cucharilla, y no elegir un nailon superior a 0,30 ó 0,35.

• El salmón plateado (Oncorhynchus kisutch)

Debe su nombre a su piel plateada, manchada con pequeñas motas negras en la parte superior de los flancos y la cola. También en este caso, nos hallamos ante un «salmón pequeño» (en

△ Gran «plumero» destinado al salmón king.

comparación con el *king*), aunque alcanza un peso medio de 2,5 a 5 kg. El ejemplar más grande se ha pescado en Prince William Sound (Alaska) y pesaba unos 11 kg. El salmón plateado es, junto con el *king*, el salmón más buscado del Pacífico, en primer lugar por su resistencia, que es muy enérgica, pero también por el sabor de su carne. Al igual que el salmón rojo, no tiende a picar cuando entra en el río, pero se vuelve más agresivo a medida que se acerca a los frezaderos. No se desplaza en grandes bancos y suele mezclarse con otros peces, como el salmón keta o el salmón rosa.

El salmón plateado remonta los ríos de la costa oeste de América del Norte y de Kamtchatka, de principios de agosto hasta mediados de septiembre, aunque la época de mayor intensidad es la segunda quincena de agosto. Pica con los mismos señuelos que el salmón rojo, así como también con la técnica en seco al acercase la freza.

• El salmón keta (Oncorhynchus keta)

Se trata de otra especie poco apreciada. Aunque en el periodo de freza no muestra la ferocidad del *king salmon*,

◁ Un salmón rojo pescado a la mosca en el Kenai River, Alaska. Un gran streamer pudo atraer a este pez que no se decidía a picar.

se trata de un gran oponente, a pesar de su tamaño relativamente pequeño, ya que alcanza un peso medio de 5 a 12,5 kg. El récord del mundo que se estableció en Alaska, pesaba 16,5 kg.

Se le llama también salmón *dog* porque, durante el periodo de reproducción, su cabeza se transforma y sus mandíbulas sufren un desmesurado desarrollo, de forma que muestran una dentadura impresionante.

Al igual que todos los salmones del Pacífico, su piel rayada es de un precioso color plateado antes de sufrir las modificaciones endocrinas previas a la freza. Este pez suele picar mucho, tanto a la mosca como al lanzado, y la resistencia que ofrece con relación a su peso se asemeja a la del *king* y a la del plateado.

El salmón keta es el único salmón que se encuentra en las regiones árticas de Alaska, donde es muy apreciado por los pueblos inuit: sus filetes desecados sirven, entre otras cosas, para alimentar a las típicas manadas de perros huskies de esta zona.

En relación a esto, existe una leyenda sobre los salmones keta del Noatak River (Alaska), donde estos peces constituían antiguamente la base de una próspera economía. Por aquel entonces, los inuit creían que los salmones constituían una raza de hombres inmortales, que vivían en casas submarinas durante el invierno, se transformaban a finales de la primavera en seres con escamas y remontaban el río en bancos agrupados para ofrecerse como alimento. Este sacrificio, libremente aceptado, no destruía a los hombres-salmones: si el pescador se

Un gran ejemplar macho de salmón plateado, pescado a la mosca en el Clear Creek (Alaska). Cuando se acerca la freza, el pez pierde su bonito aspecto plateado. ▽

ma de pico y desarrolla una enorme joroba, justo detrás de la cabeza, lo que le da una apariencia monstruosa y el sobrenombre de jorobado.

A pesar de esto, se trata de un interesante oponente, sobre todo si se pesca en el mar, cuando su aspecto conserva todavía su color plateado y su cuerpo adopta la forma hidrodinámica de todos los salmónidos. La mayor parte de los salmones del Pacífico que consumimos en conserva son de esta especie, lo que demuestra la importancia económica de este pez.

En resumen, el salmón rosa merece ser pescado como cualquier otro salmón perteneciente a las cepas pacíficas. Para quienes se dirigen hacia la costa oeste de América del Norte, indicar que se trata de una especie que abunda durante el mes de agosto, que puede crear nuevas vocaciones de pescador de salmón, como ocurre en los casos del salmón *king*, el salmón rojo o el salmón plateado.

quedaba con la carne del pez y tiraba la espina al río para que ésta volviera al océano, aquellos hombres volvían a nacer y regresaban a sus casas submarinas y el ciclo volvía a iniciarse, al igual que vuelve a empezar el ciclo de los salmones keta, rojo, rosa, *king* o nuestro salmón atlántico.

• El salmón rosa (Oncorhynchus gorbuscha)
Este pequeño pez tiene un peso medio de 1,5 a 3 kg. Muchos pescadores lo desprecian, porque, después de sufrir sus transformaciones fisiológicas, adquiere un físico muy poco atractivo: su mandíbula inferior adopta una for-

DESTINOS PARA EL SALMÓN ATLÁNTICO
Algunos de estos destinos nos resultan más próximos, como Irlanda, Escocia o Noruega; otros lugares más lejanos, como la península de Kola, en Rusia, se han abierto recientemente a los pescadores occidentales.

• Irlanda
Se trata de uno de los destinos más accesibles de Europa y suele ser muy apreciado por la mayoría de pescadores. La mejor época es de abril a junio para los salmones de primavera, que pesan entre 4 y 7,5 kg, y de mediados de junio a septiembre para los peque-

◁ Los pescadores norteamericanos no aprecian demasiado al salmón keta. Sin embargo, es un gran oponente que, además, pica muy bien a la mosca.

• **Noruega**

Los pescadores extranjeros pueden acceder a una gran cantidad de ríos noruegos, si se paga una módica cantidad de dinero diaria. Estos ríos están llenos de hermosos peces, como las truchas de mar y los salmones. Muchos de estos ríos se encuentran en los alrededores de Stavanger. Entre ellos destacan el Orkla, el Gola, el Aidäl, el Aerdal, el Vorma, el Sand y, en el norte, el Tana, el río de los peces trofeo, donde han pescado las figuras más ilustres del mundo piscatorio, entre ellos Hemingway, que ostenta el récord establecido en julio de 1928 con un ejemplar de 39,5 kg.

• **Islandia**

Este destino resulta muy caro, pero es fabuloso. Entre los géiseres y el burbujeo de la lava, en el fondo de cañones inaccesibles, podemos encontrar ríos de aguas tan transparentes que dejan entrever las siluetas de infinidad de salmones. Islandia sigue siendo «el Dorado» para los pescadores de salmón con un alto nivel adquisitivo.

• **Rusia: la península de Kola**

Los ríos de la península de Kola, en la frontera entre Rusia y Finlandia, se han abierto recientemente a los pescadores occidentales. Estos ríos, donde se ha pescado poco o nada durante decenas de años, son todavía paraísos inexplorados. El único problema es que se debe evitar el mes de agosto, que puede resultar desastroso en el periodo de estiaje. Los ríos de la península de Kola pueden dividirse en dos categorías: los que van del sur al norte y desembocan en el mar de Barents, entre los que se encuentran, de oeste a este, el Rynda, el Khanluka, el Litza, el Sodoruka, el Varzina y, por último, el Jokanga; y los que van del norte hacia el sur y desembocan en el mar Blanco. De oeste a este, podemos nombrar el Umba, el Vareuga (y su afluente el Pona), el Strelma y, por último, el Ponoï, río que divide la península en dos. Los ríos de la costa norte, como

ños esguines. Irlanda es un país muy agradable, ya que los turistas pescadores son muy bien acogidos. El único inconveniente reside en las condiciones meteorológicas (lluvia y viento), pero este pequeño obstáculo se olvida al descubrir un precioso país con miles de lagos e innumerables ríos, entre los que se encuentran los más famosos de Europa, como por ejemplo, el Moy, con el famoso Rich Pool, en Ballina, accesible a todo el mundo si se realiza la reserva con años de antelación, el Black Water o el Suir (uno de los más reputados de Europa).

• **Escocia**

En el país de los *lochs* y de los castillos románticos, en una tierra de espléndidos y salvajes paisajes, los pescadores podrán enfrentarse a grandes ejemplares de salmones desde el primer día de veda, en ríos tan famosos como el Spey, el Tay o el Dee. Escocia es un destino que no siempre resulta cómodo, pero que sin duda merece la pena visitar.

En 1922, Miss Balantine, que por aquel entonces tenía 18 años, capturó en el río Tay un ejemplar que pesaba más de 29 kg.

△ *El salmón rosa, con una preciosa piel de color plata durante su estancia en el mar, se caracteriza por una prominente joroba que aparece durante la freza.*

pieza de los ríos, y el establecimiento de pasos migratorios, que han obtenido grandes resultados. En la temporada 1993-1994, se observaron ascensos espectaculares en las cuencas del macizo Armoricano, en la región de la baja Normandía y en ríos como el Blavert, el Ellé, el Scorf y el Aulne.

• La cuenca Garona-Dordoña: la amenaza de las redes

Hace 20 años empezaron las operaciones de restauración de la cepa del Dordoña y en 1994, por primera vez, un gran número de progenitores pudo remontar el río hacia los frezaderos de Argentat. Trescientos treinta y un salmones ascendieron al pantano de Tuillières, último obstáculo antes de llegar a los pantanos de la alta Dordoña, para llegar a la parte libre del río. A éstos se añadieron 43 proge-

es el caso de Islandia, se abren camino entre cañones y desfiladeros rocosos. Por el contrario, los de la costa sur se deslizan por un paisaje repleto de prados y bosques de arbustos espinosos. Los peces más grandes (con un peso medio de 15 kg) remontan los ríos de la costa norte de mayo a junio. Después de haber estado durante 4 años en el mar, algunos alcanzan un peso de 20 ó 30 kg.

¿DESAPARECERÁ EL SALMÓN?

Este capítulo se ha reservado a la protección del salmón y a las complicadas reglamentaciones (a veces crueles y contradictorias) de las que suele ser objeto. En cualquier caso, el rey de los peces sigue siendo una víctima de la contaminación, de las redes-barrera en los estuarios, de la pesca furtiva organizada a gran escala y de reglamentos absurdos que imponen la construcción de pantanos en lugares inadecuados. A pesar de todo, resulta prodigioso comprobar cómo algunos salmones que pertenecen a la cepa del Allier consiguen volver a las corrientes donde han nacido para reproducirse. Esta cepa, única en Europa, corre el riesgo de desaparecer, aunque se han emprendido diversas acciones para su protección. La muerte del salmón de Allier es inadmisible, ya que sería una gran pérdida para la pesca y los pescadores.

• Bretaña: la esperanza

Desde hace muchos años, los pescadores bretones han realizado diferentes acciones contra la contaminación, la restauración y la lim-

▽ *Este hermoso pez escocés, capturado en un tramo del río Spey, ha culminado su último viaje.*

nitores que fueron capturados a la altura de Bergerac y destinados a la puesta en las piscifactorías de Vitrac.

En el río Garona, fueron observados 134 salmones durante el ascenso a Golfech (cerca de Agen), y, por primera vez, 55 peces siguieron su camino río arriba por el pantano de Bazacle, en Toulouse. Hoy en día, encontramos reproductores remontando el alto Garona, el Avèze, el Aveyron, el Tarn y el Lot.

La razón de por qué existe tal densidad en estas cuencas, un hecho que, por otro lado, nos llena de esperanza sobre el porvenir de la cepa, reside en las excepcionales condiciones climáticas para los movimientos migratorios, es decir, aguas muy altas y turbias todo el año, lo que ha provocado que un importante número de peces pueda evitar gran parte de las redes dispuestas en el estuario de Gironda. Hasta el momento todas estas trampas legales o ilegales han arruinado casi todos los esfuerzos de los pescadores para repoblar y restaurar los ríos.

• La cuenca del Adour: también llena de redes

Desde hace 10 años, los pescadores han realizado grandes esfuerzos en numerosos ríos de la cuenca del Adour para favorecer el regreso de los peces migratorios. Así, cuarenta y tres pantanos han sido equipados de pasos para peces que han permitido a los salmones remontar los torrentes de Ossau, de Pau, de Mauléon o de Aspe. Por desgracia, la pesca furtiva con redes sigue existiendo en el estuario del Adour, calificada zona marítima en un área de 20 km.

• Rin: el próximo regreso del salmón

En el siglo pasado, la población total de la cepa de salmón del Rin sobrepasaba los 200.000 progenitores. Después, en la década de los años cincuenta, el salmón desapareció en su totalidad de esta zona por la contaminación industrial y debido a que el Rin, al igual que la mayor parte de los ríos sometidos a la actividad de las instalaciones hidroeléctricas, no poseía pasos migratorios. Más tarde, se produjo una grave y espectacular contaminación

Pesca a la mosca practicada en un río de la península de Kola (Rusia), que se abre camino entre un hermoso cañón. ▷

del río, provocada por la fábrica Sandoz, que paradójicamente tuvo un efecto positivo: los países ribereños (Suiza, Alemania, Francia, Luxemburgo y Holanda), conscientes de que después de esta catástrofe el Rin corría el riesgo de quedarse estéril para siempre, decidieron unir sus esfuerzos para mejorar la calidad del agua del río. A principios de los años ochenta, las autoridades científicas reunidas en el seno de la Comisión Internacional para la Protección del Rin contra la Contaminación pudieron comprobar cómo las primeras truchas de mar remontaban el río. A partir de ahí, elaboraron un proyecto regional cuyo objetivo era el regreso al río de los peces migratorios (en particular del salmón) en el año 2000.

• La cuenca Loira-Allier: la catástrofe

Se contaron 573 nidos en 1985, 26 en 1994... Si se considera que una progenitora acondiciona por lo menos dos nidos destinados a la puesta, el número de progenitores resulta muy bajo. El porcentaje es tan mínimo que, hoy en día, los especialistas consideran que la cepa ha desaparecido.

La regresión del salmón se debe a una serie de efectos que se han ido acumulando con el tiempo. Así pues, la elaboración y la aplicación de medidas eficaces para la protección de la especie se han de considerar en un contexto global. Los obstáculos «físicos» situados en el eje Loira-Allier representan un gran impedimento para que el pez remonte el río, así como el tapón de barro del estuario del Loira, que puede convertirse en una barrera infranqueable. También se han de considerar otras causas más funestas que frenan la migración anádroma. Una llegada tardía al estuario, causada por el tapón de barro, significa interrupciones prolongadas en los niveles intermedios del río, ya que el remonte se realiza durante el periodo estival, muy desfavorable a causa de la eleva-

da temperatura del agua y de la carencia de oxígeno. Así pues, el pez no puede llegar a tiempo a las zonas de freza y corre el riesgo de morir por el camino si no supera el Bec-d'Allier a principios de verano.

• Los principales responsables: los pantanos hidroeléctricos

En menos de un siglo, los pantanos han reducido en más de un 90 % las zonas de reproducción.

Poutès-Monistrol, construido en el año 1941, resultó definitivo para el salmón que, a partir de entonces, se vio privado de tres cuartos de sus mejores frezaderos en el Allier. Esta obra, que almacena más de dos millones de metros cúbicos de agua, distribuye, entre más de 10 km de magníficos desfiladeros, la práctica totalidad del caudal del Allier por conductos forzados hasta la central hidroeléctrica de Monistrol. Pese a estar equipada con un ascensor bastante perfeccionado, construido en 1986, los salmones pasan poco por el «viejo Allier» hasta el pantano, ya que prefieren frezar bajo la central, donde la corriente de agua es más potente.

Pero estas zonas de reproducción son poco favorables, ya que se encuentran sometidas a las esclusas, que pueden secar los frezaderos.

Por lo que se refiere a Poutès-Monistrol, se debe subrayar la acción determinante llevada a cabo por la asociación SOS Loira Vivo, que, después de ocupar el lugar, en 1991, consiguió que el caudal reservado, demasiado bajo, pasara de 500 l/s a 2,50 m³/s el 1 de junio de 1993. Cabe esperar que esta medida sea suficiente para que algunos salmones vuelvan a reproducirse en las magníficas corrientes situadas más arriba de Pont-d'Alleyras.

• El tapón mortal

El tapón de barro provocado por la llegada de sedimentos finos es un fenómeno natural en la mayor parte de los estuarios, pero éste alcanza proporciones alarmantes en el del Loira, donde se acumula toda la contaminación industrial, agrícola y doméstica de todo el pantano. En 1960 se prolongaba sólo 20 km, pero hoy en día llega hasta más arriba de Nantes.

Entre Nantes y Saint-Nazaire, unas 500.000 toneladas de barro tóxico formado por metales pesados (plomo y mercurio) fluctúan con las mareas. En periodo de estiaje y durante la canícula,

se observa una desoxigenación completa del centro del tapón que forma una barrera infranqueable para el salmón, así como para muchos otros peces como el mújol, de los que miles de ejemplares mueren cada año en el estuario, adonde se dirigen para la freza. El dragado a la americana, que consiste en rascar el barro del fondo y, a continuación, devolverlo al agua, conlleva que los sedimentos se encuentren en suspensión en el estuario, lo que contribuye a la formación de este tapón mortífero. Hoy en día, sería necesaria una crecida del caudal mínima de 2.000 m³/s para expulsar a alta mar esta barrera de barro. Además, la destrucción de los fondos rocosos llevados a cabo para convertir el Loira en un río navegable, hace que las aguas putrefactas del estuario suban mucho más arriba, ayudadas por las grandes mareas. A este cuadro tan poco alentador, se suman otros problemas: como las entradas de agua de las centrales nucleares (los salmónidos acaban triturados en las turbinas durante el descenso), la extracción de granulados que obstruyen los frezaderos y el mal equipamiento de las instalaciones (sobre todo el muro de la presa de Vichy). Próximamente está prevista la instalación de dos pasos, uno en cada margen.

Por último, hay que destacar la excesiva presión de pesca ejercida por parte de los pescadores que emplean redes en los estuarios y que capturan al salmón cuando nada a lo largo de la costa, esperando una crecida que le permita superar el tapón de barro. Ante tales circunstancias, es increíble que aún pueda haber salmones que consiguen reproducirse en el alto Allier. Sin duda, es toda una hazaña para estos sufridos animales.

Saint-Étienne-du-Vigan fue la primera obra construida en el Allier en 1898, que en esta época supuso la desaparición de un tercio de los mejores frezaderos del río.

En la actualidad, esta construcción es ilegal, ya que se sitúa en un río con población de peces migratorios y no está equipado con los pasos necesarios. Su destrucción está programada en el marco del proyecto «Loire grandeur nature».

◁ Una fotografía de recuerdo de este hermoso salmón ruso antes de devolverlo al agua.

LA TRUCHA
DE MAR

EL MATERIAL

En este capítulo aparecen todos aquellos pequeños ríos costeros, en los que la pesca se convierte en una diversión; además, evocaremos ese paraíso de los peces que es Irlanda, donde las truchas de mar tienen un tamaño medio modesto que no sobrepasa los 40 cm y un peso de 0,4 a 0,5 kg. El lanzado ultraligero o la pesca a la mosca, con un material destinado a las truchas clásicas, ofrecerá un gran resultado al pescador que se enfrente a este pez, que, a pesar de todo, es muy luchador.

El combate con una trucha de mar de 0,5 kg de peso, que acaba de remontar el río y que se debate al otro lado de una seda de 0,20 ó 0,14, se convierte en un gran deporte.

LA PESCA AL LANZADO

Con la trucha de mar se ha de utilizar el lanzado ultraligero, ya que es la mejor manera de apreciar en su justa medida la resistencia que presenta este pez. Esta modalidad de pesca requiere un material de primera calidad, tanto la caña como el carrete.

UN MATERIAL INFALIBLE

La caña ha de tener la longitud suficiente (de 2 a 2,4 m), para poder controlar mejor los saltos y las rápidas escapadas del pez. Por desgracia, la mayoría de modelos propuestos en la gama ultraligera son mucho más cortos, aunque algunas marcas disponen de cañas excelentes, como Hardy, que tiene el modelo de 2,40 m, «especial para la pesca al insecto», con resultados óptimos en la pesca de peces grandes o, también, la Vega 0,5 a 3 g de Sert, de la marca Taboury et Boileau.

El carrete es una pieza muy importante del equipo cuando se captura peces grandes al lanzado ultraligero. La bobina debe contener 150 m de 0,14 y el freno no puede ser mediocre. En este sentido, se ha de tener en cuenta que la mayoría de carretes actuales están provistos de frenos traseros que, a veces, se bloquean.

Por el contrario, el freno situado sobre la bobina funciona a la perfección, aunque pocos modelos disponen de un mecanismo de estas características. De todos modos, hay que citar el insuperable Mitchell 308 pequeño, así como el indestructible Penn especial ultraligero. Asimismo, las marcas Shimano, Dam y Daïwa disponen de modelos excelentes.

• Las cañas de lanzado clásicas

Para cobrar buenos ejemplares y pescar en grandes ríos se debe prestar especial atención

*L*a elección del material depende del tamaño de los peces presentes en el río, de los obstáculos que se encuentran en su lecho y de los caudales observados. Cuanto más largo y profundo es el curso, más rápidas son las corrientes y, por lo tanto, más potente ha de ser el material.

Cuando se pesca al lanzado se debe utilizar un material fiable, sobre todo si se trata de la calidad del freno. ▽

La caña de una mano es idónea para los ríos pequeños. Para explorar las corrientes largas y profundas, se debe optar por un modelo de dos manos, con una longitud de 3,6 m, que garantice un mejor control de la deriva. ▽

△ La pesca a la mosca ofrece todas las garantías de éxito por la noche.

a la potencia y fiabilidad, ya que una trucha de mar de 5 kg puede devanar 100 m de nailon de 0,35 en un solo impulso. Son aptas todas las cañas de lanzado ligero o semipesado, de una longitud de 2,50 a 3 m, en las diversas marcas disponibles: Garbolino, Mitchell, Sert, Dam, Shimano, Daïwa... Algunos ríos costeros bretones tienen unos márgenes muy elevados, por lo que resulta necesario disponer de una caña suficientemente larga para garantizar un perfecto control de la presa durante el combate. Las cañas de buldó destinadas a la pesca de la lubina pueden utilizarse en este tipo de pesca. Así, se puede escoger entre la Mitchell Drenec de 3,40 m o la Super buldó de Mitchell de 4,22 m (con una potencia de 50 a 120 g).

• Los carretes ligeros y semipesados
Deben contener 150 m de nailon de 0,28, 0,35 ó 0,40, en función de los obstáculos del fondo. Han de presentar las mismas cualidades que las mencionadas en el ultraligero.

LOS SEÑUELOS PARA LA TRUCHA DE MAR

• Las cucharillas giratorias
Si pescamos al ultraligero, nos conviene la gama clásica de pequeñas cucharillas giratorias (n° 0 ó n° 1). Se deben escoger las paletas plateadas para las aguas un poco turbias, y las doradas en aguas claras. La elección se complica si nos dirigimos a grandes peces. En este caso, utilizaremos modelos mayores: el n° 2 ó n°3.
Los pescadores normandos usan la Mepps blanca con puntos negros n° 3 y sustituyen el anzuelo triple por un modelo reforzado de hierro. Las cucharillas *minnow* (mixtas, con cucharilla y pececillo de goma) también son muy valoradas y resultan insustituibles en casos de fuerte caudal y aguas un poco turbias. Algunos especialistas sólo se fían de las cucharillas

△ Una caja para guardar los señuelos según las categorías.

tándem, en las que la paleta más pequeña se encuentra a la altura del ojal.

• Las cucharillas ondulantes
En los rápidos violentos, las cucharillas ondulantes pueden pescar a mayor profundidad que las giratorias, lo que las convierte en insustituibles para explorar las potentes corrientes de los ríos grandes. Además, una cucharilla ondulante plateada con paleta afilada se parece a la silueta de una aguja o de un lanzón, que componen la mayor parte de la alimentación cotidiana de la trucha de mar durante su etapa marina. Las paletas pesadas presentan las cualidades necesarias para explorar los fosos profundos donde permanecen los peces durante el día. Éste es el caso de la Orkla, que resulta muy apreciada por los pescadores escandinavos. Por regla general, las cucharillas ligeras deben lastrarse con un plomo sobre la línea madre, a un metro del señuelo.

• Los devones
Se emplean poco a causa de los enredos que ocasionan, sobre todo cuando se usan con hilo fino. Los devones son empleados por los pescadores escoceses o irlandeses, que los utilizan al inicio de la temporada y en aguas vivas. El devón es muy eficaz en aguas rápidas; su forma y densidad le permiten descender rápidamente a la profundidad deseada, adoptar una forma de natación muy atractiva en las aguas más revueltas y facilitar la precisión de los lanzados. Los devones franceses se fabrican con latón o bronce, mientras que los modelos escoceses son de madera.

• Los pececillos nadadores
Algunos pescadores normandos sólo utilizan estos señuelos, sobre todo el pequeño Rapala de 3 a 5 g, pintado a mano, que se parece a la piel de una trucha alevín.

LA PESCA A LA MOSCA

Al anochecer, la trucha de mar se alimenta en las corrientes, donde suele picar a la mosca.

UN MATERIAL POTENTE Y FIABLE

• Los carretes de mosca
Los carretes automáticos no se aconsejan para la trucha de mar, aunque pueden adaptarse a la trucha de río o al tímalo.

△ *Una empuñadura de combate resulta a veces muy útil para dominar grandes piezas.*

△ *Es importante explorar con detalle los bordes del río, donde las truchas de mar se suelen ocultar.*

por la sociedad Astucit, muy práctica por su reducido tamaño, y la Daïwa Super Samouraï de 2,7 m. Entre las cañas de una mano y si los márgenes son elevados, se puede optar por un modelo de 3,3 m, aunque resulta muy difícil de manejar durante muchas horas.

Cuando se pesca ejemplares de gran tamaño, en márgenes muy elevados, o se explora en grandes ríos efectuando lanzados largos, la mejor solución consiste en una caña de dos manos de 3,6 a 4,5 m, con una línea del nº 9 al nº 11.

Para presupuestos bajos, la marca Silstar ofrece excelentes modelos a precios asequibles. Aquellos que deseen un material de calidad, pueden elegir entre diferentes modelos: Hardy

El carrete automático sólo tiene capacidad para el hilo, pero no para el *backing*, que resulta indispensable para la captura de grandes piezas. Así pues, escoja un modelo manual, bien ajustado, cuya capacidad permita contener la seda y un *backing* de 50 a 150 m, en función del tamaño medio de los peces.

Los carretes ingleses, sobre todo los de la marca Hardy, son los mejores, aunque suelen ser bastante caros.

Asimismo, se debe mencionar el Daïwa Osprey, fabricado en el Reino Unido, cuya relación precio y calidad es casi insuperable.

• Las cañas para mosca

El material para la trucha clásica puede adaptarse perfectamente a un pequeño río costero poblado de peces de tamaño mediano. De todos modos, es necesario disponer de aparejos más potentes y resistentes.

La caña de 2,7 m, modelo comodín, puede ser utilizada en ríos pequeños que no requieran lanzados muy largos.

También, se puede escoger entre los modelos adaptados a sedas del nº 7 ó nº 8, como la Sage GFL 796, la Sourdot Voyager, distribuida

△▽ *Unas moscas señuelo de Hugh Falkus para la trucha de mar.*

EL EMERILLÓN TIPO ITALIANO:

Con frecuencia se nos escapa la trucha de mar, el salmón o cualquier otro pez deportivo de gran categoría, porque nos falta un material fiable. Muchas veces se trata de un pequeño accesorio como el emerillón, al que nunca se otorga la atención que merece. Sin embargo, constituye una pieza esencial en el aparejo que puede evitar errores. Los pescadores que se enfrentan a peces de trofeo en EE.UU pueden confirmarlo: la mayoría de roturas, sobre todo al pescar al lanzado, se producen por la abertura o torcedura del emerillón.

△ *Este emerillón doble tipo italiano permite fijar lazados de hilo donde se sitúan las plomadas. Resulta muy útil para pescar al gusano truchas comunes, truchas de mar o salmones.*

En la actualidad, encontramos en el mercado muchos emerillones procedentes de Extremo Oriente que, aunque son más baratos, no presentan la calidad requerida para resistir el potente arranque de un gran ejemplar.

El emerillón tipo italiano es uno de los más adecuados para esta pesca. Concretamente, el de

Favourite Salmon (sedal del nº 9) o Shimano Twin Power Salmon (sedal del nº 9 al nº 11).

LA ELECCIÓN DE LAS MOSCAS

Las colecciones de moscas para trucha de mar, que se componen de más de 100 modelos diferentes, sirven, sobre todo, para alegrar la vista. En realidad, se puede pescar en casi todos los ríos con tan sólo 10 modelos básicos, teniendo en cuenta que conviene disponer de una gama de tamaños distintos, con anzuelos del nº 4 al nº 10 (en función del estado de las aguas).

• Las moscas británicas

A continuación, se detalla una lista básica de modelos británicos que pueden adaptarse a cualquier lugar: Lemon Grey, Zulu, Peter Ross, Silver Blue, Black Pennel, Blue Doctor, Blue and Claret, Jock Scott Special, Connemara Black y Hairy Mary.

△ Las truchas de mar inician su actividad a partir del crepúsculo.

• Las moscas francesas

Las principales moscas francesas (aunque deberían llamarse bretonas o normandas) son la Perruche o la Touques, en las versiones claras, y la Prenante, Seulles y Divine, en los modelos oscuros.

• Otros modelos

No debemos olvidar algunas excelentes imitaciones de gamba (May Shrimp, Donegal Shrimp), así como los modelos de señuelo de Hugh Falkus de anzuelo múltiple, como el Silver Corte, el All Black y el Dressed Quill, en las versiones de color azul.

Para la pesca a la mosca ahogada, este famoso pescador propone las Medicine, en un predominante tono azul.

LA ESTRATEGIA DE LA CALIDAD

la marca JB, fabricado en un pequeño pueblo de la región de Allier, Jaligny-sur-Besbre, que ofrece una total fiabilidad. Se distingue de los asiáticos por su cabezal en forma de triángulo, su aspecto pulido y su excepcional resistencia, sobre todo por el enganche de cuerda de acero inoxidable. Su calidad se ha demostrado en Finlandia, donde la marca JB ha ganado el premio al mejor emerillón.

Según Jean y Alain Masseret, los dos codirectores de la compañía, la estrategia de la calidad garantiza los mejores resultados. En este sentido, los emerillones JB son artesanales, ya que se fabrican a mano, uno a uno, con una serie de pequeñas máquinas mecánicas.

Un emerillón asiático cuesta cuatro veces menos que el modelo JB francés, sin embargo, más de un pescador se habrá arrepentido de no haber elegido el emerillón más caro al enfrentarse con un gran ejemplar a orillas de un río y perderlo por culpa de una rotura.

△ Emerillón doble para pescar la trucha al rastreo con gusano.

Moscas irlandesas para la trucha de mar. ▽

LA PESCA

En muchos ríos de la región de Picardie o de la Normandía, la trucha de mar se parece al salmón, ya que puede llegar a pesar lo mismo y superar con creces los 5 kg. A pesar de que su piel uniformemente plateada puede prestarse a confusión, existen algunas diferencias de tipo anatómico (no siempre evidentes) que separan a las dos especies.

UN EXTRAÑO PARECIDO AL SALMÓN

Una trucha de mar que acaba de remontar el río mide de 35 *(finnock)* a 90 cm, incluso 1 metro en caso de ejemplares grandes, cuyo peso puede superar los 10 kg. Los adultos presentan un cuerpo redondo y voluminoso con una piel moteada de manchas en forma de cruz que, con frecuencia, llegan más abajo de la línea lateral. Su aspecto, muy plateado al inicio del ascenso, va adquiriendo un color anaranjado al acercarse la freza, sobre todo en los machos.

Asimismo, destaca el ancho pedúnculo caudal, cuyo borde externo es recto o converso, y la existencia de 13 a 16 escamas (casi siempre 14) dispuestas entre la línea lateral y la aleta adiposa.

Por último, recordar que la trucha de mar pertenece a la misma especie que la trucha de río y sólo las diferencias de hábitat y de comportamiento explican el peculiar colorido de su piel.

UNA TRUCHA MIGRATORIA ANÁDROMA

El comportamiento de la trucha de mar se asemeja al del salmón. Al igual que éste, nace en agua dulce, pero pasa su periodo de engorde en el mar y vuelve a su río de origen a reproducirse (de ahí su designación de pez migratorio anádromo). La única diferencia con el salmón reside en que su etapa marina se reduce a breves incursiones en el borde de la plataforma continental.

Así, el pez nada cerca de los estuarios y de la zona donde rompen las olas en las costas arenosas y rocosas. De todos modos, algunos ejemplares grandes de cepas pertenecientes a ríos normandos, como el Orne o el Bresle, emprenden erráticos desplazamientos que pueden llevarlos hasta las cercanías de Dinamarca. Así pues, el pez nace en el río donde vivirá 1 ó 2 años (pocas veces 3 años). En esta etapa, es igual que una trucha común y adopta el mismo comportamiento territorial e individualista. Además, se alimenta de varios invertebrados o alevines y realiza sus capturas tanto en la superficie como en aguas intermedias o en el fondo.

Después de esta etapa variable, cuando alcanza entre 13 y 28 cm, la trucha

Truchas de mar irlandesas en los ríos de Donegal: en general son pequeñas, pero muy agradables de pescar. ▽

He aquí el fulgurante arranque de una trucha de mar en el momento de la picada: la lucha con el pescador está servida. ▽

Diferencias entre la trucha de mar y el salmón

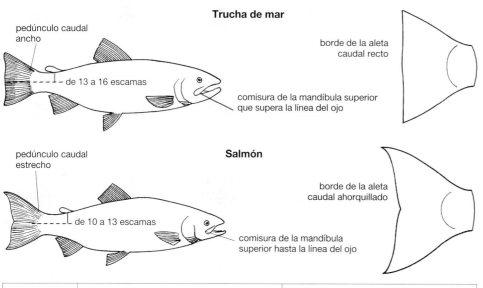

Trucha de mar

pedúnculo caudal ancho

de 13 a 16 escamas

borde de la aleta caudal recto

comisura de la mandíbula superior que supera la línea del ojo

Salmón

pedúnculo caudal estrecho

de 10 a 13 escamas

borde de la aleta caudal ahorquillado

comisura de la mandíbula superior hasta la línea del ojo

△ *La trucha de mar es denominada trucha blanca por los pescadores normandos.*

	Trucha de mar	Salmón
Aleta caudal	El borde de la aleta caudal es recto o un poco convexo, y ancho. El cobro de la trucha de mar es delicado por la ausencia de cartílago. Así pues, se realiza asiéndola por la cola.	El borde extremo de la aleta caudal es ahorquillado, fino y se separa en dos cartílagos, que permiten asirlo con toda seguridad con la mano.
Cabeza	Es grande, provista de mandíbulas muy desarrolladas.	El hocico es delgado y afilado.
Mandíbulas	La comisura de las mandíbulas sobrepasa la línea del ojo.	La comisura de las mandíbulas llega a la línea del ojo.
Escamas a lo largo de la línea lateral	Normalmente 14 (entre 13 y 16).	Normalmente 11 (entre 10 y 13).
Coloración de la piel	La piel de la trucha de mar es de colores vivos. Las manchas, más desarrolladas, descienden rebasando la línea lateral.	Salvo en época de freza, cuando la piel adquiere colores vivos, el salmón fresco presenta unos flancos muy plateados, moteados con pequeños puntos negros.

– un regreso al río después de haberse quedado de 1 a 4 años en el mar.

Los peces que remontan las aguas dulces durante el verano siguiente a la *smoltificación* y a su posterior descenso se denominan *finnocks* o *herlings*. Su aspecto es plateado y moteado con puntos negros, a veces en forma de cruz. Su tamaño medio varía entre 25 y 40 cm, y su peso no excede los 0,8 kg.

Con frecuencia, las aletas pierden su color y el único indicio que muestra su anterior estancia en el río se limita a un fino borde rojo anaranjado alrededor de la aleta adiposa.

Estos peces empiezan el éxodo migratorio, muchas veces en gran número, del 15 de julio al 15 de agosto, después de un periodo de apenas 3 meses en el mar.

de mar sufre el fenómeno conocido como *smoltificación*. Su piel, de gran colorido, se vuelve plateada y se observa la desaparición progresiva de la pigmentación de los flancos que, si persiste, se reduce a escasos puntitos rojos. Todas las aletas pierden su color, menos la adiposa, que conserva un fino borde rojo anaranjado. En muchos ríos, este fenómeno, que precede al descenso al mar, se produce en primavera, después del nacimiento. Más tarde, de enero a abril, se dirigen en pequeños grupos a los estuarios. Según Hugh Falkus, en este momento se pueden presentar varias posibilidades:

– una migración hacia el mar y, al verano siguiente, su regreso al río.

Después, se haya reproducido o no, vuelve a descender al océano;

– una migración hacia el mar y su regreso al río natal el mismo verano. A esto le sigue una estancia invernal en agua dulce y una nueva migración hacia el océano en los primeros meses del año siguiente, se haya o no reproducido;

– un descenso seguido de un regreso al río en la primavera del año siguiente;

– una migración hacia el mar y un regreso al río durante el invierno del mismo año. Después efectúa un descenso hacia el océano durante ese mismo invierno o a principios de la primavera siguiente, se haya o no reproducido;

La trucha de mar inicia la migración anádroma alrededor del mes de mayo y alcanza su punto álgido en los meses de junio y julio. Los bancos están constituidos por ejemplares de tamaño mediano (de 1 a 2 kg), acompañados de algunos de gran tamaño. Estos últimos remontan el río sobre todo durante los meses de octubre y noviembre, durante la época de freza, y pueden llegar a pesar 10 kg, en función de la cepa y el curso de agua. Estos individuos han pasado de 1 a 4 años en el mar.

Estos datos sólo son indicativos, ya que los periodos citados se pueden escalonar según el estado de las aguas, el caudal, los flujos de la marea o las condiciones atmosféricas.

EL SALMÓNIDO MÁS LUCÍFUGO

Al igual que las grandes truchas comunes, que sólo se alimentan de noche, la trucha de mar desarrolla su actividad durante las horas crepusculares y en el ocaso. Es entonces cuando este pez abandona su refugio diurno para emprender la captura de alevines, gusanos y larvas diversas; además, suele ascender a la superficie para coger algunos insectos a la deriva. Asimismo, la trucha de mar puede alimentarse durante toda la noche, siendo el periodo de máxima actividad desde el ocaso hasta la medianoche, y reanudar este proceso al amanecer. Esta observación no es una regla fija, ya que la trucha de mar también puede cazar en pleno día, siempre y cuando la luz no sea muy fuerte. Las mayores posibilidades de éxito se producen en los días lluviosos o nublados.

Por el contrario, los días cálidos y con mucho sol no son favorables para la pesca, ya que el pez, con este tiempo, suele quedarse en el fondo de las terrazas y remansos profundos o esconderse, inmóvil, en la oscuridad de las cuevas de los márgenes. Durante estos periodos, puede mostrar una gran apatía y rechazar los cebos y señuelos mejor presentados.

UN DEPREDADOR MARINO

En la etapa de esguín, la trucha de mar adopta la misma dieta alimenticia que la trucha común, es decir, una alimentación basada en invertebrados pequeños, cuya composición varía según los lugares y la estación. En verano, realiza sus capturas en la corrientes y los fondos lisos. En la superficie se alimenta de todos los insectos a la deriva que encuentra, y que son muy abundantes en esta época del año. Durante su etapa marina, la trucha marina no cesa de alimentarse, lo que provoca un crecimiento espectacular, que se estima en un aumento de cientos de gramos en un periodo inferior a los tres meses.

En este periodo, la alimentación de la trucha de mar resulta muy variada (incluso se aventura en las zonas donde rompen las olas para saciar su hambre). Entre sus capturas se encuentran las bogas, el lanzón, las agujas, las sar-

△ El ascenso de la trucha de mar en junio y octubre representa el momento álgido para realizar las mejores capturas.

dinas, las gambas y otras presas pequeñas que se mezclan con el fondo. Así, durante una inmersión realizada en una cala irlandesa al amanecer, se pudo observar cómo algunas grandes truchas, que se apiñaban en determinados lugares, perseguían a un gran número de lanzones hasta el fondo de un recodo, donde eran capturados sin escapatoria posible. Algunos de estos pececillos consiguieron huir, efectuando saltos desesperados por encima de la superficie y, en algunos casos, se lanzaron fuera del agua para huir de estos depredadores marinos.

LA REPRODUCCIÓN: EL REGRESO AL RÍO NATAL

La migración anádroma conduce a las truchas de mar hacia sus zonas de freza, situadas en el curso superior de los ríos.

En algunos ríos irlandeses o escoceses, los progenitores se adentran en minúsculos afluentes diseminados por el monte, frezando bajo tan sólo algunos

centímetros de agua. Buscan estos lugares por la calidad físico-química del agua y por las características óptimas del substrato.

Hace algún tiempo, fuimos a cazar agachadizas a un turbal irlandés de la región de Donegal, a lo largo del Crow River. De repente, oímos un gran escándalo que procedía de un regato, que nacía a unos cuantos metros de distancia y desembocaba en el río. La superficie del arroyo parecía estar hirviendo por los movimientos de los peces y, de vez en cuando, sobresalían del agua las largas aletas caudales de unas truchas de mar que se hallaban ocupadas acondicionando sus frezaderos.

El periodo de reproducción se sitúa en los meses de invierno, sobre todo noviembre o diciembre, aunque puede iniciarse en octubre. En esta época, pequeños grupos de peces se reúnen en las zonas de corriente muy oxigenadas con fondos de pequeños y limpios guijarros. Los machos se ignoran entre ellos o, al menos, evitan establecer contacto, aunque pueden mostrarse muy agresivos en relación con otros habitantes del río.

La hembra elige el frezadero, que acondiciona con cuidado, cavando una pequeña depresión de 20 a 25 cm, de forma más o menos redonda y con un diámetro que no excede del metro. Los huevos, aproximadamente 2.000 por kilo, son fecundados por el macho en cuanto son expulsados por la hembra y, a continuación, los cubre de grava muy limpia. Para ello, la progenitora se ayuda de los fuertes movimientos de la aleta caudal y de la flexibilidad de su cuerpo.

Un frezadero acondicionado de este modo se reconoce perfectamente a distancia cuando las aguas están limpias, ya que forma una mancha clara muy visible que surca el fondo oscuro. Los británicos nombran a esta zona de freza *redd*.

El periodo de incubación de los huevos puede variar de 90 a 120 días, en función de la temperatura del agua (de 70 a 80 días cuando es de 10 °C). Para depositar los huevos, la trucha de mar escoge unos cursos de río tan vulnerables como los que elige la trucha común.

LA PESCA DE LA TRUCHA DE MAR

La práctica y la elección de las técnicas de pesca de este pez presentan grandes diferencias en función de las regiones y los países en que se realizan. Probablemente y más que cualquier otro pez, la trucha de mar es objeto de técnicas de pesca específicas que reflejan un patrimonio cultural y una tradición que, en ocasiones, resultan ancestrales, como es el caso de Escocia.

• El mejor momento

El éxito o el fracaso de la pesca se encuentran condicionados por una gran cantidad de parámetros, a veces independientes entre sí. Sin embargo, existe una constante: la trucha de mar, lucífuga, sólo pica durante la noche o el crepúsculo. En su admirable tratado, *Biblia del pescador de trucha de mar*, Hugh Falkus cita al respecto los porcentajes de capturas efectuadas en horas nocturnas:

– del crepúsculo a la medianoche, se efectúa el 60 % de las capturas bajo la superficie, con un sedal flotante;

– de la medianoche a la 1 de la madrugada, el 10 %;

– de la 1 de la madrugada al amanecer, se efectúa el 30 % de las capturas a una mayor profundidad. No obstante, la pesca se ha de realizar con un sedal sumergible rápido y explorando lo más lentamente posible, a ras de fondo.

Estos datos son producto de la larga experiencia y práctica de Hugh Falkus, un gran pescador, y de las largas horas de observación y de espera que ha vivido en plena noche a orillas del agua. Sin embargo, no todas las capturas se

△ *Un gran especialista de la trucha de mar, Marc Sourdot, nos muestra muy orgulloso sus capturas, que han sido pescadas a la mosca en un río escocés.*

realizan de noche, ya que en determinadas circunstancias se puede pescar alguna trucha de mar durante el día. En primer lugar, se necesitan unas condiciones atmosféricas especiales, con un cielo cubierto y un tiempo suave y húmedo, incluso lluvioso (pero no en exceso). Asimismo, el nivel también es importante, ya que las aguas frías y turbias (color chocolate) son impracticables.

La situación idónea es aquella que se produce cuando las aguas presentan un ligero descenso, que se inicia cuando bajan los niveles y el río se aclara por una moderada subida (después de una tormenta), que ha sido precedida de un periodo de sequía no superior a una semana. Si coincide con la hora de la marea alta en un río costero, este instante en que las aguas se limpian puede proporcionarnos algún gran ejemplar.

• El emplazamiento ideal

Del mismo modo, se debe considerar que las truchas de mar emprenden el ascenso a favor del flujo de la marea,

primero en el estuario y luego en el río. Estos peces picarán mucho más si han remontado estas dos zonas. Por otro lado, como es el caso de los grandes ejemplares de truchas de mar, existen peces denominados moradores, que esperan en un remanso el fin de la temporada para remontar el curso superior del río (en el caso que decidan proseguir con su migración). Algunos de ellos, optan por instalarse en un arroyo cercano al lugar donde se hallan para realizar la freza. Estas truchas, apostadas desde hace muchos meses en el mismo lugar, son extremadamente desconfiadas.

Mediante una serie de decretos, las autoridades de cada región permiten pescar la trucha de mar durante, al menos, dos horas después del anochecer (lo que puede significar hasta medianoche en junio), dos horas antes del amanecer y en octubre (es el caso de Normandía), muy importante, para poder medirse con peces de tamaño superior que remontan el río en esta época del año.

Aparejo a la línea flotante, con cebo vivo, en un estuario

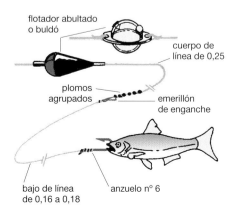

flotador abultado o buldó

cuerpo de línea de 0,25

plomos agrupados

emerillón de enganche

bajo de línea de 0,16 a 0,18

anzuelo nº 6

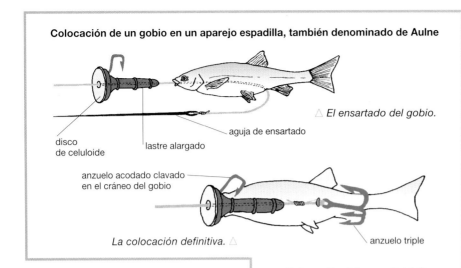

Colocación de un gobio en un aparejo espadilla, también denominado de Aulne

△ *El ensartado del gobio.*

aguja de ensartado

disco
de celuloide

lastre alargado

anzuelo acodado clavado
en el cráneo del gobio

La colocación definitiva. △

anzuelo triple

Aunque la pesca de la trucha de mar pueda decepcionar al pescador inexperto, la captura del primer pez que ofrezca una magnífica y espectacular resistencia, nos recompensará siempre de los esfuerzos realizados para su pesca.

LA PESCA CON PEZ MUERTO

La utilización de esta técnica constituye otra prueba de la variedad que existe entre los diferentes países y regiones que se interesan por el ascenso de la trucha de mar. A los escoceses no les gusta este tipo de pesca y prefieren el lanzado con cucharilla ondulante, mientras que los normandos aprecian de un modo especial esta técnica y la practican en cualquier estación del año, siempre y cuando el agua sea clara.

• Un material adaptado para aparejos eficaces

El material depende del tamaño de los peces y, en menor medida, de la fuerza del río, del caudal y de los obstáculos existentes en el agua. En algunos pequeños ríos irlandeses remontados por *finnocks* de un peso inferior a 0,8 kg se puede pescar sin problemas con equipos ultraligeros. En el río Touques o en el Orne, donde se encuentran peces que pueden medir hasta 80 cm y pesar varios kilos, es preferible utilizar un material especial. Así pues, en la pesca de *finnocks* o en ríos donde el peso medio de los peces se sitúe alrededor de 1 kg, se puede utilizar una caña de lanzado ligero o ultraligero, de una potencia de 1,5 a 4 g, equipada con un buen carre-

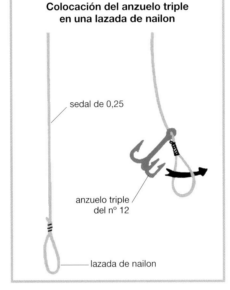

**Colocación del anzuelo triple
en una lazada de nailon**

sedal de 0,25

anzuelo triple
del nº 12

lazada de nailon

te de bobina fija, cuya capacidad de recuperación sea de, al menos, 70 cm por vuelta de manivela; además la bobina se ha de cargar con un sólido 0,16. Por otra parte, la elección del aparejo merece especial atención. Con un material de estas características se puede adquirir un pequeño aparejo de la región de Aulne, equipado con un disco vibratorio. Otro modelo, probado con la trucha lacustre, es el minúsculo aparejo Ariel, equipado con 3 anzuelos muy afilados del nº 16 y, si resulta necesario, lastrado en su parte anterior con un perdigón. Este aparejo sujeta bien el gobio y su movimiento, suave y ondulante, ofrece grandes resultados. Salvo algunos especialistas del río Pavin, en Auvergne, muy pocos pescadores utilizan este tipo de pesca.
Cuando nos enfrentamos a peces de gran tamaño, hay que montar aparejos más resistentes. En este sentido, una

caña «especial gobio», como la Phoxi de Sert, de la firma Olivier Plassereaud, resulta a la vez potente (de 12 a 20 g) y ligera. Este modelo nos permitirá lanzar con ligereza el gobio, atravesado por un aparejo de Aulne, así como un control fino y preciso de la deriva. Por último, si se pesca truchas de mar de un peso aproximado a los 10 kg desde márgenes altos, la mejor opción es una sólida caña de carbono de una longitud de 3,4 a 3,6 m, con una potencia de 20 a 40 g. Este modelo es idóneo para detener el enérgico arranque de ejemplares de gran tamaño y facilitar la exploración en hoyas, bajo la caña, con capuchón lastrado. Es necesario adaptar el diámetro del nailon a todas las circunstancias, teniendo en cuenta que un sedal de 0,30 a 0,35 es el mínimo requerido para capturar los mayores ejemplares .

• Los aparejos y la pesca

El aparejo de Aulne dispone de un pequeño disco de celuloide que, al apoyarse en la corriente, proporciona al gobio un movimiento irregular. Está equipado con un sólo anzuelo triple (véase esquema) del nº 8 al nº 10, incluso con un anzuelo simple del nº 1 ó nº 2. La pesca consiste en lanzar perpendicularmente al margen opuesto o un cuarto de río arriba y, a continuación, dejar que el pececillo se mueva al ritmo de la corriente, que imprimirá a la deriva un movimiento en semicírculo. Si se tira y se afloja el hilo y se realiza una recuperación irregular, se aumentará la capacidad de atracción del señuelo. Esta técnica y el aparejo empleado nos puede convenir, sobre todo, para explorar las corrientes, los remansos y los fondos lisos cuando las truchas se encuentran activas.
En pleno día o en periodo de aguas altas, los peces suelen permanecer en el fondo de las plataformas profundas o esconderse debajo de los márgenes huecos, en las partes tranquilas del río. Un gobio con capuchón, oscilando bajo la caña, puede provocar que los peces piquen.

LA PESCA CON LOMBRIZ

Tanto de día como de noche, esta técnica puede practicarse durante toda la temporada y está considerada por los británicos como una de las más eficaces. En Francia, a menudo equivocadamente, se reserva a las aguas frías y turbias y, aunque un gusano grande es el único cebo susceptible de atraer a las truchas de mar cuando el agua de río está revuelta, también puede resultar de gran eficacia en aguas bajas y claras.

Sin embargo, se debe precisar que esta práctica puede resultar delicada si se practica de noche, ya que las anguilas devoran sistemáticamente los gusanos.

• Los gusanos al servicio del pescador

Existen varios tipos y especies de gusano que mostrarán un alto rendimiento en determinadas condiciones:

– la lombriz *(Lumbricus terrestris)* ofrece unos resultados óptimos en la pesca que se realiza en ríos muy altos y turbios;
– la lombriz grande de cabeza negra *(Allolobophora langa)*, muy recomendable en caudales de medianos a grandes;
– la lombriz gorda *(Allolophota caliginosa)* se adapta mejor a las condiciones normales de altura de agua y caudal;
– la lombriz anillada *(Eisina foetida)* y la pequeña lombriz roja *(Lumbricus rubellus)* o lombriz de tierra, se recomiendan en aguas bajas y claras.

Una lombriz. ▽

• Cómo prepararse bien para la pesca al gusano

Los irlandeses suelen pescar a la calada en época de crecida. Para este tipo de pesca, ponen su cebo lastrado con una oliva río abajo en el remolino que se forma tras las cascadas o cualquier obstáculo difícil de franquear. Los peces, que se aprovechan del fuerte caudal para iniciar su ascenso, dan vueltas por la terraza durante bastante tiempo, antes de intentar franquear la plataforma, lo que provoca que, tarde o temprano, se encuentren con el puñado de lombrices que sirve de cebo.

En muchos tramos de los ríos escoceses, donde sólo se autoriza el uso de la mosca artificial, se ha derogado la utilización del gusano en caso de crecida. En estas circunstancias, los pescadores emplean la caña de mosca (generalmente de 3,2 a 3,3 m), que les permitirá controlar a la perfección la deriva y dominar los ejemplares más grandes. Las cañas de dos manos también resultan muy adaptables. En Francia, la caña más utilizada es la telescópica de anillas, de una longitud de 4,5 a 6 m, fuerte y equipada con una puntera flexible. Si los peces a los que nos dirigimos no son muy grandes, una caña a la inglesa, como las empleadas en la pesca de los salmónidos en lagos de alta montaña, constituye un excelente punto medio y hace posible utilizar las técnicas más finas para capturar este pez. El carrete de bobina fija se cargará con 150 m de sedal de 0,24 a 0,35.

• Los aparejos

Por la frecuencia de los lanzados y hundimientos, los mejores aparejos se componen de dos anzuelos de asta en forma de ojal del nº 1/0 y nº 2/0, denominados montura Stewart. Esta particular disposición garantiza una buena sujeción del señuelo, incluso cuando la corriente más potente lo golpea con fuertes sacudidas.

El bajo de línea, cuyo diámetro es inferior en 0,02 mm al de la línea madre, tiene una longitud de 60 a 80 cm y se une a ésta con un emerillón JB. El lastre puede ser una pequeña oliva que debe detenerse con la anilla del emerillón o, en lugares con muchos obstáculos, con una hilera de perdigones sujeta sobre una hijuela. Se ha de prever el uso de la masilla de plomo, que permite adaptar la plomada a cada situación, al añadir y quitar lastre.

• La pesca

Varía según el estado del agua. Con la llegada del buen tiempo, en las aguas bajas y claras, y de día, se debe pescar en las corrientes, río abajo, tras los bloques rocosos y otros obstáculos. Es decir, se ha de realizar el *up stream*, igual que en la pesca al toque de la trucha común.

El gusano debe deslizarse lentamente por el fondo, a lo largo de una gran corriente. Cuando ésta es potente, es preferible que la deriva sea lenta y minuciosa, en semicírculo, lanzando perpendicularmente al margen opuesto. Todas las capas de agua se peinarán metódicamente, rozando los guijarros. Se debe estar atento a cualquier tirón anormal y a cualquier detención de la deriva. Al notar la picada, se ha de dejar suelta la mano unos instantes, antes de tirar con fuerza.

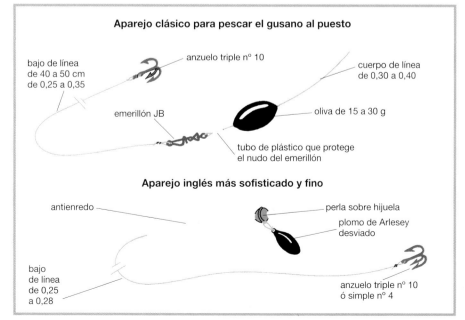

Aparejo clásico para pescar el gusano al puesto

bajo de línea de 40 a 50 cm de 0,25 a 0,35

anzuelo triple nº 10

cuerpo de línea de 0,30 a 0,40

emerillón JB

oliva de 15 a 30 g

tubo de plástico que protege el nudo del emerillón

Aparejo inglés más sofisticado y fino

antienredo

perla sobre hijuela

plomo de Arlesey desviado

bajo de línea de 0,25 a 0,28

anzuelo triple nº 10 ó simple nº 4

OTROS CEBOS NATURALES

Otro cebo muy eficaz es la pequeña gamba gris o la Baby Prawn (un grupo de gambas pequeñas). Ambos crustáceos deben ser insertados al nivel de los últimos segmentos de la cola (en el caso de la pesca a la línea flotante) o fijados sobre un aparejo adecuado, más pequeño, idéntico al empleado para el salmón. En un estuario, un lanzón vivo puede ser, también, muy eficaz.

Dos aparejos para pescar con gamba en hoyas profundas

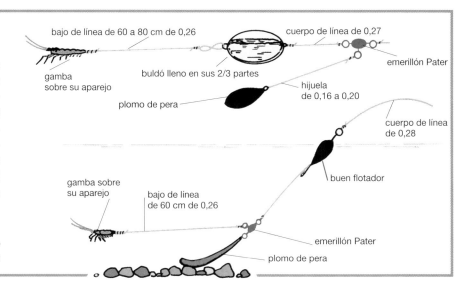

bajo de línea de 60 a 80 cm de 0,26

gamba sobre su aparejo

buldó lleno en sus 2/3 partes

plomo de pera

cuerpo de línea de 0,27

emerillón Pater

hijuela de 0,16 a 0,20

cuerpo de línea de 0,28

buen flotador

gamba sobre su aparejo

bajo de línea de 60 cm de 0,26

emerillón Pater

plomo de pera

LA PESCA AL LANZADO, CON SEÑUELO

Este tipo de pesca tiene adeptos exclusivos, en particular en los ríos costeros normandos o bretones. En cualquier estación, esta técnica resulta de una gran eficacia durante el día, si el agua no está demasiado alta ni excesivamente turbia. Sin embargo, la experiencia demuestra que durante el crepúsculo y la noche la mosca es insustituible.

Los pescadores que muestran un interés especial por el material pueden optar por cañas de puntera más flexible, de acción más suave, lo que garantiza una mejor precisión de los lanzados, y puede constituir la clave del éxito con un pez tan desconfiado como es la trucha de mar.

• La pesca a la cucharilla

Las cucharillas son los señuelos más empleados por los pescadores de trucha de mar al lanzado. En función del lugar y el estado de las aguas, utilizaremos:

– *Las cucharillas ondulantes*

Este tipo de cucharilla se recomienda en las aguas altas y que están un poco turbias y frías. La Toby de 6 g resulta excelente, así como todos los modelos de paleta muy alargada. Elija los modelos pesados para explorar las hoyas profundas y los ligeros, para las fuertes corrientes.

– *Las cucharillas giratorias*

Cuando el agua se calienta y aclara, la cucharilla giratoria muestra la mayor eficacia en la pesca de la trucha de mar. Se puede emplear a cualquier hora del día, aunque parece que los mejores resultados se han obtenido durante el crepúsculo, a primera hora de la mañana o a última hora de la tarde. Desde siempre, los pescadores normandos o bretones emplean paletas giratorias tipo uña, blancas con puntitos negros, del nº 2 y nº3. Asimismo, la pequeña Quimperloise nº 2 resulta

LOS DEVONES

Tradicionalmente, los devones se han usado poco, sin embargo, los pescadores británicos los aprecian mucho.

La popularidad de estos señuelos, aparecidos en Escocia a finales del siglo XIX (al menos los modelos de 4 ó 5 cm para la trucha de mar), se explica por el hecho de que pescan a gran profundidad en las grandes corrientes. Además, a principios de temporada, los devones constituyen el mejor señuelo que se puede utilizar en aguas vivas.

Los modelos pequeños para la trucha se aconsejan en las aguas bajas y claras, pero es preferible emplear los devones escoceses, generalmente realizados con madera y muy ligeros, cuya rotación se inicia a una velocidad de recuperación más lenta. En cuanto a la elección de los colores, Hugh Falkus recomienda la mezcla azul-plata o marrón-dorado.

magnífica para explorar los remansos lentos y profundos, así como las pozas, por el lastre forrado de caucho, que ayuda a hundir el señuelo de forma rápida y permite pescar a ras de fondo. Cuando nos dirigimos a los *finnocks* o a peces de tamaño mediano, que no superan un 1,5 kg, el ultraligero es la mejor opción, sobre todo una pequeña Mepps nº 1 con paleta de uña dorada.

• La pesca

Cuando los peces se encuentran en plena actividad, se puede proceder de la misma manera que en el caso de la trucha común, es decir, pescar *up stream*. La trucha de mar es un pez muy desconfiado, así que hay que acercarse con sigilo, dejar posar con cuidado el sedal y, sobre todo, mantenerse bien lejos de los emplazamientos que vamos a explorar.

Por regla general, es preferible pescar con devón, lanzando transversalmente, un cuarto o tres cuartos aguas arriba. La recuperación debe ser lenta, para que el señuelo se mueva a ras de fondo. Éste último debe ser movido al nivel de cada emplazamiento mediante una oscilación lateral de la puntera y un tira y afloja del hilo, efectuado con manivela.

LA PESCA A LA MOSCA

Se trata de una de las técnicas más atractivas cuando se pesca durante las horas del crepúsculo o la noche. Tan sólo ofrecen un buen resultado los *streamers,* las moscas ahogadas o las

◁ Un póker de truchas irlandesas: dos truchas comunes, una trucha de mar y un esguín figuran entre estas capturas realizadas por la noche.

emergentes. Se desconocen las causas que han hecho picar algún ejemplar a la mosca seca, ya que resulta muy extraño atrapar una trucha de mar con este cebo.

Para la elección de la caña (véase la página 100), se debe tener muy en cuenta la longitud del río y el tamaño supuesto de los peces.

Se debe matizar que ciertas cañas de una mano, provistas de empuñaduras de combate movibles (por ejemplo, la Globe-trotter de Marc Sourdot), pueden sustituir a la caña de dos manos.

Se ha de dar prioridad al lanzado rodado y evitar los falsos lanzados, que son nefastos cuando pescamos la trucha de mar. El devanado de la seda en forma de arabescos sobre el agua despierta la desconfianza de un pez muy selectivo. El carrete, manual, debe albergar la capacidad suficiente para contener la línea, así como un mínimo de 50 metros de *backing*.

Una mosca clara para un día despejado. △

• La buena seda
La elección del tipo de seda depende de las condiciones de pesca. Por ejemplo, la mosca debe hundirse y moverse más cerca del fondo, cuanto más baja sea la temperatura del agua. Así pues, a principios de temporada, cuando las aguas son altas y muy frías, se debe escoger una seda completamente sumergible. Por el contrario, cuando la mosca se queda cerca de la superficie en las aguas bajas y cálidas, la seda autoflotante es la más conveniente. En cualquier caso, una seda autoflotante

de bajo sumergible representa el término medio y el modelo más polivalente. Por último, se debe matizar que una seda pesada y muy sumergible puede ser muy útil para la exploración de zonas herbáceas de poca profundidad: la línea se desplaza entre la vegetación, mientras que el señuelo se mueve por encima. La pesca a la mosca ahogada no justifica el empleo de un bajo de línea muy sofisticado: una simple lazada de 2,5 m en ríos pequeños, y 3 m en cursos largos puede ser suficiente. Los puristas pueden realizar un bajo de línea de cola de rata, con empalmes de cabos de nailon en el siguiente orden: 0,50, 0,40, 0,35, 0,30 y el bajo de 0,24 a 0,26.

Una mosca oscura para un día nublado. ▷

LOS PECECILLOS NADADORES

Los modelos flotantes se utilizarán al caer la noche o durante las horas del crepúsculo, cuando las truchas de mar se alimentan en la corriente, en los fondos lisos o los pilares. Los modelos pequeños de 4 y 5 cm resultan de gran atractivo para este tipo de pesca. Para las zonas profundas del río, es preferible emplear un modelo que sea muy sumergible.

• La elección de las moscas
(Véase también la pág. 101.)
Para una buena elección de la mosca nos basaremos en algunas indicaciones realizadas en el capítulo dedicado al salmón:
– el tamaño de las moscas disminuye progresivamente a medida que aumenta la temperatura del agua. Así, se utiliza del n° 4 al n° 6, a principios de temporada, y del n° 8 al n° 10 en verano;
– cuando el tiempo es nublado, en aguas rápidas y turbias, se usarán los modelos oscuros y espesos;
– cuando el cielo es claro, en aguas claras y limpias, se escogerán los modelos pequeños de tonos claros.

Una Shrimp. △

• La pesca
En función del estado de las aguas, a principio de temporada se explorarán los remansos lentos y profundos, y con la llegada del buen tiempo, las pequeñas corrientes y pilares. El lanzado se debe efectuar de tres cuartos a un cuarto aguas arriba y, a continuación, se debe recuperar lentamente, para permitir una deriva en semicírculo hacia el margen en que nos encontramos. En este instante, la mosca se debe recuperar con lentitud, paralelamente al margen, hasta alcanzar las botas del pescador, porque es posible que un pez esté siguiendo el señuelo durante toda la recuperación antes de picar en el último momento.

Se pueden pescar los peces mientras se alimentan en la superficie o se dan un chapuzón, sin embargo, debemos vigilar el ataque, que puede producirse en el momento en que el señuelo cae en el agua.

LOS DEPREDADORES

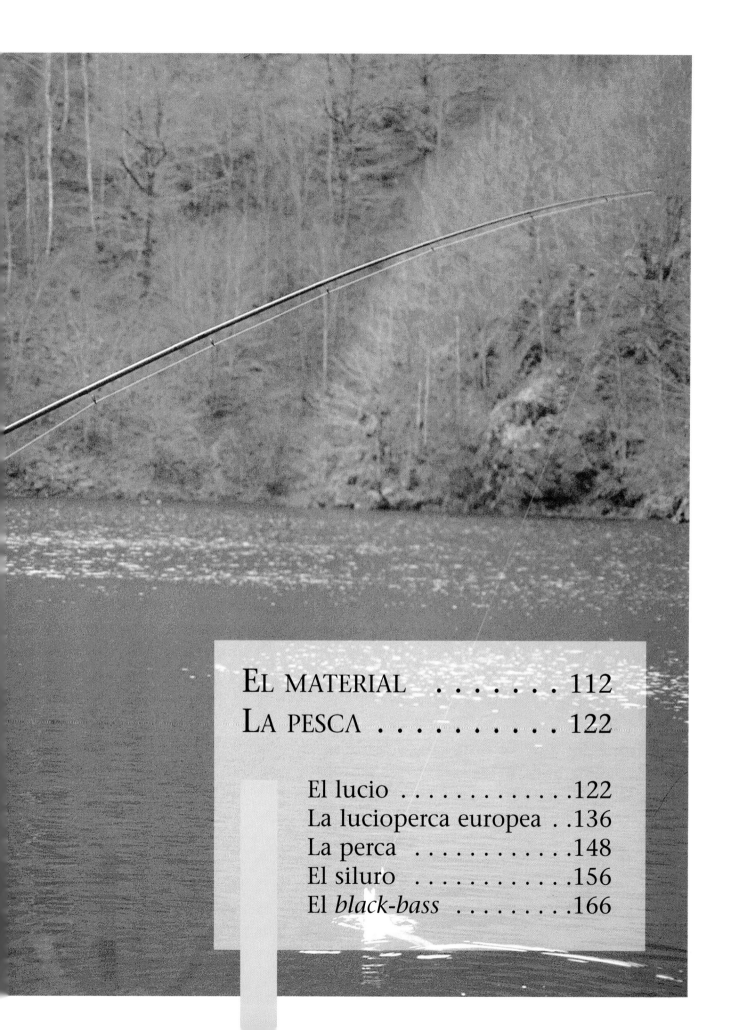

E_L MATERIAL

LA PESCA CON PEZ VIVO

La eficacia de la pesca con pez vivo reside en un principio muy simple: los depredadores o carniceros se alimentan de pequeños peces blancos, lo que significa que se les debe proporcionar las presas que forman parte de su dieta.

Al sujetar un pez vivo al anzuelo y obligarle a arrastrar el plomo, la línea y el flotador, se reduce su velocidad y movilidad. Esto lo convierte en la presa idónea, ya que gana

*E*l éxito de la pesca con pececillo vivo o muerto se explica por la simplicidad de las técnicas y del material. Con la pesca al pez muerto insertado, los franceses descubrieron que un pececillo bien lastrado y armado podía resultar muy eficaz.

Además, estas técnicas son las que ofrecen más posibilidades al pescador para que desarrolle su creatividad y talento. El lanzado con señuelos, que puede resultar igual de atractivo, permite capturar buenos ejemplares, si se adquiere la suficiente precisión en el lanzado y un buen movimiento del señuelo.

Asimismo, la pesca a la mosca también posee un gran encanto, siempre y cuando se disponga de un material fiable y bien adaptado a las diferentes situaciones de pesca que podamos encontrar.

△ *Para pescar con pez vivo, se puede emplear una sólida caña de lanzado, sobre todo si se pesca desde una embarcación.*

en competitividad frente a los otros peces blancos. Pero antes de llegar a este punto, se debe conseguir la correcta colocación del cebo vivo y presentarlo con la suficiente discreción para que no despierte las sospechas de un pez desconfiado. En resumen, el pez vivo se ha de dirigir a los lugar apropiados, en el momento preciso.

E_L MATERIAL

• Las cañas

Es necesaria una caña de anillas de 3 a 4 m, preferentemente telescópica para que sea más fácil transportarla y guardarla. Las acciones de punta de estas cañas son las mejores y las únicas interesantes para lanzar un cebo vivo y controlar las sacudidas de un gran ejemplar. La caña ha de tener la potencia suficiente, ya que siempre se puede lanzar un cebo vivo con una caña muy fuerte, pero, lo contrario es, no sólo imposible, sino también peligroso para la caña. En la actualidad, la caña DAM Telepike es la que ofrece mejores resultados en la pesca clásica con cebo vivo. Si su intención es pescar grandes lucios o siluros, se pueden utilizar las cañas para carpa, que también son muy eficaces.

• El carrete

Se puede usar un modelo clásico con un buen freno. Se debe cargar con un nailon de 0,22 (si se pesca las luciopercas

La pesca con pez vivo, clásica y tradicional, requiere tecnología moderna, ya sea en el material o en los aparejos. ▽

Para paliar la fuerte sacudida de un depredador en la picada, el carrete debe disponer de un freno infalible. ▷

europeas sobre fondos limpios) a 0,30 ó 0,35 (para la pesca de lucios grandes en emplazamientos complicados).

• Los flotadores, plomos y emerillones

Los flotadores básicos para la pesca de los depredadores o carniceros son fijos para la pesca a poca profundidad, o deslizantes para alcanzar profundidades superiores a la longitud de la caña. Los flotadores deslizantes, detenidos por un pequeño nudo o un hilo de parada de plástico o caucho, también resultan muy prácticos para lanzados a gran distancia. Por regla general, hay que

Pesca con cebo vivo a la plomada

cebo vivo

pequeño cabo de acero de 50 cm

corcho o perla flotante

80 cm de nailon de 0,30

oliva de 20 g

emerillón

△ Los hilos de nailon «especiales para carniceros» suelen ser de un color fluorescente y permiten percibir las picadas más leves. Los denominados «sin memoria» presentan una débil elasticidad. Este tipo de nailon resulta muy importante, ya que se levanta a distancia.

△ Éste tipo de aparejo es cada vez más utilizado por los pescadores de lucioperca europea.

Colocación de un cebo vivo para que se mueva en aguas intermedias

utilizar los flotadores fusiformes (de marca DAM, Cureau, Water Queen), que son más sensibles y fáciles de equilibrar. Los plomos más utilizados para equilibrar los flotadores o pescar a la plomada son las olivas, largas o redondas, que se deslizan por el hilo y chocan contra el nudo de empalme del emerillón (protéjalo con un pequeño forro de silicona). Las olivas intercambiables de la marca Catherine son mejores, porque permiten modificar el lastre a nuestra conveniencia. Los plomos aplastados, que a veces tienen pequeñas asperezas, se indican más para la plomada. Por último, los perdigones, que son plomos rajados de gran tamaño, pueden ser utilizados a veces para equilibrar la línea. Los emerillones simples, sean tipo barrilete o de eje, unen la línea y el bajo de línea y eliminan el riesgo de torsión del hilo debido a la rotación del señuelo durante la recuperación o el lanzado. Además, los emerillones de enganche sirven para atar un bajo de línea con bucle, imprescindible para los anzuelos de aguja. Finalmente, los emerillones paternóster, colocados sobre una hijuela, se

componen de tres brazos y permiten realizar aparejos con cebo vivo. Algunos tienen un enganche en un brazo lateral o un largo brazo metálico, que puede acabar también en un enganche.

• Los bajos de línea especiales

Los sedales y pequeños cabos de acero, vendidos en bobinas o cortados de un modo individual y a veces equipados con anzuelos, son los únicos que garantizan una buena resistencia a los dientes del lucio. Pueden estar forrados de nailon o de kevlar (Tortue o Ragot), que muestra una mayor flexibilidad. Asimismo, se pueden componer de multitud de pequeños hilos (microcableados) que proporcionan elasticidad y permiten realizar ciertos nudos. El kevlar, muy dúctil, es adecuado para la lucioperca europea, pero no se aconseja para el lucio. Los hilos trenzados, también de gran flexibilidad, resultan apropiados para la lucioperca europea, sobre todo en fondos con muchos obstáculos, ya que resisten mejor el rozamiento. Por el contrario, este tipo de hilos no se puede utilizar para el lucio.

• Los anzuelos

Los anzuelos simples, compuestos de una sola punta, conservan mejor el pececillo. Se debe escoger los modelos de anillas, más fáciles de montar, y los invertidos, que penetran mejor en caso de picada. La popera de doble anzuelo posee dos brazos de longitud diferentes: uno pequeño para las fosas nasales del cebo vivo y uno largo para que pique el depredador. Los anzuelos dobles se utilizan en la versión «pico de loro», y poseen una pequeña ondulación de metal que propicia una mejor sujeción del pez. Asimismo, se pueden usar los de la muerte o «aguijón». Los anzuelos triples son los más usuales y permiten disponer de una gran diversidad de anzuelos, en particular, los anzuelos de aguja. Por último, los anzuelos de imperdible posibilitan el montaje de aparejos muy sólidos, porque basta con abrir el imperdible, deslizarlo bajo la piel del cebo vivo y cerrarlo.

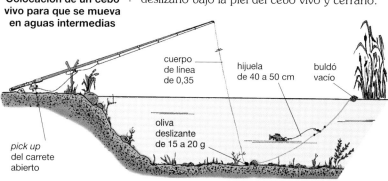

cuerpo de línea de 0,35

hijuela de 40 a 50 cm

buldó vacío

oliva deslizante de 15 a 20 g

pick up del carrete abierto

Al contrario que con el pececillo muerto insertado, la pesca con pececillo muerto montado es una pesca muy estática. Se dirige a las luciopercas europeas de gran tamaño, pero también a la anguila e incluso, a veces, a los lucios grandes, que pueden volverse perezosos hasta el punto de alimentarse con presas muertas. El material y el aparejo son idénticos a los de la pesca con cebo vivo, ya que éste debe reposar sobre el fondo, en emplazamientos llenos de obstáculos donde se esconden los mejores ejemplares. En este caso, se debe añadir lastres pesados y disponer de un resistente aparejo para responder con fuerza al potente arranque de un pez de gran tamaño. Se puede usar el kevlar o el nailon, ya que la línea de acero no resulta indispensable para la lucioperca europea. Si nos decidimos a pescar el lucio, necesitaremos utilizar el acero forrado de kevlar.

LA PESCA CON PECECILLO MUERTO INSERTADO

Este tipo de pesca se inició en Francia con la llegada de la lucioperca europea y bajo el impulso de algunos pescadores famosos, entre los que se encontraba Albert Drachkovitch, creador de un aparejo incomparable. Pero la lucioperca europea se acostumbró a esta técnica. En aquel momento, los pescadores optaron por el lucio, y así redescubrieron las cualidades de una técnica muy atractiva, que nuestros antepasados utilizaban para pescar el lucio común (*Esox lucius*). El principio de la pesca con pececillo muerto insertado se basa en dar a éste un movimiento que le haga parecer moribundo, lo que representa una captura fácil para cualquier depredador. Para ello, la caña, que transmite el movimiento que el pescador realiza, y el aparejo, que ha de dejar al pececillo libre para moverse en el agua, son determinantes.

EL MATERIAL

• Las cañas
Las cañas han de constituir la prolongación del brazo del pescador y deben transmitir los movimientos exactos que éste imprime, incluso en plena corriente o por debajo de 15 m de profundidad. Además, deben ofrecer una reserva suficiente para garantizar un tirón eficaz

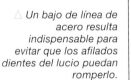

△ Un bajo de línea de acero resulta indispensable para evitar que los afilados dientes del lucio puedan romperlo.

y resistir las sacudidas de una gran lucioperca europea o el fuerte arranque de un pez de más de 1 m. Por ello, la acción de punta y una gran potencia (como mínimo una caña de lanzado de 15 a 30 g) resultan imprescindibles. La longitud depende del tipo de pesca practicada. Así, si se pesca desde la orilla, una caña larga (de 2,8 a 3,3 m) se usa para hacer la palanca suficiente que pueda contrarrestar la acción de la corriente y, de este modo, mantener el contacto directo con el aparejo. Si se pesca desde una embarcación, una caña más corta (2,5 a 2,8 m) permitirá pescar cerca de los emplazamientos sin necesidad de lanzar a gran distancia. La mayoría de los modelos específicos para la pesca con pececillo muerto funcionan bien. Nuestros modelos preferidos son: Daïwa Shogun Jacques Chavanne, Garbolino Garbostick, Sert Sanderman y Astucit Drachko Pro.

• El carrete
Ha de ser sólido, equipado con una bobina larga de tipo *long cast* y con un freno progresivo. Un freno adicional, del tipo Full Control de Mitchell, garantiza una comodidad suplementaria, pero no imprescindible.

EL MOVIMIENTO DEL LUCIO

La pesca del lucio con pececillo muerto depende de una técnica especial. En primer lugar, se ha de tener en cuenta el aparejo, ya que el lastre no sólo se dispone en la parte superior, sino también en el cuerpo del pececillo (donde se une el plomo al armazón), para que el descenso sea menos directo. Para imprimir movimiento al pez, se ha de pescar en las capas altas de agua y, con lentitud, se debe ir planeando en largos períodos de descenso, lo que implica un menor lastre. Finalmente, se debe explorar las diferentes capas de agua con cuidado, ya que una de las características propias del lucio es que es un gran observador de todo lo que ocurre a su alrededor.

Esquema del movimiento para la pesca del lucio

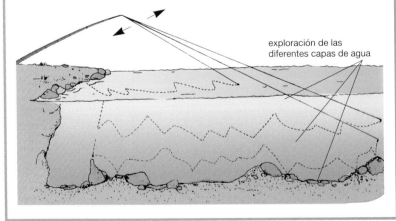

exploración de las diferentes capas de agua

• El hilo

Si se quiere pescar correctamente con un pececillo muerto insertado, se debe controlar en todo momento lo que está ocurriendo. Para ello, la mejor solución reside en la utilización de un hilo fluorescente, que siempre resulta visible, sea cual sea la luz existente. Con este tipo de hilo podremos seguir la trayectoria del lanzado, controlar la inmersión del pececillo muerto y, después, detectar los movimientos más leves o la relajación del hilo tenso.

Los diámetros más apropiados oscilan entre el 0,22, en fondos despejados y con peces pequeños, y el 0,28 ó 0,30, en condiciones difíciles y frente a peces potentes a los que conviene dominar desde un principio, para evitar que se refugien cerca de un obstáculo.

• El aparejo

El aparejo de Albert Drachkovitch, un gran pescador de depredadores con pececillo muerto, se compone de un armazón de cuerda de piano, a modo de enganche, que se introduce en el cuerpo del pececillo muerto. Se acompaña de uno o dos anzuelos triples, enganchados a ambos flancos. La fijación se remata por un trozo de hilo de cobre o latón retorcido, muy apretado, que atraviesa el pececillo por detrás de los opérculos. El lastre se encuentra en la parte superior, sobre una articulación, lo que permite mantener la flexibilidad del pez.

LA TÉCNICA BÁSICA

• En primer lugar, un buen lanzado...

El movimiento que se imprime a un pececillo muerto se inicia con el lanzado. Justo antes de tocar la superficie, se debe frenar el hilo sobre la bobina con el dedo, así conseguiremos que

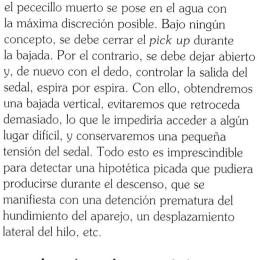

△ La pesca de la lucioperca europea requiere una gran delizadeza. Para ello, se necesita un bajo de línea de nailon, o mejor aún, hilo trenzado o kevlar.

Control de la línea en el lanzado

el pececillo muerto se pose en el agua con la máxima discreción posible. Bajo ningún concepto, se debe cerrar el *pick up* durante la bajada. Por el contrario, se debe dejar abierto y, de nuevo con el dedo, controlar la salida del sedal, espira por espira. Con ello, obtendremos una bajada vertical, evitaremos que retroceda demasiado, lo que le impediría acceder a algún lugar difícil, y conservaremos una pequeña tensión del sedal. Todo esto es imprescindible para detectar una hipotética picada que pudiera producirse durante el descenso, que se manifiesta con una detención prematura del hundimiento del aparejo, un desplazamiento lateral del hilo, etc.

• ... y después, un buen movimiento

Una vez el aparejo llega al fondo, la tensión del hilo disminuye bastante. Entonces, se debe cerrar el *pick up* (o el asa de la cesta), tensar el sedal girando la manivela e iniciar la oscilación. Ésta se realiza con la caña alta y agitando la puntera mediante varias sacudidas encadenadas. El pececillo debe despegar y avanzar gradualmente. Con la caña siempre alta, se ha de acompañar el descenso del pececillo muerto. Así, justo antes de que llegue al fondo, se debe reiniciar las sacudidas a la puntera y dejar que caiga de nuevo, manteniendo una ligera tensión del hilo para ver o sentir las picadas. A continuación, se debe tocar el fondo, si es necesario abriendo el *pick up* para devanar un poco de hilo. Estos movimientos básicos pueden combinarse con unos desplazamientos laterales (oriente la caña hacia la derecha o la izquierda) o una posición fija: haga vibrar la caña apretando fuertemente la mano (agitación espasmódica del pececillo), recupere el sedal lentamente con la caña baja para que el pececillo resbale sobre el fondo y produzca una pequeña nube de barro. La imaginación también ocupa un lugar en este tipo de pesca.

Movimiento para la pesca de la lucioperca europea

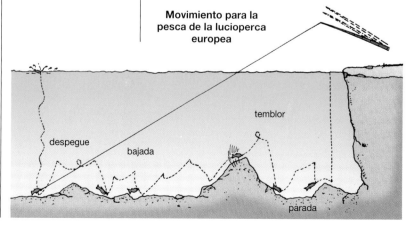

despegue · bajada · temblor · parada

EL MATERIAL

LA PESCA AL LANZADO CON SEÑUELO

Las dos principales funciones de los señuelos modernos son la reproducción de las señales emitidas por un pez muerto o herido y la estimulación de las reacciones agresivas del depredador. En el lanzado se utilizan las cucharillas, los pececillos nadadores y los señuelos flexibles. Además, se necesitan unas cañas que sean proporcionales al tamaño y la potencia de los peces que perseguimos. Aunque los señuelos sean, en la mayoría de los casos, capaces de trabajar solos, su eficacia depende, también, de su cuidado.

La pesca de los depredadores al lanzado, con cucharillas o pececillos nadadores, se dirige al lucio y la perca.

La lucioperca europea, que vive a mayor profundidad, es más sensible a los pececillos nadadores, que se mueven muy lentamente y a ras de fondo, o a las cucharillas ondulantes, cuando pueden adaptarse al fondo. En cualquier caso, la precisión del lanzado sigue

△ El lanzado con señuelo, de fácil utilización, predomina entre las técnicas de pesca de exploración y resulta idóneo para descubrir un nuevo recorrido.

Lanzado horizontal

resultando necesaria, aunque es menos importante que en la pesca de la trucha. Para el lanzado, debemos posarnos a ras del margen, justo detrás de una rama que caiga sobre el río, o también en el centro de un pequeño paso, entre nenúfares. La percepción del trabajo del señuelo es necesaria para sentir a qué velocidad se mueve (con demasiada o poca rapidez), saber si roza o no un obstáculo o si se ha perdido en la vegetación. Todo esto se relaciona con la calidad del material utilizado.

EL MATERIAL

• Las cañas

Ya sea desde la orilla o desde una embarcación, se debe prever una longitud de más de 2 m y un máximo de 2,7 m, con capacidad de ampliación si se utiliza los señuelos flexibles (que se adaptan al material previsto para la pesca con pececillo muerto). La potencia debe permitir lanzados de un peso de 10 a 30 g. En principio, las acciones de punta son las más adecuadas para obtener un buen lanzado y un correcto funcionamiento del señuelo.

De todos modos, en función de los gustos de cada pescador, se puede optar por cañas menos rígidas y abarcar una mayor longitud. En este caso, se puede hablar de acciones medias o semiparabólicas, muy interesantes para el pececillo muerto, porque ofrecen una mayor sensibilidad. Las buenas cañas de lanzado para los depredadores no son muy numerosas, pero las Garbolino Feeling y Sert Jet Spin son nuestras preferidas.

• El carrete
Ha de ser sólido, equipado con una bobina larga del tipo *long cast*, de un rodillo giratorio, un freno preciso y una buena capacidad de recuperación (al menos 70 cm por cada vuelta de manivela). Asimismo, si desea pescar la perca, intente que el peso no sea muy elevado.

• El hilo
El hilo fluorescente no resulta imprescindible, aunque la visión de la línea es importante (excepto en la pesca con señuelos ligeros, que se parece a la pesca con pececillo muerto insertado). Por regla general, hay que evitar los hilos demasiado elásticos y debe otorgarse prioridad a los diámetros de 0,20 (para fondos despejados y pequeños peces) y 0,28 ó 0,30 (para fondos con obstáculos y grandes lucios).
Asimismo, los hilos trenzados ofrecerán grandes resultados por su resistencia y ligereza excepcionales. En este caso, se puede reducir el diámetro a 0,14 ó, incluso, 0,10, sin correr riesgo alguno.

• Los señuelos
Cuando se habla de señuelos, los pescadores piensan siempre en las cucharillas giratorias, que siguen siendo las más utilizadas, pero no son las únicas que agradan a los depredadores. Por ejemplo, las cucharillas ondulantes son indispensables frente a un gran lucio. Además, encontramos los pececillos nadadores, de inmensas posibilidades y, sobre todo, los señuelos ligeros, que sin duda merecen ocupar un espacio en nuestra caja.

• Las cucharillas giratorias
Compuestas por una paleta giratoria alrededor de un eje metálico, las cucharillas giratorias constituyen un elemento de gran precisión

Cucharillas giratorias

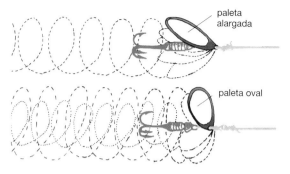

paleta alargada

paleta oval

△ *Los pescadores norteamericanos utilizan preferentemente el clásico carrete de bobina fija, antes que los carretes de tambor giratorio.*

El lanzado ligero o ultraligero con señuelos metálicos es una garantía de éxito en la pesca de la perca. ▽

cuyas señales y vibraciones atraen a los depredadores y les incitan a picar. Las paletas pueden clasificarse en dos grandes familias:

– Las paletas alargadas
Este tipo de paletas giran con rapidez junto al eje y de forma irregular, lo que resulta muy interesante en la pesca de río, ya que no se dejan llevar por la corriente. Asimismo, estas paletas se prestan a los movimientos lentos y cercanos al fondo. En esta categoría, también se incluyen algunas cucharillas de paleta ligera de la marca Ragot, que tienden a estirarse y girar más cerca del eje cuanto mayor es la presión a la que se someten (corriente, recuperación rápida).

– Las paletas redondas u ovales
Su rotación es más regular y, sobre todo, alejada del eje, lo que las hace girar más deprisa y emitir unas vibraciones más fuertes. Son fáciles de percibir por la fuerza de sus emisiones y, en la actualidad, son las más utilizadas.
En cuanto a los colores y motivos de la paleta, existe una amplia gama donde elegir. Igual que para la trucha, las cucharillas mates se recomiendan con cielo y aguas claras, mientras que con aguas turbias y cielo oscuro, es más interesante decantarse por los señuelos más brillantes. En la práctica, es necesario evitar cualquier idea preconcebida y dejarse llevar, ante todo, por nuestra intuición... y nuestra fe en el éxito: pescar con convicción es el medio más seguro de capturar un pez.
Otro punto importante que cabe señalar sobre la cucharilla es el lugar de la plomada. Si se sitúa sobre la paleta, en el eje de la cucharilla, proporcionará una rotación más regular y lineal.Por el contrario, si se coloca en la parte anterior de la cucharilla, provocará una rotación más entrecortada. En el caso de la pesca del lucio, se trata de una ventaja y permite a la cucharilla iniciar la rotación a la menor distensión del hilo, incluso durante su descenso. Aunque la cucharilla entre en funcionamiento por sí sola, es mejor ayudarla. Justo después del lanzado, intentaremos controlar el descenso

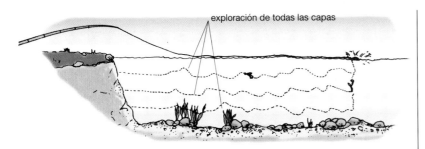

exploración de todas las capas

colocando un dedo sobre la bobina para mantener cierta tensión en la línea.

Si emplea una cucharilla lastrada en su parte anterior, se debe vigilar que gire durante la inmersión. En este momento, debe estar atento para reaccionar al menor toque (detención del descenso, desplazamiento del hilo...). Una vez el señuelo toca el fondo, hay que tomar contacto y empezar la recuperación variando la velocidad y, de vez en cuando, deteniéndonos para que el señuelo descienda otra vez. A ello se debe añadir algunos cambios de dirección, que se consiguen inclinando la caña hacia la derecha o la izquierda.

Para la lucioperca europea, es mejor quedarse cerca del fondo. Para el lucio o la perca, se deben explorar sucesivamente todas las capas de agua.

• Las cucharillas ondulantes

El principio de su funcionamiento es muy sencillo: una paleta sujeta a cada lado por una anilla rota, a la que se anudan, por una parte, el anzuelo triple, y por otra, un pequeño emerillón o el hilo del carrete directamente. Según la forma y la curva de la paleta, la cucharilla avanzará ondulándose de una forma más o menos rápida.

– Las paletas clásicas

Son huecas y parecidas a una cuchara sopera, y tienen una vibración bastante vacilante y lenta. Son ideales para una recuperación lenta,

Exploración con cucharilla

Cucharilla ondulante

paleta clásica

paleta ondulante

Lanzado ondulante de la cucharilla

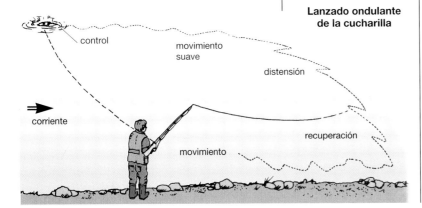

control

corriente

movimiento suave

distensión

movimiento

recuperación

acompañada de pequeñas pausas que propician un funcionamiento independiente y un descenso que se asemeja a una hoja muerta cayendo al fondo, lo que, a su vez, provoca la picada. Resultan útiles en aguas de poca profundidad.

– Las paletas ondulantes

Son muy curvadas, se mueven mucho más rápido y se adaptan a una recuperación más dinámica, con fuertes aceleraciones

El Big-Big, creado para la lubina, despierta la atención del lucio. ▷

seguidas de deceleraciones que no llegan a frenar el movimiento por completo. Si tienen el peso suficiente, estas cucharillas pescan muy bien durante la inmersión o en movimientos casi verticales.

• Los pececillos nadadores

Son imitaciones más o menos acertadas de peces pequeños que ofrecen una amplia gama de formas y colorido. No obstante, los Rapala siguen siendo los más conocidos y los más apreciados. Para escoger, se han de considerar dos nociones esenciales:

– La densidad del pececillo

Es decir, su tendencia a flotar o hundirse. Los modelos flotantes son útiles en los ríos, sobre todo, en las zonas con una gran cantidad de obstáculos. En este caso, basta con posar el pececillo sobre el agua, dejar que lo arrastre la corriente bajo el obstáculo e iniciar la

Pececillo nadador

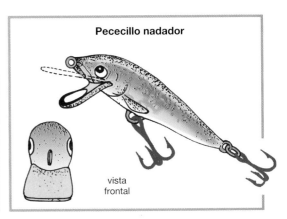

vista frontal

LA PESCA AL CURRICÁN

Este tipo de pesca es muy apreciada por los norteamericanos, los británicos y la mayoría de pescadores europeos, que la utilizan en los grandes lagos artificiales o naturales.
La pesca al curricán, con un barco y un motor que funcione a la menor velocidad posible, permite explorar grandes extensiones de agua, arrastrando varios señuelos de gran tamaño (por lo general, cucharillas ondulantes o pececillos nadadores), a una distancia y profundidad regulables. Con frecuencia, el paso del barco actúa como estímulo y puede llegar a atraer la atención de los depredadores que se hallan alrededor. Lo esencial es que el toque se produce siempre en la estela de la embarcación, a menudo con gran fuerza, lo que nos obliga a estar atentos.

△ *En los grandes lagos, la pesca al curricán obtiene grandes ejemplares. De todos modos, antes de practicarla, es necesario disponer de un permiso legal.*

recuperación cuando llega al lugar indicado.
Si se llega a una zona llena de hierbas o bajo un obstáculo, se debe interrumpir la recuperación para que el pececillo nadador gane la superficie solo y evite, de este modo, la zona de peligro. Por su parte, los modelos deslizantes son muy interesantes en aguas profundas, ya que descienden a la menor distensión del hilo. Con un poco de práctica (dado que la velocidad de inmersión es casi uniforme), podrá calcular la profundidad a la que se mueven, contando el tiempo de inmersión. De ahí que algunos Rapala se hayan bautizado como *count down* (en inglés, cuenta atrás);

– *La forma y la orientación del babero*
Ambas determinarán la velocidad de inmersión en la recuperación y, en menor medida, la

△ *Sea flotante o sumergible, el pececillo nadador del tipo Rapala es uno de los mejores señuelos para depredadores.*

Lanzado con pececillo

importancia de las ondulaciones producidas por el señuelo cuando está en movimiento.
Los baberos casi horizontales provocarán una inmersión muy rápida, casi en picado. Por el contrario, los baberos semiverticales casi nunca provocarán la inmersión. Asimismo, los que son planos no producen apenas vibraciones, mientras que los baberos muy redondeados causan fuertes ondulaciones. Para incitar el movimiento, debemos recuperar el hilo a sacudidas, con fuertes aceleraciones (dando la impresión de que el pez vaya a huir) y pequeñas pausas, que permitirán al señuelo descender o ascender.

• Los señuelos ligeros
Gran novedad en los años ochenta, los señuelos cada vez tienen más adeptos. Entre otras cualidades son fáciles de usar, tienen un precio asequible e infinidad de posibilidades. Casi cada año aparecen en el mercado nuevas formas y colores. Todos los modelos son eficaces, pero se han de presentar correctamente, en el lugar apropiado y en el momento preciso.
Otra ventaja de los señuelos ligeros es su facilidad de adaptación. Se usan tanto con la cabeza lastrada (un gran anzuelo cuya tija está forrada de un plomo de dimensiones variables), como con un aparejo más elaborado, directamente inspirado en los aparejos de pececillo muerto insertado (el Drachko LS de Astucit es el más popular). En cuanto a las formas, se pueden distinguir:

Movimiento del pececillo nadador flotante
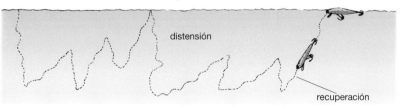
distensión
recuperación

Movimiento del pececillo nadador «top walker»
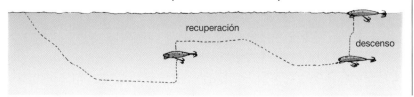
recuperación
descenso

◁ *Una lombriz de vinilo.*

Un siluro, pescado con un señuelo blando, es un adversario de gran talla. ▷

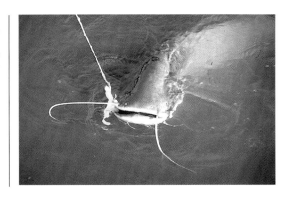

– Los vinilos
Resultan especialmente indicados para todos los peces de la familia de los pércidos, incluso para los lucios de gran tamaño. Se utilizan tanto sobre cabeza lastrada como sobre aparejo.

– Las formas parecidas al pez
Su acción se ve reforzada por un pequeño apéndice plano al final de la cola. A falta de

Un pececillo. ▷

La caja de pesca resulta muy práctica para guardar los señuelos. ▽

más rápidas. Se debe tener en cuenta que el curricán está prohibido en todos los cotos deportivos de pesca y que sólo se autoriza en los embalses regulados por una reglamentación particular.

pececillos muertos, pueden utilizarse en aparejo, pero también se pueden desenvolver sin problemas con cabeza lastrada.

– Los gusanos
Tanto si imitan una lombriz como una sanguijuela, se aconsejan para la pesca al cordón. Así, se situarán sobre un gran anzuelo o una cabeza lastrada que completaremos con una hebra de nailon que lleve un anzuelo triple clavado en el último tercio del gusano.

– Las formas más originales
Las ranas, cangrejos de río o salamandras son excelentes para el lucio y la lucioperca europea. La única condición que se exige es que las imitaciones han de tener sus correspondencias vivas en las aguas donde pescamos. Por regla general, se utilizan sobre cabeza lastrada o flotante, pero, en el caso del cangrejo de río, también se puede optar por situarlo sobre el aparejo.

◁ *Cangrejo.*

El movimiento que imprimimos a los señuelos ligeros se asemeja al del pececillo muerto. Sólo debemos suavizar las aceleraciones y acompañar las deceleraciones para obtener el avance sobre el fondo a base de pequeños saltos, que se deben entrecortar con frecuentes cambios de dirección y algunas huidas verticales

◁ *Los señuelos ligeros de la modalidad rana o cangrejo de río, equipados con un sistema antihierba, permiten explorar las zonas herbáceas en busca de luciopercas europeas, lucios o* black-bass.

LA PESCA A LA MOSCA

Los depredadores pueden picar ante una mosca artificial, aunque no se alimenten en la superficie. Esta actitud se debe al atractivo de los adornos de la mosca y a que los *streamers*, que imitan pequeños peces, provocan la agresividad de los depredadores. Esta técnica asegura la diversión y está llena de sensaciones.

UNA PESCA ORIGINAL
Como sucede con frecuencia en materia de técnicas nuevas, el ejemplo parece haber nacido en EEUU (donde todos los peces, el *black-bass*

TANTO LA PERCA COMO LA TRUCHA

Por su tamaño más reducido, la perca es un depredador diferente, al menos desde el punto de vista técnico. Para pescar al lanzado podemos recurrir sin miedo al material que destinamos habitualmente a la trucha. Es decir, una caña de 1,8 a 2,2 m, con una potencia de 4 a 12 g y una acción de punta media, en función de nuestros gustos, así como hilos que oscilen entre el 0,16 y el 0,20.
Los señuelos más indicados son las cucharillas ondulantes y los señuelos ligeros. Las primeras han de presentar un tamaño de 0,1 ó 2 (el mismo que para la trucha), tintadas o doradas, con escasa o nula decoración. Las segundas deben tener un tamaño más reducido que las cucharillas, pero sin requisitos particulares en el ámbito de las formas y colores.
A causa de su curiosidad y agresividad, nuestro hermoso pez a rayas probablemente acabará picando.

en primer lugar, se pescan a la mosca), aunque lo más seguro es que provenga del Reino Unido o de los Países Bajos, donde la búsqueda del lucio (y de la lucioperca europea) con caña para mosca y señuelos artificiales muy particulares despierta un gran interés. En Francia, la pesca a la mosca no tiene muchos adeptos (más por la reticencia de los partidarios de la mosca, cuyas preferencias se dirigen hacia la trucha y el tímalo, que por falta de material o posibilidades de pesca). De todos modos, la pesca de los depredadores a la mosca, con señuelos de pluma o pelo, tiene un futuro esperanzador. En España y desde hace algún tiempo, la pesca a la mosca está en alza y el número de practicantes crece a un paso vertiginoso, con especial incidencia en el *black-bass* y el lucio, las especies más abundantes.

EL MATERIAL

• Las cañas

Escoja un modelo entre los denominados «depredadores« o en la gama llamada «réservoir», de 2,7 a 3 m para lanzados de sedas de los nº 7, 8 ó 9. La acción ha de ser de punta, lo que parece inevitable por la potencia que requiere el lanzado de grandes sedales y la captura de grandes ejemplares.

• El carrete

Debe ser manual y disponer de varias bobinas, que sean compatibles con los sedales grandes empleados; además, deben permitir que se añada varias decenas de metros de *backing*.

• La línea

Para pescar correctamente, se ha de disponer de una gama de sedas de diferente densidad, entre las versiones flotantes (marcadas con una F en su envoltorio) y las sumergibles rápidas (marcadas con una S o una FS para las *fast sinking* si se trata de un modelo de inmersión muy rápida), útiles en fondos de gran profundidad.Si es posible, se deben utilizar cabezas de lanzado (traducción aproximada de las *shooting*

◁ *La trucha, la perca y el* black-bass: *una trilogía incongruente.*

heads norteamericanas), muy cortas, de unos 9 m, que permiten sobrecargar la caña y realizar lanzados largos.

• El bajo de línea

Tanto en la pesca a la mosca como al cebo vivo, con pececillo muerto insertado o con señuelo clásico, se debe proteger el bajo de línea de los dientes del lucio. Para ello, debemos disponer de 30 a 50 cm de acero microcableado o acero forrado de kevlar.

EL MOVIMIENTO DE ANIMACIÓN

Una vez que la mosca ha alcanzado la profundidad deseada, se debe imprimir un movimiento basado en tirones secos y cortos, de unos 20 a 30 cm. Entre cada tirón o serie de tirones, se pueden realizar pausas; a veces, son necesarias si se quiere facilitar el hundimiento de la mosca al nivel deseado en la pesca de profundidad. En cuanto a la velocidad con que se debe encadenar los tirones (realizados con la mano que sostiene el sedal, nunca con el carrete), depende de cada pescador, ya que, entre la pesca lenta, conveniente en época invernal, y la pesca rápida, cuyos tirones se realizan lo más rápido posible, se puede prever cualquier variante. Así, al inicio de la jornada de pesca, puede alternar, añadir cambios de dirección, temblores y variar la profundidad de pesca.

△ *Las moscas para perca de J.-P. Goutte-Quillet presentan unos colores vivos y unos adornos que llaman la atención del pez rayado.*

Un alevín. △

LAS MOSCAS

Las moscas artificiales capaces de hacer picar a un pez depredador han de mostrar un gran colorido (el rojo o el azul parecen ser los colores más atrayentes), ser voluminosas y presentar un cuerpo bastante brillante, realzado con adornos. Para aumentar su eficacia, se puede alargar los pelos utilizados, que en el agua darán un mayor volumen y movimiento a la mosca artificial, así como añadir algún adorno entre los pelos que haga más atractiva su presencia.

Para la pesca del *black-bass*, los pescadores norteamericanos emplean los *poppers*, que se encuentran a medio camino entre el pececillo nadador y el *streamer*. La mayoría de fabricantes e importadores franceses disponen de bellas colecciones de *streamers*, para depredadores, y *poppers*. Sin embargo, con un poco de imaginación podemos dar forma y vida a nuestras propias creaciones.

△ *Dos moscas para lucio. La de la derecha dispone de un sistema antihierba.* ▷

EL LUCIO

*E*l lucio común (Esox lucius) *es un pez depredador que se encuentra en nuestras aguas. En su origen, junto con la perca, garantizaba el equilibrio, ya que sus principales presas eran los ejemplares más débiles, enfermos, heridos o inadaptados a su entorno, debido, entre otras razones, a deformaciones genéticas.*
Sin embargo, desde hace unos años, este pez debe compartir dicha función con otras especies recién llegadas, como la lucioperca europea, el siluro o el black-bass, *también denominado* bass *o perca americana, sin que exista una clara competencia entre ellos. El único problema para el* Essox *reside en las transformaciones de los cursos de agua y de los márgenes, que le privan de sus frezaderos naturales.*

El lucio puede ocultarse en las hierbas que tapizan el fondo del agua gracias a su piel característica. Ahí puede permanecer inmóvil durante horas antes de saltar sobre su presa. ▽

¿UN MONSTRUO DE AGUA DULCE?

El lucio tiene la injusta fama de consumir cada día el equivalente a su peso en peces-cebo, sin embargo, es un pez que administra muy bien la poca cantidad de alimentación que ingiere. En verano, el periodo de mayor actividad, no traga más de 2 ó 3 pececillos al día. En pleno invierno, a causa del frío, desarrolla su actividad a un ritmo mucho más lento, para reducir su necesidad de alimento (como la mayoría de peces de agua dulce). Entonces, sólo se alimenta de una presa cada dos o tres días. De todos modos, ello no le impide engordar y alcanzar (y en ciertos casos, superar) los 20 kg, como ponen de manifiesto algunos afortunados pescadores que, incluso, han homologado algunos récords por encima de este peso.

UN TIPO DE CAZA MUY CURIOSO

El lucio se diferencia del resto de depredadores por su peculiar técnica de capturar las presas. No suele perseguirlas para lanzar después un ataque en grupo, sino que el «tiburón de agua dulce», tal y como también se le conoce, es un verdadero maestro en el arte del acecho.
Cuando tiene hambre se acerca a los pequeños peces que quiere cazar, aprovechando la inmovilidad completa que es capaz de mantener durante horas. Cuando sus presas se encuentran tranquilas y al alcance (pocas veces a más de 2 ó 3 m), se lanza a una gran velocidad encima del grupo.
Los pequeños peces huyen en todas direcciones, lo que enturbia la visión del lucio que, en un primer momento no puede concentrar su ataque. Ello explica que los fracasos en la pesca del lucio sean bastante frecuentes. Si consigue atrapar una presa, ésta será la más débil del grupo, que no ha podido huir tan deprisa como las demás y se ha quedado indefensa ante el lucio.
La naturaleza ha dotado a este pez de una piel capaz de fundirse entre los ramajes sumergidos, la vegetación acuática o entre las hierbas que, a veces, recubren el fondo.
Según los científicos, la posición que adopta en el agua puede darnos infor-

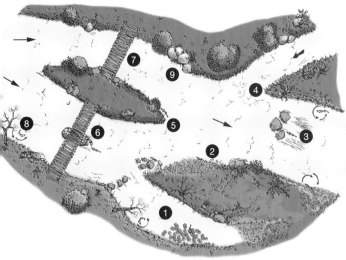

Clásicos emplazamientos de lucios en el río

1. En las ensenadas: se pueden encontrar lucios en cualquier estación.

2 - 8 - 9. Los márgenes boscosos y ramas que caen sobre el agua: a la sombra del ramaje, se esconden grandes lucios entre las raíces sumergidas.

3 - 5. Río abajo, tras los obstáculos que frenan la corriente: son excelentes refugios en verano.

4. La llegada de un afluente: en época estival se puede encontrar lucios, ya que este pez viene a alimentarse de peces pequeños que se concentran aquí en gran número.

6 - 7. Los lucios pueden mantenerse a la sombra del puente.

mación muy útil sobre su nivel de actividad (eso si se consigue ver al lucio, lo que resulta bastante difícil). Las observaciones realizadas en el acuario han permitido determinar que un lucio inactivo mantiene la cabeza inclinada hacia abajo. A la inversa, un lucio hambriento que busca alimento y puede atacar de un momento a otro mantiene la cabeza orientada hacia la superficie para observar todo lo que pasa a su alcance (sus ojos, situados sobre el cráneo, le proporcionan un campo de visión bastante amplio).

LOS EMPLAZAMIENTOS DEL LUCIO

Para asegurarnos de encontrar al lucio existe un truco infalible: basta con buscar los peces-pasto que componen su alimentación. La razón es que, sean cuáles sean las costumbres de este depredador, debe seguir al pececillo-cebo si quiere tener alguna posibilidad de comer.

Una vez encontradas las presas, observe a su alrededor para detectar los lugares donde podría refugiarse un lucio hambriento. En la práctica, se debe buscar a este pez en las zonas con unas características determinadas: el depredador elegirá el emplazamiento que le permita esconderse, que le ofrezca una buena protección contra sus depredadores (los pescadores, claro está, pero también las aves piscívoras) y que, sobre todo, le facilite la espera de sus presas sin cansarse. Por fortuna, existen algunos cazaderos típicos, que al pescar por primera vez en un territorio desconocido, le ofrecerán grandes posibilidades de éxito.

• Los mejores lugares del río

En aguas vivas, la primera preocupación del lucio reside en encontrar un refugio seguro contra la fuerza de la corriente. Por ello, casi siempre lo encontraremos en los remolinos que se forman cerca de los márgenes (incluso en espacios que no sobrepasan varias decenas de centímetros cuadrados), en el interior de un recodo o tras algún gran obstáculo sumergido, como bloques de piedra, ramas o raíces flotando en el agua.

Cuando se pesca la trucha al gobio muerto insertado, a veces pican grandes ejemplares de lucios en plena corriente, detrás de una roca donde, en apariencia, sólo a las truchas se les

Las aguas de poca profundidad, como los extremos de un estanque o un lago, ricas en vegetación acuática, son excelentes cazaderos de verano para el lucio, sin embargo, es preferible pescarlo en barca. ▽

ocurriría esconderse. Estos lucios se han instalado, quizás de un modo provisional, en las proximidades de un frezadero de gobios. Otra posibilidad es que el pez que se desplaza de un lugar a otro se pare en el primer lugar acogedor que encuentra para descansar. En pleno verano, cuando el río es más tranquilo, la pesca se vuelve más difícil, ya que los lucios pueden ocupar las zonas profundas, sobre todo allí donde hay nenúfares y hierbas que le ofrecen refugio. Entonces, la única manera de encontrarlos es registrando sistemáticamente todos los puestos, confiando en la agresividad natural que los depredadores muestran al llegar el buen tiempo. En esas condiciones, las técnicas activas como el lanzado con señuelos o el pececillo muerto resultan las más indicadas.

• Los mejores lugares en aguas tranquilas

En pequeños embalses dedicados al regadío, el comportamiento del lucio es más sencillo. En invierno y durante los periodos de aguas frías, tiende a refugiarse en las zonas más profundas y tranquilas, sobre todo si están bordeadas por márgenes empinados, con raíces, ramas o árboles que tocan el agua. En verano, puede encontrarse a este pez al lado de los macizos herbáceos o los cañizales. Sin embargo, los mejores ejemplares permanecen siempre en la parte más ancha del río, para, así, mantener su tranquilidad y seguridad. Así pues, no se debe pescar demasiado cerca de los márgenes o en los lugares de poca profundidad, porque corremos el riesgo de dañar a muchos pececillos, sean cuáles sean las precauciones que tomemos al desengancharlos. En este caso, también se trata de localizar el mayor número de cazaderos para obtener los mejores resultados.

Cuando los lucios se encuentran en plena actividad, reaccionan rápidamente si tienden a picar. Al cabo de 10 minutos de realizar lanzados en abanico a diferentes profundidades, se puede cambiar de emplazamiento.

En un lago natural, los lucios se suelen quedar entre las mesetas litorales y las hoyas profundas. En estos lugares, sobre empinadas cuestas, con frecuen-

cia, algo accidentadas, los peces descienden a 8 ó 10 m de profundidad en invierno y, con el buen tiempo, remontan el río, a veces, bajo menos de 2 m de agua. Asimismo, en ciertas superficies de agua encontraremos a los lucios en las zonas de poca profundidad, en los extremos del lago (al lado de su principal afluente) o también junto a algunas playas de cuestas menos pronunciadas. Se suele tratar de zonas inmejorables para la pesca en verano o a principios de otoño, pero sólo si ofrecen una profundidad mínima de 1,5 m. De lo contrario, como en los estanques, nos arriesgaremos a que sólo piquen peces pequeños que, no olvidemos, constituyen nuestras futuras piezas de pesca.

• El caso particular de los embalses

En los embalses, un hábitat de una extrema complejidad, la localización de los lucios se vuelve aún más difícil, ya que en este lugar encontramos la superposición de zonas muy diferentes: los ríos que se hallan más arriba del lago y junto a las desembocaduras de todos los afluentes importantes, el estanque en las zonas litorales más tranquilas y el lago, sin que por ello las zonas litorales estén presentes y bien delimitadas. Para orientarnos, se deben buscar los obstáculos, visibles u ocultos por algunos metros de agua, que pueden albergar peces (son emplazamientos que suelen ofrecernos alguna captura a lo largo del año). Si el nivel del agua baja, se ha de dibujar un mapa de los obstáculos del fondo. Cuando el nivel del agua vuelva a subir, este mapa nos ayudará a localizar excelentes zonas para el lucio.

En verano, debemos prestar especial atención a los sectores herbáceos y a los márgenes boscosos, de poca profundidad. En otoño, se debe buscar los remolinos que se forman corriente arriba en el río o junto a las desembocaduras. Además, se pueden hallar lucios a lo largo de las mesetas litorales, donde la pendiente se acentúa, o junto a los márgenes boscosos con una pendiente muy pronunciada.

En invierno, la captura de estos peces se vuelve mucho más difícil, ya que los mejores ejemplares pueden desarrollar su actividad a casi 10 m de profundidad, cerca de obstáculos invisibles desde la superficie y que sólo lograremos conocer con precisión después de una larga

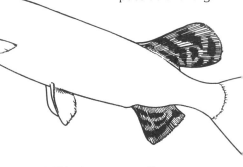

△ *El lucio es un magnífico oponente, que huye con celeridad en cuanto pica el anzuelo.*

experiencia en el lago. Sin embargo, podemos concentrar nuestros esfuerzos en la zona superior del pantano, sobre todo en los grandes remansos que puede ofrecernos. Con frecuencia, los pequeños peces blancos se sitúan en estas zonas para poder aprovechar la alimentación que el río arrastra hasta allí.

Otros lugares interesantes son los sectores en los que tienen lugar desprendimientos, al pie de los acantilados que dan a zonas de gran profundidad, o aquellos en los que se hallan los árboles sumergidos.

LAS LAGUNAS Y LAS CHARCAS:

Son las superficies de agua artificiales por excelencia, ya que se han creado a raíz de las extracciones reiteradas de grava que bajan el nivel del suelo por debajo de las capas freáticas (a menos que comuniquen con el curso de agua más próximo). Estos charcos y lagunas suelen ser desconcertantes. La pureza relativa del fondo (sobre todo guijarros) hace difícil el desarrollo de las plantas, que concentran a los pececillos-cebo y, por lo tanto, a los depredadores. Pero los trozos de las tubería de las máquinas de extracción o las raíces y otros vestigios vegetales abandonados en el agua, crean una multitud de cazaderos poten-

EL MOMENTO IDÓNEO

El lucio no parece tener una hora precisa de caza, porque, en realidad, todo depende de su apetito y de la «disponibilidad» de los peces que atrapa. Sin embargo, como para muchas otras especies, el amanecer, el mediodía y el anochecer suelen ser los momentos más interesantes.

Durante el año, los pescadores se han percatado de que existen periodos de más apetencia que otros. El mes de enero nunca es muy bueno, porque, en primer lugar, los lucios reducen su actividad a causa del frío, que disminuye el ritmo de su metabolismo, y, en segundo, porque se encuentran a sólo algunas semanas de la freza.

Debido a la débil capacidad reproductora del lucio (de 2.000 a 3.000 huevos por kilo de hembra, más o menos como los salmónidos), así como la dificultad que tiene para encontrar lugares propicios para la freza (vegetación terrestre sumergida en la mayoría de los casos) es recomendable no molestarlo durante esta época.

• **Primavera y verano**

El periodo que sigue a la apertura de la veda suele ser bueno para la pesca. Los desplazamientos realizados para la

DE TODO UN POCO

ciales para estos depredadores, que, entonces, pueden mantenerse en casi todas las zonas de la superficie.

En un caso semejante, el pescador debe ser pragmático y, a falta de indicaciones precisas (el consejo de un lugareño, capturas observadas, algún pez conocido...), ha de explorar sistemáticamente la zona, insistiendo cerca de los obstáculos y de las grandes variaciones del fondo.

Asimismo, debe equiparse bien para poder hacer frente a cualquier eventualidad: el lucio, la perca y la lucioperca europea pueden ocupar los mismos cazaderos.

El otoño y el invierno son las mejores estaciones para la pesca del lucio. Sin embargo, la primera veda y el verano, épocas en que se utilizan las técnicas más activas, constituyen también un momento excelente que pueden proporcionarnos espléndidas luchas.

reproducción, a veces, interrumpidos por las lluvias primaverales, provocan que los lucios se encuentren en emplazamientos poco habituales, donde son mucho más vulnerables. Si intentamos pescar en todos los cazaderos posibles, lanzando nuestro señuelo o pececillo muerto sobre zonas que pueden albergar un lucio, podemos tener la suerte de que piquen grandes ejemplares. En verano, desde junio a mediados de septiembre, la pesca es más aleatoria, ya que los lucios disponen de todo el alimento que desean. Sin embargo, una exploración metódica, con una línea con cebo vivo, «paseada» a lo largo de las zonas herbáceas o los márgenes, y un señuelo o pececillo muerto oscilando sobre los mismos lugares, puede ayudarnos en su captura.

• **Otoño e invierno**

El mejor periodo de pesca se produce hasta mediados de noviembre. Bajo la influencia del frío y las crecidas, los peces blancos reducen su actividad y se concentran junto a los márgenes y en los lugares más tranquilos.

El lucio seguirá más o menos su actividad, pero se encuentra de nuevo en emplazamientos poco habituales, donde no suele tener tiempo de ponerse a refugio, lo que le vuelve más vulnerable. Además, durante el día y dado que el alimento escasea, resulta más activo, lo que nos estimula a persistir en nuestros intentos de captura. Para ello, optaremos por las técnicas itinerantes, si deseamos cantidad, o por las técnicas sedentarias en los mejores lugares, si preferimos obtener grandes piezas.

El invierno sigue siendo un periodo relativamente favorable para el pescador, sobre todo durante el inicio de las grandes heladas. En estas condiciones, los peces blancos se refugian en los remansos del río e, incluso, pueden permanecer temporalmente en el barro, de donde sólo conseguirán salir si el tiempo mejora o el río crece. Sin embargo, el lucio no tiene la misma libertad de movimiento que estos peces, ya que debe continuar alimentándose para sobrevivir.

Así, si pescamos en un lugar fijo, insistiendo mucho en las zonas más favorables, acabaremos seduciéndole. Si conocemos un cazadero ocupado por un gran ejemplar, hemos de ir a provocarlo ocupando todos los puestos estratégicos del lugar donde se encuentra. Con un poco de perseverancia (no dude en volver varios días seguidos), puede conseguir que pique el gran lucio de Navidad, que será la admiración de todos los invitados a la cena de Nochebuena.

• **Un momento ideal**

Contrariamente a lo que el pescador suele pensar, el lucio tiene un periodo de gran actividad durante los meses de julio y agosto, sobre todo en zonas de aguas tranquilas, cristalinas y con abundante vegetación.

Su comportamiento es muy parecido al del *black-bass*, y responde con gran rapidez ante cualquier señuelo que caiga dentro de su radio de visibilidad, mostrando su característico ímpetu y su gran velocidad.

Santa Ana (Huesca) y Lérida son lugares ideales de nuestra geografía hidrográfica para los mosqueros, que además pueden permitirse el lujo de pescar con pez vivo.

LA PESCA CON CEBO VIVO

La llegada de la lucioperca europea ha revolucionado las técnicas en la pesca

△ *Los mayores lucios se pescan, principalmente, durante la época de las grandes heladas.*

de los depredadores. Sus cambios de comportamiento, su gran capacidad de adaptación y la desconfianza que demuestra a la vista de nuestras trampas más evidentes, han motivado esta revolución técnica.

Resulta difícil quedarse impasible ante el cosquilleo que nos invade en el momento en el que el flotador empieza a hundirse, después de una serie de sobresaltos y de desplazamientos desordenados. Los instantes siguientes, en los que tratamos de imaginar el tama-

ño del oponente, constituyen los momentos de más intensidad en la vida de un pescador.

De hecho, la pesca al cebo vivo también es una técnica particularmente bien adaptada a la pesca del lucio. Cuando éste se lanza en persecución de un grupo de pececillos, sólo puede atrapar a los más débiles, que no conseguirán huir a la misma rapidez que los demás. Disminuido por el anzuelo, limitado por la rigidez de la línea, la inercia del lastre y, en ocasiones, la resistencia del flotador, nuestro cebo vivo tiene todos los números para quedarse el último y, por consiguiente, se convertirá en la víctima ideal para el lucio.

Los lucios no siempre cazan; durante el año, efectivamente, la mayoría de las veces nos enfrentamos a individuos soñolientos o vacilantes. En este caso, también el cebo vivo tiene grandes ventajas: incluso de cara a un pez adormecido, las contorsiones de un pececillo encadenado o agonizante, tarde o temprano, acabarán suscitando una reacción, ya sea de enfado o deseo. Quizá con mayor seguridad que un señuelo o un pececillo muerto, que no siempre tendrán la suerte de pasar en el momento en el que el pez esté disponible, o bien no permanecerán el tiempo suficiente en el lugar estratégico.

Se trata de argumentos que deben estimularnos a observar con atención el río o lago y a situar nuestros aparejos con el mayor cuidado, previniendo que el cebo vivo se mantenga a 2 ó 3 m como máximo del supuesto pez. De vez en cuando, no dude en desplazarlos, aunque sea ligeramente. A veces es suficiente para dar un poco de nervio al cebo vivo y, sobre todo, darle un movimiento que puede bastar para despertar a un lucio cansado.

• Los cebos vivos

Se puede utilizar cebos vivos grandes de 15 ó, incluso, 20 cm de largo para pescar grandes ejemplares de lucios. Además, si utiliza un cebo grande, podrá diferenciarse del resto de pescadores, que suelen utilizar pececillos de 6 a 10 cm. Aquí presentamos algunas de las especies más interesantes para el lucio.

– La brema

Particularmente abundante en todos los ríos y embalses de segunda cate-

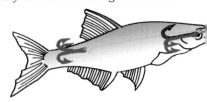

goría, resulta de interés por su incesante actividad. Es excelente para la pesca con cebo vivo a la línea flotante, pero difícil de utilizar con pececillo muerto insertado, ya que su forma ligeramente oval comporta serios problemas de rotación o de posicionamiento en el agua.

– La carpa joven

Es uno de los peces que ofrece más resistencia. Puede tirar de la línea durante más de una hora sin descanso y explorar varios metros cuadrados sin mostrar el menor signo de debilidad, si le impedimos que alcance el fondo. Sin embargo, su piel un poco mate reduce su atractivo. Se trata de un cebo vivo comodín que, a falta de nada mejor, debe utilizarse a la línea flotante.

– El alburno

Es un pez muy potente que explora a la perfección toda la capa de agua. Por su piel brillante y su gran resistencia, así como su calidad como cebo (es raro que se quede trabado), es muy utilizado por muchos viejos especialistas de la pesca con pececillo vivo.

Resulta un gran cebo para el lucio, sobre todo si es grande y, en especial, si se usa con el paternóster y variantes.

– La boga, la bagra o el cacho

Son muy apreciados por las grandes ventajas que presentan. Brillan mucho y tienen una resistencia superior al resto, así como un funcionamiento muy correcto cuando se fijan al anzuelo. Son comodines vivos por excelencia e ideales en cualquier aparejo.

– El barbo

Aunque su piel sea un poco mate, siempre ha sido muy utilizado por los pescadores de lucio que confían en su obstinación para regresar al fondo, donde busca un refugio entre las hierbas. Se trata de un buen cebo vivo, que ha de reservarse para la pesca con flotador.

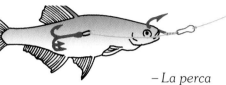

◁ ▽ *Los anzuelos para un tirón inmediato.*

– *La perca*

Por su instinto competitivo, consigue despertar la agresividad de los depredadores que lo persiguen. Al otro lado de la línea, nuestro pez rayado manifiesta una gran actividad, pero se agota con gran facilidad. Aunque no se produzca ningún ataque, es preferible cambiar el cebo cada 20 ó 30 minutos. Se trata de un excelente cebo vivo para el lucio.

– *La tenca*

Ofrece una resistencia superior al resto. Sólo hay que fijarse en cómo tiende a descender hacia el fondo y a meterse bajo las hierbas, donde pierde de toda su eficacia. Constituye un cebo vivo mediano que puede sernos bastante útil en periodo de escasez.

– *El gobio*

Es un cebo vivo muy adecuado para la trucha, que puede atraer también al lucio, si se utiliza en masa, sobre todo a principios de otoño, que es cuando los alevines del año se reúnen en grandes bancos.

Nota: Debe tenerse en cuenta que la reglamentación actual de la ley de pesca, prohíbe el uso del cebo vivo en algunas comunidades autónomas de España y sólo lo permite bajo circunstancias especiales: cuando los depredadores no se contemplan en la ley de vedas o cuando es obligatorio usar el cebo vivo que habita en la misma zona de pesca, quedando prohibido el uso de peces vivos que no se encuentren en las aguas en que se pretende pescar.

• **La preparación del anzuelo**

– *Los anzuelos para un tirón inmediato*

Estos anzuelos resultan muy crueles para los pececillos utilizados en la pesca con cebo vivo, así como para los depredadores, que, al tragárselos, se los clavan en el esófago. Para evitarlo y, también, para poder capturar más peces, sólo existe una solución: utilizar anzuelos para tirón inmediato que se clavarán en la boca del depredador y nunca rebasarán la garganta. Con este método evitaremos herirles y la lucha resultará más deportiva. Desde el punto de vista técnico, estos anzuelos son también de gran utilidad: ofrecen la posibilidad de reaccionar muy pronto frente a peces difíciles, antes de que se descubra la trampa.

– *El anzuelo doble en el dorso*

Este anzuelo ofrece al pez una gran libertad de movimiento. El primero de los dos anzuelos triples debe clavarse por un solo brazo, justo en la parte anterior de la

◁ *Anzuelo doble en el dorso.*

aleta dorsal, sobre el dorso del cebo o ligeramente a un lado. El segundo, que se deslizará sobre la línea, será bloqueado en el lugar indicado por una hebra forrada de silicona que, a su vez, se deslizará sobre el hilo. Entonces, bastará con introducir el forro con fuerza por la anilla y por la tija del anzuelo triple para obtener una fijación perfecta. El anzuelo, siempre por un solo brazo, se clavará en este caso con más solidez, en la medida en que de él dependa la propulsión del cebo vivo y la posterior recuperación.

– *El aparejo regulable de dos anzuelos*

Regulable en longitud, por el sistema del forro de silicona, este aparejo puede llevar un anzuelo de cabeza simple de gran tamaño (del nº 2 al nº 4) o uno triple más pequeño (del nº 10 al nº 12). Resulta muy adecuado en plena corriente, en la pesca al borde del

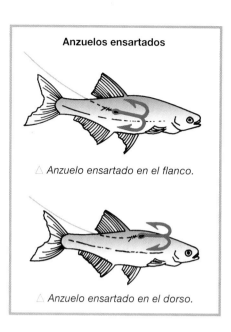

Anzuelos ensartados

△ *Anzuelo ensartado en el flanco.*

△ *Anzuelo ensartado en el dorso.*

lago o cada vez que el pececillo debe mantenerse en la corriente, ya sea real o provocada por el movimiento de recuperación. Si mantenemos su boca cerrada, vivirá más tiempo y será más intensa su actividad como cebo.

– *Los anzuelos para picada diferida*

En este caso, no se debe reaccionar al toque. Por el contrario, se ha de demostrar una gran paciencia para esperar a que el lucio coloque la presa del derecho y la engulla por la cabeza. Cuando tiremos, el depredador se encontrará clavado y no podrá desengancharse.

– *El anzuelo por la nariz*

Si atravesamos el cebo por la nariz, obtendremos la ventaja de la discreción y podremos economizar. Podemos emplear un gran anzuelo simple, uno doble Ryder o un pequeño anzuelo triple. No olvide clavar los dos labios del cebo, porque, si no, le impediremos respirar con normalidad.

– *Los anzuelos ensartados*

Se trata de uno de los métodos más bárbaros, aunque también de los más sólidos y eficaces para la conservación del pez clavado. Tanto si utilizamos una popera de anzuelo triple como doble, es necesario un bajo de línea acabado en un bucle que se debe fijar a un enganche. La sujeción se realizará con la ayuda de una aguja de ensartado, con la que atravesaremos la piel del cebo para pasar el bajo de línea y meter la tija del anzuelo. Sea cuál sea el tipo de anzuelo, no olvide situar éste con las puntas hacia la cola del pez. En el momento en que se trague la cabeza de su presa, el lucio no se clavará el anzuelo, pero si decide escupirla, las puntas del anzuelo se le clavarán casi automáticamente.

• Los aparejos

– La línea flotante

El flotador se coloca en el cuerpo de línea, mientras que la plomada se detiene en el enganche del emerillón, protegido por un trocito de tubo de plástico. Para el bajo de línea, hay que disponer de 50 cm de hilo de acero, como mínimo.

– La línea flotante deslizante

En los fondos superiores a 3 ó 4 m, debemos recurrir al flotador deslizante, bloqueado por un peque-

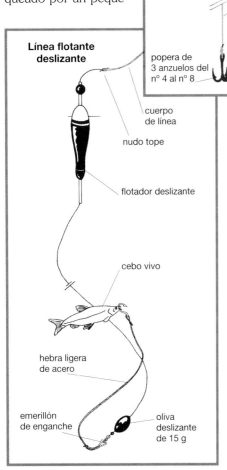

Línea flotante deslizante

cuerpo de línea
nudo tope
flotador deslizante
cebo vivo
hebra ligera de acero
emerillón de enganche
oliva deslizante de 15 g

ño nudo o un *stop float* situado sobre la línea. En el momento del lanzado, el flotador reposa sobre el plomo, lo que nos permitirá propulsar la línea sin el menor problema. Una vez el aparejo se encuentre en el agua, el hilo se deslizará con libertad por el flotador hasta ser detenido. Entonces, éste mantendrá el cebo vivo a la altura deseada.

– El aparejo con buldó

Aunque no es muy popular entre los pescadores de depredadores (excepto los que pescan *black-bass*), el buldó ofrece buenos resultados en la pesca del lucio. La principal ventaja reside en su peso, que permite lanzarlo tan lejos como queramos, sin que por ello la línea y el señuelo se hundan hacia el fondo. Además, permite explorar sin riesgo los tapices herbáceos, los márgenes de los cañizales y los fondos de gran profundidad, que es donde el lucio permanece fijo mirando hacia la superficie. Si lo llenamos por la mitad para que lo arrastre el viento y utilizamos un cebo que se dirija hacia el fondo, conseguiremos un aparejo perfecto.

– La línea plomada

Sitúe sobre el hilo del carrete un plomo o un trocito de tubo de plástico (de los que usan los pescadores de carpa) que lleve un plomo fijado por un emerillón de enganche. Añada un bajo de línea de acero muy ligero. Con la botavara podremos lanzar muy lejos sin riesgo de enredo. Cuando se produce el toque, el hilo se desliza libremente a través del tubo y el lucio pica el anzuelo sin notar la más mínima resistencia.

– El paternóster

Hemos de colocar un plomo suficientemente pesado en el extremo de la línea para que, sean cuáles sean las cir-

cunstancias (movimientos del cebo vivo, corriente, viento...), permanezca en el lugar que nos interesa. Se debe fijar un emerillón paternóster de tres brazos a la altura a la que queramos que se mueva el señuelo: el brazo inferior se unirá al plomo, el superior al hilo del carrete y el lateral al bajo de línea. Para evitar sorpresas desagrada-

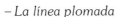

Línea flotante clásica

flotador fijo
cuerpo de línea de 0,35 a 0,40
plomo de oliva
emerillón de enganche
bajo de línea o hilo de kevlar de 40 a 60 cm
popera de 3 anzuelos del nº 4 al nº 8

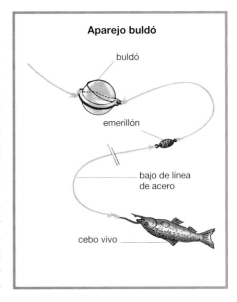

Aparejo buldó

buldó
emerillón
bajo de línea de acero
cebo vivo

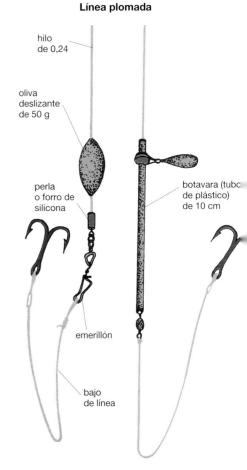

Línea plomada

hilo de 0,24
oliva deslizante de 50 g
perla o forro de silicona
emerillón
botavara (tubo de plástico) de 10 cm
bajo de línea

bles (que el cebo vivo se esconda en el fondo, enganches), la longitud comprendida entre el emerillón y el plomo debe ser superior a la del bajo de línea.

– El paternóster de hijuela

El hilo que lleva el lastre ha de ser mucho más fino (al menos en un 0,04 a un 0,06) que el cuerpo de línea. Como sustituto del plomo, podemos utilizar tuercas, trozos de chatarra o cualquier tipo de lastres, siempre y cuando carezcan de valor, de forma que no tengamos ningún reparo en abandonarlos en el fondo del agua en caso de quedar trabados.

– El paternóster deslizante

Resulta útil en los fondos superiores a 1,5 m y utiliza tan sólo un emerillón (simple o de enganche) que se desliza con libertad por el cuerpo de línea entre dos topes. El único requisito exigido es que el tope inferior debe situarse a una longitud superior a la del bajo de línea empleado.

– El teleférico

El teleférico constituye una evolución del aparejo anterior. Se trata de una línea plomada, cuyo lastre se encuentra en el extremo de la línea y bajo de línea, fijado en una hijuela mediante un

Paternóster tenso y con flotador

cuerpo de línea de 0,35
emerillón paternóster
hebra de acero
lastre de 15 a 20 g

Paternóster deslizante

hilo de 0,30 deslizante
bajo de línea de acero
emerillón
corcho o poliestireno
hijuela
plomo de pera o tuercas (40 g)

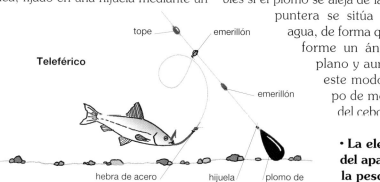

Teleférico

tope
emerillón
emerillón
hebra de acero
hijuela
plomo de pera de 20 g

△ *Es suficiente mover el emplazamiento del tope* (stop-float) *para permitir que el cebo vivo se desplace, gracias al emerillón del bajo de línea que, a su vez, también puede deslizarse por la línea.*

emerillón que, a su vez, también puede deslizarse por el hilo entre dos topes. Este tipo de aparejo, que permite que el cebo vivo se desplace, resulta ideal para explorar el interior de un cañizal o de un macizo de hierbas en pleno río. Los resultados serán más favora-

bles si el plomo se aleja de la caña y la puntera se sitúa a ras del agua, de forma que la línea forme un ángulo muy plano y aumente, de este modo, el campo de movimiento del cebo vivo.

• La elección del aparejo y la pesca

– En un lugar de gran extensión

Hemos de optar por la línea flotante en los grandes claros entre los macizos herbáceos, en los bordes de los cañizales, en los márgenes poblados de árboles, en los desprendimientos, en las terrazas o en los lugares en que nos parece que habitan lucios. Este aparejo nos permite una extensa exploración, porque facilita que el cebo vivo se desplace, empujado por la corriente o el viento (el flotador de vela será muy útil en estas circunstancias). Debemos pro-

curar que el flotador, que debería de hundirse por la fuerza del cebo vivo, se encuentre bien equilibrado. El cebo vivo debe ser clavado al anzuelo con delizadeza, para que, así, conserve su vitalidad. Este proceso se puede realizar atravesando las fosas nasales con un anzuelo simple o una popera de 3 anzuelos (allí donde podamos dejar al lucio el tiempo suficiente para que se lo trague entero). Asimismo, se puede utilizar dos anzuelos (uno simple por la nariz y uno triple por el dorso), lo que resultará útil para tirar en el momento del toque si podemos capturar pececillos o si deseamos devolver al agua el total o una parte de nuestras capturas. A lo largo de un cañizal o sobre un fondo tapizado de hierbas acuáticas, el aparejo con buldó puede ser de una gran eficacia, porque nos permitirá lanzar tan lejos como queramos, pescando cerca de la superficie y sin riesgo de enganches. En este caso, se debe «trabajar» la línea recuperando con lentitud el hilo y haciendo pausas cada

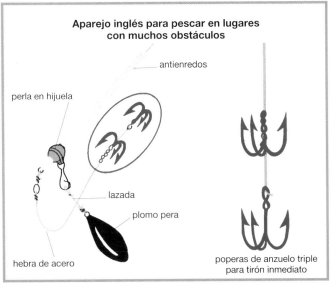

Aparejo inglés para pescar en lugares
con muchos obstáculos

antienredos

perla en hijuela

lazada

plomo pera

hebra de acero

poperas de anzuelo triple
para tirón inmediato

△ *El bajo de línea de acero forrado de kevlar, muy ligero y resistente a los dientes del lucio, resulta indispensable, incluso, en la pesca al lanzado.*

△ *Para que un lucio se decida a picar, se deben utilizar cebos vivos de gran tamaño.*

ACERO FORRADO DE KEVLAR: UN USO OBLIGATORIO

A causa de la fuerte dentadura del lucio, todos los pescadores saben que es necesario un bajo de línea especial formado de acero. Sin embargo, los materiales han evolucionado desde las hebras de nuestros abuelos y los fabricantes de material de pesca han realizado grandes progresos, hasta el punto de crear un nuevo artículo: el acero forrado de kevlar. Este nuevo artículo es de una flexibilidad incomparable, casi tan fácil de usar como el nailon y resistente a los dientes del lucio. Todo ello lo convierte en imprescindible en cualquier aparejo para el lucio.

uno o dos metros. Atraído por la estela del buldó, el lucio aprovechará para tragarse el cebo vivo que le ofrezcamos. De todos modos, se debe fijar los cebos vivos un poco altos, es decir, nunca a menos de 50 cm del fondo. No hay que olvidar que, gracias a sus ojos, situados en la parte superior de la cabeza, el lucio es más sensible a las presas que aparecen por la parte superior de la capa del agua.

– *En un emplazamiento más angosto* Es preferible usar un paternóster y todas sus variantes (teleférico, paternóster invertido...) cuando nos encontra-

mos cerca de un árbol que sobresalga del agua o que se halle sumergido, en un pequeño claro entre las hierbas o en un pequeño remolino, ya que tienen la inmensa ventaja de mantener el cebo vivo sujeto en un buen radio. Asimismo, deben arrastrarse o deslizarse por el fondo pedregoso de los ríos o por los fondos arenosos. No se puede olvidar ningún rincón. La picada, muy característica, se manifiesta por una serie de ligeros tirones del hilo que sacuden la puntera de la caña y hacen vibrar el brazo del pescador.

En la pesca con cebo natural, incluso el lucio más desconfiado tendrá dificul-

PESCAR CON FINURA

La palabra finura puede sorprender a los aficionados al lucio. Sin embargo, si buscamos entre nuestros recuerdos, puede que encontremos muchos ejemplos que demuestren que un aparejo demasiado basto puede disuadir a un lucio propicio a picar. Para evitar que esto ocurra, existen algunas soluciones. Se puede elegir un sedal de 0,25 (en los emplazamientos despejados, lucio «normal») o de 0,35 como máximo (para puestos con muchos obstáculos). En cuanto al bajo de línea, hemos de ser inflexibles, porque, en este caso, su ligereza resulta decisiva. Así, las fibras ordinarias han de ser sustituidas por los microcableados o el acero forrado de kevlar. El flotador, así como la plomada, deben ser lo más ligeros posible. Optaremos por un flotador afilado y equilibrado, aunque el cebo vivo lo arrastre bajo el agua de vez en cuando.

En situaciones difíciles, allí donde no podamos pescar con la finura y ligereza descritas, debemos confiar en los aparejos previstos para la pesca al toque. Así, podremos reaccionar de inmediato y el pez picará antes de que pueda soltarse o arrastrar el aparejo hacia algún obstáculo.

concentrará a los depredadores con rapidez. En cuanto a la técnica, la plomada clásica es la mejor. Ya no debemos proteger al cebo vivo, lo que nos permite utilizar sin reparo un cebo sólido. Así, se pueden usar trozos de pescado clavados en un anzuelo simple del nº 2 ó nº 0, o bien atravesarlos con una aguja rematada con una fuerte popera de hierro del nº 3, con anzuelos de gran tamaño (del nº 2 ó nº 4), que ocultaremos dentro del trozo de pescado.

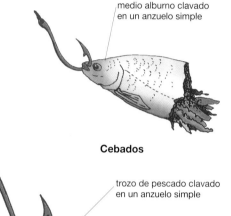

medio alburno clavado en un anzuelo simple

Cebados

trozo de pescado clavado en un anzuelo simple

tades para escapar de esta trampa. En cualquier caso, debemos explorar con inteligencia cada emplazamiento. Si no llega la picada después de 30 ó 45 minutos y el cebo vivo no muestra signos aparentes de agitación, se debe cambiar de lugar. Es muy probable que no se encuentren lucios en ese sitio o que muestren una total apatía. Resulta inútil en estas condiciones insistir por más tiempo: es preferible probar otro lugar donde, quizás, tendremos más suerte.

LA PESCA CON PECECILLO MUERTO MONTADO

Durante mucho tiempo se creyó que el lucio sólo se interesaba por presas vivas, hasta que los ingleses le ofrecieron trozos de pescado (pececillos de mar, mucho más odoríferos que las especies tradicionales de agua dulce), después de un cebado hecho a conciencia.

Bloqueo del hilo

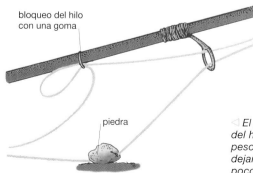

bloqueo del hilo con una goma

piedra

El pez se puede liberar fácilmente del hilo cuando pica. En el caso de pescar grandes ejemplares, se debe dejar el pick up abierto y sujetar un poco el hilo.

Esta técnica de la pesca al pececillo muerto montado, aunque periférica, suele ser de las más interesantes para la pesca de lucios de gran tamaño. Parece ser que con la edad, estos peces se vuelven cada vez más apáticos, y se alimentan de presas muertas, incluso con un mero trozo de pescado, siempre y cuando sea fresco.

• Pensemos en el cebado

Si queremos pescar con pececillo muerto montado, debemos limitarnos a los lagos de fondo limpio, como una charca o un lago natural. Para atraer y despertar el apetito de los lucios de la zona, es indispensable acostumbrarlos a nuestro cebado.

Durante 3 ó 4 días, hemos de cebar la zona con pescado muerto, cortado en trocitos. El cebado será más efectivo si utilizamos sardinas o caballa, ya que estos peces desprenden un fuerte y persistente olor en el agua (su precio es el único inconveniente). Otra solución consiste es picar algunos pececillos, mezclarlos con tierra de topera y esparcir la mezcla en el lugar, junto con trozos de pescado. El olor se propagará y

LA PESCA CON PECECILLO MUERTO INSERTADO

La pesca al pececillo muerto insertado es una de las técnicas más clásicas de la pesca del lucio, que también se utiliza en la pesca de la lucioperca europea.

En cuanto a la técnica, este tipo de pesca requiere dos tipos de aparejo que deben situarse en el extremo de un sedal de acero de, por lo menos, 50 cm (microcableado o forrado de kevlar), para evitar que se corte.

• Los aparejos nadadores

En su parte anterior están equipados con un deflector de plástico (un disco o un babero en la mayor parte de los casos) que transmite al pececillo un movimiento muy verosímil. Así, en el momento en que aceleramos, el pez da la impresión de colear más deprisa, como si quisiera escapar del depredador.

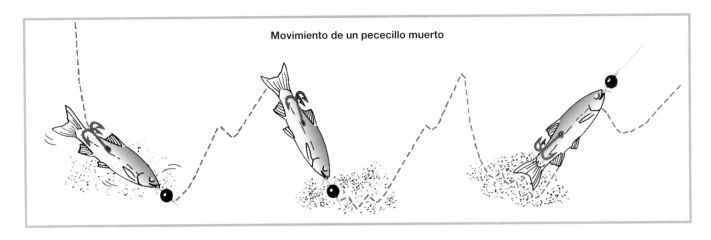

Movimiento de un pececillo muerto

Fijación de un pececillo muerto en un aparejo Drachkovitch

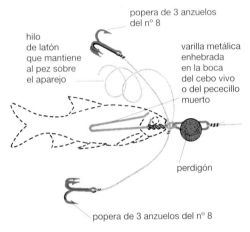

popera de 3 anzuelos del nº 8

hilo de latón que mantiene al pez sobre el aparejo

varilla metálica enhebrada en la boca del cebo vivo o del pececillo muerto

perdigón

popera de 3 anzuelos del nº 8

LA PESCA AL SONDEO

La pesca al sondeo, a medio camino entre la pesca con cebo vivo y con pececillo muerto insertado, también se denomina pesca a la cremallera. Hoy en día, es practicada por un gran número de pescadores de lucio-perca europea.

Con un aparejo típico de plomada clásica y otro previsto para el tirón inmediato a la picada, esta técnica se basa en pasear el cebo vivo cerca de los lugares frecuentados por el lucio. El truco consiste en provocar frecuentes oscilaciones en el cebo vivo y situarlo a diferentes niveles.

Si sujetamos el hilo con la mano que no sostiene la caña, podremos prestar más atención a los movimientos del cebo vivo (cuando se mueve significa que el lucio no anda lejos). En caso de picada, muy perceptible, se debe soltar el hilo abriendo el *pick up* y, segundos más tarde, tirar del hilo.

De esta manera, su movimiento se resume en una sucesión de aceleraciones y deceleraciones que, además, permiten aumentar o disminuir la altura del pececillo.

De hecho, el manejo de estos aparejos nadadores se parece al uso que se hace de las cucharillas. Asimismo, no presentan dificultad en su utilización, lo que seduce a muchos pescadores.

• Aparejos con plomada articulada

Todos se inspiran, más o menos, en el famoso aparejo Drachkovitch. Son los más utilizados, ya que permiten que el pececillo describa trayectorias más variadas, movimientos en un mismo sitio, descensos en picado y rápidos cambios de dirección. Estos aparejos exigen que el pescador piense siempre en los movimientos que imprime al pececillo muerto. Cuando se trata de la pesca del lucio, es mejor modificar el lastre del aparejo: rebajar el lastre superior cambiando de perdigón y fijar un plomo suplementario en la armadura inferior (es decir, en el interior del pececillo), con algunas vueltas de hilo. De esta manera, el pez nadará a mayor profundidad, descenderá con una mayor lentitud y tenderá a planear. Estos movimientos resultan atractivos para el lucio.

• En el río

Se puede pescar desde la orilla. Se debe lanzar cerca de un emplazamiento estudiado y controlar el descenso del pececillo muerto al entrar en el agua. Nada nos impide cerrar el *pick up* y hacer oscilar al pez con el aparejo. Asimismo, efectuaremos una primera pasada cerca de la superficie, otra a media altura y una tercera a 30 ó 40 cm del fondo.

△ *Los movimientos de un pececillo muerto insertado, mediante aceleraciones y deceleraciones continuadas, evocan la forma de nadar vacilante de un alevín agónico en el fondo.*

• En el lago

En este caso es preferible pescar en barca, ya que, de esta manera, podremos acceder a todos los emplazamientos, evitaremos gran cantidad de enganches y pescaremos en las mejores condiciones.

Para pescar al lanzado se necesita una caña larga y sensible que permita transmitir nuestros movimientos al señuelo empleado. ▽

Es importante lanzar lo más cerca posible del cazadero potencial del lucio y controlar el pececillo muerto en cuanto toca el agua. Se debe vigilar el hilo: si se desplaza lo más mínimo o si el descenso se interrumpe antes de lo debido, hay que tirar sin demora. En caso de las zonas que ofrecen una protección segura,como los troncos secos de los árboles o las ramas que caen sobre el agua, los especialistas del lucio recomiendan golpear al pececillo contra el agua; lo ideal es que rebote contra la superficie y patine haciendo «esquí acuático» antes de alcanzar el lugar idóneo. Es una buena opción para despertar a los lucios adormecidos o incitar a los que están cazando. Se trata de que el pescador confirme su propia eficacia. Asimismo, se ha de efectuar un mínimo de 3 pasadas a diferentes alturas y, en lugares con suficiente espacio, resulta muy útil realizar varios lanzados en abanico, ya que aumentarán nuestro campo de exploración.

EL LANZADO CON SEÑUELOS

Las cucharillas giratorias u ondulantes, los pececillos nadadores y los señuelos ligeros –fáciles de encontrar en cualquier tienda de pesca y muy agradables y cómodos de usar– demuestran una notable eficacia en la pesca del lucio. No todos son igual de buenos, pero en conjunto permiten pescar durante todo el año (respetando siempre la normativa al respecto, claro está) y con muchas posibilidades de éxito.

Un señuelo para lucio
con dos poperas de 3 anzuelos.

• Las cucharillas giratorias

Las más corrientes son también las más fáciles de usar. Las paletas redondeadas obtienen un movimiento rápido, muy importante en fondos de poca profundidad y en remansos. Por el contrario, las paletas más alargadas y espesas provocan un nadar pesado y vacilante, excelente en aguas profundas o en plena corriente.

En cuanto a la tonalidad de las paletas, no existe un acuerdo al respecto. De todos modos, parece ser que el plateado es el color más conveniente si el día está oscuro y el agua turbia, mientras que el dorado es imprescindible en los días de sol y en las aguas claras; en cambio, el cobre resulta un color intermedio. Por lo que respecta a los adornos de la paleta, los faldones, los pompones (una señal «sangre» que fija el ataque a la altura del anzuelo) y otras señales «ojo» que marcan la diferencia, constituyen unos extras que cada pescador debe apreciar en función de sus convicciones y de los resultados obtenidos en sus puestos de pesca favoritos.

Por lo que respecta a la pesca, bastará con lanzar transversalmente sobre el emplazamiento explorado, esperar el contacto con el fondo y recuperar lentamente, orientando la caña a un lado y a otro para variar la trayectoria del señuelo. Hay que efectuar descansos regulares que permitan a la cucharilla bajar de nuevo, así como evitar las recuperaciones regulares y monótonas, incompatibles con la «verdadera pesca al lanzado».

Para asegurarnos de estar pescando correctamente, debemos sentir siempre el movimiento de nuestro señuelo en la mano que sostiene la caña. La velocidad de recuperación ha de reducirse casi al límite (en el que podría llegar a soltarse el señuelo) en el momento en que deja de girar y subir, y nunca a una gran distancia. Se ha de mantener así, hasta que se produzcan unas fuertes vibraciones en la caña. Rápido, pero no muy valiente ni deportivo, el lucio nunca efectuará grandes carreras para alcanzar nuestra cucharilla. Así pues, ésta debe pasar por su lado y provocarle, pero nunca ha de situarse fuera de su alcance. Como en la pesca con pececillo muerto, se deben hacer varias pasadas a diferentes alturas, registrando a conciencia y en abanico cada emplazamiento.

• Las cucharillas ondulantes

Todavía se utilizan poco, pero muchos pescadores europeos las usan en la pesca de lucios de gran tamaño.

La tonalidad de las paletas, el colorido y los adornos responden a las mismas reglas que las cucharillas giratorias. Por su parte, las formas tienen una función más específica. Así, las redondeadas producen un movimiento vacilante y muy lento, mientras que las afiladas y ondulantes describen ondas

Una cucharilla para lucio
sin plomada. Se puede
operar cerca de la
superficie o explorar el
fondo si añadimos un
plomo de barco. ▷

más rápidas, con desvíos imprevisibles que las convierten en muy valiosas para el pescador. La manera de pescar, como hemos dicho en varias ocasiones, se parece mucho al campaneo del pececillo muerto, es decir, peque-ñas sacudidas encadenadas de la puntera, con bruscas interrupciones que, sucesivamente, harán subir la cucharilla o volverán a hundirla a través de oscilaciones o bien planeando (depende de los modelos).

△ Rapala VJ.

◁ Los pececillos nadadores grandes, de hasta 18 cm de largo, resultan infalibles en la pesca del lucio.

En el río, las ramas que caen sobre el agua son excelentes para el éxito de la pesca. Se debe explorarlas desde el río, en barca o vadeando. ▽

• Los pececillos nadadores

Se fabrican con madera ligera y suelen ser muestra de un gran ingenio y eficacia. Sin embargo, suelen resultar muy caras. Con frecuencia e incluso de forma inconsciente, estos pececillos nadadores nos evitan muchos riesgos, que por otro lado son inevitables durante una pesca correcta.

Las versiones flotantes son perfectas para pescar en aguas de poca profundidad o incluso de poca corriente. Las formas y los colores han de ser originales, ya que se trata de sorprender al lucio para atraerlo.

En cuanto a la pesca, hemos de llevar el señuelo cerca de los emplazamientos ya conocidos o supuestos, orientando la caña a un lado y a otro, cambiando constantemente la velocidad de recuperación y multiplicando las aceleraciones cortas (el señuelo se mueve lateralmente, subiendo o bajando) y las pausas (el señuelo desciende si es sumergible o sube a la superficie si es flotante).

• Los señuelos ligeros

Si bien son muy solicitados en la pesca de la lucioperca europea y la perca, todavía no son muy utilizados por los pescadores de lucio. De todos modos, hay que reconocer que las formas tipo pez son perfectas en aparejos de pececillo muerto.

△ Rapala lucio.

Los modelos de gran tamaño, tipo vinilo o con la cola múltiple, resultan ideales con una cabeza plomada, prolongada por una popera de 3 anzuelos, en un pequeño hilo de acero o en un aparejo para pececillo muerto.

En este caso, el movimiento del señuelo debe ser muy suave y basado en el descenso, con la caña alta, campaneándola a la altura de los obstáculos y, a veces, en zigzag a varios niveles, frente a los mejores lugares.

LA PESCA A LA MOSCA

El lucio permanece, con frecuencia, cerca de la superficie. Su comportamiento suele ser agresivo cuando está despierto, así como muy luchador. Esto lo convierte en una presa ideal para el pescador a la mosca, mientras dure el buen tiempo. En invierno y, en general, con temperaturas más bajas, los lucios suelen permanecer en zonas de gran profundidad, pero se acercan más a los márgenes, por los menos en el río, lo que facilita mucho el rastreo a la mosca.

• Cuando el lucio se encuentra en la zona del fondo

Podemos utilizar un sedal flotante clásico y un bajo de línea corto: 50 cm de 0,45,

Algunos plumerillos de colores pueden ayudarnos a capturar un gran ejemplar. △

△ La mosca del lucio: no está muy rellena, pero resulta muy eficaz.

50 cm de 0,40, 50 cm de 0,35, 100 cm de 0,30, a los que añadiremos de 40 a 50 cm de acero, para prevenir los riesgos de corte. Si tenemos la suerte de observar el pez o reconocer un buen ejemplar, debemos lanzar cerca y campanear la mosca sin darle tiempo para que descienda. Si no es éste el caso, podemos realizar un rastreo de forma más sistemática, en abanico, efectuando pasadas que lleguen a alcanzar casi un metro.

Por regla general, podemos pescar cerca de la superficie, centrándonos sólo en el peso de la mosca para conseguir una ligera inmersión durante las pausas.

• Cuando el lucio se mantiene a mayor profundidad

Para una pesca racional, es inevitable el recurso de los sedales sumergibles. Mediante las diferentes densidades de seda (algunas de ellas proporcionan una inmersión muy rápida), no tendremos ningún problema en adaptarnos a los puestos que encontremos. Si después de la inmersión, tememos que nuestro *streamer* se mueva demasiado cerca del fondo, se puede añadir una pequeña oliva flotante al bajo de línea.

El movimiento se realizará con tirones mas o menos prolongados e intercalados con pausas de duración variable. Podemos multiplicar los cambios de dirección y, si es posible, pescar a diferentes alturas, sin olvidarnos que el lucio siempre se muestra más sensible a todo lo que sucede por encima de su cabeza.

• La picada

El momento de la picada, siempre muy emocionante, se pondrá de manifiesto con un bloqueo neto, perfectamente perceptible por la mano que sostiene el sedal. Sin embargo, hay ocasiones en que el ataque puede resultar muy brutal.

Si pescamos en una zona baja podemos tener el placer, poco frecuente y conmovedor, de ver la marejada o los remolinos que forma el lucio cuando

△ El lucio suele picar cuando se esconde entre las hierbas.

se lanza al ataque. Los segundos siguientes, los que preceden al ataque, y la picada, con la señal tan esperada, serán indudablemente los más largos de nuestra vida. Lo más difícil, tal vez sea tener la paciencia necesaria. La única solución es reprimir todos nuestros actos reflejos y esperar a que la mano que sostiene el sedal sienta la picada del pez, sin fiarnos nunca de las apariencias.

Las moscas del lucio suelen ser de colores vivos y sus siluetas se parecen a las de los alevines. ▷

LAS MOSCAS DEL LUCIO

Las mejores moscas artificiales para la pesca de un lucio han de ser de gran colorido (rojo y azul, por ejemplo) y voluminosas, con un cuerpo bastante brillante y realzado con un plumerillo.

Para aumentar su eficacia, se debe alargar el pelo, lo que dará a la mosca artifical más volumen en el agua y aumentará su movimiento. Si añadimos algunas hebras de colores entre el pelo, también conseguiremos destellos que producirán un gran efecto.

LA LUCIOPERCA EUROPEA

△ La lucioperca europea, un pez sutil, sagaz y desconcertante.

*M*uy *popular y abundante, la lucioperca europea (Stizostedion lucioperca) no es un pez que haya poblado de forma natural las aguas de España y Francia. Algunos indicios muestran que se desarrolló en primer lugar tomando los canales que unen el Rin con el Danubio y, después, los que unen el Rin al Ródano, más o menos a mediados de este siglo. Con el tiempo, las repoblaciones han favorecido su expansión, en tal número y calidad que, hoy día, la encontramos en casi todas las aguas de segunda categoría del país galo. En España, introducida de un modo ilegal, ha colonizado las aguas del Ebro, Segre y Cinca, y se encuentra en casi todos los embalses de Cataluña. También se la puede hallar en el Tajo y en el embalse de Entrepeñas.*

Muy buscada por los pescadores, la lucioperca ha sabido adaptarse y esquivar todas las trampas que se le han tendido. ▽

UN CAZADOR GREGARIO Y ASTUTO

La lucioperca europea, pariente próximo de la perca, es un pez gregario, es decir, vive y caza en grupo, cuyo número disminuye a medida que los peces ganan peso. Además, la estrategia de caza de ambas especies, presenta bastantes similitudes: tanto la lucioperca como la perca tienden a acorralar manadas de peces blancos que hayan divisado y, en el momento oportuno, todos los individuos empiezan a cazar al mismo tiempo, hayan establecido o no contacto visual con sus presas.

Al parecer, el sistema de comunicación bioquímica está muy desarrollado en la lucioperca, al igual que en muchas otras especies. Una vez iniciado el ataque, las luciopercas se muestran activas durante varios minutos, persiguiendo y matando de un solo mordisco a todas las presas que tiene a su alcance, sin comerlas al instante. En este sentido, los estudios realizados sobre este pez demuestran que prosigue sus capturas y después vuelve para alimentarse de los cadáveres o de los peces agonizantes que han caído al fondo.

Sin embargo, los pescadores han tardado en conocer este hecho, lo que explica que este magnífico y apasionante pez tenga, aún en nuestros días, la fama de asesino sanguinario, que «mata por placer». Los científicos han demostrado también que sólo las luciopercas jóvenes siguen cazando en grupo. Por el contrario, las más viejas (las de mayor tamaño) se contentan con una existencia más tranquila, que las lleva a refugiarse en los lugares menos despejados, que tan sólo abandonarán para acercarse a los cazaderos de sus congéneres, donde se aprovechan del trabajo de los otros y devoran cadáveres o trozos de pescado que han caído al fondo o han sido arrastrados por la corriente.

Pero los científicos no son los únicos que estudian la lucioperca y su comportamiento. Los pescadores efectúan muchas observaciones que suelen probar que este pércido muestra una sorprendente capacidad de adaptación. En las aguas donde es objeto de una intensa presión de pesca desde hace años, ha modificado su comportamiento hasta el punto de no volver a frecuentar los lugares más peligrosos para su existencia.

Algunos especialistas del pececillo muerto insertado aseguran que las luciopercas más astutas optan por vivir sólo en grupos muy reducidos, cuyos miembros pueden comunicarse rápidamente, lo que les permite huir al menor signo de alerta o mantenerse en vela, si uno de ellos es capturado o ha picado el anzuelo.

En cualquier caso, es seguro que las luciopercas de los años noventa rara vez permiten capturas superiores a los 10 ejemplares, tal y como ocurría a finales de los setenta y a principios de los ochenta. No obstante, las capturas realizadas por pescadores profesionales o por medio de pesca de inventario tienden a probar que las luciopercas son tan numerosas como entonces. Hay que concluir que son más difíciles de atrapar o bien han cambiado de cazaderos.

△ Las moscas para la pesca de la lucioperca, cuando se utilizan a ras de fondo mediante pequeños saltos vacilantes, permiten tantear la curiosidad y la agresividad del pez. Se trata de un medio excelente para capturar las luciopercas difíciles y muy solicitadas.

LOS EMPLAZAMIENTOS DE LA LUCIOPERCA

Como cualquier pércido, la lucioperca prefiere refugiarse en los fondos donde abundan los bloques de piedra o la madera muerta. Este fenómeno se acentúa por sus características físicas y, sobre todo, por sus ojos, que se adaptan a la escasez de luz y no soportan una claridad demasiado intensa. Ello explica que, en los días soleados, las luciopercas se mantengan con frecuencia bajo varios metros de agua o en zonas de sombra, para protegerse al máxi-

La lucioperca se reconoce por su cabeza, que presenta radios espinosos muy visibles, y sus dos aletas dorsales. △

mo de los rayos del sol. A diferencia de otros depredadores, a la lucioperca no le desagrada la corriente, donde le gusta jugar cuando llega el buen tiempo.

• Los lugares idóneos en el río
Durante el verano y buena parte del otoño, siempre encontraremos los mejores lugares de pesca corriente, tanto en un río como en un canal, de-

bajo de las cascadas o de las esclusas. Esto se produce, siempre y cuando las grandes crecidas y las heladas no obliguen a las luciopercas a refugiarse en lugares más seguros y más tranquilos. El resto del año se la puede encontrar en los remolinos formados en periodo de aguas altas junto a las orillas, cerca de las zonas pedregosas, en el lecho del agua, junto a los pilares de los puentes, a lo largo de los márgenes tranquilos, profundos y boscosos, y en todas las grandes pozas llenas de obstáculos sumergidos que ofrecen un refugio contra la fuerza de la corriente.

Los grandes remolinos que se forman junto a los pilares de los puentes son zonas de invierno muy interesantes. Las entradas a los puertos, arenales y los lechos de los vertederos y de las esclusas constituyen también excelentes lugares. Además de estos sitios conocidos y muy frecuentados, también existen otros, a veces casi desconocidos, que pueden darnos sorpresas agradables. En un pequeño remolino, junto a la orilla, tienen lugar a veces las mejores capturas. Quizás porque a nadie se le ocurre pescar en este lugar, que al fin y al cabo se trata de uno de los rincones preferidos de la lucioperca.

• Los lugares idóneos en el lago
– *En los estanques y las charcas*
Las luciopercas siempre viven en las pozas más profundas. Sin embargo, en pleno periodo de caza pueden alejarse de estos refugios, siguiendo itinerarios bastante concretos, un poco a la manera de las carpas. Entonces, podemos interceptarlas a lo largo de los márgenes boscosos, cerca de los malecones o incluso en pequeñas playas durante el verano, al romper el día o al caer la noche, sobre todo si son lugares de baño. Las partículas que levantan los bañistas atraen a los peces blancos y, por lo tanto, a las luciopercas que buscan este alimento.

– En los embalses

En estos lugares, buscar puestos favorables para la pesca de la lucioperca puede resultar un verdadero rompecabezas. Se puede localizar a estos peces entre los escombros, los restos de matorrales y bosques, los antiguos caminos y las paredes que los bordean. También se les puede hallar en las ruinas de viejos puentes, molinos, casas o pueblos enteros enterrados bajo varios metros de agua. Los refugios posibles son muy abundantes para un pez de reacciones tan imprevisibles. Cuando se alimentan, las luciopercas tienden a acercarse a las terrazas llenas de hierba, sobre la pendiente que separa estas plataformas de las hoyas más grandes, al pie de los acantilados y zonas de desprendimientos visibles junto al

△ El otoño y el invierno permiten capturas regulares de grandes ejemplares.

lago y, a veces, al lado de los márgenes boscosos muy inclinados. En el caso de que estas reglas básicas no funcionasen, se debe explorar a conciencia todos los lugares donde pudiera haber uno de estos accidentes de relieve (del pequeño bache al badén), que tanto gustan a las luciopercas.

LOS MOMENTOS MÁS OPORTUNOS

Dados sus problemas visuales, la lucioperca suele preferir las horas oscuras que preceden al amanecer y al crepúsculo (que son los mejores momentos del día), al menos durante los seis meses más cálidos del año.

Los días oscuros y lluviosos también resultan excelentes por la débil luz reinante. El mes de enero nunca es bueno en el lago, aunque los pescadores locales que conocen los escondites del pez consiguen realizar algunas capturas (de grandes ejemplares) con pececillo muerto insertado y, con menor frecuencia, con pececillo vivo y pez muerto montado.

Los periodos de crecida del río ahuyentan a los peces y los concentran junto a los márgenes. Por lo general, estos márgenes son magníficos, a menos que coincidan con un tiempo helado, tan nocivo para la actividad de los peces como para la de los pescadores. Los meses de febrero y marzo suelen ser bastante favorables por la llegada de los primeros días buenos del año, la proximidad de la freza, que requiere mucha energía (por lo tanto alimento), y las crecidas primaverales, ricas en alimento.

Sin embargo, teniendo en cuenta el carácter limitado de la pesca de la lucioperca y la gran cantidad de prohibiciones que conlleva (cebo vivo, pececillo muerto, señuelos), sólo tenemos una elección en el aspecto técnico para la exploración a ras de fondo: la pesca con vinilo.

• Primavera y verano

En los meses de abril y mayo no se debe pescar las luciopercas, porque es su periodo de reproducción. Sin embargo, reaparecerán famélicas y más activas que nunca en junio, periodo que, junto con la primera quincena de julio, constituye la mejor época del año. Entonces, la pesca con cebo vivo, a la línea flotante, con pececillo montado, insertado o con señuelos ligeros resultan las técnicas más eficaces y llenarán nuestras cestas, aunque raras veces con grandes ejemplares.

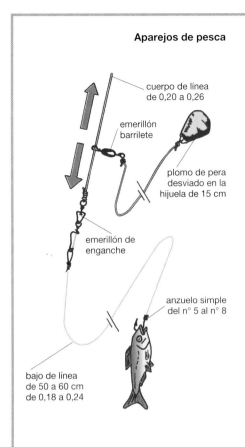

Aparejos de pesca

cuerpo de línea de 0,20 a 0,26

emerillón barrilete

plomo de pera desviado en la hijuela de 15 cm

emerillón de enganche

anzuelo simple del n° 5 al n° 8

bajo de línea de 50 a 60 cm de 0,18 a 0,24

Durante el mes de agosto no se producen grandes capturas, salvo que se pesquen algunas presas por la mañana o por la tarde, o a menos que caiga una tempestad (que provoca una gran excitación en las luciopercas). En este caso, debemos aprovechar estos momentos practicando la pesca con pececillo muerto insertado o con señuelo ligero.

• Otoño e invierno

Los meses de septiembre y octubre, con la llegada del frío y, en ocasiones, de las primeras crecidas, suelen ser ideales para practicar cualquier técnica. Si tenemos la paciencia suficiente para colocar pececillos muertos o trozos de pescado en lugares profundos llenos de obstáculos, quizás tengamos la suerte de capturar un ejemplar de 8 ó 10 kg.

Por último, en los meses de noviembre y diciembre, las condiciones continúan siendo bastante favorables, pero sólo si buscamos el pez a una gran profundidad en los lagos (con pececillo muerto insertado o con señuelo ligero) o bien en los remolinos que se

con cebo vivo a la plomada

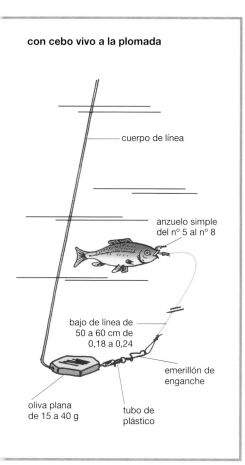

cuerpo de línea

anzuelo simple
del nº 5 al nº 8

bajo de línea de
50 a 60 cm de
0,18 a 0,24

emerillón de
enganche

oliva plana
de 15 a 40 g

tubo de
plástico

forman durante los periodos de crecida en los ríos (con cebo vivo o señuelo ligero).
Si hace un tiempo frío y el agua es clara, se puede tentar a algunos buenos ejemplares con percas o pececillos de estanque.

LA PESCA CON CEBO VIVO

La lucioperca, por muy difícil que sea su pesca, renunciando en apariencia a sus escondites clásicos y rechazando cualquier cosa que le propongamos, debe continuar alimentándose. No obstante, si le ofrecemos pececillos, su alimento básico, tendremos grandes posibilidades de atraerla, siempre y cuando nuestros cebos vivos se encuentren en el lugar indicado y sean lo suficientemente discretos como para evitar que se descubra la trampa.

• La pesca en el río
En aguas vivas, siempre que sea posible, hemos de fijar nuestro puesto de pesca a contracorriente. Debemos ubicar nuestra barca junto al borde de un remanso o próxima al pilar de un puente (hay que ser muy discreto en ese caso al sumergir el peso). Otra posibilidad es utilizar cañas grandes para acceder a los tramos del río deseados. El objetivo de dicha maniobra es aprovechar la corriente para pescar a la línea flotante. Si regulamos la altura, de forma que el cebo vivo se mueva a algunos centímetros del fondo, reuniremos las condiciones idóneas. Además, tendremos la posibilidad de explorar el emplazamiento a nuestro gusto y dejar que la línea siga el movimiento de los remolinos. Si no podemos utilizar la corriente en perfectas condiciones, nos

queda el recurso de la plomada. Los aparejos clásicos son muy adecuados, sin embargo, para la pesca de la lucioperca en remolinos, no existe nada mejor que las hijuelas. No sólo reducen las consecuencias de los enganches, sino que también garantizan una mejor posición del cebo vivo, ya que destaca mucho más.

• La pesca en el lago
– *En los grandes lagos*
En función de si se trata de un embalse, un lago natural, un estanque clásico o una charca, la pesca con cebo vivo será más o menos delicada. Los emplazamientos son innumerables, como en el caso de un embalse, o inaccesibles, como en el lago natural.
Para encontrar los emplazamientos del pez, los adeptos al pececillo muerto insertado y a los señuelos tienen ciertas ventajas: su técnica, más activa, les permite realizar más exploraciones. Para tener éxito en la pesca, debemos utilizar esta misma técnica, pero con el cebo vivo. Para eso, una barca resulta indispensable. Los días de viento bastará con que nos dejemos llevar, posando de vez en cuando los lastres para explorar el lugar. Nuestras líneas, tendidas en la parte trasera, de derecha a izquierda de la barca, alternarán las alturas de exploración, aunque siempre cerca del fondo (de ahí la necesidad de saber dónde se en-

◁ *Para acceder a los mejores emplazamientos, a menudo alejados de los márgenes, profundos y llenos de obstáculos, es indispensable utilizar una barca. Ofrece una mayor comodidad y, sobre todo, permite pescar con la máxima eficacia.*

△ Los señuelos ligeros, muy móviles, de vivos colores y capaces de describir movimientos muy diferentes, son los mejores señuelos que existen hoy en día para la pesca de la lucioperca europea.

cuentra en todo momento). Por ejemplo, un soto, al pie de la pendiente o el centro del lago, en el lecho del río principal, en un embalse. En invierno, sobre todo en periodo de heladas, debemos dar prioridad a las zonas de aguas profundas, que son las preferidas por las luciopercas europeas (en algunos casos suelen permanecer a 10, 20 ó 30 m bajo la superficie).

De esta manera, lo más difícil es evitar que el hilo se enganche y, sobre todo, que el sedal se rompa. Aunque no existen las soluciones milagrosas, si se utiliza una hijuela podremos reducir parte de estos problemas.

De hecho, basta con instalar al final de la línea flotante el aparejo descrito para la pesca a la plomada, aunque el sedal que soporta los plomos (que siempre es más pequeño) ha de ser más largo que el bajo de línea. De esta forma, podremos pescar sin riesgo a ras del fondo. En el momento en que se produzca una picada, debemos seguir pescando al mismo nivel para rastrear la zona. Sería extraño que nuestro pez se encontrara solo.

– En los pequeños lagos

La pesca desde embarcación (que suele estar prohibida) pierde aquí algo de interés. Sin embargo, los puestos están aún menos señalados que en los grandes lagos (a veces un simple cauce de agua o una rama sumergida sobre el fondo desnudo), por lo que la búsqueda se hace realmente difícil. En este caso, también podemos utilizar una línea flotante, que es más móvil. Así, debemos lanzar nuestras líneas en abanico y recuperarlas regularmente cada uno o dos metros para peinar la zona. Si los peces son difíciles (caso frecuente en las charcas), debemos reducir el diámetro de los sedales utilizados y disminuir el lastre al máximo. Esta modificación se aproxima a la pesca a la inglesa para peces blancos, con flotadores que, a menudo, son

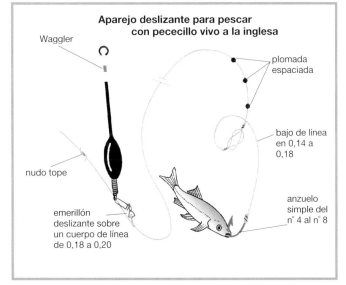

Aparejo deslizante para pescar con pececillo vivo a la inglesa

Waggler

nudo tope

emerillón deslizante sobre un cuerpo de línea de 0,18 a 0,20

plomada espaciada

bajo de línea en 0,14 a 0,18

anzuelo simple del n° 4 al n° 8

idénticos. El éxito de la pesca consiste en que no se pueda descubrir la trampa. Primero utilizaremos un sedal de 0,18 ó 0,20 para el cuerpo de línea, después escogeremos un bajo de línea lo más ligero posible (nailon 0,16 ó 0,18, de hilo trenzado o kevlar) e intentaremos que el lastre no se quede inmóvil. Los resultados que se obtienen con este método pueden llegar a ser muy sorprendentes. A continuación, nada nos impedirá utilizar este sistema en todos los lugares despejados y limpios que permitan soltar sedal a un pez tan luchador.

• Los pececillos vivos

No todos los pececillos vivos comparten las mismas características. Durante su pesca, algunos se acercan a las plantas y a los obstáculos que cubren el fondo del agua, y otros, por el contrario, intentan escaparse huyendo hacia la superficie.

Un buen pescador debe explotar todas estas posibilidades, en función del aparejo que utiliza. Así, la línea flotante habrá de ser de un tamaño que no permita que el pececillo vivo pueda alcanzar el fondo en caso de que tienda a ello. Del mismo modo, se necesita una línea plomada que se pose sobre el fondo para todas aquellas especies que tienden a subir a la superficie. También se debe considerar la variedad del pez que perseguimos y las características del lugar.

– El alburno

Para pescar en aguas muy profundas se recomienda este pez, que es mucho más brillante que la mayoría de pececillos de agua dulce. Al final de la línea, el alburno tiende a subir a la superficie. Esta obstinación, acompañada de una extrema fragilidad, hace que se canse rápidamente. Su conservación resulta algo problemática, ya que es incierta a una temperatura ambiente superior a los 15 °C. Pero, a pesar de estos inconvenientes, sigue siendo un pececillo vivo de muy buena calidad para la pesca de la lucioperca europea, ya que, al ser muy brillante, resulta muy visible, incluso en la oscuridad de las aguas más profundas.

– El cacho

Es un trabajador incansable, muy resistente y de piel brillante, que resultará muy útil para pescar a la línea flotante.

– El gardón

Es brillante, resistente y capaz de moverse horas enteras aun estando sujeto al anzuelo. Como es muy abundante, podemos encontrarlo en cualquier tamaño, incluso en las tiendas de artículos de pesca o piscifactorías, lo que facilita el trabajo del pescador. Es el pececillo vivo comodín por excelencia.

– El gobio

Vive cerca del fondo y es una presa ideal para la lucioperca europea. Su piel no es brillante, pero es muy obstinado, ya que, en cualquier circunstancia, intenta ganar el fondo. Este pececillo vivo ha de emplearse en la pesca con flotador.

– El vairón

Es de pequeño tamaño, pero resistente. Con este pececillo ya se han capturado miles de luciopercas europeas. Al final de la línea, demuestra una buena resistencia, aunque puede fallar si el lastre no resulta muy pesado y el flotador no es suficientemente voluminoso.

• Los anzuelos para tirón inmediato al toque

Si nuestros pececillos vivos son atacados y se sueltan antes de que hayamos podido tirar del sedal, tenemos una solución: el tirón inmediato a la picada. Para esta técnica se deben utilizar dos anzuelos que sujeten al pececillo vivo. Así, podremos reaccionar con rapidez tras la picada y aumentar las posibilidades de que piquen peces difíciles.

– El anzuelo doble clavado en el dorso

El primero de los dos anzuelos triples ha de clavarse por un solo brazo, en la parte anterior de la aleta dorsal. El segundo, que se desliza por el bajo de línea de nailon, o mejor de kevlar o de hilo trenzado, se bloqueará en el lugar correcto con una pequeña funda de silicona que se deslizará también por el sedal. Entonces, bastará con clavarlo con fuerza sobre la anilla y la tija del anzuelo triple, para que quede bloqueado. El anzuelo ha de estar bien clavado, por un sólo brazo, ya que debe sujetar al pececillo vivo durante el lanzado y la recuperación. Este anzuelo se adapta muy bien a todo tipo de pesca a la línea flotante.

– El aparejo con anzuelo tipo Stewart

El anzuelo móvil en este caso es un anzuelo simple del n° 2 al n° 6 que se desliza por el bajo de línea. Una vez clavado en los labios del pececillo vivo, lo debemos bloquear con un trozo de tubo de silicona, que también ha de deslizarse por el sedal. El segundo anzuelo, triple, se situará al final de la línea y se ha de clavar en la espalda del pececillo. Es el único aparejo que se adapta a la pesca a

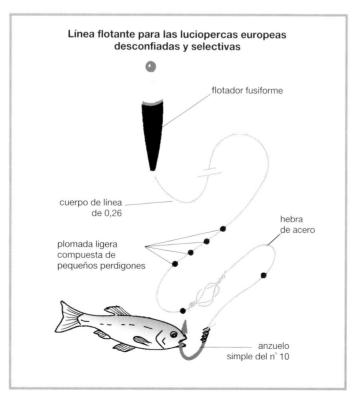

Línea flotante para las luciopercas europeas desconfiadas y selectivas

flotador fusiforme

cuerpo de línea de 0,26

plomada ligera compuesta de pequeños perdigones

hebra de acero

anzuelo simple del n° 10

la plomada y resulta también muy eficaz para la pesca a la línea flotante.

• Los anzuelos para tirón retardado
– El anzuelo por la nariz
Resulta más discreto que los aparejos utilizados para tirones inmediatos al toque. Se trata de un aparejo con un anzuelo de gran tamaño, que es el que más respeta las cualidades del pececillo vivo, ya que le permite seguir activo. Ofrece grandes resultados en la pesca con alburno, gobio o, también, en la pesca a la cremallera o en la plomada a larga distancia.

– Los anzuelos insertados
En su origen, los anzuelos insertados fueron concebidos para pescar el lucio, pero se adaptan muy bien a la pesca de la luciaperca europea, sobre todo si se utiliza con pececillos vivos de gran tamaño, en aguas profundas, o con pececillo muerto montado, entero o cortado a trozos. Podemos colocar un anzuelo triple en la parte anterior de la aleta dorsal o un anzuelo doble sobre los dos flancos.

• Los aparejos
– La línea flotante
Para pescar a cualquier profundidad, situaremos un flotador deslizante bloqueado por un nudo tope. A continuación, lastraremos la línea con una oliva alargada a la que añadiremos algunos plomos ingleses. Esta clase de plomos son fáciles de quitar y nos permitirán adaptar el peso a cada situación. En cuanto al flotador, se recomienda un modelo que apenas se hunda con los movimientos del pececillo vivo. Para el bajo de línea, escogeremos entre el nailon, el hilo trenzado y el kevlar; estos dos últimos son más flexibles y ligeros, pero también más caros. El anzuelo será triple o simple en función del tipo de aparejo que se utilice.

– La línea flotante con flotador testigo
El flotador testigo nos será útil cuando pesquemos desde la orilla a la plomada, a pie de un desprendimiento o en un claro sobre un fondo lleno de raíces y leños.

También podemos usar el flotador testigo para pescar desde una barca sobre un fondo muy caótico, incluso cerca de árboles sumergidos. Para ello, basta con fijar el tope del flotador a más de un metro por encima de la profundidad real.

En el agua, el flotador se mantiene en posición horizontal, mientras que el plomo y el aparejo, que reposan sobre el fondo, impiden al pececillo vivo alejarse y esconderse detrás de algún obstáculo. Mientras se realiza la recuperación, el flotador servirá de testigo en la superficie y nos permitirá, si recuperamos el hilo con la suficiente rapidez, elevar lo bastante el pececillo vivo y el aparejo, evitando que se enganchen.

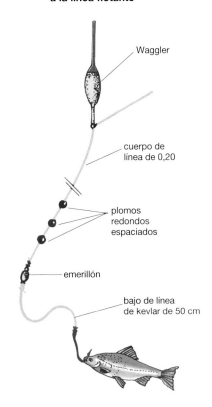
Aparejo para cebo vivo a la inglesa, a la línea flotante

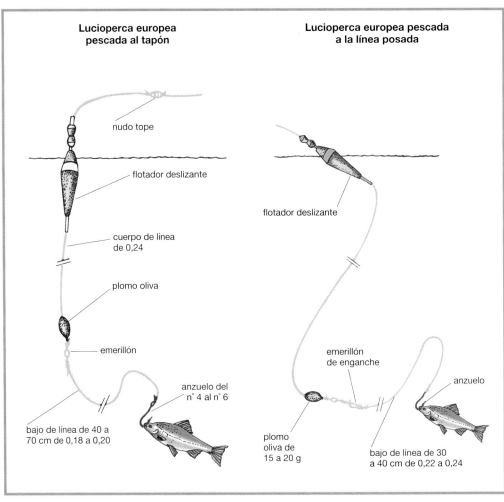

– La línea flotante a la inglesa

En este tipo de aparejo, la principal innovación reside en el flotador, que es mucho más sensible que un tapón de pesca con pececillo vivo. Resultan excelentes los Wagglers para la pesca a la inglesa, que se pueden cambiar de un modo muy rápido por las tetinas. Además, estos flotadores son deslizantes y permiten hundir fácilmente la línea, para evitar la presión del viento. Asimismo, los flotadores de gran tamaño para la pesca a la boloñesa, igual de sensibles y, a veces, más visibles que los anteriores, son también muy eficaces. En cuanto al lastre, se ha de utilizar unos plomos esféricos pinzados sobre la línea, que resultan aún más finos (o sea, menos visibles) que un lastre abundante.

– La plomada clásica

En el hilo del carrete de 0,18 (para fondos limpios) y de 0,24 (fondos llenos de obstáculos o con peces muy grandes) colocaremos un plomo oliva de 10 a 40 g., que tendrá como tope el trozo de plástico que utilicemos para proteger el nudo del emerillón. Para el bajo de línea, optaremos por el kevlar o un trozo de hilo trenzado, que son mucho más flexibles que el nailon. El anzuelo simple se adapta mejor a la pesca con pececillo vivo, mientras que el anzuelo triple es imprescindible para la pesca con pececillo muerto montado. A larga distancia, añadiremos 20 ó 30 cm de tubo antienredo en la parte superior del emerillón.

– La plomada con hijuela

Se colocará el lastre en una hijuela, con un hilo más fino que el bajo de línea. Si queda trabado (nueve de cada diez veces es a causa del plomo) la rotura de la hijuela (un hilito fusible) nos evitará volver a montar la línea entera. Para economizar al máximo, podemos reciclar viejos trozos de hierro sin valor. El trozo de tubo de plástico nos permitirá lanzar la línea sin que se enrede, lo que resultaba casi inevitable a más de 15 m antes de la aparición de este invento de los pescadores ingleses de carpa. Para una mayor eficacia, el aparejo debe llevar un plomo oliva deslizante a la altura de dos tercios del bajo de línea (desde el emerillón). De esta forma, no dejaremos que el pececillo vivo alcance el fondo,

△ Los pescadores han de limitar sus capturas por la escasez de estos depredadores.

y se verá obligado a realizar esfuerzos desesperados, que nos proporcionarán excelentes resultados.

LA PESCA A LA CREMALLERA

La cremallera, que está muy de moda en la actualidad, también se la denomina sonda, sondeo o pesca de desplazamiento. Este tipo de pesca se practica desde hace mucho tiempo y suele ser muy útil en la pesca de la lucioperca europea.

Si utilizamos un pececillo (si es posible, vivo) como cebo, el depredador se interesará con toda seguridad por él. Sin embargo, el aparejo ha de ser lo bastante discreto para no despertar su desconfianza. Para ello, intentaremos evitar un sedal de gran diámetro y disminuir el lastre a lo estrictamente necesario. En cuanto a la práctica, la principal diferencia entre la pesca a la cremallera y la sencilla pesca con pe-

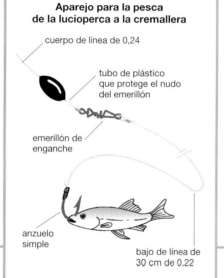

**Aparejo para la pesca
de la lucioperca a la cremallera**

cuerpo de línea de 0,24

tubo de plástico que protege el nudo del emerillón

emerillón de enganche

anzuelo simple

bajo de línea de 30 cm de 0,22

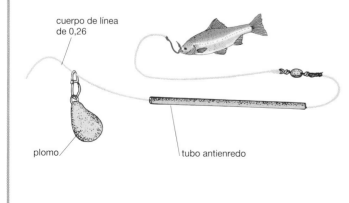

Aparejo para la pesca con pececillo vivo a grandes distancias

cuerpo de línea de 0,26

plomo

tubo antienredo

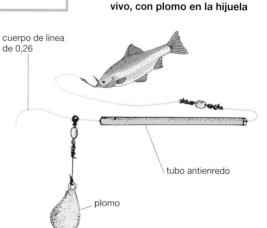

Aparejo para la pesca con pececillo vivo, con plomo en la hijuela

cuerpo de línea de 0,26

tubo antienredo

plomo

cecillo vivo reside en el movimiento. En efecto, es necesario desplazar el pececillo vivo por el fondo, con pequeños saltos interrumpidos por pausas más o menos largas. Se ha de tener en cuenta que los golpes de puntera y los temblores no sirven para nada, ya que, en este caso, es el pececillo vivo quien debe realizar estos movimientos.

• El aparejo

La pesca a la cremallera se adapta muy bien al aparejo previsto para la pesca a la plomada. Para mejorar el aparejo en los fondos poco despejados, se debe poner un lastre en una hijuela, sobre un trozo de nailon que forme un bucle en la primera anilla del emerillón, en el que colocaremos tantos perdigones como sea necesario para que el aparejo se hunda hasta el fondo. Después, con el filo de un cuchillo y unas pinzas, podremos quitar o poner nuevos perdigones para adaptar nuestro aparejo a los diferentes lugares de pesca.

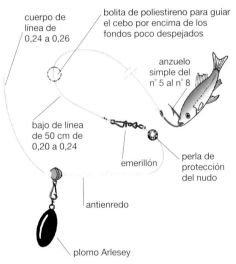

cuerpo de línea de 0,24 a 0,26

bolita de poliestireno para guiar el cebo por encima de los fondos poco despejados

anzuelo simple del n° 5 al n° 8

bajo de línea de 50 cm de 0,20 a 0,24

emerillón

perla de protección del nudo

antienredo

plomo Arlesey

Aparejo para luciopera europea con pececillo muerto montado

LA PESCA CON PECECILLO MUERTO MONTADO

El alburno y el pequeño rutilo común, los pececillos más brillantes, son los más utilizados, ya sean enteros o a trozos. La línea con una plomada clásica, se lanza cerca de donde se refugian las grandes luciopercas, junto a leños sumergidos, desprendimientos, etc. En este caso, no hemos de temer los movimientos del pececillo. Se puede aprovechar cualquier rincón despejado

Aparejo cremallera con un plomo de arrastre

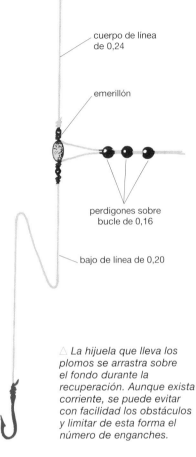

cuerpo de línea de 0,24

emerillón

perdigones sobre bucle de 0,16

bajo de línea de 0,20

△ *La hijuela que lleva los plomos se arrastra sobre el fondo durante la recuperación. Aunque exista corriente, se puede evitar con facilidad los obstáculos y limitar de esta forma el número de enganches.*

en medio de un obstáculo, pero se ha de vigilar en el momento de la lucha, aunque se disponga de un nailon de diámetro muy importante.

Si pescamos la luciopera en embalse, también podemos utilizar el aparejo con flotador testigo. En cuanto el cebo, el plomo y el bajo de línea alcancen el fondo, el flotador reposará en la superficie, pero, en el instante de la picada, mostrará algunos sobresaltos antes de hundirse. Para pescar en los fondos poco despejados o llenos de hierbas, los ingleses utilizan palitos de madera de balsa que insertan en los pececillos muertos, lo que los mantiene más arriba y los hace más visibles. Otro truco de los británicos reside en utilizar peces de mar, ya que éstos desprenden un olor muy fuerte (véase pág. 131). Con estos peces, picados y mezclados con tierra, se hace una pasta, que resultará un buen cebo para la pesca de los depredadores. Sin embargo, este sistema también es válido para peces de agua dulce, tirando simplemente trocitos de pez sobre el fondo.

LA PESCA CON PECECILLO MUERTO INSERTADO

La pesca de depredadores con pececillo muerto insertado se ha desarrollado en gran medida durante los últimos quince años, gracias al impulso de los grandes especialistas Albert Drachkovitch y Henri Limouzin. Este desarrollo ha llegado a tal extremo que, en algunos lagos, las luciopercas europeas aprecian como alimento estos pececillos muertos. En general, esta técnica sigue siendo uno de los métodos más eficaces y rentables para la pesca de la luciopera europea o del lucio.

• La pesca

En el momento en que el pececillo muerto entra en contacto con el agua, se debe bloquear la bobina del carrete con el índice y mantener una pequeña tensión sobre la línea durante la bajada, soltándola espira por espira. La más mínima interrupción en el devanado

Movimiento de un pececillo muerto

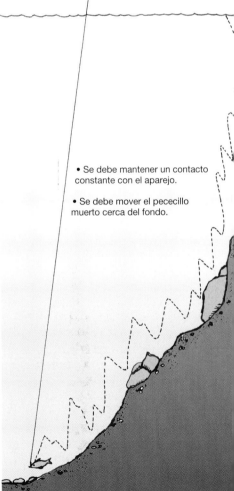

• Se debe mantener un contacto constante con el aparejo.

• Se debe mover el pececillo muerto cerca del fondo.

del hilo o el más mínimo choque o desplazamiento lateral pueden significar una picada y se ha de tirar del hilo enseguida. En el momento en el que el pez alcance el fondo, se puede empezar la recuperación, con la caña alta, alternando pequeñas aceleraciones con cortas pausas, que se deben aprovechar para recuperar el hilo sobrante. De la misma manera, se ha de intentar combinar este movimiento con orientaciones laterales de la caña, que permitan al pececillo ampliar el campo de exploración. Cuando un pez pica, el movimiento del sedal se suele interrumpir de un modo repentino o se desplaza lateralmente, lo que no es siempre perceptible por el brazo que sujeta la caña (de ahí la utilidad de un sedal fluorescente). En ese caso, se ha de relajar la mano antes de tirar con firmeza y recuperar el hilo con fuerza para compensar su inercia y elasticidad.

• La pesca en las aguas profundas
La pesca se complica en las zonas más profundas y en las cuestas empinadas. En este último caso, es preciso pescar desde una barca y situarse junto al margen elegido. Si no se actúa de esta forma, se corre el riesgo casi inevitable de que se trabe o se rompa la línea cada vez que se lanza. En cuanto a la técnica, se han de imprimir pequeños golpes de puntera. En este momento, se debe soltar hilo o incluso abrir el *pick up*, controlando con el dedo el sedal que se suelta, para hacer descender el cebo hasta casi el fondo. Es importante que el pececillo pase a ras de todos los obstáculos. Asimismo, se debe intentar que la recuperación del hilo se haga lentamente y efectuar, de vez en cuando, movimientos sin cambiar de sitio. Estos movimientos se realizan agitando la puntera con violencia, con el hilo medianamente tenso. Algunos días, este truco incita a picar a los peces más difíciles. En este caso, la observación atenta del sedal nos permitirá detectar las picadas, imperceptibles por la muñeca, que deben ir seguidas de un tirón inmediato y sostenido, aunque no estemos seguros de la picada. Así, más vale tirar varias veces en vano y no perder ningún pez.
En el río, la búsqueda de la lucioperca con pececillo muerto insertado presen-

ta muchas semejanzas con la pesca de la trucha con gobio muerto. Se ha de utilizar la corriente, que se llevará el cebo y le hará dar vueltas sobre el fondo, donde sólo se debe mover con algunos pequeños golpes de puntera de intensidad variable, para que parezca un pez agonizando y muy apetecible. Se debe pasar repetidas veces por el mismo sitio, después de algunos minutos, ya que con frecuencia las luciopercas europeas suelen picar cuando se muestran algo inquietas. También puede ocurrir que los paseos del pececillo les haga creer que hay una abundancia de alimento, que les había pasado desapercibida.

LA PESCA CON GUSANO
Durante la veda de la lucioperca se prohíben casi todos los tipos de pesca, como por ejemplo, el lanzado, el pececillo muerto insertado o el pececillo vivo. Para pescar la lucioperca europea,

sólo queda el recurso de la pesca con lombriz grande. Durante mucho tiempo, la técnica del gusano insertado permitió numerosas capturas, pero, desde hace algunos años, la normativa legal lo prohibió. Así, hoy en día nos

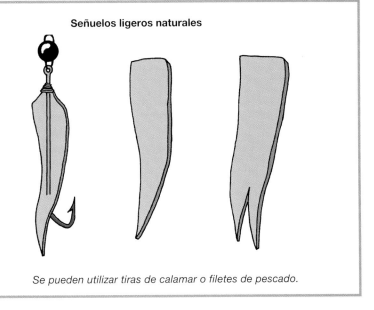

Señuelos ligeros naturales

Se pueden utilizar tiras de calamar o filetes de pescado.

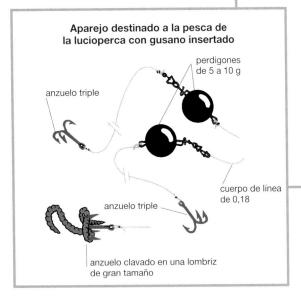

Aparejo destinado a la pesca de la lucioperca con gusano insertado

perdigones de 5 a 10 g

anzuelo triple

cuerpo de línea de 0,18

anzuelo triple

anzuelo clavado en una lombriz de gran tamaño

hemos de adaptar a este reglamento y apostar por las cualidades intrínsecas del cebo. A pesar de que en España el sistema es desconocido, en otros países europeos se utiliza esta técnica.

Se debe fijar sobre el hilo que proviene del carrete un plomo oliva larga (o algunos perdigones de gran tamaño), cuyo tope es un pequeño emerillón. Éste llevará un bajo de línea de 40 a 50 cm de largo. Mediante un anzuelo simple de gran tamaño (del n° 2 al n° 6 invertido, en función del tamaño del

gusano), se atará a la línea un pequeño anzuelo (del n° 14) 2 ó 3 cm por encima (también se puede utilizar un anzuelo de ojal por el que pasaremos dos veces el hilo, para poder deslizarlo). Esto servirá para sujetar la cabeza del gusano, que se debe clavar con cuidado al primer anzuelo y al hilo, como en la pesca de la trucha al toque.

Esta técnica se parece a la pesca a la cremallera, es decir, se pesca en abanico al puesto, esperando que la línea entre en contacto con el fondo. Se debe desplazar la línea como si se pescase el rutilo común con una línea flotante. Cuando pique el pez (que puede ser un cacho, u otros ciprínidos, como la

carpa, la brema, la tenca o el rutilo común), se ha de relajar la mano durante varios segundos, antes de tirar del hilo.

LA PESCA CON SEÑUELOS LIGEROS

Los señuelos ligeros son muy económicos y eficaces; además, se adaptan a la perfección a la pesca de la lucioperca europea. Ello explica el espectacular aumento de nuevos modelos que se ha producido en los últimos años: hoy en día, existe una amplísima gama de señuelos ligeros en todo el mundo. Hay muchos modelos donde escoger, desde las formas extravagantes, que se han concebido para sorprender, hasta las que imitan a las formas de la naturaleza. Si la experiencia personal aún

LAS CABEZAS PLOMADAS SE DEBEN PROLONGAR

Las cabezas plomadas que se comercializan son los aparejos más sencillos que podamos imaginar. Sin embargo, si se consideran desde el punto de vista de la eficacia, ponen de manifiesto una pequeña insuficiencia estructural. La solución a este problema es sencilla: añadir un empalme con una popera de tres anzuelos del n° 12 al n° 10 (su tamaño aumenta en función del tamaño del señuelo). Se debe utilizar un acero forrado de kevlar para no correr riesgos si pica un lucio.

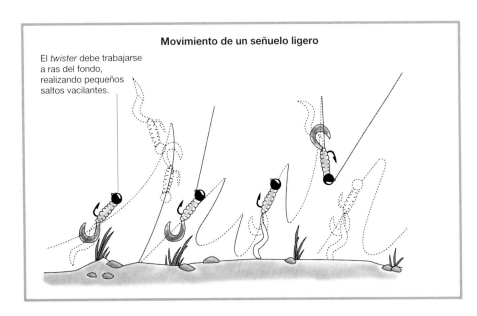

Movimiento de un señuelo ligero

El *twister* debe trabajarse a ras del fondo, realizando pequeños saltos vacilantes.

no lo permite, debemos escoger modelos que nos ofrezcan garantías: peces (Kats, Shad, Vitala, por sólo citar algunas referencias), vinilos, *twisters* y otros (de las formas más corrientes, que suelen ser las más eficaces). También podemos escoger entre algunos cangrejos de río, gusanos y señuelos de cola múltiple (de dos a cuatro). Esta selección nos permitirá pescar la lucioperca europea con éxito. En cuanto a los colores, el blanco, el amarillo y la purpurina (en colores oscuros para los gusanos y casi translúcidos para los cangrejos de río) parecen ser los más interesantes.

– El aparejo
Las cabezas plomadas que se encuentran en las tiendas a un precio accesible resultan muy adecuadas, sobre todo si se les imprime el movimiento correcto (véase el recuadro de la página anterior). Los aparejos como el Drachko LS ofrecen las mismas cualidades que los aparejos para pececillo muerto y resultan muy eficaces por su forma de pez y porque llevan señuelos más voluminosos.

– El movimiento del señuelo
Ha de ser simple, es decir, con tirones, cambios de dirección y pausas, lo que otorgará al pez el aspecto de una presa en dificultades. Estos movimientos resultan convenientes en los aparejos con la cabeza plomada.
Si los movimientos son más verticales (campaneo), seguramente la lucioperca reaccionará de una manera nerviosa. Si se usa un Drachko LS, el movimiento se asemejará mucho al de un pececillo muerto.
En ambos casos, se debe explorar a conciencia todos los puestos en que nos parezca que puede hallarse una lucioperca europea, lanzando de diez a quince veces como mínimo y en abanico. Resulta muy difícil hacerlo de una forma más simple y rápida.

CUCHARILLA Y PECECILLO NADADOR: NADA FÁCIL...

Aunque un gran ejemplar de lucioperca europea puede picar con una cucharilla o un pececillo nadador, estas técnicas no suelen ser las más rentables. Cuando se pesca con cucharilla ondulante se debe rastrear el fondo a conciencia, a veces insistiendo durante largo tiempo. Se ha de actuar de la misma forma con la cucharilla giratoria, pero con modelos cuya paleta proporcione una natación más lenta y pesada. Para el pececillo nadador, los modelos sumergibles, de movimiento horizontal o ligeramente vertical, son los mejores; pero, también en este caso, se debe pescar cerca del fondo, con lentitud, de forma que la cabeza del pececillo se arrastre por la arena o la grava. Si se logra crear una nube de partículas, resultará aún mejor.

En los grandes lagos, los señuelos ligeros permiten explorar con rapidez los fondos y, así, encontrar en menos tiempo los peces dispuestos a picar. Entonces, se puede optar por seguir pescando con señuelo ligero o elegir otro método. ▽

LA PERCA

La perca europea (Perca fluviatilis) es huraña, agresiva y, a veces, muy cruel. Su insaciable apetito la lleva a interesarse por todas las presas que están a su alcance y la mantiene activa durante todo el año. Los alevines, las larvas acuáticas y, también, los gusanos e insectos terrestres forman parte de su alimentación. Este apetito voraz es el mejor aliado del pescador.

Cuando cazan, las percas se sitúan a unos metros de sus presas sin que se advierta su presencia. ▽

UN PEZ VORAZ Y AGRESIVO

En España la perca sólo está presente en la provincia de Gerona (en el embalse de Boadella y en el lago Banyoles), y mantiene las mismas costumbres que las que habitan otras partes de Europa; asimismo, las técnicas y sistemas de pesca son iguales en todo el territorio. De todos los depredadores, la perca común es la que tiene el régimen alimenticio más variado. Se interesa por todas las larvas acuáticas que pasan por su lado, incluso, a veces, por los insectos, aunque los pececillos (alevines del año) constituyen la mayor parte de su dieta.

Otro rasgo de su comportamiento es la agresividad que muestra durante los periodos de caza. Los ataques siempre se efectúan en grupos más o menos densos, en función del tamaño de los peces (como la lucioperca europea, las percas más grandes tienden a aislarse) y de la riqueza de alimento del lago o río.

En el momento en el que ven un banco de alevines, cerca de los márgenes o de una gran área de vegetación, las percas adoptan una táctica de cerco.

Primero se desplazan con lentitud a ras del fondo, camufladas por sus flancos a rayas. Después, cuando han cerrado todas las salidas posibles al grupo de alevines, atacan de forma brutal e imprevisible, lo que provoca que se reúnan todas las percas de un mismo grupo, aunque se encuentren alejadas varios metros. Esto significa que existe un sistema de comunicación entre ellas muy eficaz. Todo hace pensar que se trata, como en el caso de las luciopercas europeas, de un intercambio bioquímico. El pez que decide atacar suelta una sustancia que sus congéneres detectan e interpretan en un tiempo mínimo. Durante la caza, las percas se abalanzan sobre el banco de alevines, que, rodeados por completo, quedan atrapados sin ninguna posibilidad de huir.

Las únicas en mantener la calma son las percas, que, una vez han identificado a su presa, inician una tenaz y feroz persecución. Para convencernos de ello, basta con asistir a una de las grandes cacerías que tienen lugar cada año en los lagos y estanques entre finales del mes de agosto y principios de octubre. Éstas se manifiestan por el ruidoso castañeteo de mandíbulas, salpicaduras e interminables persecuciones que suelen acabar cerca del margen del río.

LOS EMPLAZAMIENTOS DE LA PERCA

Al igual que todos los pércidos, las percas prefieren las zonas poco despejadas, que le permiten esconderse con gran facilidad. Los refugios más típicos donde pasan la mayor parte de su tiempo son los bloques de piedras, grandes montículos de hierbas, leños sumergidos, raíces, ramas, árboles muertos, pilotes, restos de pontones o, incluso, las viejas barcas abandona-

Las percas aprecian los refugios naturales o artificiales, donde pueden esconderse o mantenerse al acecho. Las pasarelas o los desembarcaderos son unas zonas muy frecuentadas. ▷

Emplazamientos de la perca

Durante la pesca invernal se suele obtener percas de gran tamaño. Por eso, se debe peinar el terreno e insistir durante más tiempo en las zonas más favorables. ▽

das que a veces encuentran en los lagos o estanques.

Sin embargo, en periodo de gran actividad (sobre todo los pequeños peces, de menos de 0,2 o 0,3 kg), pueden llegar a alejarse de estos refugios, para acercarse a las playas y a las zonas de poca profundidad, donde viven los minúsculos pececillos que son su alimento básico.

• Las zonas más favorables

En los ríos, se deben explorar las zonas más profundas y tranquilas (a la perca no le suele gustar la corriente), y cerca de los márgenes de pendientes rápidas, sobre todo si están cubiertas de ramas.

En los estanques, los puntos que más frecuenta son los diques, vaciaderos y las zonas en que se hallan trozos de madera sumergidos, ya sean viejas raíces o árboles muertos en antiguas charcas.

En los lagos naturales o artificiales (embalses), los emplazamientos de la perca se multiplican, pero son mucho más difíciles de encontrar. Si las condiciones climáticas no presentan demasiadas alteraciones, las percas pueden esconderse lejos de los márgenes, bajo varios metros de agua, cerca de un gran montículo de hierbas, al pie de una falla con una pendiente cubierta de bloques de piedras, maderas muertas o raíces, sobre un declive rápido, cerca de un gran tocón o incluso al pie de un acantilado.

◁ Las percas más grandes se sitúan en las profundidades de los embalses. Se pueden encontrar al pie de los desprendimientos o junto a los leños sumergidos.

• La búsqueda de un banco

Para encontrar a la perca, al margen de las grandes cacerías que permiten observar su presencia desde bastante lejos, se debe explorar todos los emplazamientos posibles hasta obtener la primera picada. Si es así, tendremos la seguridad de encontrarnos en el lugar adecuado, ya que las percas viven en grupo.

Durante la pesca hay que actuar con mucha precaución, ya que con la menor equivocación o, aún peor, si el cebo se suelta, se puede provocar la huida en masa del banco de percas. A veces, éste se desplaza varios metros, sin embargo, no costará mucho esfuerzo volver a encontrarlo. Otra posibilidad es que huya lejos o se refugie a una profundidad mayor, permaneciendo inmóvil e invisible durante varios minutos.

En los grandes lagos de los Alpes, los especialistas de la perca algunas veces atan un globo a su primera captura, mediante un gran hilo de nailon, y a continuación sueltan al pez. Siguiendo el globo, pueden apreciar el más mínimo movimiento del banco de las pequeñas percas y cobrar ejemplares en cada intento.

Aunque muy efectivo, se trata de un truco poco deportivo. Sin duda, resulta más ético y satisfactorio recorrer las aguas y emplear el tiempo necesario para buscar el banco de percas desplazado.

LAS PESCAS INVERNALES

De todos los depredadores, la perca es el que se muestra más activo durante la estación invernal. A la perca no la protege ninguna normativa concreta, con lo cual la veda está siempre levantada. Durante la veda del lucio (algunas veces coincide con la de la lucioperca) y, por lo tanto, durante el periodo de prohibición de la pesca con pececillo vivo y señuelos, se puede pescar la perca con gusano o con larvas naturales.

De todas las posibles técnicas para la pesca de la perca en invierno, el coup con línea flotante es el método más sencillo y eficaz. Se debe lanzar siempre la línea ligeramente desviada del punto de mira, intentando que el señuelo se mueva por el tercio superior de la capa de agua. En el momento en que el flotador se se sitúe en posición, lo acercaremos varios centímetros y guiaremos la línea con cuidado, para que pase aún más cerca de los emplazamientos en que se supone que se encuentran las percas. Si la zona es suficientemente grande, se ha de repetir la operación explorando a conciencia y aumentando la profundidad: primero a media altura; luego a dos tercios y, por último, a ras de fondo.

La pesca al campaneo, típica en invierno y practicada con una línea muy particular, permite explorar con gran detalle los emplazamientos cercanos al margen. No es muy rápida y quizás resulta un poco aburrida cuando los peces tardan en picar. Sin embargo, sigue siendo una de las técnicas más eficaces. Si en un día no obtenemos resultados con la pesca al campaneo, podemos considerar el puesto vacío o falto de interés.

En la práctica, basta con bajar la línea hasta el fondo y subirla lenta e irregularmente (con pequeñas pausas durante el ascenso) hasta la superficie, antes de volverla a hundir.

La última posibilidad, la pesca a la cremallera, se realiza con pececillos muy brillantes que proporcionan grandes ejemplares, siempre que se acerquen con lentitud a las hoyas profundas, los remolinos cercanos a los márgenes o al borde de los obstáculos. Si las picadas se retrasan, se puede raspar el plomo o utilizar un reclamo (una paleta de cucharilla ondulante), que seguramente provocará la curiosidad de las percas y las hará reaccionar.

LAS GRANDES PERCAS

Las percas de mayor edad, cuyo peso se aproxima a los 2 kg, viven solas o en grupos de tres o cuatro ejemplares muy diseminados, a una gran profundidad.

Con la edad, su necesidad de protección parece aumentar, así como su gusto por los pececillos… y su preferencia por la madera seca y las piedras viejas.

En los embalses, los mejores lugares se encuentran a pie de los desprendimientos, en las hoquedades de los árboles o en los arbustos sumergidos que no se han cortado antes de lanzarse al agua.

Para capturar estos ejemplares, se ha de emplear la pesca con pececillo muerto insertado o al campaneo, en lugar de los cebos naturales. Hay que procurar evitar los enganches, ya que las zonas frecuentadas por las percas ofrecen un gran riesgo.

LAS PESCAS ESTIVALES

En verano, se debe realizar una pesca en movimiento. Hemos de estar muy atentos al menor signo de actividad o a los indicios de la presencia de las percas, como pececillos asustados, alevines que saltan del agua o un violento remolino cerca de la superficie o contra el margen.

Aunque la pesca al campaneo puede proporcionarnos algunos ejemplares en lugares estrechos o a lo largo de los márgenes, la pesca a la línea flotante y a la cremallera continúan siendo las técnicas más adecuadas. Por lo tanto, se debe emplear el pececillo vivo, que permite la captura de grandes ejemplares.

Si se bordean los obstáculos, los fondos menos despejados, los alrededores de los montículos de hierbas o, incluso, las tablas, ya sea al amanecer o al anochecer, se pueden conseguir buenas piezas.

En cuanto a las cacerías de principios de otoño, podemos emplear las mismas técnicas pescando a un metro de profundidad, no mucho más si se trata de la primera línea. El resto de líneas se deben situar un poco desviadas, pero siempre en un lugar más profundo, para tantear a las percas aún inactivas o a los ejemplares más grandes, que con frecuencia, se quedan atrás.

LOS MOMENTOS MÁS OPORTUNOS

Los meses de enero y febrero son óptimos para pescar la perca, sobre todo en las épocas de helada, que obligan a los peces pequeños a refugiarse en la calidez del barro de los grandes hoyos o pozas.

Al igual que todos los peces depredadores, las percas se encuentran ham-

En verano, la pesca en movimiento ofrece excelentes resultados a lo largo de los márgenes, bajo las ramas flotantes o incluso a pie de las desembocaduras. ▷

brientas y dispuestas a lanzarse sobre cualquier señuelo o cebo que se sitúe cerca de los refugios profundos que habitan. Se trata del mejor periodo para la pesca al campaneo, la pesca con gusano pequeño de canutillo, con alevín o con bichillo (si se consigue conservarlos vivos en frío) y, sobre todo, para la pesca paciente y obstinada al pez de estanque.

• Primavera y verano

Los meses de marzo y abril, que coinciden más o menos con la época de reproducción, no son propicios para la pesca de la perca. De todos modos, resulta incomestible en esta época, por lo tanto, es preferible no pescarla durante el cortejo.

El verano, de junio a finales de agosto, resulta un periodo mediocre en el río, pero bastante favorable en el lago. La diferencia reside en el comportamiento del pez, que se disemina en el río, pero se muestra más bien gregario en el lago, por lo que su localización es mucho más fácil.

En general, se capturan percas con la técnica al coup en movimiento en el río, cerca de los márgenes abruptos y de los sotos. Si se pesca al lanzado o con pececillo vivo en un lago, se ha de intentar en las fallas de gran pendiente o en el borde exterior de los montículos herbáceos.

• Otoño e invierno

El principio del otoño, en septiembre y octubre, constituye la mejor época para pescar la perca.

En los grandes lagos, las condiciones pueden ser favorables, incluso desde mediados del mes de agosto, si hay tormentas que refresquen un poco el ambiente y provoquen el agrupamiento de los alevines de un año en las cercanías de los márgenes o en los montículos de hierbas.

Tanto si se usa la técnica del pececillo vivo como el lanzado con pequeños señuelos brillantes, gambas, pequeñas tetinas multicolo-

EL GRAN ESPECTÁCULO DE LA CAZA

El alba permite entrever poco a poco un hermoso montículo de hierbas que se extiende a unos diez metros del margen. Lentamente, la barca avanza abriéndose paso a través de la niebla que cubre la superficie del embalse, en medio de un impresionante silencio...

A primeros del mes de septiembre, el cielo todavía está limpio, hace un tiempo suave y no sopla el aire..., de manera que las condiciones son ideales para una estupenda jornada de pesca.

De repente, un gran estruendo en el agua irrumpe en la quietud del día. El montículo de hierbas, hasta entonces tranquilo, se encuentra ahora revuelto. Arrastrados por la locura, los alevines surgen por todas partes, aterrorizados. Aquí y allá, podemos ver la causa de esta revolución: son las percas, que, a decenas, incluso centenas, se alimentan con voracidad en la superficie tras agruparse para atacar al unísono a los pececillos.

Este impresionante espectáculo causa una inmensa emoción en los pescadores. Sin duda, la escena merece la pena, y más si pensamos que la sobreexcitación de las percas se puede convertir en el gran aliado del pescador, que está esperando el momento más oportuno para entrar en acción.

res de caucho o pequeños señuelos ligeros, se obtiene un rendimiento óptimo. Por otro lado, si se consigue localizar las percas (mediante las cacerías que realizan) y seguirlas en sus desplazamientos, se puede finalizar la jornada de pesca con un gran número de capturas.

Por último, los meses de noviembre y diciembre también son propicios para la pesca, sobre todo para cobrar las piezas grandes, que se pueden capturar a gran profundidad mediante la pesca con cebo vivo, al campaneo o con cebos naturales. Con la llegada de las primeras heladas, es preferible emplear un señuelo ligero o un señuelo de campaneo.

LA PESCA CON CEBOS NATURALES

Los pececillos ocupan un lugar privilegiado en la alimentación de la perca, al igual que los gusanos, las larvas acuáticas o incluso los insectos, que también figuran en su dieta y pueden constituir excelentes cebos.

• Los cebos

Curiosa y agresiva, la perca puede interesarse por todas las presas comestibles o por aquellas que se atrevan a traspasar su espacio vital. Pero, para una pesca racional y eficaz, existen unos cebos que ofrecen todas las garantías.

– Los bichillos

La larva de la gran efémera (mosca de mayo), es considerada un «imán de perca». Nuestro hermoso pez rayado siente una gran atracción por esta larva en cualquier época del año. Lo más complicado es encontrar larvas en un fondo que combine limo y gravilla, cerca de los márgenes o abrevaderos, o en un río que

UN ALIMENTO APETECIBLE

Nos encontramos ante unos bancos de alevines tan densos que forman una nube casi opaca en la superficie del agua… y ante unas percas, de todos los tamaños, que cazan de forma casi incansable entre el grupo de pececillos. No se necesita nada más para llamar la atención de otros depredadores, sean lucios o luciopercas europeas. Desconocemos si éstos son atraídos por los alevines o por las mismas percas, pero lo importante es que están presentes, y a nuestra disposición. Al pescar la perca durante la cacería, es recomendable dar algunos latigazos al lanzado (con pececillo muerto, señuelo pesado o ligero) o a mayor profundidad, si se trata de un lago. Basta con disponer de una segunda caña más fuerte en una esquina del barco o sostenida con la mano, si pescamos desde la orilla. Otra solución es pescar con cebo vivo, un poco más lejos de donde se produce la cacería. El mejor cebo será una perca.

alterne corrientes y balsas. De todos modos, hay que tener en cuenta que en invierno son muy difíciles de encontrar y muy desagradables de coger. En cuanto a los anzuelos, deben ser finos y de hierro (del n° 14 al n° 16), y se deben clavar con delicadeza en los últimos anillos del cuerpo del bichito, cerca de la cola. Para utilizarlos en campaneo, la línea flotante ha de constituirse mediante la técnica típica. A falta de bichillos, se pueden usar otras larvas acuáticas que también dan buenos resultados.

△ Pequeños bétidos.

– Las lombrices

Como la perca tiene una boca pequeña, la lombriz de tierra roja, de pequeñas dimensiones, conviene mucho más que la lombriz grande. Resulta fácil de encontrar, incluso en las tiendas de artículos de pesca. Debe ser clavada en un anzuelo simple del n° 12 al n° 14, a ser posible de hierro y de tija larga. Se puede optar por unos anzuelos del tipo trucha, con una lombriz enhebrada en dos tercios del anzuelo. También se

△ Lombriz de tierra.

puede usar el anzuelado clásico de los pescadores al coup, con una lombriz clavada dos veces, a una altura cercana a la zona central. Es excelente para el campaneo y muy útil en la línea flotante.

– Los cebos vivos

En este caso, dada la boca y la envergadura de la perca, sólo nos interesan los cebos vivos más pequeños. El gobio, fácil de pescar y conservar, resulta un cebo ideal. A veces, los alevines de pececillos blancos son mejores, sobre todo a finales de verano y principios de otoño, cuando se producen las famosas cacerías de la perca. La máxima dificultad reside en la obtención de estos cebos. Con una línea de pesca al coup ultrafina y ligera y anzuelos minúsculos del n° 24 ó n° 26, siempre es posible…, pero lo ideal es pescarlos con red (un salabre de malla fina o un cuadradillo) en un estanque privado. Y es que no hay que olvidar que la pesca a la red se considera furtiva en aguas libres. El cebo vivo se puede utilizar en el campaneo, pero es más interesante utilizarlo para la línea flotante y la cremallera, y, ocasionalmente, para la pesca con pececillo muerto (dirigida a las piezas más grandes).

▽ Las actuales técnicas de pesca a la inglesa permiten pescar la perca con cebo vivo con una gran delicadeza.

• Los aparejos

– El campaneo

El plomo, de balín o de diversas caras, niquelado para que brille más en el agua, se sitúa en el extremo de la línea. Las dos hijuelas, muy cortas, se desvían por encima del plomo. La primera puede colocarse directamente en el plomo, para de esta manera aprovechar la atracción que ejerce sin obstáculos.

Sin embargo, este aparejo puede producirnos algún problema durante la veda del lucio. En este caso, es preferible evitar los plomos brillantes y los movimientos demasiado rápidos, ya que podría convertir el aparejo y el cebo en señuelo (algo que la ley prohíbe totalmente).

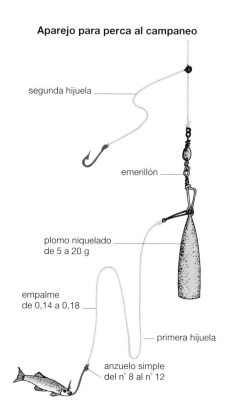

Aparejo para perca al campaneo

– La línea flotante

Hay que enhebrar un flotador, deslizante si es preciso, en la línea de 0,14 ó 0,16 del carrete (se puede elegir entre los modelos previstos para la pesca a la inglesa, más sensibles que los de los depredadores clásicos) si se ha de pescar a más de 3 ó 4 m de agua. La plomada puede ser espaciada (pequeños perdigones) o concentrada (una larga oliva que, si es necesario, podemos raspar con el cuchillo para hacerla

más atractiva). El bajo de línea de nailon, hilo trenzado o kevlar, debe ser más fino (o menos resistente, en el caso de estos dos últimos materiales) que el cuerpo de línea. La medida del anzuelo, del n° 6 (cebo vivo) al n° 12 (insectos), debe adaptarse al cebo utilizado.

Aparejo para perca al campaneo adaptado a los lugares con más obstáculos

Aparejo para perca a la línea flotante (con alevín)

△ *Las cucharillas giratorias del n° 0 y n° 1 siguen siendo trampas mortíferas para la perca. En verano, podemos pescar en los montículos de hierbas y, en invierno, cerca de los márgenes.*

– El aparejo de cremallera

Se sitúa una larga oliva sobre la línea de 0,16 ó 0,18 del carrete, previamente raspada con una lámina de cuchillo. Esta oliva ha de tener como tope un emerillón con un nudo forrado de silicona. El bajo de línea, un 0,02 más fino, llevará un anzuelo del n° 6 al n° 8 invertido. El anzuelo ha de atravesar las fosas nasales del alevín, aunque algunos especialistas recomiendan matarlo y pasar el anzuelo por los ojos. Ello permite una mayor actividad del cebo, prácticamente sin tiempos muertos, ya que se trata de un pececillo sin vida.

LA PESCA AL LANZADO

La perca, muy diseminada, curiosa, agresiva y no demasiado reflexiva, constituye un pez idóneo para la pesca al lanzado.

La mejor estación para practicar el lanzado es el verano, ya que, en esta época, la perca se encuentra en su mejor forma y pasa el tiempo deambulando o cazando. Sin embargo, en invierno los señuelos pueden proporcionarnos grandes ejemplares, siempre y cuando insistamos cerca de los márgenes o de los lugares apropiados.

• La pesca con cucharilla

Por una vez, y más tratándose de depredadores, los señuelos pequeños son los más adecuados. En el caso de las cucharillas giratorias, se debe elegir el n° 0 ó n° 1. Si se trata de cucharillas ondulantes, se necesitan unas paletas minúsculas. Éstas son, a veces, difíciles de encontrar, pero existen en las gamas de la marca Mepps, por ejemplo. En nuestro repaso de las cucharillas de paleta ligera se deben mencionar las Divina de Ragot. Si se realiza una recuperación lenta, la paleta tiene una rotación vacilante pero, si se acelera, tiende a alargarse y su giro se vuelve más rápido y regular. Así pues, son unas cucharillas manipulables, activas en las fases de relajación (por su cabeza plomada), que funcionan muy bien con la perca.

– En verano

Es necesario realizar grandes desplazamientos para encontrar a la perca. Se debe empezar siempre realizando algunos lanzados en abanico, seguidos de recuperaciones próximas a la superficie. Si no pican, retomaremos los lanzados en abanico a una profundidad media. Si aun así no se produce ninguna reacción o picada y ningún pez sigue la cucharilla, deberemos cambiar de emplazamiento. Por regla general, podemos confiar en los señuelos de rotación bastante rápida y parpadeante.

△ Los señuelos ligeros tipo vinilo o del tipo hoz, colocados sobre una cabeza plomada, muestran idéntico resultado tanto si se realiza el lanzado o el campaneo.

– En invierno

La elección del señuelo tiene poca importancia, ya que lo más importante es la forma de pescar. Se debe lanzar con precisión para que el señuelo caiga justo a algunos centímetros de la orilla o del obstáculo. A continuación, se han de efectuar varias pasadas sobre el mismo lugar, pero a distintos niveles, recuperando con lentitud y variando continuamente la velocidad. Al mismo tiempo, se han de multiplicar las pausas y los cambios de dirección. Se ha de probar con insistencia en cada

puesto ya que, en invierno, las percas reaccionan con lentitud, aunque tengan mucho hambre.

• La pesca con señuelos ligeros

Los señuelos ligeros son muy útiles para el pescador de perca, porque se activan al más mínimo desplazamiento y se adaptan a la perfección a las variaciones de velocidad y a los cambios de dirección. Para completar los aparejos necesitaremos: una pequeña lombriz de vinilo (pikie), una Vitala, una Shad con cabeza plomada o incluso una Pisciflex.

– En verano

Se ha de pescar en todos los emplazamientos posibles e incluso en medio del agua, situando el señuelo a media altura. A continuación, encadenaremos los golpes de la puntera para hacer que el señuelo se suelte. Estos mo-

△ Un señuelo ligero muy eficaz: el pikie.

vimientos se combinarán con cambios de dirección intercalando pausas que siempre efectuaremos con la caña alta, y que frenarán el señuelo.

– En invierno

Se debe pescar a ras de fondo, efectuando los mismos movimientos, aunque de forma más lenta, insistiendo a veces en un mismo lugar, sin recuperar hilo. Si nos centramos en despertar la agresividad de la perca, ésta acabará por decidirse.

• La pesca con pececillo nadador

Sólo los pececillos nadadores de 3 cm de largo, bastante raros, resultan útiles para la perca. Los modelos flotantes son convenientes en verano, mientras que en invierno los sumergibles convienen más, ya que, entonces, se debe pescar a ras de fondo.

Para mover el señuelo, se han de alternar los momentos de recuperación más o menos rápidos con pausas, todo

---

CÓMO APROVECHAR LAS GRANDES CACERÍAS

Cuando se detecta una cacería, hemos de colocarnos a una distancia de lanzado de unos 15 m y peinar la zona en abanico si no se produce ningún movimiento. Si la caza continúa, hay que lanzar al centro del movimiento. Aunque las percas suelen dirigirse a una presa en concreto, siempre hay alguna que no tiene una presa identificada o que cede a la tentación de las minicucharillas, los señuelos ligeros o el *streamer* que estemos empleando. Todos los señuelos pueden dar resultados durante una cacería, aunque los ligeros del tipo vírgula y la cucharilla Aglia n° 1 presentan una superioridad indiscutible. Si los señuelos no funcionan, podemos probar con la pesca al coup, con una sencilla línea. El mejor cebo es el gusano de cieno, seguido del gobio vivo y las larvas acuáticas (un tanto frágiles).

Para explorar los alrededores del cazadero, hay que bajar a 2 m del fondo, incluso más, si las picadas se retrasan. De todos modos, incluso pescando al lanzado, siempre es prudente dejar al arrastre en la popa de la embarcación una o dos líneas con cebo vivo que pesquen en plena corriente o a más profundidad. La primera, de kevlar o nailon, ha de tener un aparejo con gobio a media altura y servirá para capturar una perca grande. La segunda, de acero y rematada con una perca, operará a mayor profundidad y se dirigirá a las piezas grandes que se desplacen a esta altura.

ello acompañado con movimientos de la puntera y cambios de dirección. En cuanto a la técnica, es idéntica a la de la pesca con cucharilla.

LA PESCA A LA MOSCA

Por su reducido tamaño, la perca permite que utilicemos un material clásico de pesca de trucha a la mosca. Basta con situar una hijuela en el bajo de línea (igual que con la mosca ahogada), donde colocaremos un segundo señuelo. En este caso, podemos elegir entre pequeñas ninfas sencillas de gran colorido y brillantes (mediante algunas hebras de color o un cuerpo bien relleno), pequeños *streamers* más sugerentes, tetinas de plástico de colores (también empleadas en la pesca con gamba en el lago), señuelos ligeros minúsculos (vinilos ensartados en anzuelos de anilla) o un anzuelo de mosca normal, cubierto con un faldoncillo de aluminio doméstico. El factor principal es sobre todo la propia pesca, que sólo será eficaz si se pasea a la mosca cerca de un grupo de percas o en mitad de una de estas cacerías que agitan la superficie a principios de otoño.

Asimismo, se deben ejercer una serie de sacudidas a las moscas para que se aceleren bruscamente y frenen muy rápido, como si fueran alevines atemorizados. La picada, violenta, nos obligará casi siempre a tirar. De todos modos, para asegurarnos la presa, podemos realizar un giro de muñeca.

LAS TÉCNICAS PARA LA PERCA

• La gamba

Se ha de colocar un plomo de balín o de varias caras, niquelado en el extremo de la línea del carrete, de 0,20 a 0,25. Por encima, se han de situar los anzuelos desviados en las hijuelas, que llevarán una tetina de caucho (los biberones típicos de los pescadores suizos y saboyanos) o unos miniseñuelos ligeros de vinilo.

El movimiento que se debe imprimir al señuelo, próximo al campaneo, se resume en grandes tirones interrumpidos con pausas para recuperar el hilo excedente, efectuados de forma transversal, directamente hacia el cazadero. Existen zonas donde tan sólo se permite utilizar dos anzuelos; sin embargo, algunos grandes lagos gozan del estatus de grandes lagos interiores (de acuerdo con una normativa particular, definida por las administraciones locales), donde se autoriza un mayor número de anzuelos y, por lo tanto, de hijuelas para nuestras gambas. Es necesario informarse bien en las correspondientes federaciones de pesca de las regiones en que se desarrolle la actividad piscatoria.

• La pesca con pececillo de estanque

La pesca con pececillo de estanque puede practicarse también con señuelos de campaneo más modernos, incluso señuelos ligeros colocados sobre una cabeza plomada. El objetivo, en este caso, se centra en despertar la agresividad de la perca, con un movimiento del señuelo más dinámico.

Moscas para la perca creadas por J. P. Goutte-Quillet.

Se debe abrir el carrete y dejar suelto el señuelo. El contacto con el fondo nos viene indicado por la distensión del hilo. Entonces, se trata de recuperar el sedal hasta que la puntera se encuentre a 30 ó 40 cm de la superficie. A continuación, se debe subir la caña más de un metro y realizar un fuerte tirón. En este momento, el señuelo se debe dirigir hacia abajo, para que vuelva al fondo planeando. Para hacerlo correctamente, hay que realizar este movimiento un instante antes de que el pececillo de estanque alcance el fondo.

Esta técnica es muy eficaz en invierno y da aún mejores resultados en época de heladas prolongadas, que hacen bajar el nivel del agua y la vuelven más clara que en pleno verano. El único inconveniente reside en que las percas se capturan, con frecuencia, por la cabeza o el cuerpo, y no sólo por la boca, ya que los pececillos de estanque reaccionan, a veces, de un modo sorprendente. Debemos seguir la normativa legal, que nos impone liberar las presas que no hayan picado por la boca.

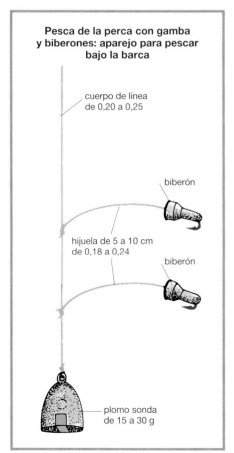

Pesca de la perca con gamba y biberones: aparejo para pescar bajo la barca — cuerpo de línea de 0,20 a 0,25; biberón; hijuela de 5 a 10 cm de 0,18 a 0,24; biberón; plomo sonda de 15 a 30 g

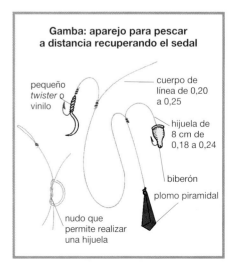

Gamba: aparejo para pescar a distancia recuperando el sedal — pequeño *twister* o vinilo; cuerpo de línea de 0,20 a 0,25; hijuela de 8 cm de 0,18 a 0,24; biberón; plomo piramidal; nudo que permite realizar una hijuela

EL SILURO

El siluro, este enorme pez bigotudo, gran luchador y con forma de serpiente, que inspira el temor de unos y la veneración de otros, no deja indiferente a nadie. Desde hace ya 15 años este enorme «gato» da mucho que hablar, ya sea de forma fantasiosa, cuando se habla de caniches o incluso niños tragados por este «ogro de agua dulce»..., o de manera mucho más seria e interesante, cuando las revistas especializadas se hacen eco de capturas, hoy en día muy fecuentes, de grandes siluros.

El siluro tiene una cabeza muy especial... Cuatro bigotes cortos bajo la mandíbula inferior y dos largos encima de la mandíbula superior. ▽

UN MONSTRUO LLEGADO DEL ESTE

Originario de la bahía del Volga (Rusia), se supone que el siluro ha vivido en el este de Francia (Rin, Doubs) desde hace mucho tiempo. Si es así, resulta difícil explicar que este pez se pesque desde hace sólo quince años. Las pruebas más recientes que se poseen sobre las introducciones «oficiales» de este pez en aguas francesas se remontan a finales del siglo pasado. Algunos piscicultores del Alto Rin, instalados junto a la frontera alemana, intentaron criarlos en un estanque.

En la década de los cincuenta, algunos particulares lo introdujeron en sus aguas. Es casi seguro que, a causa de unas fuertes precipitaciones, algunos siluros fueran a parar al Rin, al Doubs, al Saona y, más tarde, al Ródano y al curso bajo de la mayor parte de sus afluentes.

Hoy en día, lo encontramos en muchos lagos que no comunican con ningún río donde pueda vivir, como el lago de Saint-Cassien (Var), donde se capturó un ejemplar de alrededor de 100 kg y 2,37 m de largo en 1985.

Todos estos datos prueban que las introducciones clandestinas son más corrientes de lo que se comenta.

En España está presente en aguas del Ebro desde finales de los setenta, sobre todo en la zona de Mequinenza-Ribarroja, donde se vieron los primeros ejemplares, y más tarde en el embalse de Mequinenza. De un modo furtivo y por lo tanto ilegal, el siluro se ha introducido en otras cuencas y ríos (en Aragón y Cataluña), donde está en fase de adaptación. En la actualidad, se encuentran siluros de 70 kg, incluso se han localizado algunos que han superado los 90 ó 100 kg.

¿DÓNDE SE ESCONDE?

Especie que habita en la mayoría de afluentes del Mar Negro y del Caspio (Danubio, Volga), el *Silurus glanis* abunda en casi todos los países de Europa del Este (Rusia, Polonia, Bulgaria, Rumanía, Chequia, Eslovaquia, ex Yugoslavia). También se encuentra en Turquía, en los países escandinavos y en el Reino Unido.

En Francia, la mayoría de los ríos albergan poblaciones grandes y equilibradas, ya que en el Saona, el Seille, el Ródano, el Doubs, el Loira y el Sena se capturan ejemplares de 3 a 60 kg. Se espera que, a corto plazo, los cursos bajos de la mayoría de afluentes de estos ríos (con un mínimo de 15 metros de ancho) y los lagos que comunican con dichos ríos, acaben poblados de siluros.

Hace tan sólo 15 años que se realiza la pesca del siluro y se estima que en un futuro próximo su captura (sobre todo ejemplares de 20 a 30 kg) se convertirá en una actividad muy común.

Los especialistas que han estudiado el comportamiento de este pez coinciden en afirmar que para capturar tan sólo unos cien siluros por año, incluso en un vasto tramo de un gran río, se requiere una densidad de población determinada. Si tenemos en cuenta que los ríos Saona, Seilla, Ródano y, desde hace poco, el Loira, muestran unas poblaciones importantes, es fácil augurar un prometedor futuro para este singular «bigotudo».

Algunos científicos avanzan la hipótesis de una modificación de la estructura externa del huevo que, con el tiempo, aumentará de forma sensible el potencial reproductor de nuestro pez. Quizás las dificultades que viven la mayoría de los depredadores, ante el deterioro de muchos hábitats (y la proliferación del pececillo blanco que esto comporta), benefician el desarrollo del siluro.

Éste es un ejemplo claro de cómo se realiza la ocupación de un nicho ecológico vacante.

UNO DE LOS PECES MÁS GRANDES DE AGUA DULCE

El siluro, que se parece un poco al pezgato, no debe ser confundido con este indeseable pez .

Su cuerpo es alargado, cubierto de una piel con mucus abundante que recuerda a la anguila. Los flancos, con vetas tostadas y verdosas, contrastan con su vientre casi blanco.

Es un buen nadador que posee unas aletas muy desarrolladas, sobre todo la caudal y la anal, que rodea casi la mi-

△ Un siluro de 1,65 m y 35 kg capturado con cucharilla ondulante en Mequinenza (España).

tad del cuerpo y le permite realizar fuertes arranques.

Aunque sólo se vea una vez en la vida, nunca se olvida la cabeza del siluro, que es plana, surcada por una gran boca, y con dos minúsculos ojos y seis bigotes. Cuatro de esos bigotes se sitúan bajo la mandíbula inferior, mientras que los otros dos, más largos, nacen sobre la mandíbula superior, por encima de la comisura de los labios. Estos grandes bigotes son unos detectores y palpos de una gran sensibilidad, que permiten al siluro cazar en plena noche y en aguas muy turbias. La mandíbula inferior del siluro es una «sólida lima» que deja pocas opciones a las presas para huir.

• Un pez de la sombra

El siluro no es muy exigente en cuanto a su hábitat. Se suele encontrar en los grandes lagos y ríos de aguas turbias, que presentan una alternancia de zonas bastante profundas y sectores cubiertos con árboles muertos, islotes y obstáculos diversos, con una población de pececillos blancos abundante. El siluro es un lucífugo que pasa gran parte del día en el fondo de una poza, oculto entre las maderas sumergidas o bajo las raíces de los ár-

boles que se encuentran bajo el agua. Cuando oscurece, al final del día o cuando el tiempo está nublado, este pez sale de su refugio y busca los lugares más resguardados y poco profundos para cazar.

• Una alimentación variada

La dieta del siluro es bastante variada y se compone de rutilos comunes, bremas, tencas, cangrejos de río, ranas, y, si se da el caso, algún pequeño mamífero acuático o alguna polla de agua.

Los siluros presentan una gran actividad desde abril hasta octubre, con un ligero descenso durante la época de más calor. Durante el invierno, se desplazan menos y tienden a reunirse en grandes grupos en las pozas de más de diez metros de profundidad.

A la mayoría de aficionados a la pesca, así como a las autoridades relacionadas con esta actividad, les desagrada el desarrollo del siluro en nuestras aguas, ya que creen que su apetito voraz puede poner en peligro la población de los ciprínidos. Se trata de un argumento no demasiado válido, ya que el siluro sólo coloniza las aguas que contienen alimento suficiente. En la naturaleza, no hay ejemplos de proliferación de una especie depredadora sin que se dé paralelamente una abundancia de presas que permita su desarrollo.

En la mayoría de aguas europeas, a la lucioperca europea, la perca y el lucio les falta todavía mucho para poder regular la gran cantidad de pececillos blancos con los que conviven. Además, los trabajos científicos de los investigadores de Europa del Este, Vasarmelyi y Popova, centrados en el estudio del contenido estomacal de más de cien peces, han evidenciado un consumo anual de unos 2 kg de pescado por kilo de depredador, lo que equivale a la ración de una lucioperca europea.

Por último, frente a la situación actual (bastante preocupante) de los depredadores, el siluro representa una buena alternativa para el desarrollo de pesca deportiva.

• Una reproducción tardía

El siluro, que alcanza su madurez sexual a los 4 ó 5 años en el caso de la hembra, y a los 3 ó 4 años en el del macho, se reproduce entre mayo y julio, siempre y cuando la temperatura del agua oscile entre los 23 y 25 °C y no descienda por debajo de los 18 °C durante la noche. El cortejo tiene lugar cerca de los márgenes llenos de obstáculos, raíces o vegetación acuática, donde el macho prepara una especie de nido con su cola. Los huevos (alrededor de 30.000 por cada kilo de hembra) son expulsados sobre este lecho y fecundados por el macho.Están provistos de una cobertura adherente, que provoca que se fijen a las materias vegetales o leñosas. La eclosión precisa de unos 140 grados/día, es decir, 7 días en el agua a una temperatura media de 20 °C.

Al cabo de un año, el joven siluro mide unos veinte centímetros. Después, en función de los recursos de su hábitat, alcanzará 1 m de longitud en seis u ocho años, así como un peso de 7 a 10 kg. En la mayoría de países en que vive, el siluro puede llegar a medir de 2 a 2,3 m y a pesar de 50 a 70 kg. Los ejemplares de 3 a 4 m que pesan de 150 a 200 kg viven en Rusia y en algunos países limítrofes. El récord, un ejemplar de más de 300 kg, se ha capturado en el río Dniéper.

En Francia, dentro de poco se pescarán siluros de un centenar de kilos, sobre todo en el curso inferior de ríos como el Loira o el Ródano, que son remontados por grandes bancos de mújoles.

• El futuro del siluro

El siluro se ha establecido en la mayor parte de los ríos europeos, así como en los cursos bajos de muchos

Un siluro de tamaño mediano. Algunos ejemplares pueden alcanzar los 4 m. ▷

afluentes. Así pues, dejemos que la naturaleza siga su curso.

La disparidad de medidas de las capturas hace pensar que las poblaciones de *Silurus glanis* son equilibradas y que la reproducción natural es suficiente para garantizar el buen desarrollo de la especie. Su introducción en los lagos vírgenes requiere una serie de medidas previas.

La primera preocupación del administrador se reducirá a garantizar la abundancia de peces blancos, los únicos que pueden contribuir al buen crecimiento del siluro, sin que entre en una competencia alimentaria con otros depredadores. En este sentido, la introducción del siluro en estanques llenos de bremas y peces-gato puede ofrecer buenos resultados. Por otro lado, si el lago presenta fondos limpios y márgenes sin vegetación, procuraremos disponer de algunos árboles muertos cerca de las orillas y plantar hierbas que ofrezcan refugio a los siluros y faciliten su reproducción.

Al igual que otras especies, la introducción de grandes ejemplares no constituye la mejor solución. Es muy probable que un siluro de cierta edad haya desarrollado una adaptación a un biótopo en concreto y a una cierta cantidad de agua, y no pueda acostumbrarse al nuevo lugar. Sin embargo, la repoblación con alevines de unos 20 cm permitirá que los peces adapten su metabolismo a ese nuevo biótopo. La repoblación con alevines de algunos centímetros no está exenta de riesgos, como una depredación excesiva, sin embargo, el método da buenos frutos: la mayoría de las introducciones clandestinas (llevadas a cabo con éxito) se han realizado con alevines de 4 a 8 cm transportados en neveras.

LA PESCA CON CEBO VIVO

La pesca con cebo vivo es la que se utiliza más ante un pez depredador. Si ofrecemos a un siluro los alimentos vivos que componen su alimentación cotidiana se pueden obtener resultados muy positivos.

Contrariamente a lo que se piensa, el hecho de utilizar un cebo vivo de 1 kg no implica por sistema la captura de un gran ejemplar.

La ciencia y la experiencia de los pescadores han probado que los siluros, ya sean grandes o pequeños ejemplares, atacan con mayor frecuencia a pececillos de unos 15 cm. Los cebos que más se usan son los escardinos, los rutilos comunes, los cachos, las tencas y otros por el estilo.

• Un material robusto

El equipo de pesca ha de ser robusto. Existen modelos especiales concebidos para la pesca de este pez o cañas para carpa más potentes. Además, todo este material se adapta a la pesca con cebos naturales.

Una longitud de caña que oscile entre 3,3 y 3,6 m y cuya acción alcance las 3 ó 4 Lbs permitirá luchar con eficacia ante el siluro. Por otro lado, hay que asegurarse de que el carrete pueda contener alrededor de 200 m de hilo de 0,40 y que su funcionamiento y sistema de freno resulten infalibles. Los modelos provistos de freno de combate o de un dispositivo de desconexión, que permiten que el freno se

Cebo vivo a la línea flotante

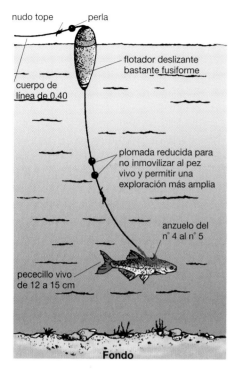

nudo tope perla

flotador deslizante
bastante fusiforme

cuerpo de
línea de 0,40

plomada reducida para
no inmovilizar al pez
vivo y permitir una
exploración más amplia

anzuelo del
n° 4 al n° 5

pececillo vivo
de 12 a 15 cm

Fondo

suelte en décimas de segundo, son muy útiles, ya que los primeros tirones del siluro son muy potentes.

• **Los aparejos**

Una línea flotante clásica, como se utiliza para el lucio (aunque sin bajo de línea de acero), rematada con un cebo vivo, puede dar grandes resultados. De todos modos, se puede reservar este método para aquellos emplazamientos menos profundos, que es donde se encuentra el siluro en la época de más actividad, sobre todo en primavera.

En cuanto al material, un flotador fusiforme, del tipo *controller*, opone menos resistencia al hundimiento que se produce durante la picada. Una plomada reducida es muy útil, por un lado, para no limitar los movimientos del cebo vivo, y, por otro, para permitir la exploración prolongada de la orilla o de los fondos de gran profundidad, lo que multiplica las posibilidades de encuentro con el pez. Además, es una táctica muy indicada cuando se comprueba que los siluros están cazando cerca de la superficie.

En las zonas de gran profundidad, como una poza de unos diez metros, es realmente muy complicado, si no im-

posible, guiar el cebo vivo hasta el lugar deseado mediante una línea flotante, cuya deriva resulta muy difícil de controlar.

• **La forma correcta de soltar un aparejo**

Si se dispone de una embarcación, es preferible soltar los aparejos en el lugar exacto en que se quiere pescar (más que lanzarlos desde la orilla). No sólo ganaremos precisión, sino que, además, nuestro cebo conservará su vivacidad inicial. En este caso, más que colocar un plomo en una hijuela, se debe rematar la línea con un enganche metálico sólido, al que se han de fijar dos pulseritas de caucho. En el momento de soltar el aparejo, cogeremos una piedra del tamaño de un puño, la sujetaremos a las gomas y dejaremos que el aparejo descienda hacia el fondo.

Por lo general, en el momento de la picada o al comienzo de la lucha, la piedra sale expulsada y la línea se libera durante la caída. Así, se disminuye el riesgo de enganche y la pesca resulta más agradable.

Lastre proyectable

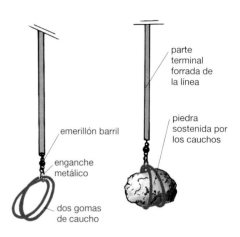

parte
terminal
forrada de
la línea

emerillón barril

piedra
sostenida por
los cauchos

enganche
metálico

dos gomas
de caucho

APAREJOS DE PATERNÓSTER

Se adaptan mejor al comportamiento de los siluros y presentan la incomparable ventaja de poder guiar el pececillo vivo a una distancia precisa del fondo y en el lugar deseado.

Estos aparejos, muy fáciles de realizar, ofrecen una buena presentación del pececillo vivo y pocas veces se enredan. Para ello, es imprescindible emplear un trocito de silicona (de 1 mm de diámetro), que haga más rígido el bajo del cuerpo de línea en el lugar en que se empalma con el aparejo. De esta forma, evitaremos que el cebo vivo se enrede a éste de forma sistemática. Un bajo de línea muy corto (de unos 30 cm) disminuye el riesgo de enredo.

En este caso, resulta muy adecuado forrar el extremo de la línea madre, aproximadamente un metro, de forma que el bajo de línea se intercale a unos 60 ó 80 cm por encima del fondo. El plomo que remata el aparejo aumentará su eficacia, si se sitúa en una hijuela (nailon de 0,25) para liberar la línea en caso de que se trabe.

El aparejo de paternóster puede utilizarse sin accesorios cuando pescamos en vertical desde una embarcación o cerca de una hoya muy profunda.

Una posición en alto de la caña permite crear un ángulo, lo más recto posible, y asegurar así el avance del cebo vivo por encima del fondo.

Paternóster simple

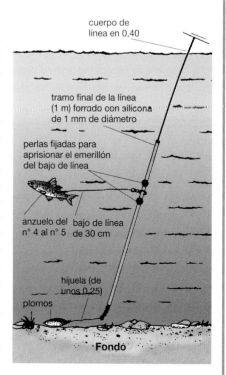

cuerpo de
línea en 0,40

tramo final de la línea
(1 m) forrado con silicona
de 1 mm de diámetro

perlas fijadas para
aprisionar el emerillón
del bajo de línea

anzuelo del
n° 4 al n° 5

bajo de línea
de 30 cm

hijuela (de
unos 0,25)

plomos

Fondo

Paternóster con flotador

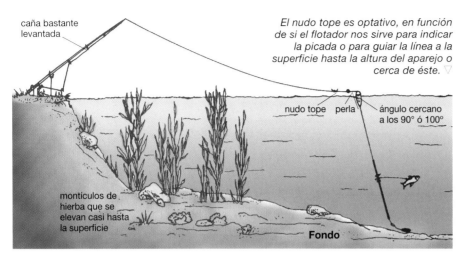

caña bastante levantada

El nudo tope es optativo, en función de si el flotador nos sirve para indicar la picada o para guiar la línea a la superficie hasta la altura del aparejo o cerca de éste. ▽

nudo tope   perla

ángulo cercano a los 90° ó 100°

montículos de hierba que se elevan casi hasta la superficie

Fondo

• Los emplazamientos para el siluro con cebo vivo

El siluro ocupa cazaderos opuestos en función de la hora del día y la estación. En pleno día y desde octubre a marzo, se pueden encontrar siluros en las proximidades de las hoyas profundas o en los sectores llenos de obstáculos, aunque los fondos no superen los 3 ó 4 m. La exploración meticulosa, con un plomo lanzado con caña, nos permite apreciar el tipo de fondo (limpio, herbáceo o recubierto de restos vegetales...), así como los lugares más pro-

Anzuelos del cebo vivo tipo *hair*

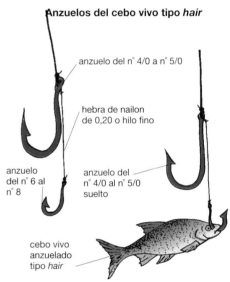

anzuelo del n° 4/0 a n° 5/0

hebra de nailon de 0,20 o hilo fino

anzuelo del n° 6 al n° 8

anzuelo del n° 4/0 al n° 5/0 suelto

cebo vivo anzuelado tipo *hair*

Por el contrario, es preferible usar un flotador en las zonas de poca profundidad, cuando la línea entra en contacto con los montículos de hierbas u obstáculos diversos y, en general, cuando pescamos desde la orilla.

Si usamos el flotador como un indicador de la picada, se debe efectuar una meticulosa exploración para colocar el nudo tope de manera que bloquee el flotador en función de la profundidad del lugar.

Por el contrario, si pescamos con el *pick up* abierto (con tirón retardado), el flotador sólo servirá para guiar la línea hasta la altura del aparejo.

• La elección del anzuelo correcto

Se ha de elegir un anzuelo apropiado, que resista la dureza de la boca del siluro. La popera de tres anzuelos, si bien tiene tres brazos que, en teoría, permiten una mejor picada, no es la más indicada en este caso, ya que la mayoría de modelos no son lo suficientemente afilados. Además, si dos de los brazos del anzuelo se clavan en las dos mandíbulas, nos costará mucho pescar el pez por la boca.

Un anzuelo simple, de una gran solidez y poder de penetración, del n° 4/0 ó n° 5/0, resulta mucho más conveniente. El anzuelo puede clavarse en la boca, la espalda o cerca de la cola del cebo vivo. Sin embargo, este tipo de anzuelo con demasiado hierro disminuye las cualidades del cebo vivo y lo hace menos atractivo para el pez.

El anzuelo del sistema *hair*, muy apreciado por el pescador de perca,

ofrece la solución más apropiada desde varios puntos de vista. Se ha de pasar una hebra por el ojal del anzuelo n° 4/0 ó n° 5/0, en cuyo extremo se ha de anudar un anzuelo del n° 6 al n° 8. Éste último, menos cargado de hierro, nos permitirá sujetar al cebo sin destrozarlo y conservarlo activo durante más tiempo. Sin ningún obstáculo, el anzuelo principal será mucho más eficaz. Este tipo de anzuelo se adapta muy bien si tiramos justo después de la picada, lo que evita que el siluro se sitúe a demasiada profundidad (además de picar nueve de cada diez veces).

Anzuelos tradicionales de un cebo vivo

anzuelo del n° 4/0 al n° 5/0

Anzuelo en la boca. △

Anzuelo en el dorso. △

▽ *Anzuelo cerca de la cola.*

fundos. Asimismo, y cuando no nos encontremos pescando (ya que la ley lo prohibe), nos podemos ayudar con una ecosonda, que nos informará con mayor precisión y facilidad sobre el perfil del fondo.

En las proximidades de obstáculos o en la pendiente de los sotos abruptos (que tapan la luz y son poco frecuentados) también se puede tender una línea en su parte más profunda. En estas condiciones, el aparejo paternóster es el más adecuado para pescar con cebo vivo. Si pescamos con ayuda de tres cañas, multiplicaremos nuestras posibilidades explorando tres tipos de emplazamiento concretos. Por ejemplo, el primer aparejo se puede situar al fondo de la hoya, el segundo cerca de los mayores obstáculos y el tercero en un punto intermedio de la cuesta en declive más suave que lleve a la hoya. En pleno invierno, los siluros forman bancos bastante grandes. En este caso, si se acerca los aparejos

UNA DIETA DE GUSANOS Y SANGUIJUELAS

El siluro no tiene unos gustos demasiado refinados y su alimentación es tan variada que cualquier cosa viva puede atraer su atención. Los gusanos y sanguijuelas no son una excepción, y se encuentran presentes en su dieta. Pero, cuando se pesca a ras de fondo o justo por encima, el principal defecto de estos cebos reside en su falta de atractivo. Además, en muchas ocasiones, la vegetación o restos diversos camuflan estos cebos de manera parcial o total. Una posible solución a este problema, inspirada en métodos carpistas, consiste en una presentación llamativa del cebo en el fondo, de forma que pueda moverse en libertad en el agua. La técnica se basa en la sujeción de una hebra en la curvatura del anzuelo del n° 4/0 ó n° 5/0 del bajo de línea. A continuación, se ensarta en la hebra una bola de poliestireno de 12 a 15 mm de diámetro y, justo después, un anzuelo del n° 2 al n° 4. Los gusanos o sanguijuelas clavadas a este último anzuelo se mantienen por encima del fondo por la flotación de la bolita de poliestireno. El bajo de línea requiere un tope para regular la altura correcta del movimiento de los cebos, de unos 50 a 80 cm por encima del fondo, ya que se encuentra vinculado a una plomada deslizante.

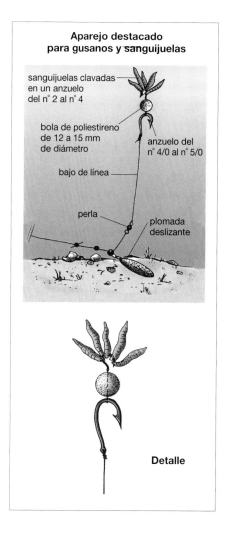

Aparejo destacado para gusanos y sanguijuelas

sanguijuelas clavadas en un anzuelo del n° 2 al n° 4

bola de poliestireno de 12 a 15 mm de diámetro

anzuelo del n° 4/0 al n° 5/0

bajo de línea

perla

plomada deslizante

Detalle

◁ *Se puede tentar al siluro con casi todo tipo de cebos naturales.*

al lugar donde se produce la primera picada, existen muchas probabilidades de éxito.

En la época de las crecidas, de abril a junio y, en menor medida, de julio a septiembre, la actividad alimenticia del siluro se incrementa al alba y al atardecer (en Francia, la pesca nocturna del siluro está prohibida), y los cazaderos donde antes era posible localizarlo, cambian por completo. Con frecuencia, se encuentra oculto cerca de los obstáculos y la vegetación acuática.

El estudio de las características de la orilla desempeña una importante función en la búsqueda del siluro. Así, los recodos, las marcadas rupturas de la orilla, los tramos situados aguas abajo tras las terrazas, la contracorriente… y todas aquellas zonas propicias a los peces blancos, pueden indicar la presencia de un siluro escondido. En general, el alba ofrece algunas oportunidades de pesca, pero una hora después de la salida del sol (a veces, menos) este pez fijará su posición en el fondo para hacer la digestión y dormir unas horas. Reanudará su actividad a primeras horas de la tarde y dos horas antes del anochecer, lo que nos permitirá localizar las zonas donde caza. Una de las tácticas que mejor resultado ofrece, consiste en distribuir nuestros aparejos cerca de las grandes concentraciones de ciprínidos, eligiendo los lugares menos profundos a medida que avance la noche. A este respecto, surcar un recodo lleno de peces blancos constituye una estrategia casi siempre infalible.

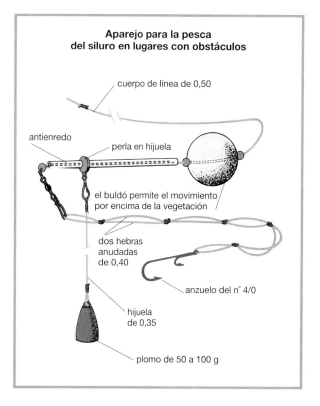

Aparejo para la pesca del siluro en lugares con obstáculos

cuerpo de línea de 0,50

antienredo

perla en hijuela

el buldó permite el movimiento por encima de la vegetación

dos hebras anudadas de 0,40

anzuelo del n° 4/0

hijuela de 0,35

plomo de 50 a 100 g

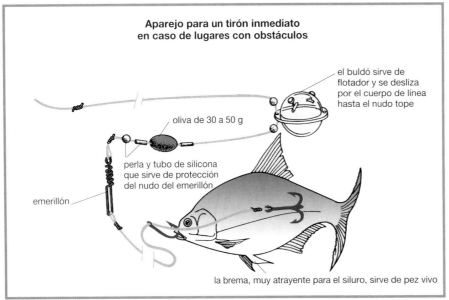

**Aparejo para un tirón inmediato
en caso de lugares con obstáculos**

el buldó sirve de flotador y se desliza por el cuerpo de línea hasta el nudo tope

oliva de 30 a 50 g

perla y tubo de silicona que sirve de protección del nudo del emerillón

emerillón

la brema, muy atrayente para el siluro, sirve de pez vivo

La cucharilla ondulante es muy apreciada por los pescadores de siluro. El tamaño ideal oscila entre 8 y 10 cm. ▽

LA PESCA CON SEÑUELOS

Si bien puede utilizarse un carrete para la pesca con cebo vivo en la técnica de los señuelos, la caña ha de ser más corta. Un modelo de unos 3 m y una acción de 3 a 3,5 Lbs, para pescar desde la orilla, o de 2,8 m para pescar desde una embarcación, con una acción semiparabólica, permitirá lanzar sin dificultad 15 g y enfrentarse a grandes piezas.

• Las cucharillas ondulantes y los señuelos ligeros

Se pueden utilizar todo tipo de señuelo para la pesca del siluro, pero los pececillos nadadores y las cucharillas giratorias no figuran en la primera elección. En cambio, las cucharillas ondulantes y los señuelos ligeros merecen toda nuestra atención, ya que los tipos de movimiento que dichos accesorios producen se adaptan a la perfección a la búsqueda eficaz del siluro.

Igual que con el cebo vivo, se han de evitar señuelos de gran tamaño. Las cucharillas ondulantes de 8 a 10 cm, de un peso de 12 a 18 g, pueden resultar ideales, sobre todo cuando el color dominante es el plateado, a veces realzado con algunos motivos rojos. De hecho, se trata de señuelos que se reservan para la pesca del lucio. Hay que tener presente que el grado de sofisticación que alcanzan los sistemas de detección de estas cucharillas es tal, que los siluros de 2 m las atacan con frecuencia

Thomas Flaüger, especialista en esta técnica, está convencido de que, cuantos más años tienen los siluros, más capaces son de percibir las ondas más ligeras que se producen en el agua. La experiencia parece demostrar esta hipótesis, ya que los pequeños señuelos atraen con frecuencia a los grandes siluros.

Los señuelos ligeros, que se adaptan a una recuperación más lenta, incluso sin moverse del sitio, apenas se usan desde la embarcación y se reservan para los emplazamientos más profundos, que precisan de una exploración muy metódica.

△ Señuelo ligero y cucharilla ondulante: dos señuelos excelentes para el siluro. Debemos procurar que sean sólidos y bien afilados.

• La pesca con señuelos

La pesca con señuelos, que se practica en los mismos lugares que la pesca con pez vivo, debe realizarse durante los periodos de actividad prolongada del siluro, que se producen de abril a septiembre. También es importante recordar los puestos de profundidad media y muy profundos.

Caracterizada por ser una práctica que requiere movimiento, la pesca al lanzado permite cubrir una vasta superficie y hacer que el señuelo se mueva, probando diferentes profundidades. En este momento, la recuperación y el movimiento adquieren toda su importancia. Así, se han de realizar pequeñas sacudidas, interrumpidas por descensos planeados de la cucharilla ondulante, que se han de hacer más campaneadas en el caso del señuelo ligero.

Al caer la noche, y sobre todo si observamos actividad de caza, se debe insistir a lo largo de los montículos de juncos, en los árboles parcialmente sumergidos, sobre los fondos profundos y junto a los islotes, aunque la profundidad del agua no sea superior a 1 m.

En muchas ocasiones, el siluro reacciona ante el paso del señuelo con una violenta picada, sobre todo en los grandes remolinos que suelen producirse en estos lugares.

El señuelo ligero ofrece excelentes resultados. ▽

• Un paseo en la oscuridad

El siluro es un pez que muestra una especial vitalidad por la noche. Aunque desarrolla cierta actividad durante el día, sobre todo al caer la tarde, le gusta desplazarse en la oscuridad. Su técnica de caza no se basa en la visibilidad. En ciertos países donde es posible pescarlo de noche, se constata un incremento de picadas muy superior al resto del día.

Así, en las zonas de pesca de nuestro país, donde en ocasiones es posible escuchar sus movimientos durante la noche, la caza se manifiestan en un gran alboroto acuático, casi inquietante.

Sin embargo, las señales vibratorias emitidas por un señuelo o un cebo vivo son lo suficientemente potentes como para mantener la misma eficacia en pleno día que de noche. En Francia, por el momento, hay que contentarse con el ruido de sus espectaculares cazas, a excepción de los lagos privados, donde la práctica de la pesca nocturna es posible.

LA PESCA CON PEZ MUERTO INSERTADO

Situado a medio camino entre el cebo vivo y el señuelo, el pez muerto insertado constituye una técnica que se puede practicar con el equipo requerido para la pesca con señuelo. Resulta ideal para la exploración de las grandes pozas, sobre todo durante los meses fríos. Asimismo, mejora sus resultados si se practica desde una embarcación, lo que ofrece la posibilidad de provocar un movimiento en el cebo

---

EL COBRO DEL SILURO

No existe salabre alguno que se adapte al tamaño, a menudo, grandioso del siluro. Un gran modelo (para carpa) sólo permitirá el cobro de un pez de 1,20 a 1,30 m. En cuanto al gancho, un instrumento que pertenece a otra época, no resulta muy recomendable. Así pues, un siluro se captura a mano, tomando ciertas precauciones. En la medida de lo posible, es recomendable actuar en grupo, sobre todo si pescamos desde una embarcación: capturar nuestro primer siluro con la mano, solos, resulta muy complicado. Debemos estar siempre acompañados de algún amigo, que conozca bien la técnica. Hay que prever siempre un par de guantes y algunos trozos (de 3 a 4 m) de cuerda de 10 a 15 mm de diámetro. Al final de la lucha, cuando el siluro se encuentra agotado y aparece por la superficie con la boca abierta, hemos de fijarnos bien en qué parte de la boca se ha fijado el anzuelo (sobre todo si es triple). A continuación, debemos sujetar fuertemente la boca con la mano, mejor enguantada, para intentar levantar la cabeza del pez unos 20 cm, lo que en la mayoría de casos basta para inmovilizarlo. Entonces, hemos de deslizar uno de los cabos de cuerda entre el oído y las branquias y hacer un nudo que no se ajuste demasiado. Se deben evitar los nudos deslizantes, porque podrían dañar al pez.

▽ El cobro con la mano de un siluro ha de hacerse por la mandíbula inferior.

El siluro atrae cada vez a más pescadores por su gran tamaño (junto a estas líneas vemos dos peces de 1,65 y 1,90 m). ▷

△ *Cuando se desea fotografiar al siluro, la cuerda es el mejor método para conservarlo con vida.*

muerto muy lento y prolongado en una limitada extensión de terreno.

Cuando las concentraciones de grandes siluros son muy localizadas (sucede con frecuencia de noviembre a marzo), el pececillo muerto insertado, con aparejos bastante pesados, es la técnica de pesca más apropiada. Las espectaculares escenas que se han producido cada invierno en el río Saona son una buena muestra.

El resto del año, la exploración de zonas menos profundas es muy eficaz y permite una recuperación más prolongada. Los aparejos poco lastrados, manipulados como si se tratara de una cucharilla ondulante, pueden aportar grandes satisfacciones al pescador del atardecer, siempre que se sitúe en un lugar cuyas orillas no tengan un nivel muy elevado con respecto al agua.

• Sobre el tamaño del pececillo

El tamaño del pez que se va a colocar en el aparejo puede provocarnos ciertas dudas. Ha de ser casi igual de largo que el pececillo vivo, es decir, unos 12 ó 15 cm. Después de haber visto picar un siluro de 1,5 m a algunos metros de la barca, con una profundidad inferior a un metro y con un rutilo común muerto de unos 7 u 8 cm como cebo,

no puedo afirmar que el siluro desprecie las presas pequeñas (por desgracia, con mi modesta caña para lucioperca con un sedal de 0,22, la lucha no duró demasiado…).

Las escasas aves acuáticas de las que se alimenta de vez en cuando este pez, deben de hacer creer a los pescadores que se trata de un pez que prefiere los grandes cebos.

• Los aparejos

Basado en modelos utilizados para otros depredadores, el aparejo para el siluro no sólo debe adaptarse al tamaño del cebo vivo utilizado (el equivalente de un gran aparejo de lucio), sino que, además, debe componerse de materiales y accesorios que ofrezcan una gran robustez.

La cuerda de piano debe ser de buena calidad, y los anzuelos, indeformables, han de poseer una capacidad de penetración perfecta. No debemos olvidar que la boca del siluro es muy dura y ofrece una gran resistencia.

Algunos pescadores de siluro se inspiran en aparejos empleados en el mar y clavan un pececillo muerto en un gran anzuelo simple (del n° 6/0 al n° 7/0), que atan sobre el pez muerto.

Si bien es indispensable utilizar anzuelos infalibles, el tirón debe acaparar toda nuestra atención. Ha de ser retardado, lo que implica «soltar la mano» al menor toque, para que la boca pueda agarrar bien el cebo. Debemos acompañar este movimiento para asegurarnos de que el anzuelo se clave bien.

En el momento del lanzado puede ocurrir que el anzuelo se adhiera al cebo muerto, lo que ocasiona muchos intentos fallidos si tiramos justo después de la picada.

En este sentido, los lanzados se han de efectuar con suavidad para evitar que la posición del anzuelo se altere.

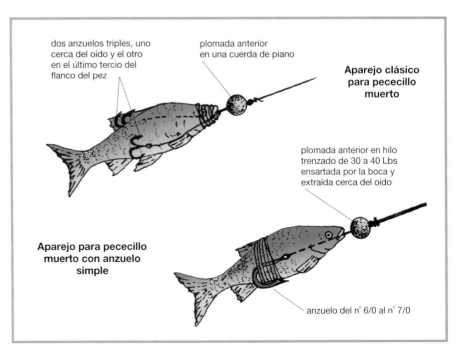

dos anzuelos triples, uno cerca del oído y el otro en el último tercio del flanco del pez

plomada anterior en una cuerda de piano

Aparejo clásico para pececillo muerto

plomada anterior en hilo trenzado de 30 a 40 Lbs ensartada por la boca y extraída cerca del oído

Aparejo para pececillo muerto con anzuelo simple

anzuelo del n° 6/0 al n° 7/0

LUGARES DONDE SE HALLA EL SILURO

En Francia

• *El Saona.* Aguas abajo de Chalon-sur-Saône, a la altura de la confluencia con el Seilla, pasando por Mâcon, hasta la confluencia con el Ródano, a la altura de Lyon, este río posee un gran potencial. Se recomienda el uso de una embarcación con motor, ya que permite explorar con rapidez varias zonas.

• *El Ródano.* De Lyon a Valence, sobre todo aguas abajo de Aviñón, desde la confluencia del Gardon hasta el delta, en la región de Camargue, el Ródano (así como el pequeño Ródano) acoge los mayores siluros de toda Francia. El difícil acceso a los márgenes hace que la pesca sea confidencial en este río, pero los pescadores profesionales capturan con red siluros de más de 50 kg, algunos incluso alcanzan los 90 kg.

• *El Loira.* Se capturan cada vez más siluros en este río, en el Loiret, en las inmediaciones de Gien, incluso en algunos arenales de los alrededores. Aguas más abajo, sobre todo en el Nievre, este pez parece adaptarse con rapidez a las aguas del Loira.

• *El lago de Saint-Cassien.* Este lago de Var, famoso por sus gigantescas carpas y por la captura del mayor siluro jamás pescado en Francia, podría convertirse pronto en un hábitat de interés para este pez. A finales de 1992, se introdujeron un millar de sujetos de unos 20 cm. Estos siluros pesan actualmente entre 3 y 4 kg. Esperemos que los pescadores de depredadores sepan esperar su oportunidad.

En España

En el Ebro (Ribarroja) y en la confluencia del Segre y el Cinca (a 30 km de Lérida), los siluros, recientemente aclimatados, son muy abundantes. La zona de Mequinenza-La Granja d'Escarp alberga una población excepcional de ejemplares de 1,5 a 2 m, que pueden alcanzar los 40 ó 50 kg. La legislación española prevé licencias para la pesca desde la orilla y una licencia suplementaria para pescar con embarcación. La pesca se autoriza hasta la medianoche.

En Alemania

En Baviera, los siluros viven en grandes poblaciones en los ríos Regen (cerca de su confluencia con el Danubio) y Naab, así como en la mayoría de los lagos que rodean Regenburg. Algunos ejemplares alcanzan los 100 kg.

En Rumanía

El delta del Danubio constituye uno de los mejores lugares del planeta para pescar siluro, así como la mayor parte de ríos y lagos de esta zona. Hay que destacar que la pesca profesional tiene un peso específico en este país.

En la ex URSS

La bahía del Volga, la cuna del siluro, así como el río Dniéper ofrecen muchas posibilidades para su pesca y la oportunidad de capturar grandes piezas. Poco a poco, estos lugares se van abriendo al turismo. Para conocer las zonas de pesca y obtener información se puede recurrir a una agencia especializada en este tipo de destinos piscatorios.

En Turquía

Los pantanos situados sobre el curso del Éufrates contienen siluros que superan los 100 kg, a veces los 150 kg. Ninguna agencia de viajes especializada organiza excursiones de pesca en agua dulce a este país. La gran inestabilidad política que aumenta a medida que nos acercamos al este, requiere una gran prudencia por parte del viajero, sobre todo del occidental.

◁ *Este raro ejemplar de siluro es totalmente amarillo y desprovisto de pigmentación oscura (río Ebro, España).*

EL BLACK-BASS

*L*legado de América del Norte hace varias décadas, el black-bass (Micropterus salmoides) *o perca americana es el pez deportivo preferido de los norteamericanos. Mientras que en España su pesca despierta gran entusiasmo, en Francia no es muy abundante, sin duda por falta de un seguimiento en su reproducción. De todos modos, los esfuerzos de repoblación llevados a cabo estos últimos años le han dado un nuevo impulso, para mayor placer de los amantes de la pesca deportiva.*

La familia de los centrárquidos, a la que pertenece el black-bass, se distingue de la de los pércidos por la presencia de dos aletas dorsales separadas, la primera de ellas sostenida por radios espinosos. ▽

UN AMERICANO DE DIFÍCIL ADAPTACIÓN

A primera vista, el *black-bass* tiene una boca grande que presenta ciertas similitudes con la perca común. Su cuerpo y sus flancos a rayas le otorgan un innegable parecido.

No obstante, si se observan con detalle, advertiremos que el cuerpo del *black-bass* es más alargado que el de la perca común. Asimismo, la perca americana carece de las aletas rojas y su dorsal espinosa está mucho menos desarrollada. Por otro lado, sus flancos presentan una aureola negra bastante clara que sigue la línea lateral del cuerpo.

Llegado a Francia desde Estados Unidos a mediados de siglo, el *black-bass* nunca ha llegado a formar una cepa en las aguas francesas. Tan sólo el sur del país conserva algunos refugios donde este pez consigue reproducirse con regularidad, gracias a un agua más templada que en el resto del territorio.

El *black-bass* debe encontrar un agua a una temperatura entre 18 y 20 °C en junio y, a veces, a principios de julio, para que la freza prospere. En apariencia, éste es su punto débil, ya que, aparte de los estanques de Las Landas, algunos canales, estanques y embalses muy soleados, las aguas francesas no garantizan estas condiciones tan favorables todos los años. Por esta razón, el *black-bass*, que tenía una importante presencia en los años setenta, ha ido desapareciendo de las aguas francesas. Por suerte, el entusiasmo que provoca en EE.UU, España y Marruecos, ha acabado extendiéndose a Francia.

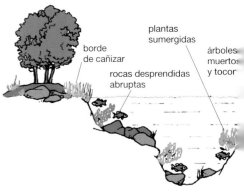

plantas sumergidas

árboles muertos y tocor

borde de cañizar

rocas desprendidas abruptas

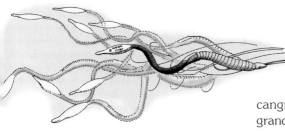

△ *El Slimy Slug nada de forma sinuosa. Su cabeza plomada le permite explorar los montículos de hierba más espesos.*

Aunque su densidad se mantenga artificialmente mediante repoblaciones regulares de alevines, es evidente la necesidad de una reimplantación organizada del *black-bass* en los ríos franceses.

Existen muchos propietarios de estanques privados que intentan satisfacer la demanda de esta especie ofreciendo lagos poblados por el *black-bass* a sus clientes, que, a su vez, están dispuestos a pagar cualquier precio para beneficiarse de una pesca de calidad.

Por su parte, las diversas asociaciones de pesca cada vez realizan más repoblaciones con alevines de *black-bass*, incluso crían ejemplares en sus piscifactorías.

Todo ello hace suponer que el *black - bass* será uno de los peces deportivos más apreciados del año 2000.

UNA ALIMENTACIÓN MUY VARIADA

Al igual que la perca, el *black-bass* tiene una alimentación muy variada: pececillos, ranas, cangrejos, larvas acuáticas e, incluso, grandes insectos terrestres que caen al agua. A veces, ha llegado a alimentarse de las pequeñas aves acuáticas que puedan ser absorbidas por un enorme remolino.

En este sentido, hay que decir que estos peces tan insaciables son bastante raros en Francia. Sin embargo, parece ser que en Estados Unidos esta tendencia alimenticia del *black-bass* es bastante frecuente, al menos así se refleja en los films que nos llegan del otro lado del Atlántico.

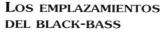

◁ *Un señuelo sorprendente: un pequeño ratón.*

LOS EMPLAZAMIENTOS DEL BLACK-BASS

El *black-bass* es bastante desconcertante, ya que puede encontrarse al acecho, en un montículo de hierbas o en un fondo lleno de maderos sumergidos, o reunirse en grupo, abordando bancos de pececillos.

Por regla general, los lugares tranquilos, no demasiado profundos, ricos en vegetación o llenos de troncos muertos, son sus mejores emplazamientos. Por ejemplo, es muy corriente obser-

△ *El* black-bass *pica a los señuelos flotantes, sobre todo cuando llega el buen tiempo.*

var este pez totalmente inmóvil a la sombra de los nenúfares. En el río, hay que buscarlos en las venas de aguas muertas, aguas arriba de los pantanos, junto a algún molino, y en los remansos llenos de vegetación u obstáculos. En los lagos, los encontraremos cerca de los márgenes, de los fondos de gran profundidad o cerca de los extremos del estanque o lago, a condición que presenten una vegetación abundante. Para localizar nuestra captura, se deben llevar unas gafas polarizadas, que nos permitirán ver bajo el agua.

EL MOMENTO OPORTUNO

El *black-bass* es capaz de mostrar una total apatía durante largas horas, y a continuación mostrar una actividad casi febril. Un cambio de tiempo, una nube que oculte el sol, un cielo de nuevo despejado, un golpe de viento… las razones de ese despertar resultan bastante difíciles de discernir. Pero, como en el caso de la mayoría de depredadores, el alba, el mediodía y el anochecer son, en general, los momentos más favorables.

El invierno no suele ser una buena época. Al ser un pez de aguas calientes o, por lo menos, templadas, el *black-*

Emplazamientos típicos del *black-bass* en un embalse

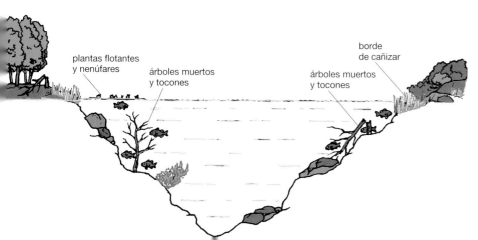

plantas flotantes y nenúfares

árboles muertos y tocones

borde de cañizar

árboles muertos y tocones

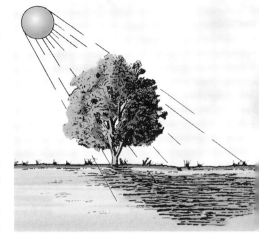

bass reacciona mal al agua fría. Entonces, se refugia en las hoyas profundas y no emerge a la superficie. Cabe preguntarse si es susceptible de picar. Durante mucho tiempo los especialistas afirmaban que no, pero desde hace algunos años los pescadores han conseguido capturar a algunos ejemplares, en ocasiones de gran tamaño. Las técnicas que se deben utilizar se asemejan a las de la perca: al coup con cebo natural, pez de estanque y cebo vivo, y al flotador deslizante. Sin embargo, no se ha de esperar una pesca abundande.

LA ELECCIÓN ENTRE RANAS Y CANGREJOS

Cuando perseguimos al *black-bass*, lo más eficaz son dos señuelos ligeros: las imitaciones de ranas y cangrejos. Las ranas se manipulan en la superficie, con un flotador anterior. Durante los tirones de hilo, este señuelo se sumerge un poco y sale de nuevo a la superficie cuando la recuperación se interrumpe.

Los cangrejos se manipulan en el descenso. Es necesario que el cangrejo dé la impresión de volver al fondo (siempre marcha atrás, no lo olvidemos), respetando ciertas escalas. Cuando toca el fondo, se debe conducir a 1 ó 2 m del fondo, alzarlo bruscamente y reiniciar el descenso.

En España, se le pesca por su temperamento y sólo es acosado con señuelos artificiales, de todo tipo, color, formato y textura.

• La temporada ideal
Se inicia a mediados de abril. En las zonas del sur, probablemente antes gracias al sol. Como todos los depredadores, el *black-bass* manifiesta una gran intensidad de caza, quizás para reconstituir sus reservas de energía. Más adelante, en junio y julio, llega la freza. En esta época, el macho acondiciona el nido, donde la hembra deposita los huevos. Durante el tiempo que dura la incubación y hasta que los alevines son capaces de desenvolverse solos, el macho monta guardia y espanta a los intrusos, oxigena los huevos con sus aletas y enseña a los jóvenes cómo sobrevivir en el agua dulce. Durante este periodo, demuestra una gran agresividad, pero no debe ser pescado, ya que en estas circunstancias el macho resulta necesario para la futura supervivencia de los alevines.

UNA PESCA DEPORTIVA
El *black-bass* es muy popular en Estados Unidos por la excepcional deportividad que muestra en cuanto ha picado el anzuelo.

Huidas fallidas, cambios de dirección, descensos en picado, grandes saltos, brincos y contorsiones en todos los sentidos, enredos del sedal alrededor de las hierbas o del primer obstáculo

Zona de sombra privilegiada para la pesca del *black-bass*

que encuentra el pez... Se trata de una especie muy luchadora, que no se da por vencida y que resiste hasta el límite del agotamiento. Para tantear a un pez tan combativo, existen diversas posibilidades.

En primer lugar, si se recurre a los cebos naturales, ya sea el gusano o el pececillo vivo, se debe pescar cerca de la superficie (preferentemente con buldó para conseguir lanzar lejos sin arrastrar el aparejo hasta el fondo) y, en la medida de lo posible, en el centro de los lugares con más obstáculos, que el *black-bass* suele frecuentar. Hay que recuperar de vez en cuando, en distancias cortas, para crear una marejadilla en la superficie con el buldó. Este movimiento bastará para llamar la atención de los peces de la zona, que se

Se puede sustituir la rana natural por un señuelo de plástico. ▽

Pesca del *black-bass* con rana en un estanque

Dave's Crayfish: una imitación de cangrejo de río. ▽

lanzarán sobre el cebo. El pescador debe reprimir sus actos reflejos antes de dar el tirón, para asegurarse de que el pez se ha tragado el cebo.

• La pesca al lanzado

El lanzado constituye otra posibilidad que resulta muy interesante por la lucha que ofrece el *black-bass*. Esta técnica puede practicarse con cucharillas ordinarias, pececillos nadadores, señuelos ligeros o señuelos específicos, especialmente creados por los norteamericanos,

△ *Featherwings.*

que los bautizaron como *poppers*, en honor al sonido (¡pop!) que producen al menor tirón de la línea. Por lo general, todos estos señuelos tienen en común su ligereza. Además, presentan la cualidad de moverse muy cerca de la superficie y un innegable aspecto extravagante: su color, su acción en el agua y su volumen.

Estos señuelos resultan muy útiles para sorprender al *black-bass*. En cuanto a la pesca, se debe realizar cerca de la superficie y, en la medida de lo posible, cerca de las hierbas o los obstáculos. De ahí la utilidad de los famosos *poppers* y de los pececillos nadadores flotantes, ya que permiten producir olas en la superficie que resultan muy positivas para despertar el interés del pez.

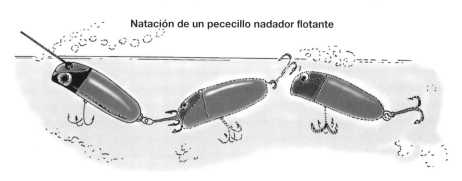
◁ Popper de color dorado.

• La pesca a la mosca

La pesca a la mosca es la técnica más espectacular y empleada. Las cañas han de ser unos modelos muy peculiares, con una potencia superior a la de las cañas de trucha. En primer lugar, para responder a la fuerza del pez, pero también porque se debe maniobrar con poppers relativamente pesados, que exigen un lanzado más lento y amplio que las moscas artificiales clásicas.

A falta de *poppers*, podemos utilizar, sin problemas, modelos de

Esta rana a pilas croa como una de verdad al entrar en contacto con el agua. ▷

streamers fabricados para lucio, que posean un gran colorido, volumen y extravagancia. Con un sedal flotante y un bajo de línea corto, el *popper* se debe posar en medio de un montículo de hierbas o de los nenúfares y proceder a una recuperación muy irregular,

△ *El* popper *es un señuelo clásico para la pesca del* black-bass.

que produzca ruidos y agitaciones en la superficie que atraigan al pez depredador y provoquen su ataque.

La picada se manifiesta con una acción violenta y ruidosa en la línea o con un bloqueo brutal en la recuperación. En algunos casos concretos (por ejemplo, cuando detectamos a un pez), también es posible una pesca más delicada. Con una gran mosca seca, incluso con una gran ninfa, brillante y de vivos colores, podemos pescar el *black-bass* a pez visto. Éste puede ascender lentamente al encuentro de nuestro señuelo artificial, que tragará con indiferencia como si fuera un cacho, o, por el contrario, puede lanzarse a una gran velocidad y tragarse la mosca seca o la ninfa en un movimiento relámpago. En ocasiones, podemos tener la sensación de ser embestidos, ya que el *black-bass*, luchador infatigable, es capaz de soltarse del anzuelo con una gran rapidez.

Durante la tracción, el señuelo se hunde y provoca una nube de burbujas. ▽

Natación de un pececillo nadador flotante

LA CARPA

E L

MATERIAL

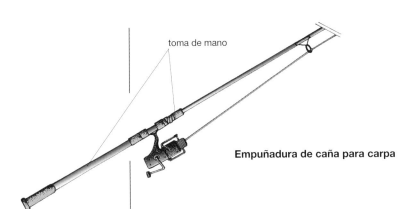

toma de mano

Empuñadura de caña para carpa

La carpa, pescada desde hace siglos, muestra un dinamismo extraordinario. Originaria de Asia, se encuentra en gran parte de Europa, con independencia de su tamaño y características. Desde hace casi diez años, se vuelve a capturar, ya que anteriormente sólo la pescaban de manera poco frecuente algunos iniciados o, en ocasiones, los aficionados a los peces blancos. El mayor de los ciprínidos despierta un gran interés por la creciente utilización de los métodos ingleses de pesca. Hay que destacar que la pesca de la carpa nos permite enfrentarnos con peces de más de 10 kg.

Después de instalar su batería de cañas, este carpero ha preparado el anzuelo de los aparejos y se dispone a lanzar. ▽

LA PESCA A LA INGLESA

Esta nueva técnica, que utiliza materiales muy sofisticados y cebos mixtos, proviene –como indica su nombre– del Reino Unido y su práctica se ha extendido ampliamente por toda Europa.

UN MATERIAL DE PRECISIÓN

• Las cañas

Las cañas actuales, utilizadas en batería de tres, incluso de cuatro en las regiones cuya normativa lo permite, no tienen nada que ver con los grandes bambúes de antes. Son ligeras y fibrosas, fabricadas con carbono mezclado con kevlar, y permiten lanzar un plomo de 80 g a 100 m de distancia y capturar cualquier carpa sin restar emoción al combate. Su longitud se sitúa entre los 3,6 m y los 3,9 m. Los modelos de 3,3 m y 4,2 m no son muy corrientes. El talón de la caña se suele componer de dos empuñaduras de espuma o corcho, la primera situada en la parte inferior y la segunda, unos 40 cm más arriba, lo que permite sujetar bien la caña durante la lucha con el pez. Entre las dos empuñaduras se debe colocar un portacarrete atornillado que sostenga el carrete en cualquier situación.

Desde hace algún tiempo, las cañas llevan cada vez menos anillas (6 ó 7) de un diámetro cada vez mayor, para limitar al máximo el rozamiento de la línea y optimizar la distancia del lanzado. La potencia de la caña dependerá de las necesidades de la pesca. Esta potencia se expresa en libras (o *pounds* británicas, cuyo símbolo es Lbs): una libra equivale a 454 g. Para pescar a pequeña o mediana distancia (menos de 60 ó 70 m), en aguas despejadas y pobladas de peces de tamaño mediano, una caña de $1^{3/4}$ a $2^{1/4}$ Lbs resulta suficiente. Para lanzar a más de 70 m o pescar en ríos de gran corriente, sobre todo cerca de obstáculos que exigen grandes esfuerzos de búsqueda, se debe usar una caña de $2^{1/2}$ a 3 Lbs. Las cañas de $3^{1/2}$ a 4 Lbs, muy potentes, se reservan a situaciones particulares, como la pesca a una distancia muy larga (por encima de los 100 m), los ríos de fuerte corriente o las aguas donde se supone la presencia de ejemplares muy grandes.

• Las líneas

Un monofilamento de un diámetro de 0,30 es el modelo que reúne las mejores cualidades para pescar la carpa. Esta línea puede modificarse en función de las circunstancias de pesca. Podemos disminuir el diámetro a 0,26 en aguas despejadas y para la pesca de carpas de tamaño mediano. En cambio, resulta imprescindible pasar al 0,35 en aguas llenas de obstáculos y ríos de gran corriente, sobre todo si las carpas son grandes.

Cada vez más utilizados, los hilos trenzados antiabrasivos de multifilamento permiten pescar con buenos resultados en zonas de muchos obstáculos, en las proximidades de colonias de mejillones de agua dulce y en los sectores rocosos. De todos modos, se ha de tener en cuenta que el empleo de estos sedales, que desgastan en poco tiempo las anillas ordinarias, exige que dispongamos de una caña de anillas «sic» (de carbonato de silicio), que no se desgastan.

• Los carretes

Los carretes de bobina fija actuales, que se deben escoger en la categoría de semipesados, resultan óptimos para esta pesca, siempre y cuando se trate de modelos de una gran resistencia con una capacidad de al menos 200 m de 0,30. Una segunda bobina siempre puede ser útil para cambiar con rapidez el diámetro de línea en función del lugar. Los carretes de doble oscilación ofrecen un perfecto enrolle de la línea, lo que permite conservar por más tiempo las cualidades del hilo y que la línea se devane a la perfección al lanzar. Los modelos con bloqueo son muy prácticos para situar la línea en espera de picada (el carrete en posición de *pick up* cerrado) y recurrir al freno de forma suave e instantánea durante lucha.

◁ *Para luchar eficazmente con la carpa, el diámetro del hilo deberá oscilar entre 0,28 y 0,35. Las bobinas grandes (de alrededor de 1.000 m), muy económicas, permiten llenar el carrete con precisión y sin desperdiciar hilo.*

> **EL RED-POD**
> **(SOPORTE PORTACAÑAS)**
>
> **E**ste accesorio constituye un conjunto de picas y barras de soporte unidas por una barra central. El *rod-pod*, que no necesita clavarse en el suelo, sostiene las cañas sobre cualquier tipo de margen, ya sea pedregoso o de hormigón, incluso sobre pontones de río. Además, si cambiamos de puesto lo podremos transportar con facilidad. Sin embargo, hemos de tener la precaución de asegurarlo en caso de viento.

• Los soportes de caña

Para que la línea no se arrastre por el margen y evitar que se enrolle a causa del arranque, con frecuencia violento, de una carpa, es preferible situar las cañas en soportes diseñados para esta función. Se trata de picas metálicas (de aleación o inoxidables) que se clavan en la tierra, tienen una altura regulable y soportan dos barras. La barra anterior sujeta los detectores de picada y la posterior se equipa con pequeñas horquillas (de plástico o metal) que sirven para sostener las empuñaduras de las cañas. Aparte de embellecer la batería de cañas, estos soportes garantizan la longevidad del material y la seguridad en el caso de que se produzca una picada.

• Los indicadores de picada

El indicador de picada, que no debe confundirse con el detector (sonoro), es un medio visual que manifiesta cualquier indicio de picada. Se le conoce con el nombre de *ardilla* y consiste en un pequeño cilindro (de plástico o teflón, pocas veces de metal) que se desliza por una varilla metálica de unos 50 cm. En la parte anterior de la ardilla hay una guía que permite mantener la línea pegada a la varilla metálica, situada justo

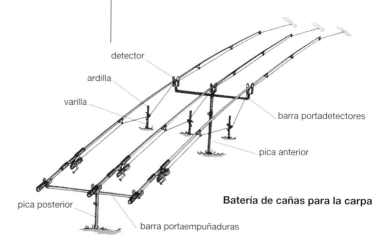

Batería de cañas para la carpa

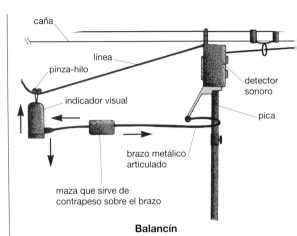

◁ Las ardillas son unos indicadores visuales de picada que, manteniendo la línea en tensión mediante una guía, suben o bajan a lo largo de una varilla para transmitir el sentido de la picada.

bajo la caña. Cuando se sitúa la varilla entre el carrete y la primera anilla, o entre la primera y segunda anilla, la línea describe una V en el ángulo donde se encuentra la ardilla. Si la carpa tira de la línea en el sentido opuesto al margen, la ardilla sube por la varilla y, a la inversa, si el pez pica en dirección a nosotros (picada de vuelta), la ardilla desciende. Además, al producir contrapeso, el indicador visual de picada asegura una perfecta y continuada tensión del hilo, lo que permite al detector sonoro ponerse en funcionamiento, aunque la línea se destense. Si bien la ardilla no nos sirve cuando el arranque del pez es muy potente, resulta muy útil para detectar las picadas más sutiles, muy frecuentes en los lugares donde las carpas se pescan con regularidad.

• Los diferentes indicadores visuales

Hay ardillas de todos los colores y pesos, lo que permite adaptar la tensión de la línea a las condiciones de viento, corriente o distancia de pesca. Ciertos modelos se han concebido para poder disponer plomos de perdigón o lastre adicional, de forma que permitan regular el peso de la ardilla. La mayoría de los indicadores visuales están dotados de un compartimento para Betalight (dispositivo fosforescente), de gran utilidad por la noche. Desde hace algunos años está de moda otro tipo de detector: el balancín (o *swinger*). Se trata de un indicador visual de plástico, dotado de un pinza-hilo que sostiene la línea y que se sitúa en el extremo de un brazo metálico que se articula bajo el detector de picada. Una maza metálica, que se desliza por este brazo, permite regular con precisión el contrapeso idóneo.
El balancín es muy eficaz para la pesca en el río (por la fuerza de la corriente sobre el hilo)

Función de la ardilla

cuando la línea se tensa la ardilla sube

línea

varilla

guía que mantiene la línea contra la varilla

cuerpo de la ardilla

compartimento para Betalight (dispositivo luminoso)

cuando la línea se destensa, la ardilla baja

El balancín (o swinger) es un indicador visual fijado al extremo de un brazo que sostiene la línea con ayuda de un pinza-hilo. Un lastre, que se desliza a lo largo del brazo, permite establecer la tensión idónea de la línea. ▷

Balancín

caña

línea

pinza-hilo

indicador visual

detector sonoro

pica

brazo metálico articulado

maza que sirve de contrapeso sobre el brazo

o a una gran distancia (por la inercia de una gran longitud de línea en el agua).

• Los detectores de picada

Se trata de cajas, metálicas o de plástico, sobre las que reposan las cañas y que transmiten señales sonoras a cada movimiento del hilo. Los diferentes sistemas de detección utilizados (células fotoeléctricas, electroimanes, balancines…) reciben la energía eléctrica de una pila (de 6 a 9 voltios) y la reproducen a través de un altavoz. La mayoría de modelos se equipan con un regulador de volumen y tonalidad, además de un chivato de memorización de picada que señala dónde se ha producido ésta durante unos 15 segundos. Se trata de un detector fiable e impermeable que nos ofrece una información correcta sobre cualquier picada que se pueda producir, sin que por eso debamos estar vigilando las cañas constantemente, lo que facilita las capturas en los lugares donde se autoriza la pesca nocturna.

LOS CEBOS Y LOS APAREJOS

• Los *boilies*

Además de los cebos vegetales y animales, los *boilies*, que provienen de los carpistas ingleses, merecen una especial atención.

Los *boilies* son pequeñas bolitas multicolores que todos los pescadores deben de haber visto alguna vez, ya sea en su tienda habitual de pesca o en el extremo de la línea de un pescador de carpa.
En la actualidad, este material se puede encontrar ya preparado para su utilización, aunque los productos de buena calidad son caros. La otra opción, que es la más popular, es fabricarlas uno mismo.

– La confección de los boilies
Una primera posibilidad consiste en utilizar una mezcla de ingredientes preparada que puede encontrarse en las tiendas *(mix)*. También podemos conseguir esos ingredientes y mezclarlos nosotros mismos en las cantidades que especifiquen las instrucciones. En cualquier caso, batiremos dos huevos en un recipiente y, sin dejar de batir, añadiremos el aroma (siguiendo los consejos del fabricante) y la mezcla de los ingredientes, hasta conseguir una pasta homogénea que no se pegue a los dedos.
A continuación, confeccionaremos unas bolitas del tamaño de una mandarina, llenaremos el depósito de la pistola de *boilies* y accionaremos su mecanismo hasta que la pasta salga en forma de largas salchichas. Esas «salchichas» se deben cortar en función de las dimensiones de nuestra tabla de modelar y después colocar en la parte inferior de ésta. Con la parte superior haremos

△ *El detector de picada transmite todas las picadas en la línea con una señal sonora. Se debe escoger entre los modelos de mayor fiabilidad, estancos y sólidos y deshechar los que sólo ofrezcan estética y sofisticación.*

LOS INGREDIENTES PARA LOS BOILIES

Algunos pescadores prefieren los preparados caseros a los productos comerciales. A continuación, presentamos una selección de los principales ingredientes para la fabricación de *boilies*:
• Los ingredientes de fuerte contenido proteínico (del 85 al 95 %), como la caseína, el caseinato de calcio o la lactoalbúmina, son productos derivados de la leche, muy energéticos y un poco caros. Nunca deben constituir más del 30 % de la mezcla final.
• Los ingredientes de contenido medio de proteína (de un 40 a un 50 %), como la harina de soja, el alpiste molido o la harina de hueso o de pescado, pueden componer el 40 % de la mezcla.
• Los ingredientes con bajo contenido en proteínas (del 10 al 15 %), como la harina de maíz o la sémola de trigo (muy económicos), pueden alcanzar el 50 % de la composición de la mezcla.
El gluten de trigo o la albúmina de huevo ligan muy bien los ingredientes de textura gruesa (alpiste molido o granulados para tortugas de cría). La medida que se debe añadir no puede exceder del 5 % de la composición de la mezcla, ya que la pasta podría resultar demasiado pegajosa y difícil de enrollar. El azúcar servirá para unificar la masa y endulzarla (10 %).

△ *Al igual que los perfumes, existen cientos de aromas capaces de seducir a las carpas más bellas. Para su elección, es preferible considerar, ante todo, la calidad del producto.*

LA ELECCIÓN DE UN AROMA

Entre los cientos de aromas disponibles en el mercado, es difícil discernir cuál de ellos puede ofrecer mejores resultados. Así, no se puede demostrar que la fresa sea superior al chocolate o que éste sea menos eficaz que la miel (y a la inversa). Sin embargo, hay que tener en cuenta que es la combinación molecular de estos productos la que actúa sobre el sistema gustativo de la carpa.
Por ello, más vale basar la elección en la calidad de fabricación de los productos, que en un aroma específico. A pesar de todo, nos permitimos proponer una lista de aromas que despiertan en la carpa un estímulo alimenticio positivo: *tutti frutti*, fresa, miel, *scopex*, jarabe de arce, chocolate, especias, ajo, banana, caramelo, leche condensada…

△ *Cada circunstancia exige un plomo especial, en función del tipo de fondo, de la distancia que debemos alcanzar y del aparejo empleado.*

presión y accionaremos la tabla con un movimiento de vaivén, de forma que las dos partes se deslicen la una sobre la otra. Cuando todos los *boilies* estén enrollados, los introduciremos en un bol con agua hirviendo. El tiempo de cocción depende del diámetro del cebo, pero, a título indicativo, los *boilies* de 14 a 18 mm de diámetro necesitan de 1' 30'' a 2' 15'' de cocción. Se debe tomar la precaución de utilizar un cañón de pistola del mismo diámetro que nuestra tabla (de 8, 10, 12 e incluso 24 mm).

• Los aparejos y los bajos de línea

Los aparejos para carpa exigen una plomada deslizante en el cuerpo de línea. El deslizamiento se obtiene mediante una perla perforada por la que pasa la línea. Además, un enganche metálico permite unir el plomo con la perla. Si la distancia de pesca supera los 50 ó 60 m, se recomienda sustituir la perla por un dispositivo contra enredos, denominado antienredo. Se trata de un tubo flexible de 40 cm, que es atravesado por la línea. Asimismo, este dispositivo dispone de una perla con un enganche de fijación de plomo. Es posible

Bajo de línea para carpa

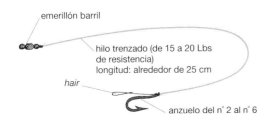

emerillón barril

hilo trenzado (de 15 a 20 Lbs de resistencia) longitud: alrededor de 25 cm

hair

anzuelo del n° 2 al n° 6

Principales tipos de plomo para la carpa

Pera o misil: son plomos que presentan unas perfectas cualidades aerodinámicas y que se adaptan a todas las situaciones.

Bala: su forma redonda provoca una gran inercia en el aparejo de huida.

Stealth: tiene una forma afilada que es ideal para cortar el aire en caso de mucho viento.

Trebolado: produce un efecto de planeo en el agua, muy útil para posar la línea delicadamente sobre el cieno.

anular el deslizamiento de la plomada situando un tope en la línea, justo por encima de la perla o del antienredo.

Éste es el principio básico del aparejo de huida, que permite cargar la masa de la plomada a la carpa desde el preciso instante en que el anzuelo se clava en la boca. Al huir, la misma carpa acentúa la penetración del anzuelo (se produce una autopicada). El bajo de línea se realiza con un multifilamento trenzado, ligero y muy resistente (de 15 a 20 Lbs). En un extremo del bajo de línea se fija un emerillón barril que permita el empalme del hilo al cuerpo de línea. En el otro extremo, se debe anudar un anzuelo de ojal, muy sólido y afilado. El tamaño del anzuelo oscilará entre el n° 2 y el n° 6, en función del tamaño de los cebos, así como del de los peces que estemos persiguiendo. El bajo de línea será corto (alrededor de 25 cm) para reducir al máximo los riesgos de enredo.

hebra de nailor de 0,12 a 0,14 fijada en el ojal del anzuelo

bucle terminal

Aparejo *hair*

• El aparejo *hair*

Este aparejo causó la «revolución carpista» de los años ochenta y constituye la mayor aportación de los pescadores del Reino Unido. Las carpas inglesas, muy acostumbradas a ser capturadas y devueltas al agua, acabaron por despreciar cualquier cebo clavado en un anzuelo. Para solucionar este problema, Lennie

ALGUNAS RECETAS

Es imprescindible tener en cuenta las condiciones de pesca antes de elegir una u otra receta. Asimismo, se debe considerar qué proteínas necesitan los peces, que varían en cada estación. En general, desde mediados de primavera a otoño, la carpa tiene una intensa actividad alimenticia, sobre todo después de la freza. El resto del año, especialmente en pleno invierno, el metabolismo de la carpa funciona con más lentitud, lo que implica que su alimentación se vuelve más ligera.

Receta «comodín»
(índice proteínico: 47,5 %)
Para 1 kg de mezcla:
300 g de caseína + 400 g de harina de soja + 300 g de sémola de trigo + 2 ó 3 huevos + aroma + colorante (optativo)

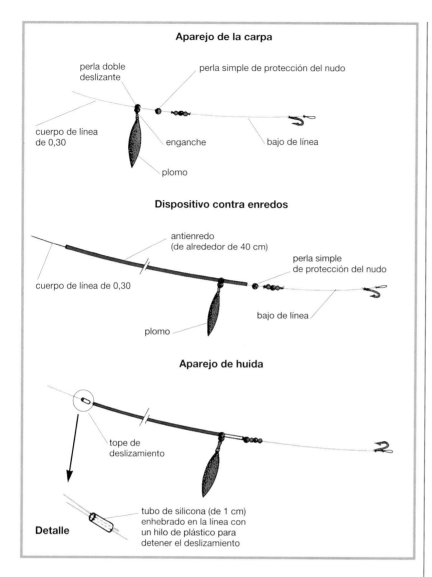

Aparejo de la carpa

perla doble deslizante

perla simple de protección del nudo

cuerpo de línea de 0,30

enganche

bajo de línea

plomo

Dispositivo contra enredos

antienredo (de alrededor de 40 cm)

perla simple de protección del nudo

cuerpo de línea de 0,30

plomo

bajo de línea

Aparejo de huida

tope de deslizamiento

tubo de silicona (de 1 cm) enhebrado en la línea con un hilo de plástico para detener el deslizamiento

Detalle

DE BOILIES

Receta «peces con apetito»
(índice proteínico: 82 %)
Para 1 kg de mezcla:
400 g de caseína + 200 g de lactoalbú-
mina + 200 g de caseinato de calclo +
200 g de harina de soja + 2 ó 3 huevos
+ aroma + colorante (optativo)

Receta «de invierno»
(índice proteínico: 37 %)
Para 1 kg de mezcla:
400 g de alpiste molido + 400 g de
sémola de trigo + 150 g de caseína +
50 g de albúmina de huevo+ 2 ó 3
huevos + aroma + colorante (opta-
tivo)

El hilo soluble permite colocar varios cereales o boilies a unos centímetros de nuestro cebo y se disuelve tras un minuto de inmersión. Resulta difícil cebar con mayor precisión. ▷

Middleton (con quien Kevin Maddocks se disputa la paternidad del invento) propuso una idea que consistía en separar el anzuelo del cebo. De esta manera, procedió a atar en la curvatura del anzuelo uno de sus propios cabellos (de ahí el nombre del aparejo) y enhebró el cebo en esta prolongación improvisada. La solución es sencilla, pero genial, porque provoca que la carpa se vea obligada a tragarse el anzuelo cuando se alimenta del cebo. Si la carpa escupe el cebo, algo que ocurre con frecuencia, el anzuelo, libre, se clava en la boca de la carpa en el trayecto de vuelta.

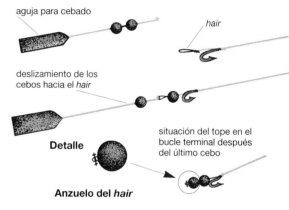

aguja para cebado

hair

deslizamiento de los cebos hacia el hair

situación del tope en el bucle terminal después del último cebo

Detalle

Anzuelo del hair

En la actualidad, el aparejo *hair*, denominado también de cabello, presenta muchas variaciones y se ha convertido en indispensable para la pesca de la carpa.

• La confección y los anzuelos del *hair*
Para realizar el *hair*, basta con atar al ojal del anzuelo algunos centímetros de nailon (de 0,12 a 0,14), que remataremos con un bucle. Asimismo, se debe prever un excedente de bajo de línea (de 10 a 15 cm), después de anudar el anzuelo, para poder hacer nuestro *hair*. La longitud del aparejo depende del número y tamaño de los cebos utilizados.

Para colocar el *hair* en el anzuelo, necesitamos una aguja especial que enhebre los cebos (cereales o *boilies*) en el hilo. A continuación, se debe introducir el extremo curvado de la aguja en el bucle que remata el *hair* y deslizar los cebos de la aguja hacia éste. Una vez finalizada esta operación, hemos de situar en el bucle terminal del *hair* un pequeño tope de plástico para que los cebos no salgan despedidos en el lanzado.

• El cebado

Las carpas pasan buena parte del tiempo registrando el fondo y la vegetación acuática para extraer gusanos del fango, limneas, brotes y otros «manjares». Así, el pescador de carpa ha de detectar los emplazamientos preferidos por las carpas y atraerlas con los cebos empleados. Los cereales o los *boilies* se deben depositar con precisión y repartir de forma homogénea en la zona de pesca. De este modo, se incitará a las carpas a inspeccionar la zona de cebado y a probar, tarde o temprano, nuestro aparejo.

• Los accesorios de cebado

La mejor solución consiste en disponer de una embarcación, aunque sea pequeña, que permita desplazarnos a la zona de pesca para esparcir el cebo. La distribución debe realizarse en forma de lluvia, de manera que cubramos el fondo de forma regular y no a puñados. En cualquier caso, el cebado muchas veces se realiza desde el margen, ya que, en ocasiones, la normativa prohíbe la navegación o, simplemente, no se dispone de una barca.

◁ *El cebado con tirador resulta ideal en distancias de pesca cortas y medianas (hasta 25 ó 30 m con cereales y 70 m con* boilies)

EL HILO SOLUBLE

Se trata de un vínculo que se disuelve en unos segundos (máximo un minuto) en agua muy fría. Este hilo soluble permite aumentar la atracción del aparejo, ya que constituye un minicebado de una precisión extrema. Basta con cortar un trozo de hilo soluble de 15 cm, en cuya aguja ensartaremos el cebo (igual que con el anzuelado del *hair*), y después atar el conjunto al anzuelo. El hilo se disolverá unos segundos después de la inmersión y soltará los cebos cerca del aparejo.

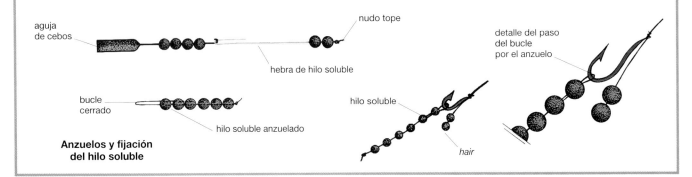

◁ *El maíz es el cebo más económico y uno de los mejores cereales para la carpa.*

LOS SALABRES PARA CARPA

La carpa es un pez que puede alcanzar un gran tamaño y que presenta una gran lucha y resistencia hasta el último instante. Por tanto, el salabre ha de ser grande y profundo.

La longitud de los brazos del salabre debe alcanzar un mínimo de 1 m. Asimismo, la red ha de presentar una gran solidez. En este caso, es aconsejable optar por los modelos de malla pequeña. Este detalle permite que el aparejo no se enrede y que la sierra dorsal de la carpa no se enganche con la red.

– *El tirador*

Provisto de unas potentes gomas y de un buen pliegue, el tirachinas resulta muy útil para esparcir el cebado. Sin embargo, se ha de tener en cuenta que no se pueden lanzar cereales a más de 30 m y *boilies* a más de 70 m con una honda clásica. Algunos modelos potentes y provistos de un largo pliegue rígido permiten lanzar bolas de cebo con cereales a unos 60 m.

Esta carpa común del río Ródano está a punto de ser introducida en el salabre. Para que no surjan problemas en la fase final de la pesca, el salabre ha de tener una boca ancha. ▽

– *El tubo cebador*

El tubo cebador, también denominado cobra, recuerda la forma de una chistera de pelota basca.

Con tan sólo un poco de experiencia, se pueden proyectar *boilies* a unos cien metros de la orilla. Sin embargo, su estructura no se adapta a los cereales. Los tubos cebadores se encuentran en tamaños y diámetros diferentes, que se adaptan al calibre de los *boilies*.

ABALIZAMIENTO DE LA ZONA DE PESCA

bloque de poliestireno de 10 x 15 cm

superficie

goma de caucho para bloquear el excedente de hilo

hilo de diámetro inferior al de la línea

señalización dispuesta

lastre de 150 g

Realización de una baliza

fondo

Para conseguir una precisión constante a lo largo de la pesca (que puede durar varios días), tanto al cebar el agua como al efectuar lanzados, resulta útil balizar la zona de pesca mediante una señalización.

Para ello, podemos enrollar 15 m de hilo alrededor de un bloque de poliestireno de unos 10 x 15 cm, en cuyo extremo fijaremos un plomo de más o menos 150 g. Nos desplazaremos hasta la zona de pesca en barca y desenrollaremos el hilo de la baliza hasta que el lastre toque el fondo. A continuación, inmovilizaremos el hilo sobrante, aún enrollado, alrededor del bloque de poliestireno mediante unas gomas de caucho. Debemos intentar que el hilo de la baliza sea menos resistente que el de nuestra línea, ya que es el primero y no el segundo el que debe romperse en caso de que se enrede durante la lucha con una carpa.

Además, cuando la baliza está situada, ya de vuelta a la orilla, es importante tomar un punto de referencia en el margen opuesto (una casa, un árbol, una roca…) al colocarnos detrás de las cañas. Esta precaución permite colocar de nuevo la baliza con precisión.

– La catapulta

Algunos pescadores aficionados a la carpa disponen de una gran cantidad de sistemas para distribuir el cebado. Entre ellos se encuentra la catapulta, que es utilizada con cierta frecuencia.

Se trata de una gran honda que se clava en el suelo y está provista de unas inmensas gomas que, a veces, resultan difícil de tensar.

Los *boilies* o bolas de cebo pueden ser lanzados con una catapulta a una distancia de más de cien metros.

LAS TÉCNICAS

• El lanzado y la espera de la picada

La búsqueda de un buen puesto, el abalizamiento y el cebado de la zona de pesca exigen mucho esfuerzo, así pues, hay que realizar un lanzado muy cuidadoso que nos asegure una buena caída de los aparejos.

El lanzado por encima de la cabeza, fácil de realizar, permite una gran precisión después de unos cuantos intentos. Debemos colocarnos detrás de la batería de cañas y ante la baliza de señalización del cebo. Para sujetar la caña, se ha de situar una mano sobre la empuñadura baja y la otra, sobre la alta, de forma que el índice de la primera mano sostenga el hilo del carrete. La caña se ha de colocar por encima de nuestra cabeza, y dejar que descienda el aparejo por detrás nuestro, justo a unos 20 cm por encima del suelo; a continuación, hay que lanzar. Por otro lado, se debe analizar el impacto del plomo sobre el agua y, si es el caso, estimar las correcciones que debamos aplicar al lanzado (más largo, más corto, más hacia la izquierda…), y volver a lanzar hasta que se obtenga un resultado satisfactorio. Cuando el plomo toque el fondo, se ha de cerrar el *pick up* y tensar la línea lo suficiente para que el hilo no forme eses, pero sin llegar al extremo de que el aparejo se

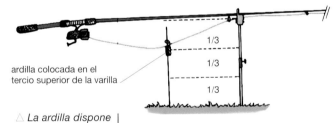

ardilla colocada en el tercio superior de la varilla

1/3
1/3
1/3

△ *La ardilla dispone de un recorrido correspondiente a dos tercios de la varilla para transmitir las picadas de vuelta.*

Colocación de la ardilla

desplace por el fondo. A continuación, se debe colocar de nuevo la caña sobre su soporte, sin olvidar regular el freno del carrete (ni demasiado suave, para acentuar la penetración del anzuelo bajo la tracción del pez, ni demasiado duro, para no exponernos a que la caña salga volando). Se debe pasar el hilo por la guía de la ardilla, que se ha de colocar con cuidado en el tercio superior de la varilla. Esta precaución da a la ardilla una mayor superficie de recorrido en el momento de una picada.

• La lucha

Cuando la carpa pica con brutalidad y, a continuación, emprende la huida, la ardilla sube a toda velocidad a lo más alto de la varilla, soltando el hilo. Entonces, el freno del carrete empieza a sonar a través de la sirena del detector sonoro. Este instante produce una gran emoción y despierta gran parte de la pasión que genera la pesca de la carpa. A veces la ardilla se sobresalta y sube o baja de una forma vacilante, acompañada de algunos pitidos del detector. En cualquier caso, ya sea un arranque violento o una picada más discreta, el tirón debe producirse sin tardanza para asegurarnos de que el anzuelo penetra bien en la boca del pez. Se ha de tener en cuenta que el aparejo *hair* emplea un anzuelo independiente del cebo, lo que facilita que la carpa se quede clavada. Por ello, el tirón no ha de ser brusco ni violento, sino que consiste en asir la caña con firmeza, con un amplio movimiento. En este instante, conduciremos la caña derecha por encima de la cabeza, para obtener el ángulo más favorable. A continuación, con ayuda de la palma de la mano izquierda (en el caso de que nuestra mano derecha sostenga la caña), ejerceremos una presión constante sobre la rotación de la bobina, para contener el primer arranque violento de la carpa. Cuando la carpa dé media vuelta e intente huir, empezaremos a recuperar el hilo, siempre dispuestos a soltar el freno, en caso de una reacción brusca del pez. Cuando los remolinos próximos al margen anuncien el final de la lucha, nos agacharemos para no asustar a la carpa y la guiaremos hacia el salabre, que se ha de hundir en el lugar más profundo. Cuando el pez se encuentre en el lugar correcto, alzaremos con fuerza el salabre y atraeremos la captura hacia nosotros. No se debe perseguir a una carpa con el salabre, ya que ésta puede escapar del alcance del pescador.

• La manipulación correcta de una carpa

La devolución al agua de la carpa se debe realizar con todas las garantías de supervivencia. Para ello, debemos situar nuestra captura sobre una colchoneta humedecida que conserve sus mucosas y sacar con rapidez el anzuelo mediante unas pinzas. Para pesar nuestra captura, la colocaremos en una bolsa especial para báscula (también humedecida).

△ *Esta carpa de espejo de 18 kg de Saint-Cassien (Var) será devuelta al agua... para que otro pescador de carpa disfrute con su captura, quizás con un tamaño mayor.*

◁ *Esta carpa ha picado unos cereales montados en hair. Debemos fijarnos en la posición del anzuelo, siempre clavado en la boca, lo que permite soltarlo y devolver el pez al agua en óptimas condiciones.*

LA DEVOLUCIÓN AL AGUA Y LA ÉTICA

Después de pesar al pez y fotografiarlo, envolveremos la carpa en una colchoneta humedecida y la dejaremos con precaución en el agua. La mantendremos en posición horizontal hasta que se decida a marcharse, impulsándola con movimientos de delante hacia atrás para facilitar su oxigenación.

Cuanta más resistencia muestra la carpa en la lucha, más disminuidos se ven sus recursos metabólicos por el flujo de toxinas y el estrés.

Al devolverla al agua, se ha de tener en cuenta que puede tardar varios minutos en recuperar la forma. Jack London escribía: «El placer de matar es grande, pero mayor es el de dejar vivir». Cuando se devuelve un pez al agua se siente la satisfacción de controlar nuestros instintos depredadores para salvar a un ser vivo.

Debemos realizar este acto por nosotros mismos, y no simplemente como esnobismo. Por otra parte, no se puede reprochar al pescador que, por tradición, pesca alguna que otra carpa pequeña para su propia alimentación. Lo realmente censurable es el exceso: las carpas sacrificadas para orgullo de algunos acaban en la basura...

LA PESCA

UNA HERMOSA ASIÁTICA

Se cree que la carpa, originaria de Asia, se introdujo en nuestro país en la época del Imperio romano, hace dos milenios. Las carpas que provenían de Asia destinadas a la cría podrían haber si-

do traídas en barco, y es probable que una parte de estos peces se vertiera accidentalmente en alguno de nuestros ríos. Actualmente, aún existe una cepa de carpas comunes cuyas características se aproximan a las de la carpa salvaje.

Algunos grabados chinos de varios siglos de antigüedad representan a las carpas con una forma muy alargada, una gran cabeza y unas aletas muy desarrolladas, tal y como aún se las puede encontrar en algunos ríos.

A lo largo de la historia de nuestro país vecino, Francia, abundan las importaciones (principalmente de los países de Europa del Este) de la carpa común (Cyprinus carpio) destinadas a la carpicultura, cuyos principales especialistas eran a menudo los monjes.

Presente en la cultura gastronómica de muchos pueblos, la carpa se ha introducido en varios países para la cría, casi siempre en función de los movimientos migratorios, sobre todo desde Polonia, Rusia, Hungría y Rumanía.

A finales de 1991, un grupo de arqueólogos que se hallaba inspeccionando el viejo lecho del Sena, al este de París, descubrió, junto a embarcaciones y útiles de sílex, fósiles de carpas que datan de más de 6.000 años antes de Cristo. Ello nos lleva a la conclusión de que las carpas podrían haber poblado las aguas francesas desde hace más de 8.000 años.

La carpa se encuentra presente en buena parte de los países europeos, ya que se adapta a todo tipo de hábitat, desde el estanque más insignificante al mayor de los embalses, pasando por la mayoría de los ríos de baja altitud.

A causa de una literatura a veces inexacta, la carpa ha sido calificada de silenciosa, centenaria, discreta, melancólica, misteriosa... Además, se dice que hiberna bajo el cieno. Algunas de estas características son ciertas, aunque es una lástima que no se nombren otras cualidades de este pez, como su gran capacidad de lucha y la fascinación que ejerce sobre el pescador.

Detalle de la cabeza de una carpa y de su boca, que le permite alimentarse de cebos de gran volumen. ▽

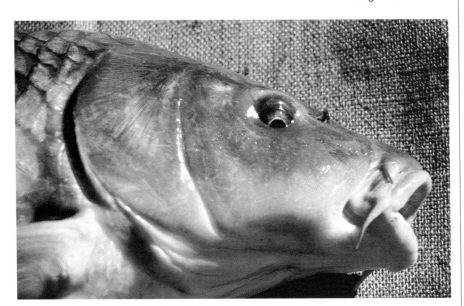

OMNÍVORA Y OPORTUNISTA

Característica de Asia Central y Asia Menor, así como de todos los afluentes del Mar Negro, la carpa se encuentra hoy en día casi en todo el mundo: China, Japón, Estados Unidos, Australia, África del Sur, Europa y en los países escandinavos. En España no existe ninguna región donde la carpa no esté presente, desde el límite de las aguas salobres de los ríos costeros hasta ciertos lagos situados a 1.000 m de altura.

• Un pez corpulento

La carpa tiene un cuerpo robusto sostenido por poderosas aletas, sobre todo las pectorales y la caudal, a menudo de color amarillo vivo anaranjado. La aleta dorsal es larga y su primer radio, llamado sierra dorsal, es muy cortante. Aunque el pez sea más bien lento y apacible, su morfología le confiere la capacidad de unos arranques muy rápidos y una inmensa resistencia, lo que lo convierte en un desconcertante adversario.

La cabeza de la carpa es grande y sus ojos de color amarillo oro, resultan un poco prominentes. De su labio superior surgen cuatro barbillas, dos pequeñas, en la parte superior, y dos más largas y espesas, que se sitúan cerca de la comisura de los labios. La boca de la carpa, un órgano táctil y gustativo, es protráctil. Los labios se alargan y contraen para explorar el fondo o palpar la vegetación acuática y sólo retienen el alimento interesante.

La carpa posee unos dientes faríngeos capaces de masticar los alimentos más duros (cangrejos de río, caracolillos, anodontes…). Se trata de unos órganos indispensables ya que su sistema digestivo no está muy desarrollado.

• Los emplazamientos y la distribución del alimento

Si bien la carpa puebla la mayoría de aguas de segunda categoría, su desarrollo óptimo tiene lugar en las aguas

LOS DIFERENTES TIPOS DE CARPA

– *La carpa común o real:* también llamada escamosa, la carpa común se caracteriza por poseer un cuerpo completamente cubierto de escamas. Contaminada por numerosos cruces, puede presentar una silueta muy afilada o, al contrario, muy gruesa, con múltiples rasgos intermedios.

– *La carpa de espejo:* esta carpa tiene un cuerpo redondeado que le da un aspecto barrigón. Sus flancos, lisos como la piel, son realzados por escamas muy brillantes.

– *La carpa de cuero:* este pez se distingue de la anterior por la ausencia de escamas. Algunos autores extienden la apelación de cuero a todas las carpas de espejo que poseen pocas escamas.

△ *Las preparados sintéticos, incoloros e inodoros, son muy prácticos para rebozarlos de pequeños cereales (como los cañamones, sobre estas líneas), lo que permite ofrecer a las carpas su alimento preferido.*

más templadas, es decir, en las de baja altitud (menos de 400 ó 500 m). Prácticamente la totalidad de estanques, lagos naturales, balasteras y embalses albergan carpas con independencia de su superficie. Todos los ríos, desde los que superan los varios cientos de metros de ancho hasta los pequeños ríos de llanura, son aptos para este dinámico ciprínido en mayor o menor medida.

La carpa, un pez omnívoro, se alimenta de gusanos de cieno, limneas, anodontes, cangrejos de río, tiernos brotes de hierbas acuáticas y, si se da el caso, de los huevos de peces o de los peces pequeños. Asimismo, las carpas se pueden encontrar con

◁ *La pesca de una gran carpa (junto a estas líneas se puede observar una carpa de espejo de 18,5 kg capturada en Durance, cerca de Aviñón) es el gran sueño de cualquier carpista, aunque no se ha de convertir en una obsesión.*

frecuencia al lado de su fuente de alimento, entre los montículos herbáceos, cerca de los árboles sumergidos, bordeando los cañizales, bajo las ramas que caen sobre el agua, así como en las hoyas cenagosas, cerca de pilares de puente o esclusas, o sobre los fondos de gran profundidad.

La alimentación de la carpa varía de una estación a otra, ya que su ciclo digestivo está directamente relacionado con la temperatura del agua. Se estima que, con una temperatura próxima a los 20 °C, la carpa tarda de 3 a 4 horas en digerir, lo que quiere decir que se pasa casi todo el día comiendo. Sin embargo, en un agua de 8 °C de temperatura, la digestión es muy lenta: pueden transcurrir de 24 a 30 horas entre una fase alimenticia y otra. A pesar de todo, actualmente se ha comprobado que las carpas se alimentan (muy poco) en aguas cuya temperatura

se sitúa en los 2 °C. La carpa invernante, heroína de leyenda, ha recibido un golpe serio a su reputación.

• Un tumulto acuático fértil

A principios de mayo, cuando la temperatura del agua alcanza los 18 ó 20 °C, las carpas se reúnen en grupos bastante grandes, ya que se acerca la freza. Entonces se desplazan a las zonas profundas, sobre todo los prados inundados, así como también las inmediaciones de los márgenes de abundante vegetación o bordeados de montículos de hierbas. Se pueden producir concentraciones en menos de 1 ha de cientos de ejemplares, que no muestran ningún tipo de desconfianza. A veces, durante unos cuantos días, las hembras se mueven en todas direcciones, perseguidas constantemente por los machos. Los grandes remolinos, surcados por estelas y grandes braza-

LOS TÉRMINOS ESPECÍFICOS

Los ingleses son quienes han contribuido en mayor medida a la reputación de la pesca de este pez, lo que ha provocado un enriquecimiento del vocabulario piscatorio con algunos términos específicos.

– *Scaled* es el término que describe a una carpa de espejo, cuyo cuerpo se encuentra medianamente cubierto de largas escamas diseminadas.

– *Linear* es el nombre con que se designa a la carpa de espejo cuyas escamas están dispuestas de forma lineal, lo que se traduce por una banda ininterrumpi-

Una carpa común de 13 kg de peso, perteneciente a una cepa salvaje. Destacan su longitud y el tamaño de las aletas. En plena corriente y al otro extremo de nuestra caña presenta una gran lucha. ▽

DE ORIGEN ANGLOSAJÓN

da de escamas a lo largo de la línea intermedia, a veces en el dorso, incluso bajo los flancos.

– *Fully scaled* define a la carpa de espejo cuyos flancos están casi completamente cubiertos de escamas. Su disposición no debe confundirse con la de la carpa común.

– *Wildie* es el nombre que recibe la carpa común de río, próxima a la carpa salvaje, que presenta un cuerpo muy esbelto, una gran cabeza y unas aletas hipertrofiadas, por la corriente constante que condiciona su modo de vida.

das de agua golpeada, transforman la zona de puesta en un gran tumulto acuático que, aun a gran distancia, puede oírse con claridad cuando alcanza su punto culminante.

LA ADAPTACIÓN DE LAS CARPAS GRANDES

Con la finalidad de adquirir un mayor prestigio, muchos administradores de lagos privados compran carpas de gran tamaño (de 15 a más de 25 kg) para atraer a los aficionados a los peces de trofeo.

Nueve de cada diez veces, este sistema provoca el debilitamiento o la muerte de los peces, bien porque son capturados poco después de su introducción o porque son demasiado mayores y su metabolismo está fuertemente vinculado a un hábitat específico (alimentación natural, exposición, características fisicoquímicas del agua muy concretas).

Estos grandes ejemplares son vendidos por pescadores profesionales que los capturan con red (con frecuencia, cumpliendo la ley), pero también por pescadores de caña, conscientes del precio que están dispuestos a pagar ciertos propietarios por una pieza de más de 20 kg.

Sea como fuere, el hecho de trasladar a un pez de un lugar a otro supone quebrantar la ética más elemental.

Con frecuencia, las hembras, extenuadas por la persecución prolongada de los machos y la expulsión de los huevos, se recuestan sobre su flanco, en una zona de varias decenas de centímetros de aguas cenagosas. Los huevos (alrededor de 150.000 por kilo) se adhieren a la vegetación acuática y a las raíces sumergidas en el agua y eclosionan al cabo de unos 100 grados/día (es decir, 5 días en un agua a 20 °C). El alevín se alimenta esencialmente de plancton, animal y vegetal, y alcanza en poco tiempo su estadio juvenil. En condiciones normales, la joven carpa pasará a un estadio superior y en dos o tres años alcanzará el kilo de peso. La madurez sexual llega a los tres o cuatro años en el caso de la hembra y a los dos o tres en el caso del macho. Si bien la carpa centenaria sólo existe en la imaginación colectiva de los pescadores, este pez puede alcanzar la respetable edad de 25 ó 30 años, excepcionalmente 40, y sobrepasar con frecuencia los 20 kg.

Se han llegado a capturar con caña varios ejemplares que superaban los 30 kg. El récord absoluto lo ostenta el Sr. Rouvière, que pescó una carpa de espejo de 37 kg en la confluencia del Yvonne con el Sena. Puede que en un futuro próximo se produzcan capturas de ejemplares de 40 kg. Algunos ejemplares de esta envergadura ya han sido pescados con red en Yugoslavia y en Hungría, así como otros de igual tamaño han sido arponeados en África del Sur.

LA REPOBLACIÓN CON ALEVINES Y LOS FREZADEROS FLOTANTES

Una gran parte de las aguas de segunda categoría se hallan suficientemente pobladas de carpas sin que se requiera una repoblación. Así pues, la intervención se debe limitar a dos acciones: la repoblación de las aguas muy pobres y la mejora de las condiciones de reproducción.

Esta carpa ha sucumbido a los boilies *montados en un aparejo* hair. *El anzuelo clavado en el labio permite extraer y liberar al pez en excelentes condiciones.* ▷

△ *Una barca, un motor eléctrico y una ecosonda: tres elementos indispensables para captar las señales necesarias a la hora de determinar un buen puesto.*

• La repoblación

La experiencia ha demostrado de forma reiterada que la repoblación obtiene mejores resultados si se recurre a ejemplares jóvenes. El metabolismo de las carpas de 0,30 a 1 kg se adapta fácilmente a las características fisicoquímicas del agua (diferencias de temperatura, corriente, exposición, pH, etc.) Al mismo tiempo, las carpas que se introducen muy jóvenes tienen todas las posibilidades de formar alguna cepa en un lago o en un río, si cuentan con los medios necesarios para reproducirse.

• La mejora de las condiciones de reproducción

En los lagos sometidos a importantes variaciones de nivel y sobre todo en los embalses, los frezaderos a veces no están disponibles o, peor aún, el nivel del agua desciende justo después de la puesta, lo que echa a perder la freza.

ALGUNAS ESTRATEGIAS PARA EL CEBADO

Cuando las carpas tienen más apetito, de abril a octubre, el cebado consiste en una distribución de cereales y/o *boilies* sobre el puesto que hemos elegido.

La repartición de los cebos, que cubrirán una superficie casi oval de 15 a 20 m², debe ser bastante homogénea, de manera que la inspección que realizan las carpas las conduzca hasta nuestros cebos. Cuando las carpas siguen trayectorias distintas, los trazados de cebo en forma de T o en X son más selectivos, pero necesitan una mayor precisión en el lanzado.

Finalmente, en los lugares con más presión de pesca, las carpas asocian la abundante distribución de cebos a un peligro latente. En esos casos, es preferible reducir la cantidad de cebado y dispersar nuestros aparejos, cada uno de ellos acompañado por tan sólo unos veinte cebos.

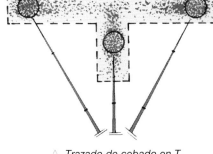

△ *Trazado de cebado en X.*

△ *Trazado de cebado en T.*

Cebados y trazados de cebado

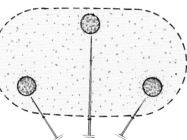

Cebado oval con una colocación de tres aparejos. ▷

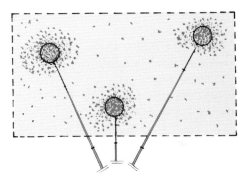

△ *Cebado muy ligero con tres puntos concentrados (uno para cada aparejo).*

◁ *La carpa es un gran luchador. Tan sólo un material adaptado y una buena técnica la harán entrar en el salabre.*

Los frezaderos flotantes constituyen en esos casos una excelente solución. Se trata de confeccionar una balsa con ayuda de toneles vacíos de plástico, revestidos de ramaje, para que las carpas pongan los huevos. Si fijamos este dispositivo en medio del agua, el frezadero se desplazará siguiendo las fluctuaciones del nivel, manteniendo siempre los huevos sumergidos. Tanto en un arenal como en un embalse llenado recientemente, se debe disponer de unas ramas secas cerca de los márgenes y plantar juncos, gramináceas y montículos de hierbas en las zonas menos profundas, para recrear las condiciones favorables para la reproducción.

LA PESCA EN EL LAGO

Sea cual sea la superficie de un lago (un pequeño estanque, un gran arenal o un gran embalse), nuestra principal preocupación reside, como siempre, en la localización de un buen emplazamiento. Para llevar a cabo esta operación, es esencial observar detenidamente todo lo que nos rodea para poder delimitar con exactitud dónde se desarrolla la actividad de las carpas. Si tenemos suerte, los peces se manifestarán en la superficie con unos chapuzones sonoros cuando salten fuera del agua o buceen bajo la superficie y, de un modo más discreto, cuando asomen la cabeza y la aleta dorsal. Gracias a estos movimientos, obtendremos la información precisa sobre el comportamiento y el recorrido de los peces. Es importante señalar estos emplazamientos (con ayuda de referencias visuales situadas entre nuestra posición y el margen opuesto), ya que las carpas volverán a este lugar tarde o temprano. En este sentido, si observamos un trazado de burbujas en la superficie del agua que indique un desplazamiento (no podemos confiar en las burbujas estáticas, que a menudo provienen de

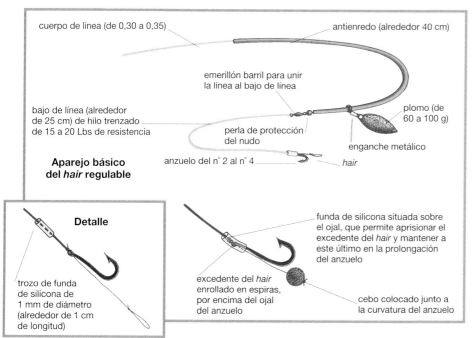

cuerpo de línea (de 0,30 a 0,35)

antienredo (alrededor 40 cm)

emerillón barril para unir
la línea al bajo de línea

bajo de línea (alrededor
de 25 cm) de hilo trenzado
de 15 a 20 Lbs de resistencia

plomo (de
60 a 100 g)

perla de protección
del nudo

enganche metálico

anzuelo del n° 2 al n° 4

hair

**Aparejo básico
del *hair* regulable**

Detalle

trozo de funda
de silicona de
1 mm de diámetro
(alrededor de 1 cm
de longitud)

funda de silicona situada sobre
el ojal, que permite aprisionar el
excedente del *hair* y mantener a
este último en la prolongación
del anzuelo

excedente del *hair*
enrollado en espiras,
por encima del ojal
del anzuelo

cebo colocado junto a
la curvatura del anzuelo

ta difícil desplazarlo, significa que el fondo es cenagoso.

• Los aparejos

– *El aparejo básico del* hair *regulable*

Este aparejo, que emplea una plomada deslizante fijada en un dispositivo antienredo, utiliza un bajo de línea corto (de unos 25 cm) realizado con hilo trenzado muy ligero de unas 15 a 20 Lbs de resistencia. Un emerillón barril permite unir la línea con el bajo de línea. El tamaño del anzuelo de ojal, sólido y muy afilado, oscilará entre el n° 2 y el n° 4, en función de las dimensiones de los cebos empleados. El *hair*, confeccionado con ayuda del hilo trenzado sobrante después de realizar el nudo, o bien con una hebra de nailon de 0,14, constituye una prolongación del anzuelo, rematada por un bucle que conecta con la extremidad curva de la aguja para cebos. Resulta útil que el *hair* tenga una longitud regulable, ya que el tamaño y el número de los cebos es variable.

– *El aparejo de huida*

A pesar de compartir características similares, el aparejo de huida se distingue del aparejo básico por el bloqueo de la plomada. Esta estrategia permite oponer la masa del plomo a la carpa en el momento en que ésta tira del hilo, una vez clavada. Ello provoca una autopicada instantánea y acentúa la penetración del anzuelo en el labio del pez. Este bloqueo de la plomada se obtiene de formas diversas, pero la más usual consiste en colocar un tope más arriba del plomo o del dispositivo an-

fugas de gas del fondo), hemos de prestar atención a la zona en que se ha producido. Con toda probabilidad, estas burbujas provienen de unas carpas que están inspeccionando el fondo, lo que constituye una prueba de que se están alimentando. De todos modos, las carpas muestran a veces un gran sigilo. Entonces se debe recurrir a otros métodos de observación para determinar los lugares susceptibles de captar la atención de las carpas, sobre todo aquellas zonas donde el alimento natural abunda. Los márgenes con una gran cantidad de vegetación acuática, especialmente si son boscosos, el borde de las islas, los leños sumergidos en descomposición y los cañizales constituyen una reserva de comida de primer orden. Las carpas encuentran en estos lugares una gran cantidad de limneas, larvas, huevos de batracio y brotes tiernos. Los cabos que se adentran mucho y los prados ligeramente inclinados hacia el agua son casi siempre sinónimos de pendientes regulares, llenas de cangrejos o anodontes. Asimismo, las hoyas muy pronunciadas permiten que se acumule el cieno y, por lo tanto, la existencia de una gran cantidad de gusanos. Los fondos altos alejados tienen la ventaja de la fotosíntesis, y no es raro que se desa-

rrollen en estos lugares pequeños montículos de hierbas con mucha fauna bentónica, aunque sea lejos del margen. Pero cuanto más fácil es identificar la proximidad de los márgenes y todo lo que sobresale de la superficie, más difícil es identificar el perfil del fondo. De ahí que sea imprescindible sondear metódicamente el lugar para hacerse una idea precisa de la topografía. Con una línea rematada en plomo, lanzaremos en varias direcciones y a diferentes distancias. Se debe cerrar el *pick up* en el momento del impacto del plomo en el agua y contar los segundos que tarda en tocar el fondo, para apreciar las diferencias de profundidad. Asimismo, hay que arrastrar un poco el plomo: si se desliza con facilidad, el fondo es duro, pero si resul-

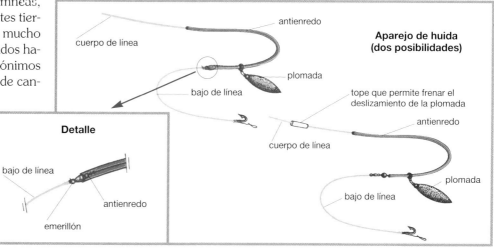

antienredo

cuerpo de línea

**Aparejo de huida
(dos posibilidades)**

plomada

bajo de línea

tope que permite frenar el
deslizamiento de la plomada

antienredo

cuerpo de línea

plomada

bajo de línea

Detalle

bajo de línea

antienredo

emerillón

tienredo. Este aparejo permite hacer frente al 90 % de las situaciones de pesca que se nos presentan.

• Los anzuelos

La mayoría de las veces, los aparejos eficaces deben sus cualidades al aparejo *hair*.

Generalmente, el *hair* es una prolongación del anzuelo, ya que presenta los cebos por encima de la curvatura de éste (véase pág. 177), pero existen determinadas circunstancias que exigen la adaptación del *hair*. Para mejorar la presentación del cebo flotante, el *hair* puede ser lateral, es decir, puede fijarse en medio de la parte recta del anzuelo, de forma que el *boilie* quede pegado a éste. El uso del *power-gum*, un hilo elástico, facilita la perfecta presentación del *hair* lateral. Por otro lado, para que las carpas, muy desconfiadas, no tiren del cebo y lo suelten en cuanto encuentren la más mínima resistencia, se puede emplear un método, después de ensartar el cebo en el *hair*, que consiste en anudar el extremo de éste justo antes de la curvatura del anzuelo, lo que obliga a picar a la carpa cuando toma el anzuelo.

– La presentación destacada

En fondos cenagosos, llenos de vegetación o residuos diversos, los cebos clásicos, con frecuencia mal disimulados, tienen poco atractivo para las carpas. En estos casos se impone el recurso de los cebos flotantes, que se mueven por encima del fondo.

Existen preparados de ingredientes especiales que permiten realizar *boilies*

△ *Para cebar las proximidades de la baliza (bloque de poliestireno), este pescador de carpa se traslada al lugar en barca y distribuye cereales y* boilies *con precisión.*

flotantes. Asimismo, podemos convertir en flotantes los *boilies* que empleamos habitualmente introduciéndolos en el horno durante unos tres minutos. No debemos olvidar colocar un perdigón de plomo en el bajo de línea, lo que producirá contrapeso y permitirá que el cebo se mueva a la altura deseada, a unos 6 a 10 cm por encima del fondo. En cuanto a los cereales, basta con colocar un cubito de espuma flotante en el *hair* para que se despeguen del fondo. Sea cual sea el tipo de fondo, es aconsejable cebar uno de nuestros aparejos con un cebo flotante, ya que, sin razón aparente, las carpas pueden preferir los alimentos en suspensión.

LA PESCA EN EL RÍO

En los ríos de 10 a más de 100 m de anchura, la corriente condiciona la actividad de las carpas. Allí donde sea leve, incluso nula, permitirá el desarrollo de la alimentación natural y los peces se podrán desplazar sin esfuerzo. Por el contrario, en un río de corriente fuerte o mediana, las zonas cercanas a los márgenes son los lugares que más frecuentan las carpas. Del mismo modo, se debe localizar todo lo que de alguna manera interrumpa la corriente y, por lo tanto, forme un remanso muy favorable.

Los recodos pronunciados, los tramos aguas abajo tras las isletas, la zona más próxima a los árboles sumergidos...,

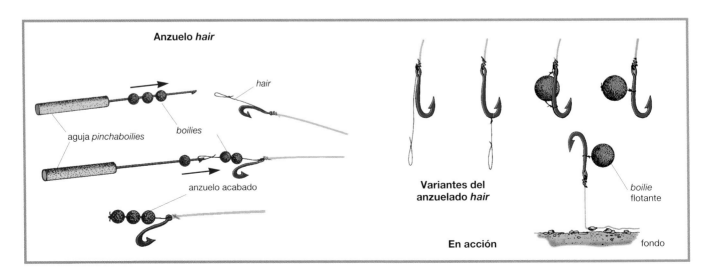

Anzuelo *hair*

hair

aguja *pinchaboilies*   *boilies*

anzuelo acabado

Variantes del anzuelado *hair*

boilie flotante

En acción   fondo

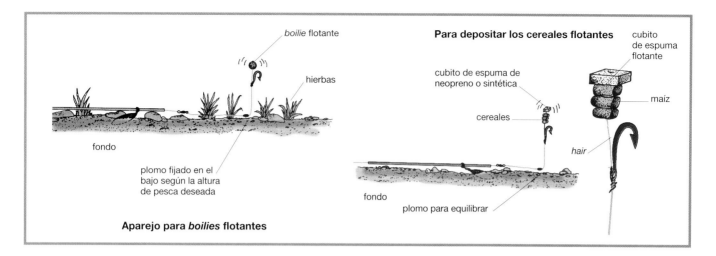

boilie flotante

hierbas

fondo

plomo fijado en el bajo según la altura de pesca deseada

Aparejo para *boilies* flotantes

Para depositar los cereales flotantes

cubito de espuma de neopreno o sintética

cubito de espuma flotante

cereales

maíz

hair

fondo

plomo para equilibrar

es decir, los emplazamientos donde se acumula más el alimento, así como las zonas aguas abajo de las obras hidráulicas (plataformas, embalses, puentes…), constituyen lugares de primera categoría. En estos emplazamientos, a menudo muy cerca de la orilla, es donde se debe distribuir nuestros aparejos con la mayor discreción.

En invierno, las carpas parecen desarrollar más actividad en el río que en el lago, probablemente a causa de la pérdida calórica que ocasiona la lucha con la corriente, aunque sea leve. En verano, en los ríos donde la corriente pierde fuerza, se deben explorar con prioridad las terrazas, ya que la zona que se encuentra inmediatamente aguas abajo disfruta de una mayor oxigenación. Si no existiera este tipo de emplazamiento, se ha de inspeccionar los lugares de mayor profundidad, con aguas más frescas que contendrán carpas muy activas, a pesar del calor del verano. La presencia de corriente, en el 85 % de las situaciones, y el hecho de pescar a menudo cerca de grandes obstáculos, exigen que empleemos un hilo de un mínimo de 0,35 para intentar pescar con rapidez los buenos ejemplares.

En cuanto a los aparejos, escogeremos entre los que se adapten mejor a las circunstancias del río. En muchos ríos existen cientos de kilómetros aún vírgenes para los pescadores de carpa. En estos casos, los cebados abundantes (cada vez menos aconsejables en el lago por la intensa presión de pesca) pueden facilitarnos las cosas. En ríos de corriente intensa y bastante rectilíneos (como los sectores recali-

brados), las carpas nadan a lo largo de los márgenes con pocas paradas, por lo que una distribución abundante de los cebos las retendrá por más tiempo. La fórmula de 5 a 8 kg de cereales junto con 200 ó 300 *boilies* ofrece excelentes resultados.

• La línea flotante

Tanto en un río de corriente suave como en un estanque o arenal, la línea flotante, técnica poco utilizada para la carpa, resulta muy eficaz si el sondeo del puesto se realiza con eficacia. La primera posibilidad, en fondos bastan-

LOS APAREJOS PARA CARPAS «DIABÓLICAS»

En los lugares de gran presión de pesca, después de repetidas devoluciones al agua, las carpas se vuelven muy astutas y tantean largo tiempo los cebos que les ofrecemos. Si encuentran la más mínima resistencia cuando tiran suavemente del cebo del aparejo, huyen. Algunos pescadores ingleses, para contrarrestar esta desconfianza, han ideado los aparejos más puntiagudos. En Francia, donde las carpas aún son accesibles, estos aparejos sólo deben emplearse en zonas muy pescadas, ya que su realización es complicada.

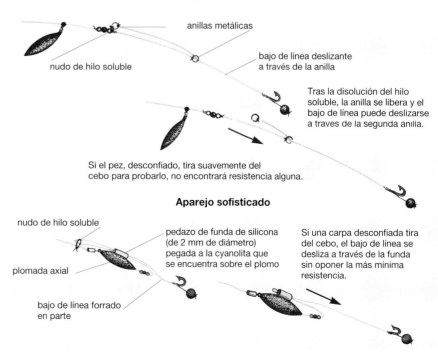

Aparejo de «confianza»

anillas metálicas

nudo de hilo soluble

bajo de línea deslizante a través de la anilla

Tras la disolución del hilo soluble, la anilla se libera y el bajo de línea puede deslizarse a través de la segunda anilla.

Si el pez, desconfiado, tira suavemente del cebo para probarlo, no encontrará resistencia alguna.

Aparejo sofisticado

nudo de hilo soluble

pedazo de funda de silicona (de 2 mm de diámetro) pegada a la cyanolita que se encuentra sobre el plomo

Si una carpa desconfiada tira del cebo, el bajo de línea se desliza a través de la funda sin oponer la más mínima resistencia.

plomada axial

bajo de línea forrado en parte

te limpios, consiste en devanar hilo hasta que la posición inclinada del flotador indique que la línea reposa en parte sobre el fondo, es decir, al mismo nivel que el cebado. Si hay hierbas o residuos en la zona de pesca (a menudo se trata de buenos emplazamientos) que puedan enredar el bajo de línea, la operación es algo más delicada, ya que tenemos que efectuar la misma maniobra que antes y, a continuación, retirarnos progresivamente del fondo hasta que nos aseguremos de que el cebo se mueve justo por encima de los obstáculos.

El gusano de tierra o un puñado de larvas de mosca de la carne, así como el pan o el maíz dulce, constituyen los mejores cebos para este tipo de presentación, un poco destacada del fondo.

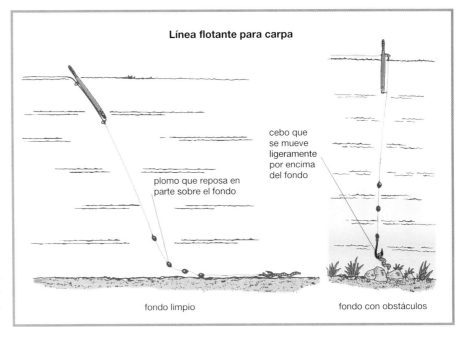

Línea flotante para carpa

plomo que reposa en parte sobre el fondo

cebo que se mueve ligeramente por encima del fondo

fondo limpio

fondo con obstáculos

• La plomada deslizante

El pescador de rutilo, brema o tenca que pesca en un puesto fijo, normalmente localiza con regularidad los bancos de carpas gracias a los saltos en la superficie, a las exploraciones que realizan o, también, porque algunas «locomotoras» rompen sin esfuerzo su frágil línea de coup. Una táctica suplementaria consiste en realizar un ligero cebado con patata, maíz o trozos de gusano, y lanzar una o dos líneas de 0,30,

provistas de una plomada deslizante y un bajo de línea de 0,28, además de un anzuelo con un cebo en consonancia con el que hemos distribuido por las aguas. Es necesario regular correctamente el freno o pescar con el *pick up* abierto. Este tipo de pesca complementaria permite continuar la pesca del pescado blanco, vigilando las cañas destinadas a las carpas, que el pescador debe situar cerca de él para reaccionar lo antes posible.

LA PESCA EN CANALES

Las carpas de los canales franceses, muy numerosas, pero poco pescadas, merecen nuestra atención. La corriente, generalmente lenta, permite que los peces aprovechen la totalidad de

¿POR QUÉ SALTAN LAS CARPAS?

Es difícil saber por qué las carpas saltan en la superficie del agua y luego se detienen de repente. Durante mucho tiempo se ha creído que así se libran de los parásitos, pero es poco probable, ya que algunas larvas se fijan cerca de los labios o en el nacimiento de las aletas, lo que las hace extremadamente difíciles de eliminar. Algunos piensan que, al caer bruscamente en la superficie del agua los peces expulsan los gases causados por la fermentación de algunos alimentos. Pero esto es poco creíble, ya que a menudo los saltos se producen en la fase alimenticia.

Quizás el salto sea una forma de lenguaje del banco, dado que las ondas provocadas por las alteraciones de la superficie son percibidas desde muy lejos por sus congéneres.

La pesca de la carpa en invierno reúne cada vez más adeptos, pero los cebados deben limitarse, ya que los peces se alimentan menos en esta época que en el resto del año. Prueba de ello es esta carpa común de 9 kg pescada en el Ródano (Vaucluse) en febrero, con una temperatura del agua de 7 °C. ▽

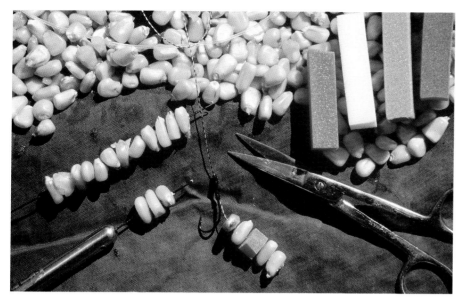

abierto nuevos horizontes. Esta práctica posibilita la pesca en un mismo emplazamiento las 24 horas del día, lo que evita el traslado del gran despliegue de material que el pescador de carpa necesita. Además, la pesca de noche permite capturar carpas cuando el ciclo alimenticio de este pez se encuentra en el punto álgido.

△ Un grupo de larvas de la mosca de la carne.

Sin embargo, la pesca nocturna puede presentar algunas dificultades, sobre todo porque lo que parece sencillo de día se convierte de repente en una aventura cuando el pescador opera en la oscuridad más absoluta. Rápidamente, nos percataremos de que cuanto más avanza la noche, más tiende la carpa a situarse junto al margen para alimentarse. En la medida de lo posible, se debe elegir el puesto más cercano para mantener una aceptable precisión, ya que tarde o temprano se ha de lanzar en medio de una gran oscuridad. En este caso, tampoco se puede olvidar que se necesita la misma precisión para los cebados de reclamo. La mayor parte

△ Un cubito de patata.

estas vías acuáticas, aunque los márgenes, esclusas y los raros obstáculos que se encuentran en ellas constituyen sus refugios. Las carpas, bastante difíciles de localizar, dada la uniformidad de la mayoría de canales, son muy sensibles al cebado, ya que escasea el alimento disponible. En aguas poco frecuentadas, el cebado relativamente abundante y triangular permite interceptar carpas con bastante fiabilidad. En las zonas donde éstas están más habituadas a las técnicas de los pescadores, la pesca desde la orilla ofrece muy buenos resultados, sobre todo en los lugares donde los matorrales y los árboles se inclinan sobre el agua.

△ Dos granos de maíz.

LA PESCA NOCTURNA

A causa del enfrentamiento que han sostenido durante años los clubes de pescadores de carpa y la sección carpista de la Federación francesa de pesca al coup, en 1994 se estableció una enmienda legal que contempla la posibilidad de pescar la carpa a cualquier hora del día y de la noche.

Inspirándose en el ejemplo británico y, en menor medida, en los Países Bajos, Bélgica y Alemania, la pesca nocturna de la carpa ha

△ Una lombriz.

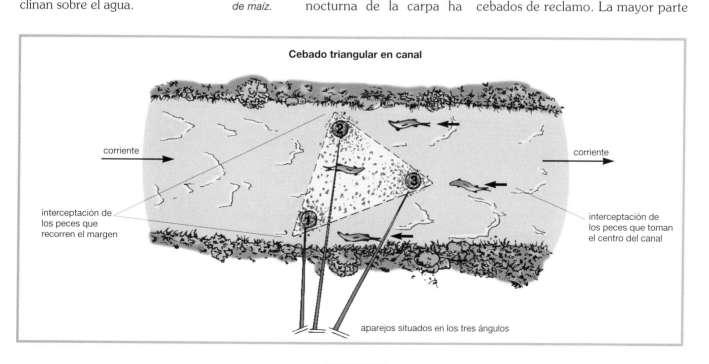

Cebado triangular en canal

corriente →

corriente →

interceptación de los peces que recorren el margen

interceptación de los peces que toman el centro del canal

aparejos situados en los tres ángulos

LOS LUGARES DE PESCA NOCTURNA

La pesca nocturna sólo se autoriza en algunos sectores concretos de cada región, ya que no se puede permitir, de repente, una libertad de pesca total que dé lugar a que miles de pescadores de carpa puedan situarse en cualquier zona de las redes hidrográficas de segunda categoría. Hay que tener en cuenta que, además de los pescadores de carpa originarios del país, acuden miles de pescadores extranjeros, lo que puede llegar a alterar la actividad de pesca. Sin embargo, se cree que, muy pronto, cada región dispondrá de algún lago o determinados sectores del río especialmente destinados a la pesca nocturna de la carpa. La forma más segura de poder preparar una jornada de pesca nocturna consiste en telefonear o escribir a la federación de pesca de la zona elegida para obtener la información necesaria.

Se recomienda devolver al agua todas las capturas nocturnas para que la riqueza piscatoria no sufra los efectos de esta presión de pesca suplementaria, aunque ninguna normativa lo prevé de forma categórica.

del tiempo es preferible pescar sin interrupciones, lo que nos lleva a hacerlo en dos lugares diferentes, uno durante el día, generalmente alejado, y uno durante la noche, a menudo cercano al margen. Resulta muy útil anotar la localización de los saltos que se oyen durante la primera noche, porque, así, se puede cebar esa zona de pesca y explotarla a la noche siguiente.

A falta de visión (o de oído) de la actividad de los peces en la superficie, se han de explorar las zonas cercanas a la vegetación acuática y los pequeños cabos o bahías pronunciadas, ya que las carpas realizan diversas incursiones en estos lugares a lo largo de la noche. Se debe ser muy metódico y situar siempre nuestro material y el salabre en el mismo lugar. Se ha de incluir en nuestro equipo un pequeño estuche con todo lo necesario para rehacer un aparejo o realizar un cebado nocturno (linterna, aguja de *boilies*, bajos de línea ya montados, plomos, hilo soluble...). Asimismo, hemos de considerar nuestra propia comodidad, y para ello no debemos olvidar un cálido saco de dormir, una tienda espaciosa e impermeable y algún utensilio para cocinar.

Por supuesto, la pesca de la carpa no es una modalidad exclusiva de los especialistas anglosajones. En este sentido, existen técnicas tradicionales en otros lugares que también permiten capturar carpas y que exigen un gran sentido de la observación para localizar a los peces y determinar los lugares de pesca más favorables.

△ *Los pescadores de carpa no son personas solitarias y suelen desarrollar su afición en grupo, aunque sólo sea por probar diferentes fórmulas de pesca (cebo, profundidad, distancia de pesca...).*

△ *El estuche de bajos de línea es práctico y fiable. Se enrollan en el cilindro de espuma y se cubren con una funda de protección.*

¿Dónde se pesca mayormente la carpa?

Resulta fácil (y en gran parte cierto) afirmar que la carpa está en todas partes, sin embargo, algunos lugares de altitud merecen nuestra atención, ya sea por la extraordinaria densidad de las carpas o por el gran tamaño que alcanzan.

En el lago

• El lago de Saint-Cassien: este lago de la zona de Var, de 550 ha, con un perímetro muy recortado y fondos muy variados, alberga una población de carpas mediana, pero el gran tamaño de los peces lo convierte en un lago único en Europa. Cada año se capturan decenas de peces de más de 20 kg. El récord actual lo ostenta un ejemplar de 35,5 kg.

• El lago de Der-Chantecoq: se trata de una reserva destinada a compensar las crecidas del Sena. Es un lago de poca profundidad, con una superficie de 4.800 ha situado entre los departamentos de Marne y Haute-Marne. Su población de carpas presenta una media de 13 a 14 kg de peso, aunque muchos ejemplares superan los 20 kg.

• El lago de Saint-Geniez-d'Olt: este embalse del río Lot, de 218 ha, que se extiende por el fondo del sinuoso valle de Aveyron, alberga probablemente una de las poblaciones de carpas más densa de toda Francia. El peso medio ronda los 10 kg, pero se han pescado algunas carpas que superan los 20 kg.

• El lago de los bosques de Orient: es un gigantesco lago de 4.000 ha. Se ha convertido en el nuevo destino de los pescadores por el gran tamaño de sus carpas. Se han pescado carpas de espe-

jo de más de 30 kg y una carpa común de 31,8 kg en 1993.

• El lago de Salagou: este embalse de aguas azules sobre un fondo de colinas rojas se encuentra en Herault y mide unos 800 ha de superficie. Además de una fabulosa densidad de carpas, los ejemplares de 13 a 15 kg son muy abundantes, y tampoco son raros los que superan los 20 kg.

• El lago de Sainte-Croix: entre los departamentos de Alpes-de-Haute-Provence y Var, este embalse del río Verdon extiende sus 2.200 ha de aguas turquesas rodeadas de montañas. La poca densidad hace difícil la pesca, pero las carpas de 15 a 20 kg son mucho más abundantes que las pequeñas.

• El lago de Villeneuve-de-la-Raho: este lago de 200 ha en los Pirineos orientales, a algunos kilómetros de la frontera española, tiene una gran densidad de carpas. Si bien estos peces no suelen superar los 9 ó 10 kg, es posible capturar una media de 20 peces al día.

En el río

• El Sena: la zona del río que presenta más interés para el pescador de carpa es al sur

de París, sobre todo cerca de los márgenes con más obstáculos. Se suelen realizar capturas de peces de 15 a más de 20 kg. El récord de Francia tuvo lugar aquí, en la confluencia entre el Yonne y el Sena, con una carpa de espejo de 37 kg.

• El Loira: a lo largo de su curso, el río está lleno de carpas, sobre todo de Nevers a Tours, pasando por Gien y Orleans. Existe

una gran densidad de población y, aunque sean de un tamaño modesto, resultan muy luchadoras.

• El Ródano: de Lyon a Port-Saint-Louis-du-Rhône, pasando por Valence, Montélimar y Aviñón, este gigantesco río es uno de los más ricos de Francia, sin olvidar las confluencias con el Ardèche, el Durance y el Gardon. Se ha de destacar la predominancia de las carpas comunes (a menudo de cepa salvaje), de mediano tamaño, y la presencia de carpas de espejo de más de 20 kg.

• El Gardon: este afluente del Ródano merece una exploración en la parte baja de su curso, a partir de Rémoulins. La extraordinaria densidad de carpas comunes medianas coincide con la presencia de algunas carpas de espejo con un peso que oscila entre los 10 y más de 20 kg.

• El Dordoña: este gran río de la región de Périgord, con un gran número de embalses, ofrece grandes posibilidades en la zona entre Bergerac y Saint-Jean-de-Blaignac. Abundan las carpas medianas comunes y de espejo.

• En España las grandes carpas están presentes en la casi totalidad de embalses de más diez años de antigüedad y es posible capturar en ellos ejemplares que superan con frecuencia los 15 kg. Son emblemáticos por su calidad y densidad Mequinenza, Ribarroja, Santillana, Encinarejo, Navallana... En cuanto a los ríos, cabe destacar el Ebro, el Guadiana y su cuenca.

LOS PECES BLANCOS

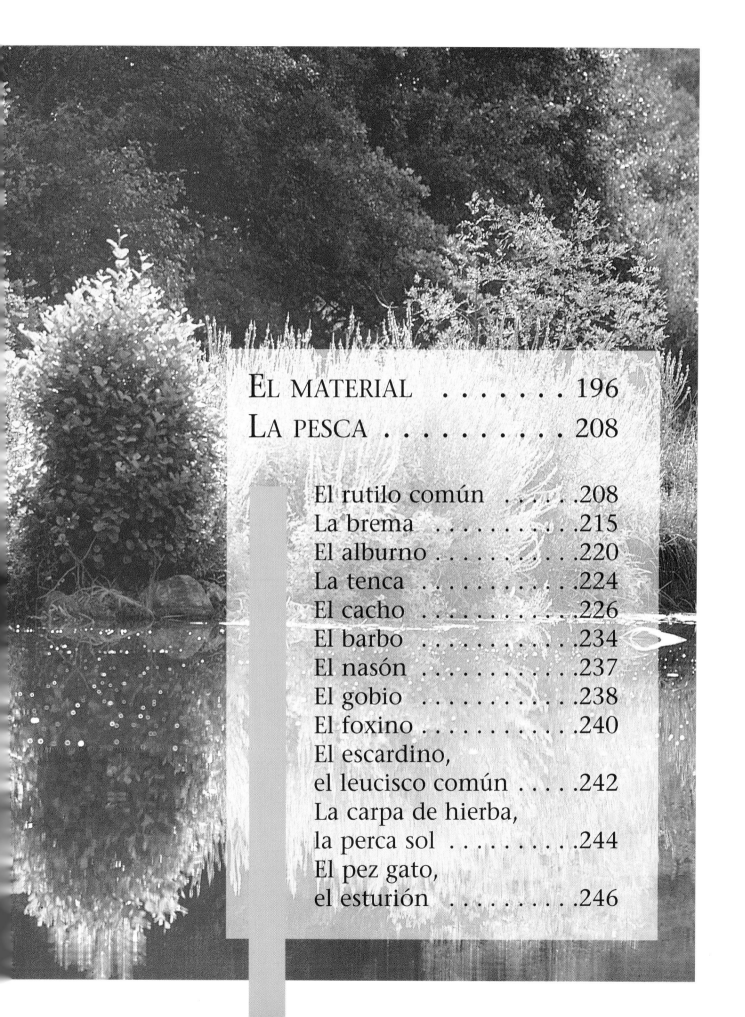

E_L MATERIAL

*L*a pesca al coup continúa siendo
la técnica favorita de la mayoría de
pescadores. Se trata de una pesca que
evoluciona en función de la práctica:
se empieza por la simple búsqueda de
pequeños foxinos y pececillos y se
acaba por competir con alta tecnología.
La pesca al coup con carrete es muy
útil para pescar a una mayor distancia
y profundidad, y para alcanzar
a los grandes peces que buscan la
tranquilidad lejos de los márgenes y de
los lugares más frecuentados. Ya sea la
inglesa o la boloñesa, en la actualidad
todas las técnicas están en plena
expansión. Esta práctica permite
capturar ejemplares de gran tamaño
y disfrutar al máximo de la pesca.

*La pesca al coup
de pececillos, muy
sencilla, es un método
ideal para llevarse
a los más jóvenes
a pescar.* ▽

LA PESCA AL COUP

La pesca al coup clásica es sedentaria y se
practica en un puesto fijo elegido en función
de la profundidad media, la tranquilidad, la
regularidad del fondo y la densidad de peces
que ofrece. Una vez bien instalado, el pescador
deberá cebar la zona, es decir, lanzar bolas de
un preparado que debe atraer al pez, a veces
desde muy lejos, y mantenerlo en la zona de
pesca, incitándolo y obligándolo a alimentarse.
Si se desea optimizar el esfuerzo y obtener
el máximo placer durante la pesca, hay que
procurar que la instalación, la caña, las líneas,
el cebado y los engodos sean los más apropiados.

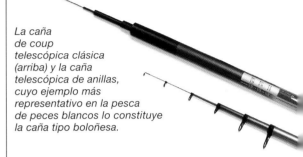

*La caña
de coup
telescópica clásica
(arriba) y la caña
telescópica de anillas,
cuyo ejemplo más
representativo en la pesca
de peces blancos lo constituye
la caña tipo boloñesa.*

U_N MATERIAL DE CALIDAD Y UN CEBADO INFALIBLE

• Las cañas
En los últimos años, las cañas de pesca al coup,
ya sean telescópicas o enchufables, han
progresado muchísimo en cuanto a su técnica.
Desde que se fabrican con carbono y kevlar,
han ganado mucho en ligereza y rigidez,
lo que permite que sean cada vez más largas,
sin que el talón pierda ligereza ni finura.
Las más largas alcanzan los 18 m, pero una
normativa más restrictiva en las competiciones
oficiales (14,5 m) debería poner fin al intento
de los fabricantes por conseguir mayores
longitudes.

– Las cañas enchufables
Estas cañas son el orgullo de los pescadores
franceses y belgas y siempre han sido muy
solicitadas por sus competidores (incluso los
británicos las utilizan). Permiten pescar lejos
con sedales cortos, justo «bajo la caña». Sin
embargo, cuando se recupera la línea para
cambiar el cebo, o simplemente para quitar
el anzuelo al pez, la caña se ha de desmontar
(véase recuadro pág. 197). Hay que hacerlo
quitando los elementos, uno a uno,
comenzando por el bajo, y volverlos a montar
para utilizar de nuevo la caña. Sin embargo,
existen unos soportes especiales que permiten
que la caña entera gire o se deslice hacia atrás,

para
alcanzar
directamente el
elemento que se ha de
desmontar y, así, acceder a la
línea en perfectas condiciones. Para
evitar diámetros de talón muy gruesos en
cañas enchufables, que complicarían su
sujeción, los fabricantes franceses crearon hace
tiempo el sistema llamado «de enchufado»
inverso, donde cada enchufe (partiendo del bajo)
va a parar al interior del siguiente enchufe
(hacia arriba). Tan sólo la puntera y los últimos
elementos (el *kit*) escapan a esta regla, porque
son telescópicos. Para guardarlos y
transportarlos, los enchufes de la caña encajable
se pueden conectar unos a otros por la base.
Este método resulta muy útil para ganar
espacio, aunque a veces es algo engorroso.

– *Las cañas telescópicas*
Estas cañas, cuyos elementos encajan entre
sí, son, sin lugar a dudas, las más prácticas.
Además, ofrecen la ventaja de que no son
recargadas y resultan muy fáciles de usar, ya
que basta con sacar los elementos uno por uno
para tener la caña lista para pescar. En el
pasado, se les reprochaba que mostraban

△ *Este pescador
utiliza varios
modelos diferentes
de caña, para
pescar a la línea
flotante y
a la plomada.*

algunos problemas de continuidad en la pesca.
Hoy en día, estos problemas parecen superados
por los nuevos materiales empleados y por las
técnicas que se utilizan, mucho más sofisticadas.
En cuanto a la moderna pesca denominada de
puntera flexible (tal y como han mostrado los
italianos), donde se utiliza el latigazo de la caña

LA PESCA AL DESMONTADO

Desde que se utilizan las cañas enchufables de 9 o más metros (a veces incluso 18 m) de longitud, se debe recurrir a la pesca llamada
«al desmontado».
Para simplificar la pesca sin restar eficacia, es necesario guardar un hilo bastante corto entre la puntera y el flotador. Además, la longitud de
la línea no puede superar los 3 ó 4 m, es decir, la longitud equivalente
a los últimos elementos de la caña (los competidores los llaman *kit*).
Para clavar el cebo en el anzuelo o conducir el pez hasta nuestra mano o hasta el salabre, hay que desmontar esos últimos elementos de
la caña. Durante este tiempo, el resto de la caña puede colocarse detrás nuestro o, incluso mejor, sobre varios rodillos destinados a tal
efecto. Para colocar la línea en su sitio, encajaremos el resto de la caña en el *kit* y posaremos la línea a una buena distancia. Al sentir la picada y después de tirar, atraeremos al pez llevando la caña hacia
atrás, hasta que podamos desmontar el *kit* y coger nuestra captura.
Una vez realizado esto, se debe volver a cebar el aparejo.

para propulsar la línea, las cañas telescópicas son las más adecuadas. Las de gran velocidad, conocidas como metralletas, son siempre telescópicas y muy cortas. Tienen una empuñadura de corcho, que garantiza una mejor sujeción, así como una acción muy rápida, estudiada para responder a las exigencias particulares de los pescadores de peces pequeños.

• El hilo y la línea

El nailon utilizado para la pesca al coup debe reunir unos requisitos concretos: regularidad y fidelidad de los diámetros, una gran resistencia a los nudos y al aplastamiento y una elasticidad que ceda lo menos posible. Así, se garantiza una perfecta transmisión de los movimientos del pescador y se sienten inmediatamente los tirones. Hoy en día, la mayoría de marcas ofrece hilos de gran calidad (a nivel de competición), que se pueden reconocer por su diámetro: los hilos preferidos por los pescadores al coup pueden situarse por debajo del 0,08.

Cómo fijar la línea

canutillo deslizante

△ *Sistema Ivo de Stonfo.*

△ ▷ *El diámetro 0,18 se ha de reservar a los peces blancos de gran tamaño.*

Para realizar una línea perfecta, hay que aplicar principios bastante estrictos. Así, las líneas de una sola pieza, de la puntera al anzuelo, sólo se reservan al alburno o a la pesca del cacho. En otras situaciones, más vale optar por el aparejo con un bajo de línea cuyo diámetro debe ser siempre más fino que el resto de la línea. En general, se observa una diferencia de un 0,02, exceptuando los diámetros inferiores a un 0,10, donde puede limitarse a un 0,01. Para sujetar la línea a la puntera, lo más sencillo es hacer un bucle, que se ha de fijar en un capuchón especial de puntera, fabricado por la marca italiana Stonfo.

Si se realiza un canutillo deslizante, podremos sujetar o liberar la línea en menos de un segundo y, lo más importante, sin que se dañe el nailon. A la hora de sujetar la línea y el bajo de línea, lo más sencillo es realizar otro bucle, sobre la línea y el bajo de línea.

A continuación, se puede realizar el empalme de un bucle en el interior de otro, que es muy fácil de deshacer, por ejemplo en el caso de que se desee cambiar el bajo de línea. Los mejores pescadores confían en este principio, que les

---

LA PESCA AL ESTILO DE ROUBAIX

Muy practicada en el norte de Francia, y en general en las grandes regiones de pesca al coup, la pesca al estilo de Roubaix (*roubaisienne*) se diferencia de la pesca al coup clásica porque emplea una goma elástica amortiguadora. Aunque ésta antes se sujetaba a una puntera en forma de báculo (el «báculo de Roubaix»), cada vez es más corriente encontrarla en el interior de la puntera, donde hace las veces de amortiguador. Sin tener que realizar cambios en la composición de la línea, permite cobrar grandes piezas sin correr ningún riesgo. Asimismo, se pueden frenar los efectos de un tirón demasiado potente. Aunque resulta indispensable en la pesca al desmontado y, sobre todo, con peces de gran tamaño, la goma elástica puede remplazarse por una puntera flexible en caso de pececillos o si utilizamos una caña telescópica, más flexible que una caña clásica enchufable. Existen gomas elásticas de distinta potencia y embudos especiales que se ajustan al interior de la puntera y garantizan una perfecta sujeción de la goma.

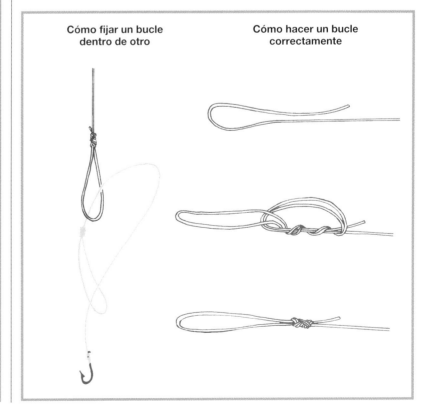

Cómo fijar un bucle dentro de otro

Cómo hacer un bucle correctamente

permite montar líneas y bajos de línea por separado. Las líneas se recogen de un modo correcto en las plegadoras de plástico (hay que prever una profundidad y longitud suficientes para proteger el flotador) y los bajos de línea se guardan en fundas, placas o en cajas especiales.

• Los flotadores

Un flotador de pesca al coup se compone de tres partes: la antena, más o menos larga, cuya parte final (con frecuencia la más coloreada) es la única que debe quedar por encima del agua durante la pesca; el cuerpo del flotador, que puede tomar diferentes formas; y la quilla, de una longitud variable, que prolonga el flotador hacia abajo y le ofrece un mejor apoyo y, por tanto, una mayor estabilidad.

La fijación en la línea se realiza mediante unos pequeños ojales por donde el hilo se desliza con libertad (normalmente se colocan en el cuerpo del flotador o en el bajo de la quilla) y mediante unos aros de plástico pasados por la línea que, una vez bien ajustados, impiden que el hilo se deslice y permiten que el flotador se coloque con precisión.

La elección de un flotador de pesca al coup se basa en unas circunstancias determinadas. Así, se ha de tener en cuenta la profundidad del agua y la potencia de la corriente, ya que desempeñan una importante función, pero también se han de considerar otros factores externos como la fuerza del viento.

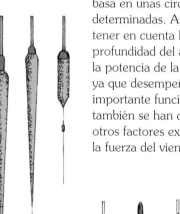

Flotadores de zanahoria

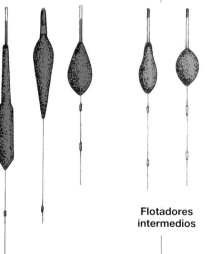

Flotadores rechonchos

Flotadores intermedios

△ *Las cañas telescópicas son muy apropiadas para cualquier tipo de pesca, así como para los pececillos.*

– Los flotadores de zanahoria

Los flotadores más corrientes y utilizados son cilíndricos y afilados hacia la base. Este tipo de flotador recibe el nombre de zanahoria por su peculiar forma. Se les puede considerar unos flotadores comodines, ya que nos permiten sacar provecho de cualquier situación. Los modelos pequeños se utilizan sobre todo para pescar en la superficie peces para fritada, mientras que los modelos más largos y voluminosos resultan más convenientes en la pesca de grandes ejemplares en profundidad. Los flotadores zanahoria son muy adecuados para las aguas tranquilas (estanque, canal...) y los días sin viento. Por el contrario, presentan serios defectos en condiciones difíciles, ya que tienden a quedarse recostados en la superficie los días de vientos, y ligeramente sumergidos y acostados cuando hay corriente, lo que no favorece la percepción de las picadas.

– Los flotadores rechonchos

Los flotadores rechonchos, en forma de bola, son muy valorados por su estabilidad y su capacidad para llevar gran cantidad de plomo. Generalmente van provistos de una larga antena y quilla, y demuestran una sensibilidad excepcional, sin que las condiciones exteriores interfieran demasiado en su flotación. Resultan muy adecuados para pescar en río y los días de mucho viento.

– Los flotadores intermedios

Entre los modelos anteriores se encuentran las formas intermedias: la gota de agua o la pera. Las formas de estos flotadores se pueden

EL MATERIAL

△ Una cesta-asiento clásica del pescador al coup.

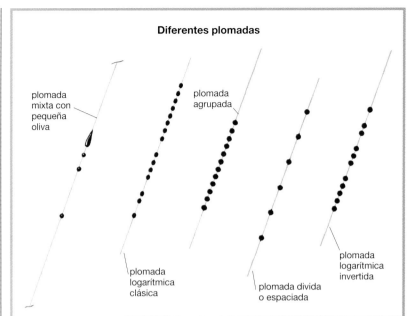

Diferentes plomadas

plomada mixta con pequeña oliva — plomada agrupada — plomada logarítmica clásica — plomada divida o espaciada — plomada logarítmica invertida

invertir (la parte inflada hacia arriba). En principio, estos flotadores muestran una estabilidad y una sensibilidad intermedias. Por la forma alargada de sus quillas, se mantienen muy bien contra el viento, contra la corriente y contra las olas (por ejemplo, ríos y canales navegables). Estos modelos se utilizan para pescar peces difíciles o grandes ejemplares a ras de fondo.

La forma, el tamaño y la composición del flotador determinan su resistencia de carga, es decir, el peso que es capaz de soportar antes de hundirse. Generalmente, esta información se indica en el cuerpo de los flotadores buenos, y puede expresarse en gramos o en número de plomos (olivas en la mayoría de los casos).

△ Los gusanos blancos teñidos facilitan la pesca de peces sensibles a la mezcla de colores, como la brema.

◁ Un hermoso ejemplar de tenca, pescado a la línea flotante, es liberado del anzuelo.

• Los plomos y la plomada

– Los plomos esféricos

Los plomos más corrientes tienen forma esférica y una hendidura que permite situarlos sobre el hilo. Las mostacillas deben estar centradas y el surco debe ser perfecto. Una vez apretado, preferentemente con unas pinzas, el hilo debe pasar por el centro del plomo para conservar un perfecto equilibrio en la línea. Los plomos redondos, numerados del 13 (0,009 g) al 5/0 (1,080 g) se venden surtidos en cajas distribuidoras o en tubitos de un solo número.

– Los plomos cilíndricos

Se trata de otro lastre muy apreciado por los pescadores al coup. Los más conocidos son los de la marca Styl. También tienen una hendidura y se sujetan delicadamente sobre el hilo con ayuda de una pinza plana especial. Más hidrodinámicos que los plomos redondos, tienen adeptos incondicionales. Se encuentran surtidos en cajas distribuidoras.

– La pequeña oliva

Este último tipo de plomo está agujereado por un canal central por donde pasa el hilo. Se bloquea en la línea con un pequeño plomo, un nudo o un trocito de silicona. Es el mejor ejemplo de plomada abundante. Otro punto importante es la distribución del lastre por la línea. Las plomadas agrupadas provocan una inmersión rápida, sobre todo, si se colocan muy cerca del bajo de la línea y del anzuelo. Se utilizan en las aguas rápidas, donde es necesario bajar a la profundidad deseada con rapidez, pero también con los peces que pican con facilidad o cuando se pesca a una gran profundidad. Por el contrario, los plomos bien repartidos proporcionan una inmersión más lenta. Son ideales en aguas tranquilas y con peces vacilantes. Se debe colocar los plomos en número decreciente, para obtener una inmersión cada vez más lenta, que permitirá explorar toda la altura de la capa de agua.

• Los anzuelos

Los anzuelos de pesca al coup son casi siempre simples, es decir, de una sola punta, y se componen de tres partes. En primer lugar, se encuentra el asta, también denominada tija, que está rematada arriba por una paleta y, a veces, por una muesca o un ojal. Esta parte del anzuelo retiene el nudo efectuado en la misma asta y asegura la fijación al bajo de línea. En segundo lugar, se halla la curvatura, que determina la abertura del anzuelo y, por lo tanto, su tamaño (cuanto más grande es el anzuelo, más pequeño es el número, aunque los fabricantes aun no se han puesto de acuerdo en un sistema de codificación común). Por último, la punta, con frecuencia provista de un aguijón o muerte, es un enganche minúsculo orientado hacia el bajo, que penetra en la carne del pez al producirse la picada e impide que la punta salga. El grosor del hierro del anzuelo también puede variar de una referencia a otra. Se utiliza los anzuelos de hierro finos y ligeros para los cebos frágiles y todas las pescas difíciles. Los hierros de grosor medio, gruesos y más pesados presentan la ventaja de una mayor solidez. Finalmente, se ha de tener en cuenta el colorido de los anzuelos, en la medida en que permiten combinar con la tonalidad de los cebos utilizados. Los colores bronce, dorado, niquelado, rojo, azul y negro, se encuentran con facilidad en la mayoría de la diversas gamas.

▷ Anzuelo con muerte.

▷ Anzuelo sin muerte.

LOS ENGODOS

Los fabricantes de engodos, de todas las marcas, venden cada año miles de toneladas de engodos listos para usar. Sin embargo, la utilización de este material es un aspecto bastante desconocido. Se sospecha que los buenos pescadores, más aún los campeones, tienen recetas que guardan como el mayor de los secretos y que son unas mezclas mágicas que les proporcionan grandes éxitos.

Diferentes nudos para la fijación del anzuelo al empalme

△ Una cesta para la pesca que requiere movimiento.

• Los engodos listos para usar

Los campeones de pesca al coup, científicos y fabricantes de engodos trabajan juntos desde hace tiempo para conseguir las fórmulas más ingeniosas y creativas. En la actualidad, muestran un gran cuidado en la elección y dosificación de los componentes. Asimismo, los conocimientos actuales sobre la nutrición de los peces son cada vez más utilizados por los fabricantes de engodos, que los aprovechan para mejorar la calidad de su producción y acertar más en las mezclas propuestas.

△ Un engodo «especial para peces blancos».

No se debe olvidar que los engodos preparados se componen de varios productos distintos seleccionados por su eficacia, que no suelen ser

LA PESCA EN MOVIMIENTO

La pesca al coup de peces blancos no siempre es sedentaria. Si practicamos la pesca en movimiento, también es posible ir al encuentro de los peces y descubrir muchos y variados rincones.

En este tipo de pesca, las capturas habituales son el cacho, la pequeña carpa, el alburno y el rutilo.

El cuanto al material, se debe elegir una caña de anillas de 4 a 5 m. Si pescamos a la inglesa o a la boloñesa, se ha de colocar en el carrete un nailon clásico de 0,16 con un flotador resistente, del tipo *stick* de pesca a la inglesa.

Si resulta necesario, se ha de distribuir el lastre, lo que facilitará la inmersión progresiva de la línea, así como un mejor deslizamiento por el fondo. Asimismo, se debe llevar un morral con material pequeño y líneas de recambio, donde también se pueden colocar las cajas de cebos.

fáciles de encontrar y resultan a menudo difíciles de conservar en buenas condiciones. El número de engodos necesarios ha de ser superior cuantos más peces diferentes queramos pescar. Por último, se ha de considerar el ahorro de tiempo que supone utilizar una mezcla ya lista para usar. Así, lo que tardaríamos varias horas en realizar se soluciona en unos pocos minutos, abriendo una bolsa y remojando el producto en función de las indicaciones del fabricante.

△ *En la pesca al coup, el engodo desempeña una función primordial: concentra a los peces en el lugar elegido para poner en práctica nuestras artes.*

Engodo para la brema. ▷

Aunque hay excepciones (productos de baja calidad para todo tipo de peces sin mucha sofisticación), hoy en día los engodos comercializados son muy acertados y ofrecen explicaciones y consejos muy claros y prácticos. Ello permite al pescador orientarse y sacar el mejor partido de su engodo, aunque sea inexperto.

– *Los engodos de superficie ligeros*
Se destinan a la pesca de la breca y de pequeños peces en las capas superiores del río o lago.

– *Los engodos previstos para peces de fritada*
Son mezclas comodines para los peces que se pescan con más frecuencia (rutilo, brema, escardino, etc.). Pueden utilizarse tanto en las aguas rápidas como en las tranquilas, y a cualquier nivel. Todo dependerá del remojado (abundante para que se mantenga cerca de la

Difusión del engodo

superficie) y de lo compactas que sean las bolas (para hundirse hasta el fondo deben estar muy apretadas).

– Los engodos para peces grandes
Esencialmente se distinguen por su tamaño y sus componentes, que los hacen más aptos para la pesca sobre el fondo, donde suelen atraer a hermosos ejemplares. En el momento de elegir, se deben consultar las instrucciones del fabricante, ya que algunos engodos se destinan especialmente para el río, estanque, canal, pesca a la inglesa (a gran distancia)…

• Los engodos caseros
Si preferimos realizar nosotros mismos estos preparados, aunque sólo sea por placer, se deben tomar algunas precauciones. La calidad de un engodo depende de los componentes y de la forma en que se mezclan.
Asimismo, se ha de tener en cuenta la calidad de los ingredientes (sobre todo, su frescura). En este caso, es mejor comprar los productos al momento antes que almacenarlos, a menos que los podamos conservar en forma de grano y molerlos cuando se desee usarlos.

• Los preparativos
– El remojado
El remojado es una fase de gran importancia, que debe realizarse progresivamente y removiendo todo el tiempo en una cuba de grandes dimensiones. No se debe olvidar que los componentes (y en particular el pan rallado) tardan en absorber el agua e inflarse por completo. En este aspecto, es importante ser paciente y esperar a que la mezcla esté lista.

– El tamizado
El tamizado es la última fase previa al cebado. Esta operación sirve para aprovechar todos los restos y también para deshacer los grumos. Las medidas del tamiz deben adaptarse a los

Cómo cebar correctamente

peces que perseguimos. Así, han de ser grandes, para obtener un engodo muy granulado, destinado a los peces de mayor tamaño, y pequeños, para que el engodo sea fino, si se espera pescar peces de fritura.

– Un cebado correcto
Para pescar en superficie, se pueden considerar dos opciones de cebado: la primera, es remojar abundantemente el engodo para formar una especie de sopa que quedará suspendida en forma de nube; y la segunda, consiste en conservar el engodo algo más seco de lo debido para que la mezcla esté muy oreada y se deshaga en cuanto toque el agua.

△ *Un engodo para alburno.*

◁ *Una bolsa destinada a la preparación del engodo.*

El cubo de engodo es muy útil para preparar nuestras recetas. ▷

△ *Una caña clásica inglesa de puntera flexible.*

◁ *El delantal del pescador al coup.*

LA PESCA AL COUP CON CARRETE

Debido al impulso de los pescadores británicos en los años setenta, la pesca al coup con carrete se ha extendido ampliamente en la mayoría de países.

En un primer momento, la pesca a la inglesa con flotador fue la que consiguió más adeptos, pero, progresivamente, han ido apareciendo técnicas más elaboradas de pesca a la plomada. En esa época, los italianos crearon escuela en el ámbito piscatorio con la pesca a la boloñesa, mucho más próxima a la pesca tradicional de largo recorrido, que continúa utilizándose con éxito entre los pescadores de trucha y los pescadores de aguas rápidas y en movimiento.

LA PESCA A LA INGLESA

Las cañas de pesca a la inglesa, generalmente de una longitud próxima a los 4 m, pueden encontrarse en diferentes versiones, adaptadas a los distintos tipos de pesca que se practican en diferentes países. Todas comparten una fabricación cuidadosa realizada principalmente a base de carbono, además de una gran ligereza (ya que debemos manipularlas constantemente) y numerosas anillas muy elevadas, que evitan que el hilo se pegue a la fibra.

Asimismo, los modelos previstos para la pesca a la plomada tienen un dispositivo que permite adaptar una puntera especial: la *swing-tip* (puntera articulada) o la *quiver-tip* (pequeña puntera muy fibrosa), que se fijan sobre la anilla de cabecera (mediante el enroscado) o directamente en el elemento terminal de la caña (en el caso de la *quiver-tip*).

Para la pesca clásica, ya sea en aguas intermedias o cerca del fondo, las bolas deben estar un poco apretadas. Por último, para la pesca profunda de grandes ejemplares, se debe disponer de bolas grandes muy densas que desciendan rápido al nivel requerido y tarden cierto tiempo en deshacerse.

Un último detalle que hay que considerar es el ritmo de cebado. En caso de que los peces sean pequeños, debemos cebar poco, pero a menudo. A este sistema, los especialistas lo denominan la pesca de recordatorio.

Por el contrario, para los ejemplares grandes, es preferible un cebado copioso y abundante al principio, seguido de recordatorios más espaciados y pequeños, efectuados sobre todo con cebos puros.

Deriva del engodo

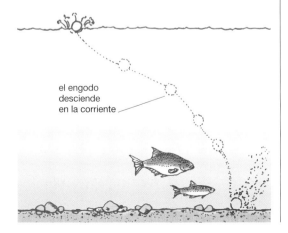

el engodo desciende en la corriente

△ *El desembuchador es una herramienta muy útil para extraer un anzuelo que se haya clavado demasiado.*

Por su parte, los modelos de pesca al *feeder* (una evolución de los antiguos cebadores acuáticos) van equipados de una puntera más potente, especialmente diseñada para lanzar y recuperar un *feeder* lleno de engodo o cebos.

LA PESCA A LA BOLOÑESA

Las cañas de pesca a la boloñesa, de carbono, son telescópicas, lo que facilita su transporte y su colocación. La longitud de las cañas boloñesas más corrientes oscila entre los 6 y 8 m, lo que nos garantizará la eficacia en cualquier situación. Las cañas boloñesas no llevan una empuñadura específica, ya que se aprovecha el talón de la caña, aunque, en algunos casos, se refuerza la zona donde se colocan las manos. La distancia que existe entre el portacarrete, bien fijado, y el talón equivale a la longitud del antebrazo.

Las anillas, ligeras y levantadas, se anudan al extremo de cada hilo: las de la puntera, más numerosas, son móviles y se colocan a distancias intermedias para garantizar una mayor estabilidad de la línea.

Las acciones parabólicas resultan adecuadas para la pesca fina y los pececillos, mientras que las acciones de punta se utilizan más en el río o en la pesca de grandes ejemplares.

UN MATERIAL EN OCASIONES MUY ESPECÍFICO

• Las líneas

Los hilos que se usan en la pesca a la boloñesa son los mismos que se utilizan en el coup. Con el fin de pescar en las mejores condiciones, los hilos deben flotar (aunque ello implique su

Un magnífico escardino pescado a la inglesa. ▷

Para pescar a la inglesa o a la boloñesa se aconseja un carrete muy eficaz, que sea lo suficientemente ligero como para equilibrar la caña. ▽

En la pesca a la inglesa se ha de enfocar la caña hacia la superficie. Además, el hilo del carrete debe ser sumergible. ▽

engrase) y, así, mantener un buen control de la línea, sin que se encuentren dificultades en el tirón.

Por el contrario, en la pesca a la inglesa los hilos han de recibir un tratamiento especial que les haga hundirse rápidamente. Los productos específicos desarrollados por la mayor parte de grandes marcas ofrecen una elasticidad que se reduce en función de las necesidades, para obtener una respuesta más rápida y, sobre todo, más controlable en caso de tirones efectuados a largas distancias. El deslizamiento que se obtiene mediante un tratamiento superficial alarga también la distancia de los lanzados, aunque se emplee la misma potencia.

• Los carretes

Ya se utilicen en la pesca inglesa o en la boloñesa, los carretes de pesca al coup deben elegirse teniendo en cuenta el uso de hilos finos, muy convenientes en la pesca de peces blancos. La calidad del freno es primordial: debe ser suficientemente fino y progresivo para permitir que se regule con gran precisión. Esta precaución es elemental si se considera el escaso diámetro de los hilos empleados. Otra característica importante es la posibilidad de cambiar con rapidez de bobina para hacer frente a cualquier situación, en plena acción. En el caso de la pesca a la inglesa, existen dos tendencias que dividen a los especialistas.

LANZAR CORRECTAMENTE CON CARRETE

En la pesca a la inglesa, se ha de colocar la caña en posición vertical por encima de la cabeza o el hombro y, con un gesto amplio, se debe restallar hacia el lugar indicado. Para encontrar la zona cebada a más de 15 m de la orilla, hay que localizar una referencia inmóvil (una casa o un árbol) en la orilla opuesta. Se puede lanzar más allá del lugar de pesca, ya que, así, se evita que el pez se asuste. Nos podremos acercar más a la distancia correcta si, antes de lanzar el engodo, marcamos el hilo con un rotulador o un poco de corrector de tinta blanca. En cada lanzado, bastará con recuperar el hilo hasta que esta marca se encuentre en el lugar deseado, por ejemplo a medio camino entre dos anillas. En la boloñesa, el movimiento de lanzado es idéntico, pero, si se considera la longitud y la relativa fragilidad de la caña, se debe forzar menos el lanzado.

El control del vaciado del nailon con ayuda del índice permite obtener la precisión requerida. ▽

Lanzamiento correcto con carrete

Por un lado, los que postulan el empleo del carrete de bobina cerrada, en el que la bobina e hilo van protegidos por una estructura que los resguarda del viento y reduce los riesgos de enganche cuando usamos los hilos más finos. Por otro lado, los que defienden el uso del tambor fijo tradicional, que ocasiona menos rozamiento y, por lo tanto, alcanza mayores distancias en el lanzado, sin forzar la caña en exceso. A causa de la calidad de los carretes e hilos actuales, que permiten evitar los riesgos de torsión y enganches, se debe reconocer que los partidarios de la bobina fija tradicional son cada vez más numerosos.

• Los flotadores

Para la pesca a la boloñesa, se puede adaptar perfectamente el material que se utiliza en el coup. Sin embargo, para la pesca a la inglesa, encontrará en las tiendas formas y modelos específicos.

– Los flotadores tipo «recto con antena»
Estos flotadores, fusiformes y similares a los de zanahoria que utilizan los pescadores

Flotadores para la pesca a la boloñesa

bola

pera

gota de agua

Waggler

Waggler

Waggler

avon

stick

flotador deslizante con dos puntos

Flotadores para la pesca a la inglesa

al coup, se recomiendan en días de tiempo suave o en lagos donde no se produzca ninguna deriva en la superficie. De todos modos, su uso se limita para la pesca próxima de pececillos.

– Los Wagglers rectos y barrigones
Resisten plomadas bastante pesadas y permiten lanzados potentes sin que por ello se les reste sensibilidad. Sin embargo, son más difíciles de usar con viento o fuerte corriente. Los Wagglers barrigudos, de base hinchada, son más estables y muy convenientes si pescamos en la corriente o en días de fuerte viento.

– El stick
Este flotador resulta muy hidrodinámico y estable, y muestra sus máximas cualidades en el río, cuando pescamos a una gran profundidad, a corta o a media distancia.

Una caja con diferentes compartimentos es muy útil para clasificar las líneas montadas, así como otros pequeños accesorios. ▷

– *El* avon
De cuerpo más rechoncho, se trata de un flotador comodín para río. Se usa especialmente en los remolinos y en las zonas revueltas.

• Los plomos
Al igual que los plomos de pesca al coup, los plomos de pesca a la inglesa, o plomos blandos, son esféricos. Están formados por materiales lo suficientemente blandos como para que se puedan sujetar con facilidad, desplazar e incluso extraer, sin riesgos para el hilo. Sólo se encuentran disponibles en algunos

Aparejo para la pesca a la plomada con *feeder*

emerillón
antienredo
cuerpo de línea de 0,14 a 0,16
perlita deslizante
cebador o *feeder*
bajo de línea de 50 a 80 cm de 0,12 a 0,14
anzuelo del nº 14 al nº 16
hijuela de 5 cm

El francés Philippe Jean, campeón del mundo de pesca al coup en 1995.

tamaños y, a veces, se venden por unidades (plomos de un solo tamaño); sin embargo, cada vez más se encuentran en cajas surtidas que ofrecen una gama de diferentes medidas.

• Los *feeders* o cebadores
Este utensilio se inspira en los cebadores de los pescadores de carpa y barbo a la francesa. Los *feeders* de pesca a la inglesa se presentan bajo la forma de cilindros huecos de plástico, de una longitud de 5 a 7 cm por un diámetro de 25 a 45 mm. Se emplean cada vez más tanto para la pesca a la inglesa con plomada de grandes peces como para las pequeñas carpas, bremas o barbos. Los *feeders* están agujereados y sus extremos son muy robustos, además se pueden lastrar de forma más o menos abundante. Sirven para sostener una pequeña cantidad de engodo (sobre todo de mezcla muy granulosa) o de cebos puros (gusanos blancos o cereales). Se desvían en una hijuela a unos 10 cm del anzuelo y proporcionan una especie de cebado automático que atrae enormemente a los peces.

INDICADORES DE PICADA

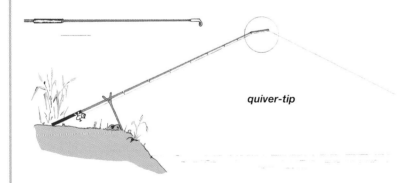

quiver-tip

La pesca a la inglesa con plomada depende de la eficacia de los indicadores de picada, que son las punteras *quiver-tip* y *swing-tip*.
• La *quiver-tip* (literalmente «punta tembloro-sa») es la más utilizada hoy en día. Cuando se produce la picada, reacciona con vibraciones más o menos amplificadas. En la actualidad, para facilitar la percepción existen unos table-ros graduados de colores claros que deben co-locarse detrás de la *quiver-tip*. Hay que situar la caña paralela al río, con la puntera señalando a

la superficie en aguas tranquilas o ligeramente levantada en aguas rápidas.
• La *swing-tip* (literalmente «punta danzarina») se presenta bajo la forma de un balancín articu-lado. Hemos de colocarlo de forma que se sos-tenga aproximadamente a media altura: al pro-ducirse la picada, se levanta hasta la posición horizontal o vuelve a bajar hasta la línea vertical. Este indicador de picada presenta una extrema sensibilidad, pero su utilización se reserva a aguas calmadas o días sin viento. Cuando hay corriente o sopla el viento, se ha de optar por la *quiver-tip*.

swing-tip

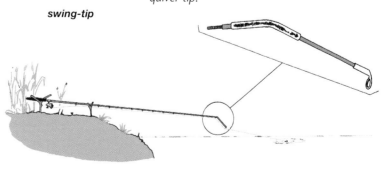

LA PESCA

EL RUTILO COMÚN

El rutilo común (Rutilus rutilus) *es el pez preferido de los pescadores al coup y una de las especies más comunes en toda Europa. Se puede atraer con todos los cebos vegetales o animales. Este pez constituye la base de nuestras capturas de segunda categoría por la facilidad con que se le pesca. Sea cuál sea la técnica que utilicemos, siempre puede aparecer el rutilo en nuestro anzuelo.*

El rutilo y el escardino son muy parecidos, pero se pueden diferenciar por la localización de su aleta dorsal, que en el primero se encuentra exactamente a la altura de la anal. ▽

UN PEZ MUY POPULAR

El rutilo pertenece a la familia de los ciprínidos y es uno de los peces blancos más típicos de las aguas europeas. Es fácil de reconocer por su cuerpo recubierto de escamas brillantes y por sus aletas de un color cercano al castaño, incluso rojizo en las aletas pélvicas y caudal. La forma del cuerpo es bastante estilizada, aunque variable en la medida en que son frecuentes las mezclas con escardinos o bremas. De todos modos, parece ser que el «auténtico» rutilo era en su origen más bien alargado, al contrario que los escardinos y sus híbridos, que se distinguen por tener un lomo más voluminoso.

El dorso del rutilo es bastante oscuro, con tonos que van desde el castaño intenso al verde azulado. El bajo del cuerpo y el vientre son más claros, casi blancos.

En periodo de reproducción (de los meses de mayo a julio), los machos presentan tubérculos nupciales blancos que les recubren la cabeza y parte del cuerpo.

La hembra, que puede poner hasta 100.000 huevos, expulsa su puesta entre la vegetación acuática, con poca agua. Así, son lugares privilegiados para la reproducción los márgenes herbáceos y los montículos de hierbas en pleno río, el final de los pantanos, las mesetas litorales de cañizales y los fondos altos de lago.

Después de la fecundación, la incubación dura entre 10 y 20 días, al cabo de los cuales eclosionan los alevines. El crecimiento en este periodo es relativamente lento, ya que sólo alcanza los 10 cm después de unos 2 años. Más tarde, los rutilos pueden seguir creciendo y se han registrado peces que superaban los 40 cm de longitud y los 2 kg de peso.

LOS MEJORES CEBOS

La dieta del rutilo es bastante variada. Este pez omnívoro puede alimentarse de brotes tiernos de hierbas, cereales, larvas, gusanos de todo tipo e insectos, ya sean de agua o procedan de la vegetación terrestre. A continuación se ofrece una lista (no exhaustiva) de los cebos más eficaces para el rutilo, así como también para la mayoría de peces blancos.

CUÁNDO HAY QUE PESCAR EL RUTILO

• Durante el invierno el rutilo es poco activo. Los periodos de crecida permiten pescarlo en río, mientras que en lago las posibilidades son muy reducidas.

• La primavera es excelente, ya que los rutilos deben recuperar fuerzas al final del invierno y reservarlas en previsión de la freza. Las posibilidades de pesca son mejores en un lago pequeño o en un canal, donde los efectos del recalentamiento son percibidos con más rapidez.

• El verano también es favorable, ya que se trata del periodo de mayor actividad del rutilo. Sin embargo, las oportunidades de pesca parecen más favorables en ríos, canales (a excepción del periodo de fuerte canícula) y lagos grandes. El estanque, frecuentemente invadido por hierbas y sobrecalentado en verano, es menos propicio.

• El otoño presenta más variedad, ya que se producen más cambios en el tiempo. Las posibilidades de pesca siguen siendo buenas en canales o ríos, donde se capturan a menudo los rutilos de mayor tamaño.

realidad larvas que las moscas de la carne depositan sobre cadáveres. Desde hace unos años, los productores de cebos han centrado su trabajo en la selección de las diferentes variedades de gusanos blancos que se adaptan mejor a las necesidades de los pescadores.

△ *Pasta alimenticia hervida.*

• El trigo

Por la neutralidad de gusto y olor, el trigo acepta muy bien que se le añadan perfumes, introducidos durante su ebullición o, incluso, cuando se remoja. Para colocar el trigo, se han de utilizar anzuelos del n° 12 al n° 16, dorados, Crystal o redondos, de tija mediana o larga. Antes de iniciar la pescar, se debe cebar la zona previamente (de 24 a 48 horas antes) en un emplazamiento virgen. A continuación, se ha de efectuar un pequeño cebado recordatorio cada 10 minutos. El periodo más propicio para la utilización del trigo se sitúa entre junio y finales de septiembre.

△ *Grano de trigo.*

• El maíz dulce

El maíz dulce en conserva y el maíz de leche (mazorcas apenas formadas) son los cebos que más se utilizan. Resultan fáciles de conservar (algo más de una semana en el frigorífico para el maíz de leche) y no requieren preparación previa. Se trata de un cebo de primer orden para los peces blancos de gran tamaño, que cada vez se emplea más (sobre todo por parte de los pescadores a la inglesa). Como todos los cereales, el maíz resulta eficaz durante el verano, pero, si se utiliza en cantidad suficiente, se puede usar todo el año.

• El pan

El mejor pan para la pesca es el de hogaza, ya que la miga, más firme, se sujeta mejor en el anzuelo. En las tiendas, encontraremos también panes especiales para la pesca, que conservan sus cualidades originales por mucho tiempo. Extraído entre la miga y la corteza, el cubito de pan es uno de los cebos más polivalentes. De principios a finales de año, sobre todo en época estival, puede atraer a todos los ciprínidos.

△ *Cubito de pan.*

△ *Miga de pan.*

• Las pastas alimenticias

En las tiendas existen macarrones para la pesca especialmente moldeados para poder mantenerse en el anzuelo (en los tamaños 1 y 2). Un pequeño agujero en el centro permite pasar la punta con más facilidad. Asimismo, existen unas pastas llamadas plomo, redondas y sin agujero, que al hervirlas quedan relativamente duras.

Para despegarlas, se debe añadir un poco de aceite de cañamón (que las perfumará) o de sémola de maíz. Las pequeñas partículas de estos aceites se aglomeran alrededor de la pasta y, al entrar en contacto con el agua, se separan.

• Los gusanos blancos

Los gusanos blancos, que podemos encontrar en todas las tiendas de pesca y, cada vez más, en los expendedores automáticos refrigerados, son en

△ *Gusano blanco.*

△ *Grupo de gusanos blancos.*

– Los fises

En principio, son los más pequeños. Su cuerpo es anillado, muy duro y estirado. Recuerda al gusano de huerto, sobre todo por su color rojo.

– Los pinkies

Su forma es parecida a la de un pequeño gusano blanco, aunque su color es más rosado. Los pinkies son especialmente inquietos y constituyen un cebo ideal para los pequeños peces de fritada (ámbito en el que tienden a sustituir a los fises) y, sobre todo, una buena solución para el cebado. En efecto, basta con añadir algunos puñados en el engodo para que los peces reaccionen y empiecen a buscar gusanos blancos.

Para el cebado, también es posible encontrar amasijos de gusanos blancos (antes denominados mejillones nuevos), formados por miles de pequeñas larvas capturadas en el inicio de su desarrollo.

– El gusano blanco tradicional

Para terminar esta relación, sólo queda mencionar el cebo más utilizado en la actualidad, tanto por los pescadores comunes como por los adeptos a la modalidad inglesa. Se trata de un cebo perfectamente polivalente (atrae a todos los peces) y es apto para captar la atención de los peces de mayor tamaño.

– Los gozzers
Se trata de grandes gusanos blancos, más pesados y voluminosos. Usados, principalmente, por los pescadores a la inglesa, permiten seleccionar grandes piezas y se prestan al cebado con tirador, gracias sus dimensiones, bastante más grandes que las de los gusanos blancos ordinarios. De todos modos, son muy difíciles de conservar y sólo duran algunos días, a baja temperatura, sin moverlos para que el calor no acelere su transformación.

Los damiers
Derivados de la mosca de damier (muy rara), que desova en noche cerrada, son aún más gruesos que los gozzers. Además de su escasez, su conservación es muy delicada.

– Los casters
Este clase de cebo es muy apreciado por los pescadores a la inglesa. En realidad, los casters son unos gusanos blancos transformados en capullos. Si bien su eficacia con los peces grandes es destacable, se ha tener cuidado, porque existen algunos que se hunden y no resultan aptos para la pesca. Para saber cuáles se debe escoger, se aconseja introducir los casters en un barreño con agua y separar los que flotan en la superficie.

• La lombriz de fango
Con el nombre de lombriz de fango o tierra, los pescadores designan a las larvas de ciertos dípteros que pertenecen a los géneros *Chironomus* y *Glypotendipus*, que poseen un cuerpo más o menos translúcido con una pigmentación sanguínea que les confiere una bella coloración rojo rubí. Su captura se efectúa mediante un colador de red fina, en el barro de los lugares más tranquilos, cerca de los ríos o en las charcas. Las mayores concentraciones se encuentran bajo los focos de conta-

Dos enganches para la lombriz de tierra en anzuelos de hierro fino del n° 18 al n° 24.

minación orgánica (pueblos, desagües, etc.). Las lombrices de fango pequeñas se utilizan en el engodo, mientras que las grandes (cenagosas) se reservan para los anzuelos. Se trata de uno de los cebos más atractivos que se puede presentar a un rutilo y a la mayoría de peces blancos.

LA PESCA AL COUP A LA LÍNEA FLOTANTE
La pesca más típica del rutilo sigue siendo el coup, en un emplazamiento fijo. Para pescar en las mejores condi-

ciones, se ha de buscar un puesto de fondo plano, incluso con cierta forma de hondonada, limpio (mejor arena o gravilla que fango) y, a ser posible, no demasiado alejado de las zonas de alimentación que constituyen los montículos de hierbas que crecen cerca de los márgenes o cerca de un fondo alto.

• La pesca en aguas tranquilas
Los estanques resultan excelentes desde la llegada de la primavera hasta principios del verano, unas semanas después de la reproducción del rutilo. A continuación, el desarrollo de las hier-

Los gusanos blancos «hormigueantes» representan el cebo universal.

Pescador al coup con el equipo clásico.

Pesca en aguas tranquilas

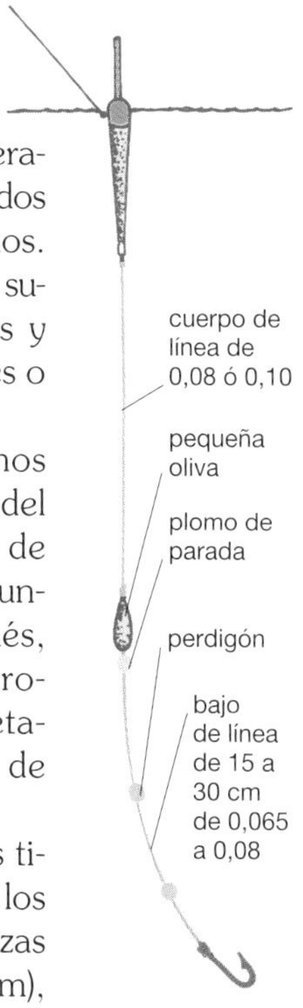

bas y el aumento de las temperaturas provocan que los resultados de la pesca sean más aleatorios. Entonces, conviene optar por superficies de agua más vastas y profundas, como los embalses o los lagos naturales.

En los estanques, pescaremos en los márgenes protegidos del viento del norte, a lo largo de los montículos herbáceos o junto a los fondos altos. Después, buscaremos puestos más profundos, bordeando la vegetación acuática, en una zona de unos 2 ó 3 metros de agua.

En los embalses, existen dos tipos de puestos interesantes: los bordes exteriores de las terrazas no muy profundas (de 1 a 2 m), donde crece la vegetación acuática, y las cercanías de las entradas de agua, ideales en verano (el agua es más fresca) o en invierno (el agua resulta más templada). En cualquier caso, no hay que fiarse del perfil del fondo, a menudo muy accidentado, y sobre todo si se encuentra en pendiente, ya que puede arruinar nuestro engodo.

En los lagos naturales, las terrazas de los márgenes son ideales para los rutilos pequeños (1 m de profundidad) o los peces medianos (de 1 a 2 m). Las grandes piezas suelen adentrarse más, en la pendiente que conduce a los grandes fondos o sobre los escalones que puedan formarse, a menudo bajo 4 ó 5 m de agua, o incluso más.

• La pesca en el canal

Resulta excelente a mitad de temporada y ofrece buenos resultados durante el invierno, aunque en verano los canales son muy difíciles de explotar. Las aguas cálidas, el paso incesante de barcos y la actividad de los peces-gato, peces sol y picones, muy molestos, contribuyen a que la pesca sea muchísimo menos interesante.

Los fondos, por definición, son muy regulares, por ello, los mejores puestos se suelen encontrar cerca de las esclusas (por la agitación de las aguas), en los embarcaderos y, en general, en todos aquellos lugares que se produzca una ruptura del perfil de la vía de agua.

• La pesca en el río

En aguas vivas, los rutilos se pueden pescar todo el año, ya que sólo cambian los emplazamientos que ocupan. En invierno, son ideales los grandes remolinos, cerca de los márgenes o tras los obstáculos, los puertos, las dársenas y otros brazos muertos, así como las proximidades de las entradas de agua.

En primavera, las primeras hierbas y los lugares más tranquilos ofrecen las mejores perspectivas.

En verano, los lugares ideales son los fondos de gravilla cerca de las corrientes y cascadas, así como las hoyas profundas en la época de más calor. En otoño, es más aconsejable pescar en los lugares

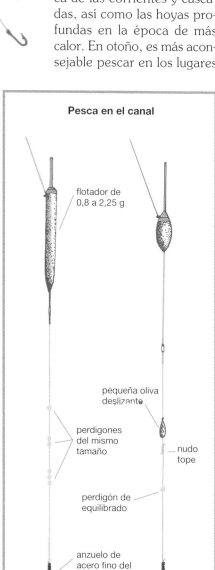

Pesca en el canal

flotador de 0,8 a 2,25 g

pequeña oliva deslizante

perdigones del mismo tamaño

nudo tope

perdigón de equilibrado

anzuelo de acero fino del nº 16 al nº 18

sin viento   con viento

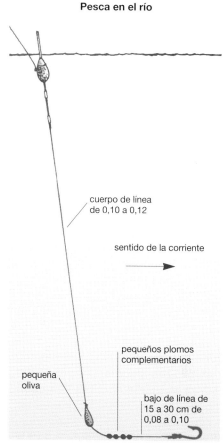

Pesca en el río

cuerpo de línea de 0,10 a 0,12

sentido de la corriente

pequeños plomos complementarios

pequeña oliva

bajo de línea de 15 a 30 cm de 0,08 a 0,10

profundos, los remolinos y las zonas tranquilas, en caso de crecida o fuerte corriente.

• El sondeo

Lo primero que debemos hacer cuando nos situamos en un lugar es sondear el fondo. Para ello anudaremos una sonda muy pesada al extremo de la línea, de forma que podamos obtener dos tipos de información: el perfil del fondo y de los obstáculos que puedan encontrarse, y una exacta apreciación de la profundidad, lo que nos permitirá regular el flotador. El cebo debe moverse a unos 5 ó 10 cm del fondo.

• El engodo

Justo después del sondeo, hemos de proceder al engodo. Si utilizamos una mezcla de harinas o un engodo preparado, debemos añadir algunos de los cebos que utilizamos corrientemente. Empezaremos con un engodo bastante abundante (varias bolas grandes o puñados, si utilizamos cereal en grano o gusanos blancos), que esparciremos por el lugar donde deseamos pescar. Para enfocar sobre la zona, la mejor

En la imagen del margen superior izquierdo:

cuerpo de línea de 0,08 ó 0,10

pequeña oliva

plomo de parada

perdigón

bajo de línea de 15 a 30 cm de 0,065 a 0,08

3000 rutilos grandes Sensas, Van
den Eynde nature, Rameau plus
rutilo, 3000 fondo Sensas, Rameau
más hondo, Flash
hondo X21, En-
godo Tesse Ra-
meau, Secret
Van den
Eynde.

*Engodo
para
peces blancos
Sensas 3000.* △

opción es colocar la caña sobre un soporte y lanzar las bolas a una posición
algo retrasada con respecto a la puntera. Si a continuación pescamos «bajo
la caña», podremos aprovechar nuestro engodo.
En aguas vivas, ligaremos más la mezcla (con tierra, arcilla o bentonita) y haremos con ella unas bolas grandes, pesadas y espesas, que bajarán con más
rapidez al fondo. Este tipo de bolas se
quedan fijas en un sitio y tardan en
deshacerse por completo.
En el canal o sobre fondos cenagosos,
también podemos utilizar la técnica del
«tapiz de suelo», practicada por los
pescadores del norte, que son unos

grandes especialistas de la pesca en los
canales.
Esta técnica consiste en lanzar bolas de
tierra, antes de empezar a pescar. Así
se forma una especie de lecho en el
fondo del agua, sobre el que el engodo
puede reposar y actuar, sin riesgos de
hundirse ni perderse en un fango demasiado blando.
Después del engodo de partida, se deben lanzar con regularidad recordatorios, formados por pequeñas bolas de
engodo, si utilizamos harinas, o un puñado de cebos, si pescamos con cereal
en grano o gusanos blancos. Es posible empezar con un engodo de partida
hecho de harina y continuar con recordatorios constituidos exclusivamente
por cebos puros.

• La elección de los cebos
Por regla general, los cebos derivados
de la carne (la sangre y los despojos) y
los animales (las larvas y los gusanos
de todo tipo) son preferibles en la época de frío y en estaciones intermedias.
Sin embargo, los cebos vegetales (esencialmente granos de cereal) son más
eficaces durante los meses de verano,

• Recetas para aguas tranquilas:
2 partes de pan rallado rojizo, 1 parte de pan rallado blanco, 2 partes de
galletas grasas, 2 partes de PV1 engomado, 1 parte de copra natural
• Receta para el río:
3 partes de pan rallado rojizo, 1,5
partes de PV1 engomado, 1,5 partes
de galletas grasas, 1 parte de queso
amarillo holandés, 1 parte de pan de
germen de maíz empapado en agua
caliente, 1 parte de cañamones moli-
dos y hervidos, y 1 parte de excre-
mentos de paloma escaldados, que
deben incorporarse en el último momento.

y su uso puede prolongarse hasta el
otoño. Los gusanos blancos, los gusanos de huerto y las lombrices de fango
presentan tal eficacia que podemos
emplearlos todos el año.

• Las artes de seducción
Durante la pesca, se puede aumentar
el número de picadas si practicamos
«artes de seducción» que consigan hacer más apetecible nuestro cebo, a través de un comportamiento insólito.
En el río, basta con utilizar la corriente
y retener ligeramente la línea durante
algunos segundos. Empujado por la
corriente, el cebo se despegará del

◁ *El rutilo suele ser la presa
ideal de los pescadores
más jóvenes.*

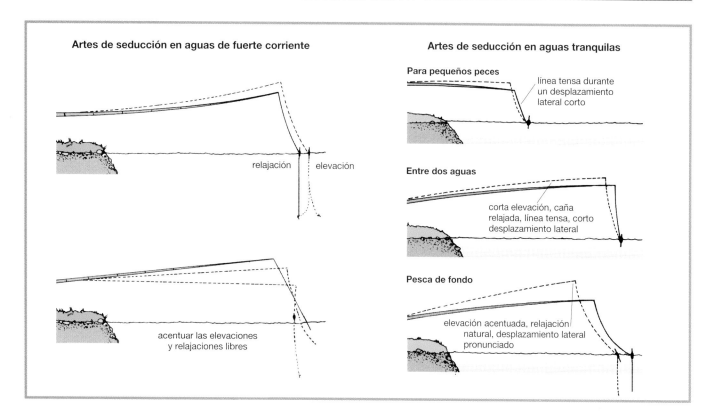

Artes de seducción en aguas de fuerte corriente

relajación   elevación

acentuar las elevaciones
y relajaciones libres

Artes de seducción en aguas tranquilas

Para pequeños peces

línea tensa durante
un desplazamiento
lateral corto

Entre dos aguas

corta elevación, caña
relajada, línea tensa, corto
desplazamiento lateral

Pesca de fondo

elevación acentuada, relajación
natural, desplazamiento lateral
pronunciado

fondo antes de volver a caer lentamente, en el momento en que relajemos la línea. Por lo general, es entonces cuando se produce la picada. En las aguas tranquilas resulta más complicado provocar la picada, debido a la ausencia de corriente. Para ello, se ha de combinar los movimientos laterales del flotador, que aumentarán el campo de exploración de nuestra línea, con un trabajo más vertical que, a su vez, ayudará a despegar ligeramente el cebo.

LA PESCA CON CAÑAMONES

La pesca «al grano», como la nombran todos aquellos que la practican, se suele considerar como la más bella de todas las técnicas al coup para rutilos y, en general, para los peces blancos. Estos granos de cáñamo o cañamones son objeto de una pesca muy específica, que reclama una técnica de punta. Ofrece unos resultados espectaculares durante el periodo que va de principios de julio hasta finales de septiembre, in-

Cebado del anzuelo con cañamones. El germen blanco debe ser muy visible. ▽

cluso más tarde, si se puede cebar la zona regularmente.

• Una técnica de punta

Ya sea telescópica o enchufable, la caña debe tener una longitud de unos 4 ó 7 m, con una puntera flexible que nos ayudará en el tirón.

La línea debe oscilar entre el 0,08 y el 0,10 y debe llevar un flotador largo y afilado en forma de zanahoria, en aguas tranquilas, o barrigón y con una buena quilla, en aguas más revueltas, para que se sostenga bien en la corriente o en las olas. La plomada debe ser semiespaciada o espaciada en aguas tranquilas, mientras que en aguas vivas debe ser baja y abundante (pequeña oliva más perdigón complementario). El bajo de línea ha de ser corto (de 20 a 25 cm) y de un diámetro inferior al del cuerpo de línea, que es de 0,02. Por último, el anzuelo será del n° 16 ó n° 18, redondo, negro y de hierro fino con tija larga, para facilitar el cebado del anzuelo, siempre muy delicado. Así, se debe deslizar la punta en el interior de la vaina y extraerla justo bajo el germen para obtener los mejores resultados en el tirón. A continuación, se ha de engodar con re-

gularidad con un pequeño puñado de mezcla cada vez que lancemos la línea. En este caso, no se puede olvidar que la regularidad domina siempre sobre la cantidad.

◁ *El desembuchador nos ayudará a extraer un anzuelo que se ha clavado profundamente.*

Se ha de regular nuestro flotador con el fin de que el grano se mueva a algunos centímetros por encima del fondo. Además, imprimir regularmente pequeños movimientos resulta indispensable.

• La preparación de los granos

Se debe inflar los granos hasta que obtengan una consistencia blanda que permita el cebado del anzuelo y la libe-

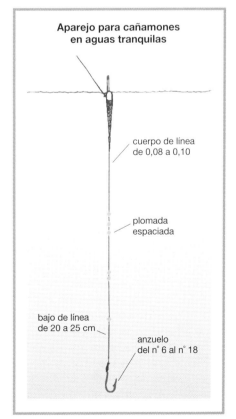

Aparejo para cañamones en aguas tranquilas

cuerpo de línea de 0,08 a 0,10

plomada espaciada

bajo de línea de 20 a 25 cm

anzuelo del n° 6 al n° 18

ración de ciertos sabores aptos para atraer al pez a cierta distancia. Para ello, se puede elegir entre el remojo y la cocción.

– El remojo

El proceso corresponde a la evolución normal que sufrirían los granos al caer al agua por accidente, pero no siempre es suficiente y, además, exige varios días de reposo. La solución ideal es la combinación del remojo previo y la cocción. Si dejamos los granos en el agua de uno a dos días, se puede reducir considerablemente el tiempo de cocción.

– La cocción

Se debe evitar el uso de cacerolas de aluminio o metálicas, que dan un gusto al grano que, aunque nosotros no lo percibamos, puede molestar o repulsar al pez. Las ollas de vidrio, cubiertas de material antiadherente o, mejor aún, esmaltadas, son las mejores. Cuando el agua hierve, se debe bajar el fuego y vigilar la cocción, hasta que los granos se inflen, lo que indicará que se han ablandado. No deben explotar todos los granos (incluso con el trigo) y se ha de interrumpir el hervido cuando empiezan a estallar los primeros. En este momento, los dejaremos enfriar lentamente en la misma agua de cocción (excepto con los cañamones, que deben ser pasados por agua fría cuando surgen los primeros gérmenes), que también podemos utilizar para remojar nuestro engodo. Si se quiere añadir algún aroma o aditivo al engodo, se debe esperar algunos minutos después de la cocción, con el agua aún tibia.

– La conservación

Una vez cocidos, los granos se conservan mal. Por eso, se han de poner en la nevera en cuanto se enfríen y utilizarlos en 24 horas. Asimismo, cuando

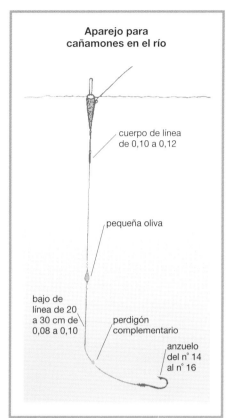

Aparejo para cañamones en el río

cuerpo de línea de 0,10 a 0,12

pequeña oliva

bajo de línea de 20 a 30 cm de 0,08 a 0,10

perdigón complementario

anzuelo del n° 14 al n° 16

estemos junto al agua, se ha de evitar el lanzamiento de cantidades demasiado grandes o, peor aún, vaciar los granos que nos sobren sobre la zona de pesca. Con el engodo se corre el riesgo de producir un verdadero envenenamiento si los peces no son lo suficientemente numerosos como para consumir todos los granos en las horas siguientes.

△ *Rutilos pescados con cañamones.*

LA BREMA

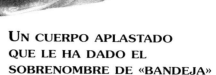

Las bremas (Abramis brama), *ya sean grandes (brema común) o pequeñas (brema blanca), se encuentran en buena parte de Europa, sobre todo en los grandes ríos o riachuelos, donde ahora constituyen la especie dominante. Ello implica ciertos problemas de equilibrio, ya que las grandes bremas se prestan a consumir los huevos de otros peces, sobre todo en los frezaderos de los peces depredadores.*

UN CUERPO APLASTADO QUE LE HA DADO EL SOBRENOMBRE DE «BANDEJA»

La brema común posee un cuerpo muy plano (con apenas unos centímetros de espesor) y una boca protráctil muy carnosa, que le sirve para inspeccionar el fondo en busca de larvas y otros desechos vegetales que componen su dieta. La aleta dorsal, bastante pequeña, se sitúa detrás de la prominencia del dorso. Por el contrario, las aletas pélvicas, anal y caudal, se encuentran muy desarrolladas. El cuerpo presenta pequeñas escamas protegidas por un mucus muy espeso y pegajoso que, a veces, se pega al bajo de línea en los lugares frecuentados por grandes bancos de bremas. Las tonalidades van del tostado, más o menos oscuro en el dorso, al blanco en el vientre, con reflejos cobre en los flancos, cada vez más marcados en los ejemplares adultos, que pueden alcanzar y superar los 3 kg, aunque el peso medio oscila entre los 0,4 kg y los 1,5 kg.

La brema blanca (*Blicca bjoerkna*) no es fácil de diferenciar de la brema común. De hecho, la característica más notable que las distingue reside en el tamaño, mucho más reducido en el caso de la brema blanca, ya que rara vez supera los 0,1 ó 0,2 kg.

Asimismo, las bremas, junto a otros ciprínidos, como el rutilo común, pueden dar lugar a híbridos con gran facilidad, lo que dificulta en ocasiones su identificación.

Este pez, la brema blanca, es la «prima hermana» de la brema común. ▽

LA PESCA AL COUP

Si se pesca al coup cerca de la orilla, sólo se capturará pequeñas bremas blancas. Las técnicas y engodos descritos para pececillos (sobre todo el alburno) o para el rutilo se adaptan perfectamente (véanse págs. 208 y 220).

Si deseamos capturar un gran número de bremas comunes, se ha de buscar en zonas bastante alejadas del margen, a unos 15 ó 20 m, ya que parece que los peces hayan aprendido a descon-

fiar de los márgenes donde se apostan los pescadores.

Esto provoca la necesidad de una caña de 10 m de longitud, o quizá más, y la práctica de la pesca al desmontado, con una línea mucho más corta que la caña.

El gusano blanco, solo o en grupo, es el cebo rey de los pescadores de brema común. La lombriz de huerto también resulta excelente, sobre todo para peces difíciles de capturar.

En verano, el trigo y el maíz dulce son

DOS ENGODOS PARA LA BREMA

• Receta para la pesca en aguas tranquilas:
3 partes de pan rallado rojizo, 2 partes de pan rallado blanco, 1 parte de gachas de maíz, 1 parte de sémola de maíz, 2 partes de pan de germen de maíz, 1 parte de harina de cacahuete.

• Receta para la pesca en el río:
4 partes de pan rallado blanco, 1 parte de PV1 engomado, 2 partes de galletas grasas, 1 parte de pan de germen de maíz, 1 parte de cuscús, 1 parte de bentonita y una bolsita de aditivo Brasem.

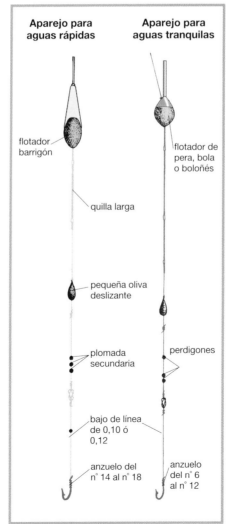

Aparejo para aguas rápidas

flotador barrigón

quilla larga

pequeña oliva deslizante

plomada secundaria

bajo de línea de 0,10 ó 0,12

anzuelo del nº 14 al nº 18

Aparejo para aguas tranquilas

flotador de pera, bola o boloñés

perdigones

anzuelo del nº 6 al nº 12

△ *La brema se puede pescar mediante la pesca a la inglesa o en la línea flotante.*

muy eficaces. También, en otoño y en primavera, siguen siendo interesantes, siempre y cuando los peces se hayan acostumbrado a nuestro engodo.

En los lagos, se pueden localizar abundantes peces junto a la vegetación acuática de los márgenes, a los pies de una ruptura del terreno, en una hondonada o casi siempre en fondos superiores a los 1,5 m. En los canales, los puestos son aún más difíciles de encontrar, teniendo en cuenta la uniformidad del fondo. Se han de buscar en las balsas, las grandes tornas o cerca de las esclusas. Sin embargo, lo más seguro es basarse en un engodo regular y reiterado. En el río, debemos centrarnos en las partes más profundas, sobre todo en el canal central de los ríos canalizados. Allí se encuentran las mayores concentraciones de bremas comunes.

• Un engodo necesario

Siempre será necesario un engodo de partida abundante, seguido de un recordatorio con menos cantidad, hasta que se produzcan las primeras picadas. En función del número de peces, que a menudo se descubren mediante burbujas dispersas que suben desde el fondo (de forma similar a las tencas), podremos aumentar el ritmo y el volumen de los recordatorios. Las bremas, muy voraces, suelen acabar con rapidez el cebado. A continuación, abandonarán el puesto, si no ofrece un interés alimenticio. Si se constata que las picadas se espacian, debemos incrementar la cantidad de los cebados.

• Echar el engodo un día antes

Otra técnica que se puede aplicar, sobre todo en los embalses o en los ríos grandes, es cebar una zona específica el día antes de la jornada de pesca, un área que debe ser elegida con sumo cuidado, sobre una terraza o en un vasto claro en el centro de la vegetación acuática.

De este modo, las bremas, así como también los grandes rutilos, las tencas y las carpas pequeñas, podrán encontrar nuestro engodo durante sus desplazamientos nocturnos en busca de alimento, en las zonas cercanas a los márgenes y a los montículos herbáceos. Al día siguiente por la mañana, aún estarán junto al engodo, siempre y cuando se haya distribuido una cantidad suficiente el día anterior. Al llegar a la orilla, evitaremos el sondeo (lo haremos preferentemente el día anterior o a tientas) y lanzaremos algunas bolas de engodo o puñados de cebo sobre el lugar. Después sólo tendremos que pescar siguiendo la técnica de la línea posada descrita para la tenca, peinando bien el fondo. En el momento de la picada, muy característica, la brema se incorporará para tragar nuestro cebo, levantando a la vez una parte de los plomos y provocando la elevación del flotador, que puede quedarse totalmente plano, antes de salir disparado a la superficie y hundirse lentamente.

LA PESCA A LA INGLESA A LA LÍNEA FLOTANTE

Con la técnica inglesa a la línea flotante, la distancia de pesca y la profundidad ya no representarán ningún problema. Nuestro primer movimiento será elegir la zona adecuada: en el río, un lugar de corriente más bien lenta y muy regular, y en el lago, una zona tranquila, no muy alejada de la vegetación acuática, poco accidentada. De todos modos, el lugar ideal sigue siendo una pequeña hondonada. A continuación, se cebará el lugar con

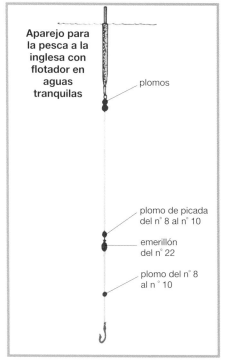

Aparejo para la pesca a la inglesa con flotador en aguas tranquilas

plomos

plomo de picada del n° 8 al n° 10

emerillón del n° 22

plomo del n° 8 al n° 10

◁ Actualmente, es fácil encontrar nuevos engodos en la mayoría de países.

DIVERSAS MEZCLAS COMERCIALIZADAS

3000 bremas Sensas, Van den Eynde récord plata, Drachko fino Rameau, 3000 Sensas carrete, 3000 Sensas inglesa, Clip-fish Rameau.

bolas espesas, para que ganen el fondo rápidamente y permanezcan allí mucho rato. Es preferible que no se economicen las cantidades y que preveamos unos recordatorios abundantes, completados por una distribución regular de los cebos puros, en cuanto se manifiesten las primeras picadas. En la mayoría de los casos, se necesita un tirador (optaremos por los modelos de gomas previamente reguladas, mucho más fáciles de utilizar) para lanzar las bolas de engodo y los cebos puros a la distancia deseada. En en los fondos profundos del río, se ha de tener en cuenta la deriva, que puede arrastrar el engodo bastante lejos aguas abajo. Al igual que en la pesca al coup clásica, sólo se ha de cebar si se tiene la línea en posición, para apuntar mejor, y siempre a la altura del flotador, pero unos centímetros más retirados. En el curso de la jornada, si constatamos que las picadas se espacian, se ha de intentar lanzar algo más lejos o intensi-

◁ Si pescamos el rutilo a la línea flotante, puede ocurrir que casualmente capturemos una brema común.

ficar la profundidad, para comprobar si el pez se ha desplazado a causa de un pequeño error de engodo. El cebo debe rodar por el fondo, lo que supone que se ha de regular el flotador de forma que parte del bajo de línea se arrastre por la profundidad. Se debe lanzar a algunos metros río arriba con respecto a la zona engodada y, si es posible, algo más adentro, para prevenir la deriva causada por la corriente y el retraso que produce la inmersión de la línea. El siguiente paso consiste en tomar un punto de referencia en el margen opuesto y marcar el hilo a una buena distancia, lo que siempre nos permitirá lanzar sobre la zona cebada en el mismo punto y más o menos a la misma distancia de la orilla.

A continuación, dejaremos que la línea descienda con la corriente, y la retendremos regularmente para que el cebo se eleve, antes de dejarlo libre. En aguas tranquilas, se debe dar una o dos vueltas a la manivela cada cierto tiempo. Durante este proceso, la puntera y el hilo se han de mantener siempre hundidos, cambiando la orientación de la caña para explorar mejor la superficie del lugar cebado.

Si pescamos en un fondo profundo, ya sea en un embalse o en un lago natural, se ha de disponer de un flotador deslizante (con uno o dos puntos de fijación), bloqueado por un pequeño nudo en el hilo.

LA PESCA «A LA FRANGLESA»

Para pescar lejos, incluso muy lejos, con una caña de dimensiones y precio razonables, se puede optar por la pesca «a la franglesa». De hecho, consiste en utilizar una caña de pesca al coup, francesa, un aparejo y, principalmente, un flotador de pesca a la inglesa; de esta combinación proviene el curioso nombre de esta nueva técnica.

La caña, telescópica para conservar cierta flexibilidad en los últimos cabos, ha de permitirnos lanzar al latigazo, lo que no suele pasar con las cañas clásicas de pesca al coup enchufables. La longitud estándar de una caña «a la franglesa» se sitúa alrededor de los 10 m y es de carbono.

Por su parte, la línea es casi tan larga como la caña: el anzuelo debe llegar a la altura de nuestra mano sujeta a la empuñadura. Se puede utilizar un flotador waggler recto (con ausencia de viento en aguas tranquilas o en ríos tranquilos) o un barrigón (con viento o corriente moderada en el río), incluso un flotador más voluminoso de pesca a la boloñesa, que puede aumentar de tamaño según se desee, como en la pesca a la inglesa, y con un doble objetivo: sostener un lastre pesado que permitirá lanzar a distancias que pueden superar los 15 m y, además, ofrecer una mejor estabilidad y una mayor visibilidad de la línea. La pesca «a la franglesa»

△ *Pesca de la brema a la inglesa, a la línea flotante.*

resulta muy interesante en los ríos de corriente lenta, pero también es útil en los lagos, donde permite tantear bremas en fondos profundos, al igual que en la pesca al coup. El cebo ha de moverse sobre el fondo, imprimiendo algunos movimientos regulares en forma de tirones y relajaciones.

LA PESCA A LA BOLOÑESA

En una corriente intensa acompañada de muchos remolinos y turbulencias, es preferible la caña boloñesa a la inglesa (casi impracticable en estas condiciones) o a la caña grande, no muy manejable. Con un brazo de palanca de 6 a 7 m, se puede evitar que la corriente se lleve el hilo, manteniendo la buena deriva de la línea y del cebo cómodamente. Asimismo, en el lago, esta técnica permite pescar a más profundidad que con la inglesa, sin recurrir al flotador deslizante, que puede ocasionar problemas. El único inconveniente de la pesca a la boloñesa reside en que es prácticamente inútil en días de viento, por la gran exposición de la línea que supone la pesca con la caña elevada. En el río, lanzaremos siempre frente a nosotros y pescaremos aguas abajo, controlando en todo momento la deriva, e intercalando pequeños tirones y relajaciones destinados a despegar el cebo, que, normal-

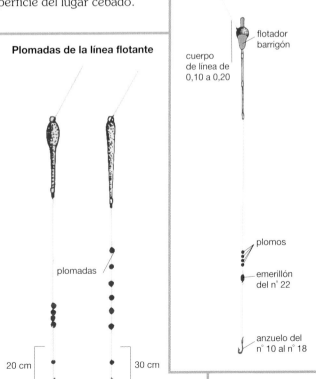

Plomadas de la línea flotante

plomadas

20 cm   30 cm

avon   *stick*

Boloñesa en aguas tranquilas

flotador barrigón

cuerpo de línea de 0,10 a 0,20

plomos

emerillón del nº 22

anzuelo del nº 10 al nº 18

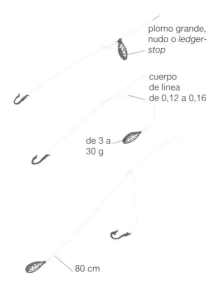

plomo grande, nudo o *ledger-stop*

cuerpo de línea de 0,12 a 0,16

de 3 a 30 g

80 cm

Aparejo para la inglesa a la plomada

cuerpo de línea de 0,10 a 0,18

40 cm

45 cm

Aparejo para la boloñesa en aguas de fuerte corriente

mente, se arrastra por el fondo.

En el lago, la técnica y los movimientos que imprimimos son los mismos que para la pesca al coup clásica, pero a una distancia de pesca diferente.

LA PESCA A LA INGLESA A LA PLOMADA

Tanto en el río como en el lago, las bremas se vician en ocasiones con el engodo y los cebos que hemos dispuesto en abundancia, y dejan de picar el cebo que se ha colocado en el anzuelo. Aunque cambiemos el ritmo en los recordatorios, empleemos «artes de seducción» o la pesca en el fondo o ligeramente despegada, los peces no pican. Sin embargo, las «bandejas» se encuentran en la zona, como nos lo demuestran las burbujas que suben dispersas a la superficie y las gotas de mucus blanco que se pegan a nuestro bajo de línea.

Cuando ocurra esto, un hecho más usual de lo que creemos, en un primer momento se debe intentar la captura con una lombriz de huerto, que, a menudo, resulta decisiva. Si el primer método no funciona, la solución puede encontrarse en la plomada (¿por qué no con una lombriz de huerto?), preferentemente con métodos ingleses, más finos, discretos y eficaces.

La pesca con *swing-tip* (véase pág. 225), particularmente sensible, puede ofrecer buenos resultados en aguas tranquilas y días sin viento. Pero para la brema, que se pesca casi siempre en los ríos grandes o en los embalses, donde el viento es prácticamente constante, la *quiver-tip* es más adecuada.

LA PESCA CON QUIVER-TIP

Sin cambiar en absoluto nuestra estrategia de engodo, lanzaremos la plomada mucho más allá de la zona pescada, para evitar asustar al pez con el ruido del impacto, y recuperaremos la línea para guiarla al lugar correcto. Lo ideal es tomar un punto de referencia frente a nosotros y marcar el hilo.

Cuando el aparejo esté en posición, colocaremos la caña en el soporte, paralela al río (apuntando corriente abajo) o al agua (cuando tengamos el viento de espalda), con la puntera mirando a la superficie o ligeramente levantada en la corriente (excepto en caso de viento). Tenderemos la línea con ayuda de unas vueltas de manivela para que la *quiver-tip* se curve ligeramente. Si se levanta viento o si aumenta la co-

rriente, cambiaremos nuestra puntera (las cañas siempre se venden con algunas *quivers* de tamaños y potencias diversas) para encontrar la más adecuada. Las vibraciones, nunca muy fuertes con la brema, serán las que nos indiquen la picada.

Al cabo de 3 ó 4 minutos sin registrar ninguna picada, daremos una o dos vueltas a la manivela para desplazar el cebo. La maniobra, que levantará una pequeña nube en el fondo, es a menudo decisiva.

LA PESCA CON FEEDER

Se ha de sustituir el plomo por un *feeder* relleno de engodo con tropezones de cebo. Se puede escoger alguno de los modelos que se proponen en este apartado.

Sin necesidad de cambiar la técnica de pesca (tan sólo habrá de modificarse la *quiver-tip* por el peso suplementario que implica el *feeder*), se puede efectuar un recordatorio casi automático en el lugar exacto en el que estemos pescando.

El *feeder* resulta de gran utilidad en la pesca a gran distancia o en condiciones difíciles, en las que el cebado con engodo resulta imposible o demasiado impreciso para ser operativo. Hay que tener cuidado con el ruido provocado por la caída del *feeder* en el agua. Para ello, lanzaremos en una dirección desviada respecto al lugar de pesca.

Aparejo para la pesca con *feeder*

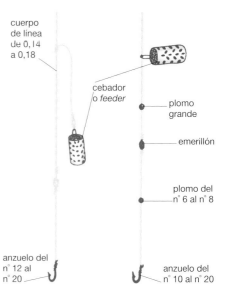

cuerpo de línea de 0,14 a 0,18

cebador o *feeder*

plomo grande

emerillón

plomo del n° 6 al n° 8

anzuelo del n° 12 al n° 20

anzuelo del n° 10 al n° 20

EL ALBURNO

*B*rillante, en todos los sentidos de la palabra, muy dinámico y con un apetito sorprendente para su reducido tamaño, el alburno (Alburnus alburnus) es una de las especies favoritas de los pescadores al coup de competición. Este pez vive en bancos muy poblados que responden muy bien al engodo, ya que forman auténticas nubes de pececillos y permiten realizar capturas impresionantes.

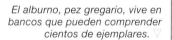

El alburno, pez gregario, vive en bancos que pueden comprender cientos de ejemplares. ▽

EL PEZ DE PLATA

Aunque puede formar híbridos con otros ciprínidos, el alburno es bastante fácil de reconocer por su cuerpo ahusado, un poco comprimido en las partes laterales, y, sobre todo, por sus características escamas muy brillantes. El color del dorso puede oscilar entre el castaño y el verde, los flancos son dorados y muy brillantes, las aletas grises y el vientre blanco.

Muy extendido en la mayoría de los ríos y canales de segunda categoría y en todos los lagos (estanques, lagos naturales o artificiales), el alburno es un pez gregario. En invierno y durante los periodos de aguas altas, los bancos se refugian en los remolinos y en las partes más tranquilas del río, aprovechando, por ejemplo, las desembocaduras de los afluentes, las entradas en los canales o puertos y otras dársenas y fondos de gravilla, donde se forman a veces inmensas concentraciones. En verano, los bancos de alburnos son más diseminados y se mueven por la superficie de las partes tranquilas o cerca de las zonas de agua revuelta. La reproducción tiene lugar en primavera, sobre los fondos arenosos o de gravilla.

En aguas vivas, también se puede encontrar a otro alburno, denominado alburno bimaculado (*Alburnoides bipunctatus*), que posee un vientre más redondeado y un lateral señalado con dos hileras de puntitos negros. Comparte a menudo las tablas o los remolinos con el foxino, el leucisco italiano e incluso el cachuelo.

LA PESCA AL COUP

El invierno es la mejor estación para pescar el alburno al coup. Hambrientos por el frío, los alburnos forman inmensos grupos y se concentran a cobijo de la corriente, a menudo junto a rutilos y escardinos pequeños que se desplazan un poco más abajo que ellos.

Las mejores zonas de pesca son las pequeñas calas, a lo largo de los muelles o los empedrados. En época de crecida, se debe explorar con preferencia los grandes remansos o las desembocaduras de afluentes, ya que sus

Aparejo para la pesca al coup

cuerpo de línea
de 0,08 ó 0,10

flotador
con quilla larga

bajo de línea
muy corto
(no superior
a 10 cm)

△ *El uso de una caña larga a veces es necesario en la pesca de lago o de río ancho.*

aguas, más templadas y ricas que las del río madre, favorecen la presencia de los pececillos en estas zonas. En el lago, se incrementan las posibilidades de pesca en las zonas profundas o también cerca de los márgenes con mayor exposición a los rayos del sol. Por regla general, en esos lugares se capturan ejemplares de alburno de mayor tamaño (aunque cueste un engodo abundante) que en el río, pero en menor cantidad.

En verano, es preferible dirigirse a los vertederos, corriente abajo, para encontrar cierta agitación en el agua. Nos interesan las zonas contracorriente que se forman a lo largo de los márgenes. En los lugares más tranquilos, se deben seleccionar los fondos limpios, de arena o gravilla. En el lago, las fuentes y otros pequeños afluentes ofrecen buenos puestos.

Si no se localizan estas zonas, se debe buscar en los márgenes, donde se concentran los pequeños alburnos, incluso con poca profundidad. Los grandes ejemplares se mantienen río adentro y son más difíciles de fijar prolongadamente a nuestro engodo.

• El engodo

Una vez instalados, nuestra primera tarea consistirá en cebar la zona con una mezcla especial para alburnos (véase recuadros, pág. 222). Para el remojo, se nos ofrecen dos posibilidades: un remojo moderado, con el que obtendremos un engodo un poco granulado que se deshará automáticamente al en-

trar en contacto con el agua, o un remojo en exceso que nos proporcionará una especie de sopa que estallará en la superficie del agua y creará una nube, que será más persistente cuanto más colorante hayamos añadido a la mezcla. En este último caso, es preferible disponer de un cucharón o una cuchara grande, que nos permitirá lanzar el engodo con más facilidad.

Después de distribuir el engodo en abundancia al iniciar la pesca, lo que atraerá a los peces al lugar cebado, se deberá lanzar regularmente algunos gramos de engodo (engodo recordatorio) para alimentar la nube que se forma cerca de la superficie y mantener los peces en un buen estado de excitación. Después bastará con lanzar la línea a la nube para asegurarnos de que nos dirigimos a los peces más disponibles.

En cuanto a los cebos, lo más difícil es la elección, ya que el alburno presenta una gran variedad en su dieta alimenticia: lombriz de fango, coágulos de sangre, cubitos de tocino, corteza de pan, gusanos blancos, trozos de lombriz de huerto.

La lombriz de fango, al coup y con anzuelo, constituye el cebo que más resultados ofrece, pero, si buscamos una solución fácil, podemos optar por el gusano blanco, que nos suele permitir capturar varios peces sin cambiar de cebo.

un engodo muy líquido
forma una nube persistente
en la superficie

caña corta (3 m)
llamada metralleta
para responder
a las picadas fugaces

Pesca del alburno al coup

DOS BUENOS ENGODOS

• El engodo básico: tostadas molidas, florecillas, copra natural, harina de maíz y harina de cacahuete tostado, a partes iguales.

• El engodo superficial: 4 partes de copra natural, 2,5 partes de harina de galleta, 1,5 partes de harina de cacahuete tostado, 0,5 partes de alguna sustancia para ligar la masa que se diluya con agua.

• Otras sustancias interesantes para el alburno son la leche en polvo, la harina de arroz, el Alba 2000 (colorante blanco muy poderoso) y el Ablettix (aditivo eficaz y excitante).

DIVERSAS MEZCLAS COMERCIALIZADAS

3000 superficie Sensas, Superfice plus Rameau, Van den Eynde especial concursos, 3000 alburnos Sensas, Plumm X21, Récord 515 rojo y amarillo Sensas, Rameau Gazza, El corsario X21.

• La línea básica

El cuerpo de línea de 0,10 ha de contener un flotador esférico de quilla larga y antena fina, equilibrado con una pequeña oliva y, en caso de ser necesario, un perdigón complementario. El bajo de línea debe ser corto y de 0,08. El anzuelo de hierro fino del n° 18 al n° 22.

– La línea para peces difíciles

El cuerpo de línea de 0,08 ha de tener un flotador idéntico al descrito anteriormente, equilibrado con plomos redondos. El bajo de línea debe ser muy corto, de 0,065, y el anzuelo, de hierro fino del n°18 al n° 22.

– La línea de dos anzuelos

Es un aparejo eficaz para la pesca en invierno, en un puesto de gran concentración de peces, con alburnos dispuestos a picar. La línea debe ser de 0,10, el flotador esférico, con quilla larga y antena fina. La plomada abundante (algunos plomos grandes redondos) ha de situarse directamente en el extremo de la línea. Los anzuelos, del n° 18 al n° 22 de hierro fino, se desvían en una hijuela por encima de los plomos, en un bajo de línea de 5 cm.

• Los alburnos congelados

Para la lucioperca, no hay mejor cebo vivo que el alburno. El problema reside en la dificultad que presenta conservarlos con vida, por su fragilidad y su extrema sensibilidad a cualquier manipulación. Sin embargo, estos pececillos se pueden congelar y más adelante servirán para la pesca al pececillo muerto, insertado o montado. En cuanto volvamos a casa, se han de colocar los alburnos en una superficie plana sobre un plástico (como los de las bolsas para congelados), intentando que no se toquen entre ellos. Cuando los alburnos se congelen, podremos despegarlos con cuidado y almacenarlos en una caja o bolsa, procurando no romper las aletas. Antes de cada partida de pesca, sólo nos llevaremos los peces necesarios.

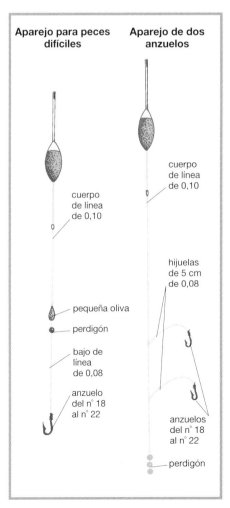

Aparejo para peces difíciles

cuerpo de línea de 0,10

pequeña oliva

perdigón

bajo de línea de 0,08

anzuelo del n° 18 al n° 22

Aparejo de dos anzuelos

cuerpo de línea de 0,10

hijuelas de 5 cm de 0,08

anzuelos del n° 18 al n° 22

perdigón

LA PESCA DE VELOCIDAD

Patrick Burckenstock, un campeón francés de pesca al coup, ostenta un gran récord mundial: en una hora pescó 590 peces. La pesca de velocidad que practica no deja ningún detalle al azar. La caña, las líneas, el engodo, los cebos, incluso el gesto de desanzuelar el pez, todo está calculado para ganar tiempo.

Los especialistas de la velocidad son unánimes: el mejor momento del año se sitúa en la segunda mitad del invierno, en febrero y marzo. Se pesca en la desembocadura de un afluente, en la entrada a algún puerto o canal. Una vez se encuentra el sitio idóneo, nos hemos de ocupar del engodo.

No es necesario atraer los peces desde lejos, porque suelen hallarse presentes en el puesto. En cambio, es indispensable concentrarlos en el lugar preciso donde vayamos a lanzar la línea y, sobre todo, mantenerlos en permanente estado de excitación, lo que les conducirá a lanzarse sobre el cebo en el momento en que lo vean.

• Algunos trucos para conseguir una técnica infalible

Para ganar tiempo, los campeones utilizan cañas cortas, conocidas como metralletas. Estas cañas son ligeras y rígidas y su longitud oscila entre 1,5 y 2 m, con una pequeña empuñadura de corcho (como en la caña de lanzado), muy útil para sujetarla con la mano. Pero las cañas telescópicas más cortas y fibrosas (de 2 a 4 m) son también muy adecuadas y, en ocasiones, mucho menos caras.

La línea, realizada con una sola hebra, generalmente tiene un diámetro de 0,08, pero, si queremos capturar grandes alburnos y rutilos o si nos falta la confianza necesaria para utilizar un diámetro menor, se puede utilizar uno de 0,10. El flotador, con forma semejante a una pera o a una gota de agua, debe equilibrarse con gran precisión a través de una plomada abundante (grandes plomos cilíndricos, plomos redondos pegados, pequeña oliva), situada muy cerca del anzuelo (del n° 20 ó n° 22), para conducir con gran rapidez la línea a la altura correcta, es decir, de 20 a 50 cm bajo la superficie.

◁ *El alburno permitirá a los niños agudizar los reflejos en el tirón.*

En cuanto a los cebos, la lombriz de fango es la que mejores resultados ofrece, pero es cara y difícil de fijar. El gusano blanco o una gota de Mystic rojo son preferibles al principio. En algunos casos, los grandes pescadores también utilizan una pequeña perla de color rojo que enhebran en el anzuelo. Cuando los alburnos están muy excitados, sólo ven el color rojo y pican lo primero que se les acerca, de forma que nos evitamos cambiar de cebo entre captura y captura.

El resto de la pesca es sólo cuestión de ritmo y, para ello, es imprescindible estar bien situado a orillas del río. Se debe disponer de un barreño o un cubo cerca de nosotros, una bandeja de engodos al alcance de la mano y cebos disponibles en una caja o sobre una tabla que podamos alcanzar con facilidad.

Cuando la línea está en el agua, se debe lanzar una bola de engodo al tapón. En el momento de la picada, a veces un simple temblor o un pequeño desplazamiento lateral, se ha de tirar con

flotador

cuerpo de línea de 0,08 a 0,10

anzuelo del n° 20 al n° 22

Aparejo para la pesca de velocidad

fuerza y sacar al pez. Se le debe soltar con rapidez, para colocar un nuevo cebo en el anzuelo y, así, volver a lanzar la línea seguida de una nueva bola de engodo.

LOS PECES DE SUPERFICIE

En cuanto aparece el primer rayo de sol, los alburnos y los leuciscos italianos pasan la mayor parte del día nadando a algunos centímetros de la superficie, alimentándose de todo lo que parezca comestible, se encuentre a su paso o no.

La curiosidad dicta su conducta alimenticia. Los insectos, las hojas pequeñas y los residuos vegetales, no escapan a su atención.

Asimismo, una mosca artificial o cualquier insecto, correctamente presentado, también puede conseguir buenos resultados.

• La pesca a la mosca

Evidentemente, hay que elegir los modelos más pequeños (moscas pequeñas, hormigas, pequeños *palmers*, de cuerpo realzado con algunas hebras plateadas); un anzuelo del n° 18, como máximo. La elección del material no presenta problemas: sedas finas y bajos de línea medianos (de 3,5 a 4 m), terminados en 0,08 ó en 0,10.

Técnicamente, tampoco existen muchas dificultades: los alburnos rara vez son difíciles. En la corriente, basta con posar la imitación aguas arriba de los

cazaderos observados y dejar que el pez se acerque y pique. Sin embargo, en las aguas tranquilas, hay que realizar numerosos lanzados y seguir la actividad alimenticia de los peces. Los alburnos tienen la costumbre de vivir en pequeños grupos, que se desplazan casi constantemente y de forma imprevisible. Sólo hará falta calcular la zona de lanzado de forma que nuestra mosca intercepte la trayectoria de los pececillos.

De hecho, nos daremos cuenta enseguida de que las picadas son frecuentes si pescamos el alburno, lo que significa un gran placer y diversión para el pescador. La decepción se produce cuando las capturas son escasas. Esto se soluciona agudizando nuestros reflejos y con una mayor rapidez en los tirones. Estos peces son muy curiosos, pero muestran una rapidez fulgurante cuando se trata de escupir un cuerpo incomestible.

Con este pequeño juego, podemos intentar la captura de 3 ó 4 ejemplares sobre 10 cazaderos observados. Con la pesca del quinto ejemplar, ya se habrá obtenido el rodaje necesario para volver a los salmónidos… simplemente para constatar que son más fáciles de pescar.

• La pesca con insectos

En las mismas condiciones o similares, se puede pescar el alburno con buldó mediante modelos artificiales (el tirón es la operación que plantea más problemas) o insectos auténticos, como las moscas comunes, las hormigas rojas o las aladas (las mejores).

También existe la posibilidad de la línea flotante con flotador especial para la pesca con insectos (descrita en las páginas sobre el cacho) . La ausencia de plomo nos permitirá lanzar bastante lejos y pescar en la superficie con total discreción.

La última posibilidad consiste en la pesca con ballesta (véanse las páginas dedicadas al escardino), con un gusano blanco sin lastre, un saltamontes, un pequeño grillo o la cabeza de un saltamontes grande.

LA TENCA

Pez discreto por excelencia, la tenca (Tinca tinca), conocida como la «belleza de flancos cobrizos» es temerosa y desconfiada, y pasa la mayor parte del tiempo en lo más hondo de los montículos herbáceos acuáticos, donde encuentra su alimentación (hierbas y larvas) y, sobre todo, la calma que necesita. Basta con haber pescado un ejemplar para saber que, al otro extremo de la línea, demuestra una gran fuerza y robustez (puede sobrepasar los 3 kg) y presenta una lucha incomparable.

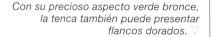

Con su precioso aspecto verde bronce, la tenca también puede presentar flancos dorados. ▽

UN PEZ APACIBLE DE CUERPO COBRIZO

La tenca se reconoce por su color verde, con reflejos amarillos claramente destacados en el vientre. Sin embargo, el dorso es más oscuro, casi gris. El cuerpo es recio, macizo y espeso, recubierto de escamas muy finas y de un espeso mucus protector que la hace muy resbaladiza. Sus aletas están muy desarrolladas, excepto la caudal, corta pero especialmente gruesa y potente. La boca posee dos barbillas y los labios son muy carnosos.

Se halla presente en la mayoría de aguas de segunda categoría de Europa, incluso en ciertos remansos o tramos profundos de ríos de trucha y salvelino. Su actividad se concentra durante el buen tiempo, con dos momentos álgidos principales: antes y después de la reproducción, entre finales de junio y finales de julio, en la vegetación acuática y, a veces, cerca de los márgenes. En España es fácil encontrarla en algunas zonas de la Comunidad de Madrid, en Extremadura y Andalucía.

En invierno, hacia mediados de noviembre, las tencas cesan toda su actividad e invernan sobre el fango. En el río, las mayores crecidas pueden llevarlas a cambiar de sitio y a alimentarse durante algunos días, sobre todo si las temperaturas se mantienen estables.

Los estanques y los pequeños canales, llenos de lentejas de agua o vegetación, constituyen su hábitat predilecto. En el canal, se debe explorar los grandes remansos o embarcaderos, donde se estacionan chalanas y barcos que proporcionan sombra. En el río, resultan excelentes los lugares próximos a los cañizales, así como las grandes balsas fangosas o los embalses de molinos y los pequeños pantanos.

LA PESCA AL COUP A LA LÍNEA POSADA

Se ha de disponer dos cañas en abanico, instalándolas sobre sus respectivos soportes, pero siempre bajo nuestra vigilancia.

El cuerpo de línea será de 0,14. El flotador ha de ser afilado, pero estable, lo que permitirá usar una plomada sufi-

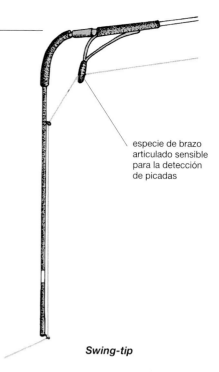

especie de brazo articulado sensible para la detección de picadas

Swing-tip

ciente como para inmovilizar la línea. Se ha de optar por los plomos redondos de pequeña oliva, espaciados justo por encima del nudo de unión con el bajo de línea, de un diámetro de 0,12. El anzuelo (del n° 10 al n° 14) debe ser sólido para hundirse sin riesgo de que se suelte. En la pesca, el bajo de línea y una parte del lastre deben reposar sobre el fondo. Ello se traducirá en una posición ligeramente inclinada del flotador. De este modo, obtendremos una presentación ideal del cebo, que la tenca encontrará cuando inspeccione el fondo. Se ha de prever un abundante engodo de partida, con una fuerte proporción de cebos. La picada de la tenca es muy característica: el flotador tiembla ligeramente en un primer momento, antes de hundirse con lentitud, pero a gran profundidad. Para tirar, no debemos preci-

Aparejo para peces grandes en aguas tranquilas

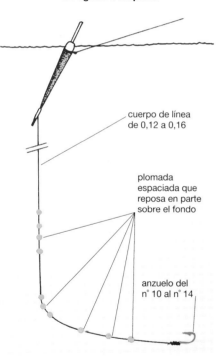

cuerpo de línea de 0,12 a 0,16

plomada espaciada que reposa en parte sobre el fondo

anzuelo del n° 10 al n° 14

pitarnos, ya que la tenca se toma su tiempo antes de tragarse un anzuelo.

LA PESCA A PEZ VISTO OBSERVANDO LAS BURBUJAS
Al caer la noche y al alba, la tenca abandona a menudo sus refugios vegetales y se aventura a ir más lejos en el lecho del río o de la superficie de agua, en busca de todas las presas que pueda encontrar en el fondo o en el cieno.

MEZCLAS COMERCIALIZADAS

3000 tencas Sensas, 3000 peces grandes y carpas Sensas, Rameau más peces mayores, Van den Eynde carpano, 3000 fondo Sensas, Rameau más hondo.

Hay que localizar los pequeños grupos de burbujas concentradas y no demasiado ruidosas que levanta al remover el fango, a veces a escasos centímetros de las hierbas o del margen. Las burbujas que se desplazan revelan la presencia de una o varias tencas que se dirigen a las zonas de alimento.
Con una línea comparable al aparejo anterior, regularemos el flotador mucho más allá de lo debido para el puesto considerado, para tener la certeza de que el cebo y una parte del lastre reposan en el fondo. No debemos preocuparnos si el flotador se recuesta en un lado. En el anzuelo clavaremos una pequeña lombriz de huerto, un puñado de gusanos, trigo, maíz dulce o cubitos de pan francés, que hundiremos lentamente. Al cabo de algunos minutos, retiraremos la línea, en dirección a alguna concentración de burbujas, y esperaremos. Como en la línea posada, la picada se detectará por el arranque del flotador después de una serie de temblores.

LA PESCA A LA PLOMADA CON SWING-TIP
Mediante la técnica del *swing-tip*, una puntera articulada ultrasensible, se pueden detectar fácilmente las picadas

LA LOCURA DEL PAN FRANCÉS

El pan francés provoca la picada de la tenca. Pulverizado o remojado y después machacado, cabe en cualquier engodo. Para el cebo, los anzuelos más apropiados son los del n° 10 al n° 12 forjado, de bronce o dorado, y del n° 14 al n° 18, recto o triple. Se han de realizar cubitos de 6 a 8 mm de lado, que clavaremos en un anzuelo simple, o pequeñas bolitas amasadas sobre una popera de tres anzuelos.

pescando lejos de la orilla (20 m o más), cerca de una isla, un fondo alto, el margen opuesto, si es inaccesible, o a ras de fondo. En la línea del carrete, de 0,15 «especial inglesa», colocaremos un plomo del tipo Arlesey desviado en una hijuela (de 5 a 15 g), por encima de un pequeño emerillón barril. El bajo de línea, de 0,12, será de 30 a 40 cm. El anzuelo del n° 10 al n° 14 debe ser sólido y afilado.
La línea se ha de lanzar más allá de la zona de pesca y el aparejo se debe guiar al lugar correcto (una marca con rotulador en el hilo nos servirá de referencia). Se ha de situar la caña sobre un soporte, mirando la zona piscatoria, con la punta orientada hacia la superficie. A continuación, daremos unas cuantas vueltas a la manivela para tensar el hilo y situaremos el *swing-tip* a media altura (un ángulo de 45° con respecto a la línea vertical), prestando gran atención a cualquier movimiento que tenga lugar.
La picada del pez puede manifestarse con una elevación de la puntera articulada (tensión de la línea) o, por el contrario, con un descenso (relajación de la línea). Tomaremos la caña, esperaremos durante unos segundos, daremos algunas vueltas al carrete para tensar el hilo y tiraremos sin brusquedad.
Si las picadas se retrasan, recuperaremos el aparejo, 1 m aproximadamente, esperaremos de 5 a 10 minutos y reanudaremos la operación.

EL CACHO

*M*uy presente en toda Europa, tanto en aguas de segunda como de primera categoría, el cacho (Leuciscus cephalus) *es un pez desconfiado, fuerte y de un apetito insaciable.*
Pero también se muestra caprichoso e imprevisible, al rechazar en ocasiones cebos o señuelos que, 15 minutos más tarde, se traga ávidamente. Criticado por unos, que le reprochan su vasto régimen alimenticio, los daños que ocasiona a los huevos y a los alevines de trucha, así como su carne un tanto insípida y llena de espinas; adorado por otros, que aprecian su disponibilidad, la agresividad que muestra en cuanto pica y la delicadeza de su pesca... el cacho es un pez que crea polémica.

Bautizado a veces como «salmón del pobre», el cacho es un destacable pez deportivo que se halla presente en casi todas las aguas europeas. ▽

UN ADVERSARIO INTERESANTE

Se le reconoce por su gran cabeza surcada por una boca de tamaño considerable, por su cuerpo recubierto de gruesas escamas brillantes y sus aletas pélvicas y anal tirando a rojo. El dorso es muy oscuro y el vientre blanco por completo. Sin embargo, los flancos son mucho más brillantes (los ejemplares de gran tamaño adquieren en ocasiones reflejos de color bronce).
En las aguas dulces, se encuentran cachos de todos los tamaños, pero las mayores piezas pueden alcanzar los 60 cm y los 3 kg de peso, e incluso superarlos.
Los cachos viven en bancos compuestos de peces de diferentes dimensiones, aunque los más grandes tienden a aislarse.
La reproducción se realiza en primavera, entre abril y junio. Las hembras depositan sus huevos (entre 100.000 y 200.000), que se vuelven pegajosos cuando son fecundados, en las zonas relativamente tranquilas, sobre fondos de gravilla o guijarros, o a veces también de hierbas. Como la mayoría de ciprínidos, el cacho puede realizar hibridaciones con otras especies, sobre todo el cachuelo, lo que complica a veces su identificación.

LOS PUESTOS DEL CACHO

El cacho puede adaptarse a medios muy diferentes, que van desde las aguas tranquilas y profundas a los ríos de trucha, que presentan una gran alternancia de corrientes y balsas.
De todos modos, en invierno, tiende a aposentarse en las partes más calmadas de los cursos de agua, sobre todo en las hoyas grandes, en los recodos huecos y en los embalses de molino o pantanos, donde vive anclado en el fondo. Sin embargo, al llegar el buen tiempo, se acerca a las corrientes vivas y a las zonas de menos profundidad.
Algunos peces, a veces los de mayor tamaño, también pueden quedarse en lugares tranquilos y profundos, donde irán a apostarse cerca de la superficie, sobre todo cerca de los márgenes y de la vegetación terrestre, al acecho de insectos y de todas las presas que puedan interceptar. A media jornada, en los días de la canícula, no es extraño

observar a un grupo de cachos absolutamente inmóviles en la superficie, en plena hoya o en el centro de un embalse de molino.

En los lagos, la presencia de los cachos es mucho más infrecuente. Sin embargo, algunos pantanos o lagos naturales están muy bien aprovisionados, a menudo por sus afluentes, que les sirven de frezadero. Próximos a los márgenes y a la superficie durante el verano, los cachos viven en invierno a mayor profundidad o cerca de los afluentes, que representan una magnífica fuente de alimento.

En verano, la búsqueda de cachos en pleno día puede procurarnos una cesta bien llena. ▷

LOS MEJORES CEBOS

Michel Duborgel, uno de los autores sobre pesca más consagrados, decía que el cacho es un pez caprichoso. En efecto, todo lo comestible puede entrar a formar parte de su dieta en cualquier momento, ya que no sólo tiene un voraz apetito, sino también una curiosidad fuera de lo común. Eso significa que todos los cebos clásicos son útiles para este pez. Sin embargo, en el marco de una búsqueda específica, es preferible hacer una pequeña selección y elegir los cebos que puedan resultar más atractivos para el cacho.

• La fruta

– La cereza

En principio, las pequeñas cerezas salvajes que se encuentran en el mes de julio a orillas de algunos ríos representan la fruta más interesante. Este pez puede encontrarlas de forma natural en su elemento, pero prefiere las cerezas grandes injertadas, más dulces... Se trata de un excelente cebo en verano, cuya eficacia puede aumentar con un engodo recordatorio. Otro truco consiste en explorar día tras día los mismos tramos, porque, así, el pez se sensibiliza al sabor de la fruta. En función de la talla del cebo,

elegiremos anzuelos del n° 2 al n° 6 ó triples del 8 al 12.

– La grosella

Tanto la pequeña baya lisa y brillante, blanca o roja, como la grosella espinosa, que es más grande, roja, amarilla o verde, resultan excelentes para el cacho y relativamente fáciles de usar por su espesa piel. En julio y agosto, se pueden utilizar para cebar los anzuelos del n° 6 al n° 12, de bronce y forjados; rectos para las grosellas o triples del n° 14 para las espinosas.

– La mora

El fruto de la morera o de la zarza es muy corriente a finales del verano y principios de otoño. Las moras negras que encontramos en estado salvaje en todos los arbustos son las más indicadas. Para facilitar el clavado, elegiremos las más duras y utilizaremos las más maduras y más perfumadas para el engodo. Los anzuelos del n° 4 al n° 8 forjados, de bronce, rectos o invertidos, o los triples del n° 8 al n° 10 son los más indicados para un buen cebado. El engodo se ha de esparcir bien dosificado en un recorrido elegido en función del número de arbustos que caen sobre el agua. Este cebo debería permitirnos realizar grandes capturas a finales del verano. Además, es una trampa para cachos de eficacia muy probada.

– La uva

El fruto de la viña, fácil de encontrar de mediados de agosto hasta finales de octubre, constituye un gran cebo para el cacho. La fruta fresca se utiliza sin más, cortada en dos, para facilitar que el aroma se disperse. En cuanto a la pasa, podemos clavarla en el anzuelo al natural o, aún mejor, después de remojarla durante unas diez horas. El anzuelo típico oscilará entre el n° 6 y el n° 10, forjado, de bronce, recto, o bien

un triple del n° 10 al n° 12 para fruta fresca. En cuanto a los frutos secos, se puede usar un anzuelo del n° 4 al n° 10 forjado, de bronce e invertido.

• Los insectos

– La hormiga roja (*Formica rufa*, de la familia de los formícidos)

Es una de las más grandes que existen. Vive en colonias y se caracteriza por construir voluminosos montículos de ramitas, fácilmente visibles en los bosques (sobre todo si son de coníferas). En primavera, encontramos también las hormigas aladas, que son más grandes que las obreras. Las rojas, aladas o no, se conservan muy bien en pequeños recipientes con respiraderos, siempre y cuando dispongan de algunas ramitas que constituyan el hormiguero. Para cebar el anzuelo, es necesario clavarlas delicadamente por el abdomen (la parte más voluminosa y blanda). Se trata de un cebo excepcional para toda la estación cálida, sobre todo en agosto y septiembre. Este cebo se puede utilizar en la pesca en movimiento, con una línea prevista de un pequeño flotador, sea o no lastrado.

– El grillo

Con una longitud de 16 a 20 mm, los grillos más corrientes (y los más utilizados en la pesca) son bastante oscuros (marrón o negro). Por regla general, viven en cultivos y prados, así como también bajo las piedras, en colinas secas. Si deseamos conservarlo vivo, hay que clavarlo delicadamente entre dos anillos, detrás de la cabeza. Para la pesca «a la sorpresa», se le puede matar y clavar el anzuelo, introduciéndolo por la cabeza y sacándolo bajo el cuerpo. Para ello utilizaremos un anzuelo del n° 8 al n° 12. Si lo usamos en el lugar indicado,

△ *Grillo muerto anzuelado.*

Grillo vivo anzuelado. △

bajo los ramajes o en el hueco de un margen, el grillo rara vez pasará inadvertido ante un cacho que esté alerta. También podemos emplearlo con una línea flotante o una plomada, para pescar a ras de fondo en los hoyos y remolinos profundos, donde podrá atraer a otros ciprínidos de gran tamaño. Es eficaz durante todo el periodo estival hasta finales de septiembre.

– El saltamontes
Los mejores para la pesca son los verdes, que viven en el prado y tienen más posibilidades de encontrarse de forma natural en la superficie del agua. En función del efecto que busquemos, existen dos tipos de cebado de anzuelo posible. Para conservar el saltamontes vivo y aprovechar los movimientos que realiza en la superficie, deslizaremos el anzuelo detrás de la cabeza, justo bajo uno de los anillos más duros que recubren su cuerpo. Por otro lado, en el caso de unos anzuelos sólidos y para la pesca «a la sorpresa» o totalmente sumergida, introduciremos el anzuelo en la mitad de su cabeza y lo extraeremos bajo el cuerpo del insecto.

LA PESCA EN MOVIMIENTO

Simple y rápida por definición, la pesca en movimiento reclama una caña telescópica de 6 a 7 m o una caña de anillas telescópica (si fuera necesa-

◁ Un saltamontes vivo en el anzuelo.

rio, regulable) de 4 a 5 m, acompañada de un pequeño carrete (de bobina fija o rotatoria) provisto de hilo de 0,12 a 0,16. Añadiremos al equipo unas cajas de cebos, bobinas de hilo, plomos, flotadores, anzuelos de recambio y algunos accesorios indispen-

sables, como la sonda y el desembuchador. También debemos disponer de un par de botas que nos permitan permanecer en el agua o, incluso, avanzar durante algunos metros en el río. Para guardar nuestros peces resultan convenientes los canastos que se sujetan a la cintura, pero sólo si nos disponemos a andar por el agua. Si no es así, conservaremos nuestras capturas en una cesta (los modelos equipados de bolsillos a los lados son ideales,

◁ Un saltamontes muerto en el anzuelo.

ya que permiten llevar el material de recambio), a menos que seamos deportivos y prefiramos dejar las presas en libertad al instante. En primavera y verano, los ríos más interesantes para la pesca en movimiento son los que tienen una anchura que no sobrepasa los 10 ó 12 m. El lugar debe ser variado e intercalar pequeñas corrientes con remansos de poca profundidad y algunas pequeñas hoyas. Si el recorrido es muy boscoso e interrumpido con pequeños embalses de molino, aún resultará más conveniente para la pesca.

• El aparejo

Se ha de disponer de un hilo de 0,14 y un flotador de pera, equilibrado con

La pesca en movimiento, muy sencilla en la práctica, es ideal en los riachuelos y los ríos pequeños. ▷

una pequeña oliva y algunos perdigones suplementarios en el bajo de línea, que será de 0,12. En cuanto a los cebos, las lombrices de huerto y los gusanos blancos representan una garantía para la pesca, sin embargo, las larvas acuáticas (canutillo y pequeños bétidos) pueden ofrecernos mejores resultados.

En aguas rápidas y ligeramente turbias, pescaremos río abajo. Por el contrario, en los niveles inferiores y con un agua más clara, la pesca río arriba se convertirá casi en imprescindible, al menos en los ríos menos profundos. Se debe pescar a ras de fondo en los lugares más tranquilos y, cerca de la corriente en aguas intermedias, sobre todo en la corriente abajo de los vertederos.

En verano, las aguas bajas, cálidas y muy claras son las más favorables para la pesca en movimiento. Sea cuál sea el río explorado, se puede encontrar alguna solución que nos permitirá pescar uno o, quizás, muchos peces.

En los ríos anchos, buscaremos las zonas aguas abajo de los vertederos y corrientes rápidas, y nos situaremos al inicio de los tramos más hondos, donde también podremos soltar la línea para practicar la pesca en profundidad. Se ha de regular el flotador para que el cebo se mueva a ras de fondo y retenerlo con la caña alta, para que vaya siempre primero. Con un puñado de gusanos blancos, una lombriz de huerto, una larva acuática, un saltamontes o un grillo, se pueden pescar grandes cachos y muchos otros peces. En los ríos de dimensiones más modestas, optaremos por un flotador muy discreto (véase el recuadro superior), deslizado en un hilo de 0,12, con un bajo de línea de 0,10 que nos permitirá pescar muy cerca de la superficie con el máximo de discreción. Las moscas comunes, los pequeños saltamontes, las hormigas, pero también los gusanos blancos y las larvas acuáticas, son los mejores cebos. También podremos suprimir el flotador y pescar «a la sorpresa».

LA PESCA «POR SORPRESA»

En este caso, el anzuelo irá fijado al extremo de un diámetro de 0,16 ó 0,18 anudado a la puntera de una ca-

cuerpo de línea de 0,14

plomos optativos

bajo de línea de 0,12

anzuelo del n° 14 al n° 18

UN FLOTADOR MUY EFICAZ

Para realizar un flotador que pase inadvertido en medio de una nube de espuma o entre las ramitas que bajan con la corriente, cogeremos un cartucho de tinta para pluma, cortaremos los dos extremos (únicamente conservaremos 5 cm de cartucho) y lo enjuagaremos bien. A continuación, cortaremos dos trozos de un tapón de corcho que nos servirán para obstruir los extremos del cartucho. Para enhebrar el flotador por la línea sólo debemos sacar los taponcillos y pasar el hilo. A fin de obtener un peso superior que facilite el lanzado, también podemos llenar el cartucho de cartón. Para sacarlo, bastará con empujar el corcho con un trocito de madera.

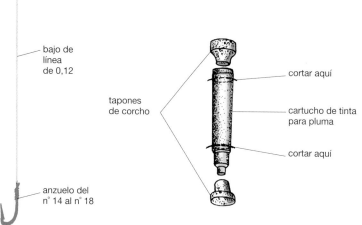

tapones de corcho

cortar aquí

cartucho de tinta para pluma

cortar aquí

ña sin anillas. Intentaremos que esta línea sea mucho más corta que la propia caña y la utilizaremos para presentar un saltamontes, un grillo o una gran mosca por los matorrales, cuyas ramas floten en el agua, bajo los árboles que caen sobre el río o incluso en mitad de una hoya, sobre todo a mediodía o en plena tarde, cuando los grandes cachos vienen a tomar el sol a la superficie.

LA PESCA CON FRUTA

Al acabar el verano, el cebo más interesante suele ser la fruta. Un pequeño engodo nos permitirá realizar buenas capturas, incluso de peces de 2 kg o más, que, a pesar de no ser de gran tamaño, sin duda nos dejarán un recuerdo inolvidable.

Los ríos más interesantes intercalan grandes hoyas y zonas de menos profundidad, a veces agitadas por una li-

gera corriente. Los grandes ríos pueden ser favorables, pero en lugares muy anchos tendremos más dificultades para concentrar a los peces.

Nos situaremos río arriba del tramo que hayamos fijado y nos apostaremos en el primer emplazamiento elegido. En la pesca de profundidad, los márgenes huecos bañados por la corriente, ramajes o bloques de piedra sumergidos, son signos que indican una zona de grandes cachos.

En los ríos de corrientes más leves, buscaremos las zonas inferiores de los puentes, los márgenes de los muelles, los fondos sembrados de grandes bloques de piedra y los sotos cercanos a fondos profundos (mínimo 2 m).

El equipo consistirá en una caña de anillas de 4 a 5 m, un carrete cargado con hilo de 0,16, un flotador afilado, pero estable, algunos plomos espaciados y un bajo de línea de 0,16. Siem-

Aparejo para pescar con fruta en aguas tranquilas

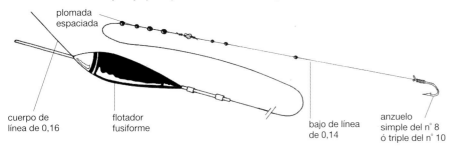

- plomada espaciada
- cuerpo de línea de 0,16
- flotador fusiforme
- bajo de línea de 0,14
- anzuelo simple del n° 8 ó triple del n° 10

pre que no se deba hacer potentes lanzados, se puede emplear unos anzuelos simples que faciliten el cebado. Procederemos a un breve sondeo del puesto (nuestro cebo debe moverse a 10 cm del fondo) y realizaremos el engodo. Generalmente, éste se debe realizar esparciendo dos puñados de fruta lanzada al vuelo cada vez que pasemos la línea. Al cabo de unos 10 minutos podremos contentarnos con un tirón en vacío al final de una gran inmersión (para liberar el cebo y obtener un recordatorio automático) y con un puñado de cebo lanzado cada 7 u 8 minutos.

En el momento de la picada, no se debe arrastrar la línea antes de dar el tirón. Se ha de volver a lanzar la fruta y sumergir de nuevo la línea. Al cabo de algunas capturas, constataremos que las picadas disminuyen, pero es normal. En este caso, se ha de descender aguas abajo y buscar un nuevo puesto, ya que resulta inútil insistir en esta zona. Si la corriente consigue arrastrar algunos restos de nuestro cebado, nuestras posibilidades serán aún mayores.

LA PESCA A LA PLOMADA CON BABOSA

Los limacos resultan un gran cebo para los cachos, ya sea por la facilidad con que se distinguen del fondo, por su consistencia blanda o por la comodidad con que se clavan. Los periodos favorables van desde las primeras crecidas de abril hasta finales de octubre, con unos momentos álgidos en junio y septiembre, mientras las temperaturas sean suaves.

Las horas más propicias para la pesca dependen del tiempo atmosférico. Así, en los días oscuros y nublados, se pueden capturar cachos todo el día. Por el contrario, cuando el día se presenta soleado, se puede probar a capturar algún pez a primera hora de la mañana y al caer la noche. Si el sol está en lo más alto, los cachos se encuentran muy activos en la superficie y no se interesan por los cebos que hay en el fondo. Asimismo, los niveles de agua ejercen una gran influencia sobre los cachos: las perspectivas de pesca son excelentes cuando el agua sube o después de una crecida; los niveles estables o normales no presentan un especial interés, mientras que las variaciones de nivel resultan muy negativas. La profundidad del puesto no debe sobrepasar el 1,5 ó 2 m, con un fondo limpio de arena o gravilla.

• Una plomada clásica
Deslizaremos una oliva de 6 a 20 g por un hilo de 0,14 a 0,20 cargado en el carrete y la dejaremos correr libremente. Asimismo, dispondremos de un pequeño forro de silicona para proteger el nudo de unión al bucle del emerillón de enganche, situado en el bajo de línea (de 0,12 a 0,18), de una longitud aproximada de 30 cm. El anzuelo será del n° 2 al n° 4 invertido.

• El aparejo para la inglesa con *quiver-tip*
Si se buscan sensaciones fuertes durante la lucha, deberemos equiparnos de una o varias cañas concebidas para la pesca a la inglesa con *quiver-tip*. El cuerpo de línea (hilo del carrete) será, entonces, de 0,16 ó 0,18, mientras que el plomo (bomba de Arlesey de 3,5 a 14 g) se montará sobre una hijuela. El emerillón barril antitorsión del plomo se debe pasar por el enganche de un antienredo rígido de 4 cm, que se desliza libremente por el cuerpo de línea.

Nos servirá de tope para el antienredo un emerillón barril de enganche que, además, recibirá el bucle del bajo de línea (de 0,14 a 0,16) de 40 a 50 cm, que irá rematado por un anzuelo invertido del n° 2 al n° 4.

• La pesca
Sea cual sea la técnica elegida, intentaremos precisar el lanzado para colocar el limaco en las orillas bordeadas de matorrales, cuyas ramas caen sobre la lenta corriente, aguas abajo de los remolinos, que roza los márgenes

Dos aparejos para pescar a la plomada

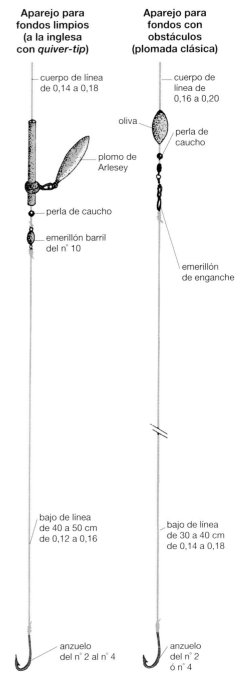

Aparejo para fondos limpios (a la inglesa con *quiver-tip*)
- cuerpo de línea de 0,14 a 0,18
- plomo de Arlesey
- perla de caucho
- emerillón barril del n° 10
- bajo de línea de 40 a 50 cm de 0,12 a 0,16
- anzuelo del n° 2 al n° 4

Aparejo para fondos con obstáculos (plomada clásica)
- cuerpo de línea de 0,16 a 0,20
- oliva
- perla de caucho
- emerillón de enganche
- bajo de línea de 30 a 40 cm de 0,14 a 0,18
- anzuelo del n° 2 ó n° 4

verticales, de los vertederos y de las turbinas; esto siempre y cuando la pesca esté autorizada.

A continuación, colocaremos la caña sobre el soporte y la puntera mirando hacia arriba si pescamos a la plomada clásica, o paralela al río, en dirección a la superficie, si empleamos *quiver-tip*. Para aumentar las posibilidades, fijaremos siempre dos o tres plomadas en un perímetro restringido. A principios de temporada, también podemos lanzar limacos en la zona de pesca para que los cachos del lugar reinicien su alimentación.

En el momento de la picada, sentiremos sacudidas secas y potentes. En este instante, se debe reaccionar con un tirón inmediato y amplio, pero sin brusquedad. Para prevenir el arranque del cacho, siempre violento, regularemos el freno para que sea más suave.

LA PESCA CON SANGRE

El gusano, la lombriz, la lombriz de fango, la pasta o el pan, que pertenecen a los clásicos para el cacho, son cebos de elección prioritaria, tanto en verano como en invierno. Sin embargo, en invierno ofrecen más resultados la sangre y las vísceras (hígado, bazo, tripas), que con frecuencia provocan la captura del cacho.

La sangre de buey o, aún mejor, de las aves, no es siempre fácil de encontrar, aunque si nuestro carnicero va regularmente al matadero, quizás pueda traernos alguna que otra vez un cubo bien provisto. Si ello no es posible, podemos acercarnos al matadero más cercano e intentarlo allí. Si explicamos nuestro caso correctamente y recompensamos a las personas que nos hacen el favor, el aprovisionamiento no nos supondrá muchos problemas.

Sin embargo, se ha de tener en cuenta que la conservación de la sangre exige su mantenimiento en frío. Al cabo de 2 ó 3 días, ya no será apta. Para preparar los cebos, se ha de poner lateralmente uno o varios coágulos de color homogéneo. A continuación, los colocaremos entre dos láminas de algodón hidrófilo que, a su vez, se encontrarán entre dos placas bien comprimidas. Asimismo, dispondremos de un recipiente para recuperar el suero que pueda expulsar el coágulo. Al cabo de

LAS BABOSAS APTAS PARA EL CACHO

Se han de elegir siempre los limacos grandes, ya que su tamaño selecciona el peso de nuestras capturas. El color teja, o muy parecido, es el más favorable.

Hay que clavar el limaco por el dorso, de atrás hacia adelante, por la parte lisa y abombada, ya que es la parte más dura del cuerpo.

Para eliminar el mucus de estas babosas, que ensucia nuestros dedos, nos frotaremos las manos en la hierba húmeda. Asimismo, llevaremos un cepillo de uñas en nuestra caja o en la cesta-asiento para poder eliminar los últimos restos de mucus que se hayan adherido.

una noche, obtendremos una placa de sangre lo suficientemente dura como para poder cortar cubitos de las dimensiones deseadas. Después de varios intentos podremos encontrar el tamaño deseado para adornar con corrección el anzuelo.

• El aparejo

Por la lucha que presenta el cacho, se ha de prever una línea relativamente sólida. Con una caña clásica o con carrete, el cuerpo de línea oscilará entre el 0,14 y el 0,18. Para el bajo de línea, hará falta un hilo de 0,12 a 0,16, para guardar siempre un pequeño margen. En cuanto al flotador, elegiremos un modelo capaz de aguantar los plomos, que, a menudo, resultan muy numerosos para poder arrastrar la línea a la profundidad deseada. En este sentido, si pescamos con sangre, es imprescindible que repartamos la plomada de forma homogénea, para que el descenso del aparejo sea lo más suave posible y podamos controlar bien el cebo del anzuelo, que es muy frágil. En cuanto al anzuelo, bastará un n° 10 ó un triple del n° 12

• La pesca

En el río (las posibilidades en el lago son casi nulas), las zonas relativamente tranquilas y profundas ofrecen las mejores oportunidades de pesca gra-

cias a los remolinos que se forman en los márgenes de la corriente principal o aguas abajo, tras los obstáculos.

Si se desea pescar el cacho en buenas condiciones, se debe disponer de un material lo suficientemente ligero como para que permita una pesca en movimiento: una caña de anillas, un morral que contenga lo necesario para rehacer una línea y los cebos, un salabre (eventualmente un pequeño capazo) y un cubo para el engodo (sea cuál sea el cebo empleado, la receta con sangre propuesta es inevitable). En una zona que nos parezca correcta, se ha de efectuar un sondeo breve y echar engodo de un modo abundante (4 ó 5 cucharones). Asimismo, se debe hacer un recordatorio cada 2 ó 3 intentos con medio cucharón. Al manifestarse las picadas, aumentaremos la cadencia, sobre todo después de una captura ruidosa. El tirón debe ser inmediato cuando se pesca con sangre, ya que este pez hará lo imposible por desanudar el anzuelo. Además, hemos de prever un cambio del cebo que colocamos en el anzuelo a cada intento. Con el hígado, el bazo y, sobre todo, las tripas de pollo (tres cebos excelentes para los grandes cachos), se puede dejar algo de tiempo para que estos peces se los traguen. En cualquier caso, si no se produce ninguna picada al cabo de un cuarto de hora, cambiaremos de lugar, pero siempre bajando el río. Así, nos podremos aprovechar de los *efectos* de nuestro engodo, cuyo olor, arrastrado por las olas, ya habrá despertado el interés de los peces apostados más abajo.

• Los cebados de anzuelo particulares

Con el mismo engodo de sangre, también podemos

Aparejo para la pesca con sangre

flotador

bajo de línea de 0,12 a 0,16

anzuelo del n° 10

pescar usando hígado, bazo, tripas y todas las vísceras, que son muy atractivas para el cacho. En cuanto a la sangre, necesitaremos un cubito extraído de un coágulo muy duro, que clavaremos delicadamente en un anzuelo simple. Si utilizamos un anzuelo triple, prepararemos un cebado también delicado con ayuda de una aguja. Con el hígado o bazo, cortaremos cubitos de las dimensiones deseadas y los clavaremos en el anzuelo, dejando que sobresalga la punta.

En cuanto a las tripas, cortaremos pequeños trocitos de víscera. Se han de clavar y retorcer el trozo de tripa alrededor de los brazos del triple para disimularlos y ofrecer un alimento apetitoso. Cuando saquemos los coágulos para el cebado, mezclaremos la sangre coagulada y el suero. A esta mezcla, añadiremos tierra seca (de topera), que hará la mezcla más pesada y provocará que descienda con rapidez, y salvado, que tenderá a subir a la superficie arrastrando partículas de sangre que se disolverán en el agua y harán las veces de recordatorio para los peces.

Esta mezcla se debe lanzar siempre con un viejo cucharón o una gran cuchara. Las proporciones serán dos partes de mezcla de sangre y de suero, una de tierra y una de salvado.

LA PESCA A LA MOSCA

Cuando llega el momento, todos los peces blancos de superficie constituyen unos adversarios muy interesantes para el pescador a la mosca. Estos peces se muestran muy desconfiados, temerosos, lunáticos y muy clarividen-

Cebado con sangre

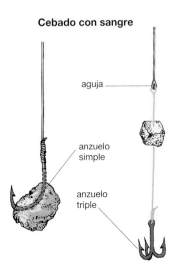

aguja

anzuelo simple

anzuelo triple

tes, lo que puede suponer un gran esfuerzo durante la pesca. Pero el cacho sigue siendo el pez más atractivo, no sólo por su tamaño, sino también por la lucha que ofrece.

Las mejores posibilidades de pesca a la mosca se presentan con el buen tiempo, sobre todo en época de aguas bajas. Los cachos se desplazan por todos los rincones del río o lago, aunque las mejores zonas se hallan en los remansos no muy alejados de una entrada de agua o de alguna corriente suministradora de oxígeno.

En cuanto a la técnica, la principal dificultad reside en la ausencia de corriente, que hace mucho más compleja la presentación de la mosca. Para evitarnos problemas, debemos cuidar la forma de acercarnos, siempre de cara al sol, evitando formar olas o hacer rechinar la gravilla, si hemos de entrar en el agua. Los días de la canícula, en las hoyas profundas, encontraremos decenas de cachos, totalmente inmóviles a algunos centímetros bajo la superficie, y quizás observemos que se trata de pequeños grupos de 4 ó 5 ejemplares.

En cuanto al material, necesitamos una seda ultrafina y un bajo de línea muy largo, acabado en un 0,10 como máximo. Es inútil recordar que el tamaño de las moscas artificiales debe ir en consonancia con esta finura. Los anzuelos del n° 18 (16 cómo máximo) son imprescindibles, aunque parezcan un poco desproporcionados debido al inmenso tamaño de la boca de los peces que perseguimos.

• La desconfianza del cacho nos obliga a actuar con discreción

Mostrando una gran discreción, se puede enviar la mosca al centro de una de esas «células» que forman estos peces, y, si es posible, un poco al margen del grupo para conservar las posibilidades de doblar en caso de captura. Si apuntamos con la precisión suficiente, podremos posar el hilo cerca de los peces grandes, pero siempre en el centro del grupo, ya que su instinto de competitividad, provoca una rápida reacción a nuestro favor. De nosotros depende el momento de tirar.

△ *Cuando los cachos se sitúan sobre un fondo liso, en el nacimiento de la corriente siguiente, la pesca a la mosca se convierte en un verdadero privilegio.*

Otras zonas interesantes son los márgenes profundos y con sombra, y bajo los ramajes. En este caso, debemos acortar el bajo de línea más o menos como si pescáramos trucha. Una buena medida puede ser de 3 a 4 m de largo con un extremo de 0,12. En cuanto a la mosca, se hace la misma observación referente a la armonía necesaria del aparejo y no sobrepasaremos el n° 14 de anzuelo. Es suficiente un pequeño *palmer* de dos o tres colores.

Si detectamos un pez o actividad alimenticia en la superficie, dirigiremos nuestra acción de pesca hacia allí, intentando posar río arriba o un poco trás del pez, si el agua no se mueve. Si no es así, confiaremos básicamente en nuestro instinto y posaremos la mosca un rato en cada lugar, ya sea contra un margen, tras una rama sobre el agua, en el limbo entre la sombra y el sol…

• Las moscas secas

Como los peces blancos se muestran mucho menos exigentes en cuanto a la calidad de las imitaciones, podemos confiar sin problemas en cualquier tipo de mosca. Los cachos se interesan por los insectos terrestres, por esto debemos considerar a los

tificial al entrar en el agua. En este caso, resulta inútil lastrar la ninfa.

Si no ocurre nada, no hay que preocuparse demasiado: esperaremos durante algunos segundos antes de subir la ninfa con ayuda de algunos golpes de puntera. Con este movimiento, provocaremos un ataque rápido e inmediato por parte del pez.

LA PESCA AL LANZADO

Depredador cuando se le presenta la ocasión (alevines, foxino...), el cacho también puede pescarse al lanzado, y con menos frecuencia al pececillo muerto insertado o al pececillo vivo, técnicas que pueden dirigirse a grandes ejemplares que pican puntualmente las líneas destinadas a los depredadores.

Para el lanzado utilizaremos cucharillas giratorias (del nº 0 y nº 1, con una paleta plateada o dorada y un triple que se puede adornar con un faldón de lana, hilo o una mosca) y pequeños señuelos ligeros (vinilos, gusanos y formas de peces).

En verano, hay que recuperar lentamente el hilo a la salida de las corrientes, sobre todo por la mañana temprano o avanzada la tarde, incluso en las calas que rodean las corrientes. Las grandes hoyas y los lugares calmados, donde las picadas pueden ser violentas, es preferible explorarlas a pleno día.

A mediados de temporada, buscare-

△ Palmer *negro y su reclamo rojo para cacho.*

mos las partes profundas y llenas de obstáculos, las partes externas de los recodos y los sotos o márgenes jalonados de bloques de piedra, sin olvidar los puentes y los pantanos (cuando se autorice la pesca), realmente excelentes.

En invierno, las posibilidades del lanzado son mucho más reducidas, pero también podremos capturar algunos peces (a menudo muy grandes) en las grandes hoyas, pescando lentamente a ras de fondo y sobre todo con señuelo ligero. Sin embargo, en estos casos parece difícil llevar a cabo una búsqueda específica.

Peces de superficie, los cachos pican muy bien a la mosca. ▽

palmers en primer lugar. Se encuentran en negro, rojo y gris, aunque también se pueden añadir algunas hebras de color en el cuerpo: la combinación de los diferentes tonos es perfecta para llamar la atención de los cachos.

Las moscas pequeñas de color negro o las hormigas, eficaces a partir de mediados de agosto, resultan también interesantes. En los días de sol intenso, los rechazos aumentan. Ante esto, tenemos dos soluciones: disminuir el tamaño de la mosca, eligiendo si es necesario un color más claro, o ahogar la mosca artificial con un poco de saliva. Las moscas en *cul de canard* son las que mejor se prestan a este proceso.

Por el contrario, si el día está nublado, con un cielo muy cubierto, se puede optar por unas moscas rellenas que floten bien.

• Las ninfas

Cuando se persigue peces blancos, rara vez se piensa en pescar bajo la superficie, lo que constituye un gran error. Con una pequeña ninfa (los modelos más sencillos, como la Pheasant Tail, resultan excelentes), se consigue que algunos peces, aparentemente insensibles a cualquier estímulo, piquen.

El único requisito que se necesita consiste en no posar demasiado cerca del pez que deseamos capturar y amortiguar el ruido que produce la mosca ar-

EL BARBO

El barbo común (Barbus barbus), *que se siente a gusto tanto en una vena de fuerte corriente, donde aprovecha el guijarro más pequeño para protegerse, como en una gran hoya agitada por grandes remolinos, suele ser tan discreto que consigue pasar prácticamente inadvertido ante los ojos de muchos pescadores. Esa tendencia llega a tal extremo que ha podido establecerse durante mucho tiempo en diversos cursos de agua, donde se ha ido olvidando de sus anteriores migraciones por corrientes intensas y grandes remolinos. Si nos gustan las sensaciones fuertes y la pesca rústica y técnica a la vez, es el momento de recuperar la pesca del barbo.*

El barbo también se conoce como «el bigotudo», por los cuatro bigotes claramente visibles que tiene en la comisura de los labios. ▽

UN PEZ DEPORTIVO

Miembro de la familia de los ciprínidos, el barbo común se halla en la mayoría de cursos fluviales, preferentemente en la zona intermedia entre la primera y la segunda categoría piscatoria, que se ha bautizado como sector del barbo en la clasificación ecológica de los cursos de agua. En efecto, puebla grandes hoyas que se abren a la salida de las corrientes, los remolinos o, incluso, las partes más bulliciosas.

Su cuerpo es muy ahusado y su cabeza voluminosa, lo que le permite protegerse de la corriente casi tan bien como un salvelino común o una trucha, aprovechando un simple guijarro posado en el fondo. Su gran boca carnosa, muy orientada hacia abajo, tiene dos pares de bigotes.

Su cuerpo, recubierto de escamas, va del marrón verdoso del dorso al blanco amarillento del vientre, con grandes aletas muy potentes que son de un color amarillo anaranjado. Las piezas más normales miden entre 30 y 50 cm con un peso que oscila entre los 0,5 kg y los 1,5 kg, aunque, a veces, las hoyas de los grandes ríos albergan ejemplares muchos más pesados que pueden superar los 5 kg.

En el norte de España, así como en las regiones del sur de Francia, el norte de Italia y la cuenca del Danubio, existe otra variedad denominada barbo meridional *(Barbus meridionalis)*, mucho más pequeña que el barbo común y al que algunos pescadores llaman barbo atruchado, por las manchitas de sus flancos.

LOS PUESTOS PARA LA PESCA DEL BARBO

Para encontrarlo se ha de explorar en primer lugar la salida de las grandes corrientes, sobre todo si acaban en un fondo sembrado de grandes piedras. En un lugar semejante, los barbos se apostarán desde principios del mes de mayo. Protegidos por los bloques de piedra, mientras las aguas estén frías y agitadas, se aventurarán en la corriente durante la época de mucho calor. Entonces los encontraremos en el fondo, buscando larvas.

Otros lugares interesantes son las grandes hoyas formadas río abajo de los vertederos o los puentes, siempre

△ *Un barbo pescado en un embalse del río Ebro, en Caspe.*

que el agua corra de forma poco uniforme, o por el contrario en un canal bastante estrecho con una formación de remolinos a los lados. Finalmente, también se puede buscar el barbo entre las grandes hoyas y en los recodos de los ríos.

LOS MEJORES CEBOS

Pez explorador por excelencia, el barbo se alimenta casi exclusivamente a ras de fondo, removiendo la gravilla o girando las piedras en busca de larvas, cangrejos de río, alevines y huevos de pez, que constituyen su dieta alimenticia. Pero, en ocasiones, también puede picar con cebos más clásicos, ya sean animales o vegetales.

El gusano blanco, las larvas acuáticas y el canutillo son los más indicados. Asimismo, hay que mencionar la lombriz de huerto, incluso el grillo o las frutas rojas en pleno verano. Con ellos, podemos cebar un anzuelo simple invertido y de hierro grueso o montarlos con aguja (fruta, queso) sobre un anzuelo triple de dimensiones más reducidas, cuyas puntas no deben sobrepasar apenas el cebo.

Teniendo en cuenta los hábitats del barbo, el engodo nunca es fácil. Si pescamos en una hoya relativamente tranquila, las harinas u hogazas de grumo grueso, con lastres de tierra o arena, pueden prestarnos una gran ayuda. De todos modos, lo ideal sigue siendo utilizar los cebos puros, distribuidos regularmente a la cabeza del puesto explorado, para atraer y abrir el apetito de los barbos de la zona.

En la corriente, la única solución consiste en lanzar los cebos bastante lejos, río arriba, y, así, intentar despertar la atención de los peces.

LA PESCA DEL BARBO

Existen tres técnicas de pesca para el barbo: en la corriente prolongada, que se practica con línea flotante; la plomada, que ofrece variantes, y la pesca a la pelota, que, si se desea, se puede sustituir por un depósito cebador de pesca a la inglesa.

Todas estas técnicas exigen una caña de anillas de 4 a 5 m, un poco menos en el caso de la plomada, y un carrete cargado de hilo de 0,16 (para la pesca en aguas bajas) a 0,20 (para la pesca en fondos con obstáculos o con fuerte corriente).

• La corriente prolongada

En cuanto a la línea, los únicos cambios imputables al barbo se refieren al diámetro del hilo empleado (nunca menor a 0,12) y a la disposición de la plomada, que en este caso es muy interesante que se vaya desviando hacia una hijuela que hundiremos, por ejemplo, a la altura de la unión de la línea y el bajo de línea.

Fijados sobre una hebra mucho más fina que la del bajo de línea, los plomos podrán arrastrarse sobre el fondo, mientras que el bajo de línea (donde colocaremos uno o dos perdigones si se da el caso) y el cebo tendrán más libertad de movimiento para ondularse y dar vueltas en la corriente. Una ventaja suplementaria en caso de enganche, que tiene lugar 9 de cada 10 veces, es la ristra de plomos: su hilo, muy fino, se podrá romper enseguida sin obligarnos a subir la totalidad de la línea.

• La plomada

El aparejo tradicional sigue siendo válido. En cuanto al hilo del carrete, enhebraremos una oliva de 10 a 40 g (todo depende de la fuerza de la corriente), que se detendrá al llegar a un pequeño emerillón protegido por un forro de silicona.

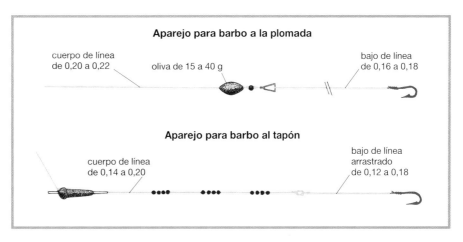

Aparejo para barbo a la plomada

cuerpo de línea de 0,20 a 0,22

oliva de 15 a 40 g

bajo de línea de 0,16 a 0,18

Aparejo para barbo al tapón

cuerpo de línea de 0,14 a 0,20

bajo de línea arrastrado de 0,12 a 0,18

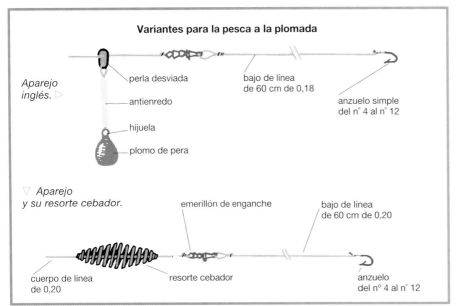

Variantes para la pesca a la plomada

Aparejo inglés. ▷

perla desviada

antienredo

hijuela

plomo de pera

bajo de línea de 60 cm de 0,18

anzuelo simple del nº 4 al nº 12

▽ *Aparejo y su resorte cebador.*

emerillón de enganche

bajo de línea de 60 cm de 0,20

cuerpo de línea de 0,20

resorte cebador

anzuelo del nº 4 al nº 12

Ahí fijaremos el bajo de línea, de más de 30 cm de largo y con un diámetro inferior en 0,02 al del cuerpo de línea (de darse el caso, el hilo del carrete).

Sin embargo, además de este aparejo básico, existen otras variantes, como la que consiste en colocar el lastre derivado en una hijuela (hilo más fino que el bajo de línea). En los fondos repletos de obstáculos, se evitará la pérdida de la línea con cada enganche y se puede ahorrar sustituyendo el plomo por viejas roscas.

Por último, hemos de tener en cuenta que existe también un aparejo en el que el plomo remata la línea, mientras que dos anzuelos se colocan en una hijuela con un espacio de 30 a 40 cm entre ellos.

• La pelota

La pelota emplea la plomada tradicional (que se ha descrito más arriba). Pero, antes de lanzar, el plomo, el bajo de línea y el cebo (casi siempre un puñado de gusanos blancos) se juntan

en una bola de tierra arcillosa que habremos rellenado con gusanos blancos. Asimismo, para actuar correctamente, intentaremos que el puñado de gusanos que se ha situado en el anzuelo quede justo por encima de la pelota. Al disgregarse con lentitud sobre el fondo, la tierra liberará progresivamente una nube de partículas y algunos gusanos que atraerán a los barbos que paseen por la zona.

Hay que precisar que los cebadores que existen hoy en día en las tiendas especializadas pueden sustituir a la pelota; basta con elegir modelos plomados y llenarlos de gusanos.

• La pesca

Si pescamos en una corriente, la pesca prolongada nos producirá grandes satisfacciones y magníficos ejemplares. Nos situaremos siempre a la cabeza del lugar que queremos explotar, regularemos el flotador de forma que el bajo de línea y los plomos se arrastren por el fondo y lanzaremos ligeramente río arriba. La deriva se efectuará justo en la orilla de la vena de agua más potente.

El pescador ha de controlar en todo momento la deriva con la caña alta, de forma que el cebo se adelante a los plomos y a la línea. En el instante en que se produce la picada, se ha de bajar la caña y esperar algunos segundos antes de tirar.

En las corrientes profundas, río abajo de los vertederos o pilares de puente,

la corriente prolongada y la plomada han de ir al unísono. Si tenemos la certeza de que hay muchos peces en la zona, no dudemos en cebarla lanzando puñados de cebos bastante lejos río abajo y dejando que se los lleve la corriente. En la corriente prolongada, nos situaremos lo más alto posible, al principio del puesto, y seguiremos la práctica descrita más arriba.

En la plomada, deberemos situarnos en mitad del puesto y repartir nuestras líneas de forma que cubramos bien la zona. Si el fondo es limpio (arena o gravilla, sin muchos obstáculos), podemos disminuir el lastre y dejar que las líneas plomadas giren lentamente por el fondo. Cuando es posible, esta pesca de arrastre es la más productiva. En el momento de la picada, devanaremos hilo durante algunos segundos antes de tirar.

Por último, en las grandes hoyas, la plomada, ya sea estática o de arrastre, la pelota y la pesca con cebador son las técnicas más indicadas. Sin embargo, en un lugar conocido por el tamaño y cantidad de peces que alberga, optaremos tan sólo por la pelota y el cebador, lo que nos permitirá atraer rápidamente a los peces de la zona.

Sección de una pelota

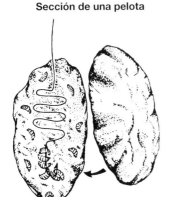

Aparejo para barbo en ríos profundos

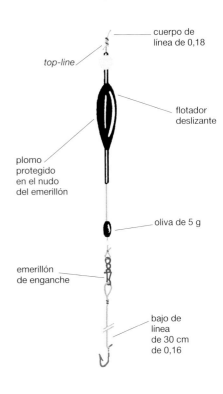

cuerpo de línea de 0,18

top-line

flotador deslizante

plomo protegido en el nudo del emerillón

oliva de 5 g

emerillón de enganche

bajo de línea de 30 cm de 0,16

EL NASÓN

El nasón figuró durante mucho tiempo en la lista de peces perjudiciales (en la actualidad, ya no es así), porque se pensaba que se alimentaba de los huevos de truchas y tímalos. Parece ser que su comportamiento de pez escarbador le ha valido esa confusión. Varios equipos de científicos han probado que el nasón es uno de esos pocos peces que tienen un régimen alimentario muy estricto. Se dedica a escarbar el substrato y se alimenta principalmente de diatomeas, pequeñas algas que recubren el fondo y las piedras en los ríos con poca contaminación, pero bastante ricos en materia orgánica y sales minerales. Así, se puede afirmar que el nasón limpia los cursos de agua de los salmónidos.

Pez escarbador de substrato, el nasón tiene un morro prominente que le permite buscar alimento entre los guijarros. ▽

UN LIMPIADOR DE RÍOS

Reconocible por su apéndice nasal en forma de morro, el nasón *(Chondrostoma nasus)* tiene una boca pequeña orientada hacia abajo, con unos labios duros, casi cartilaginosos. El cuerpo, ahusado y cubierto de pequeñas escamas, recuerda un poco al del tímalo europeo. El dorso es muy oscuro y los flancos más claros y con reflejos grisáceos, mientras que el vientre, aún más claro, es casi blanco. Las aletas, ligeramente anaranjadas, están muy desarrolladas. Por desgracia, este limpiador natural también es muy sensible a la contaminación y, en muchos ríos, empieza a escasear, incluso a desaparecer. Por ello, es importante devolver al agua todas nuestras capturas; además, su carne es insípida y está llena de espinas.

LA PESCA EN MOVIMIENTO

La pesca más clásica del nasón es la pesca en movimiento, que se practica con un material y aparejos idénticos a los que se mencionaban para el cacho (véanse págs. 228 y 229). Para explorar las grandes hoyas y las zonas de contracorriente, regularemos el flotador de forma que el bajo de línea e incluso una parte de los plomos puedan arrastrarse por el fondo. En cuanto a los cebos, los gusanos blancos (si están autorizados), los canutillos y las lombrices de huerto son los más indicados, aunque las algas verdes *(Cladophora)* recogidas en el margen de la corriente principal, sobre las piedras o en el fondo, resultan aún mejores. Basta con colocar algunos filamentos sobre el anzuelo y dejar que se arrastre por el fondo hasta el momento de la picada.

LA PESCA AL COUP

En los ríos de segunda categoría, en algunos pantanos o en las partes más tranquilas y profundas de las zonas del tímalo o del barbo, el nasón puede pescarse al coup, con un engodo de fondo bastante abundante. Incorporaremos gusanos blancos o trozos de lombriz de huerto al engodo y esperaremos a que se produzcan las primeras picadas después de 1 ó 2 horas. En cuanto a la línea, los aparejos descritos para la brema o la tenca a la línea posada son perfectamente válidos.

EL GOBIO

Habituado a los fondos cenagosos, actualmente el gobio (Gobio gobio) vuelve a poblar la mayor parte de los ríos llanos o de media montaña, gracias a una mayor protección y a los esfuerzos de numerosas asociaciones de pesca. Pero la historia viene de lejos. En los años setenta y ochenta, las poblaciones locales sufrieron una gran regresión, hasta el punto de necesitar una protección específica en algunas regiones durante la época de la reproducción. Por fortuna, la situación ha mejorado mucho y hoy día la pesca del gobio no supone ningún problema.

El gobio, que se parece a un barbo pequeño, tiende a restablecer su población. ▽

UN HUÉSPED DE PEQUEÑAS CORRIENTES

A grandes rasgos, podemos decir que el gobio se asemeja a un barbo de tamaño reducido: los bigotes (sólo dos, en vez de cuatro como el barbo), la cabeza y el cuerpo ahusado resultan muy parecidos. Por el contrario, el cuerpo está recubierto por escamas oscuras en el dorso, de un color plata azulado en los flancos y con manchas negras muy visibles a la altura de la línea lateral y más claras en el vientre. Por debajo de la cabeza y de la boca, orientada hacia abajo, domina con frecuencia un tono ligeramente rosado.

Los mejores puestos para el gobio se localizan en el fondo de pequeños lechos de gravilla, a veces de arena gruesa, pero, si es posible, sin demasiado fango o limo. Lo ideal es encontrar este tipo de puesto a la salida de una pequeña corriente, que podremos utilizar para atraer y retener a los peces perseguidos.

Las aguas abajo de los vertederos, el interior de los recodos y las llegadas de afluentes son lugares muy frecuentados, independientemente del curso de agua. En los estanques o pantanos (en menor medida) que albergan poblaciones de gobios, nos limitaremos a las pequeñas calas de gravilla o arena y a las proximidades de las llegadas de agua, que suelen constituir puestos de primera categoría.

LOS CEBOS

Las larvas acuáticas son las más indicadas, ya que los peces las encuentran de forma natural en el engodo que les ofrecemos. Los canutillos y los camarones ofrecen un gran rendimiento.

No obstante, hay que conseguir una cantidad suficiente y no hay que olvidar que se mantienen con grandes dificultades en el anzuelo. En estas condiciones, son preferibles el gusano (principalmente rojo), el *pinkie* o el *fise*, que pertenecen a la misma familia y pueden encontrarse sin problemas en las tiendas de artículos de pesca.

LA PESCA AL COUP Y AL ESCARBADO

Para esta técnica sencilla y económica, necesitaremos una pequeña caña de 3 m, un canasto y una cesta o cubo, que podremos llevar a la cintura mientras pescamos en el agua. Si hace frío o tememos la humedad, añadiremos a este conjunto un par de botas. Si no, un par de zapatos impermeables nos vendrán muy bien, para evitar lastimarnos los pies al escarbar la gravilla del fondo.

• El aparejo

En cuanto a la línea, se puede utilizar una hebra de 0,08 ó de 0,10, ligeramente más corta que la caña, un bajo de línea de 0,02, más fino, un pequeño flotador esférico o en forma de pera invertida y algunos plomos pequeños redondos, repartidos por el bajo de línea (uno en el centro) y el cuerpo de línea, por debajo del flotador. El anzuelo ha de ser de hierro fino y sin hebijón, si se quiere conser-

Aparejo para la pesca al escarbado

cuerpo de línea de 0,08 ó 0,10

bajo de línea de 0,06 ó 0,08

anzuelo de hierro fino del n° 18 al n° 22

ATENCIÓN A LA LEY

Las leyes de las regiones donde se pesca al escarbado prohíben remover el fondo para atraer a los peces en los ríos de primera categoría (ríos de trucha). Si se desea practicar esta técnica, deberemos limitarnos a los ríos y lagos de segunda categoría (ríos de ciprínidos y depredadores).

△ *Los niños adoran hacer sus «primeras pescas», enfrentándose a los gobios en las orillas de algún río pequeño.*

var el gobio vivo para ofrecerlo a un tímalo o a un lucio. Su tamaño puede variar entre el n° 18 y el n° 22, en función del tamaño de los cebos empleados.

• La pesca

Aunque el gobio se muestra sensible a la mayoría de cebos que actualmente se comercializan, con predilección por los cebos previstos para fondo o los pececillos, es mejor utilizar el cebo más natural, como el polvo, las partículas vegetales y las larvas contenidas en la arena y bajo la gravilla. Para liberarlos existen dos opciones. La primera, que podemos aplicar en cualquier situación, requiere un rastrillo de jardín o una vara, que utilizaremos para remover el fondo. La segunda, que implica una profundidad que nos permita entrar y andar por el agua, es la más agradable durante el verano. Se trata de colocarnos de espaldas a la corriente y mover lentamente los pies, arrastrando el fondo para levantar constantemente una nube de partículas.

A continuación, intentaremos conocer el fondo (sondeando o procediendo a tientas) para regular el flotador de forma que el cebo, el bajo de línea o una parte de los plomos puedan arrastrarse directamente. Colocaremos la línea aguas arriba de la zona cebada y dejaremos que se la lleve la

corriente (si es suficientemente intensa para ello). En todos los casos, imprimiremos con cierta regularidad algunos tirones al hilo, que despegarán el cebo algunos centímetros. La impresión de huida que produce este sistema, seguida de una caída muy lenta sobre el fondo, bastará a menudo para estimular la picada de los gobios de la zona.

En los ríos de agua muy clara, a veces es posible ver a los gobios sobre el fondo, ocupados removiendo la gravilla o probando todas las partículas que pasan por su lado. Con unas gafas polarizadas, para eliminar los reflejos, podremos pescarlos a vista. Así, con el mismo aparejo, suprimiremos el flotador e intentaremos agrupar los plomos para que la línea sea más manejable.

Puestos del gobio en un río pequeño

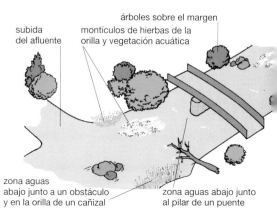

árboles sobre el margen

montículos de hierbas de la orilla y vegetación acuática

subida del afluente

zona aguas abajo junto a un obstáculo y en la orilla de un cañizal

zona aguas abajo junto al pilar de un puente

EL FOXINO

Muy apreciado por los niños y los principiantes, perseguido por las truchas y sus pescadores, el foxino (Phoxinus phoxinus) es un pez amenazado en algunas regiones. Diezmados por la sequía y la contaminación, a la que son muy sensibles, así como por el comercio del que son objeto cuando se levanta la veda de la trucha, la población de foxinos se encuentra a menudo en clara regresión.

Los foxinos son pequeños, pero no por ello dejan de ser feroces depredadores. ▽

UN PEZ DE AGUAS VIVAS

El foxino (vairón en el Pirineo español) tiene un cuerpo casi cilíndrico y ahusado. El dorso varía del color negro al verde oscuro, con unos flancos lisos y muy punteados, lo que crea múltiples reflejos, del amarillo al dorado. El vientre es más claro, casi blanco. En época de freza, los machos adquieren colores próximos al rojo vivo y al amarillo, mientras que los tubérculos nupciales aparecen en la cabeza. El tamaño medio varía de 5 a 10 cm.

La reproducción, que tiene lugar entre principios de abril y finales de mayo, da lugar a inmensas concentraciones sobre fondos de gravilla muy oxigenados, en los tramos iniciales o finales de una corriente.

Los foxinos forman una masa bulliciosa y dan la impresión de nadar constantemente a contracorriente.

Cada hembra pone alrededor de 1.000 huevos, pero las truchas, apostadas a pocos metros de distancia, causan importantes pérdidas en las poblaciones de foxinos, incluso durante la puesta de huevos, de los que se alimentan.

LA PESCA A LA LÍNEA

A principios de temporada, encontraremos foxinos en las partes más tranquilas del río, sin embargo, con los primeros rayos de sol se desplazarán hacia las corrientes, que ocuparán hasta las primeras heladas del otoño.

En cuanto al material, necesitamos una pequeña caña de pesca al coup sencilla de 3 a 4 m, una caja de cebos y un pequeño cubo o canasto para guardar las capturas vivas.

En cuanto a los cebos, podemos elegir entre gusanos pequeños, gusanos blancos, lombrices de huerto cortadas a trocitos, una gota de Mystic y bolitas de miga de pan; todos ellos constituyen una garantía absoluta de éxito.

La línea se compondrá de un cuerpo de líneas de 0,08 ó 0,10, unos flotadores pequeños muy visibles y estables (pera invertida o bola), equilibrados por algunos plomos redondos bastante espaciados (la inmersión debe ser progresiva, porque los foxinos pueden mantenerse a diferentes niveles), un bajo de línea de 0,06 ó 0,08 y un anzuelo de hierro fino del n° 20 al n° 22.

Preparación de la botella

botella

base cortada

tapón de corcho
que permite la
entrada de
un poco de agua

LA PESCA CON BOTELLA

En algunas regiones (es muy importante informarnos en la Federación de Pesca correspondiente), la pesca del foxino con botella se permite en aguas de segunda categoría, pero sólo para la captura de peces vivos. El límite se fija en una botella de 2 litros por pescador.

El principio de esta técnica es muy simple: en el recipiente (cilíndrico de plástico o una gran botella de vidrio) dejamos que pase una corriente ligera que atraerá a los peces. Éstos entrarán por detrás con ayuda de un gollete de estrangulamiento. Una vez dentro del recipiente, muy pocos encontraron la salida. Para aumentar la eficacia de

△ La pesca del foxino a la línea flotante.

nuestro artilugio, se puede introducir en su interior migas de pan, cáscaras de huevo y salvado de trigo, que mostrarán un brillo más atractivo para los pececillos.

PECES VIVOS EN FORMA

Si se pesca el foxino como cebo vivo para la trucha o los depredadores, se deben tomar ciertas precauciones.

En la línea, utilizaremos sistemáticamente anzuelos sin muerte, que evitarán que los peces sufran profundas heridas.

Sea cuál sea la técnica, colocaremos nuestras capturas en un cubo para cebos vivos, que introduciremos directamente en el agua. En el viaje de vuelta, será útil un pequeño ventilador que funcione con pilas o con el encendedor del coche.

Una vez en casa, dispondremos de un barreño de más capacidad, con un ventilador que airee la zona para garantizar una buena conservación. No hay que olvidarse de cambiar el agua de vez en cuando, sobre todo los días en que añadamos nuevas capturas.

△ El foxino es muy apreciado por las truchas grandes, vivo o muerto.

EL ESCARDINO

Para un pescador, el escardino *(Scardinius erytrophtalmus)*, pariente próximo del rutilo, se distingue básicamente de éste por su comportamiento, que le lleva a mantenerse cerca de la superficie con la llegada del buen tiempo. Allí, acecha sin cesar a todos los insectos que pasan por su lado. Asimismo, este pez muestra una gran curiosidad innata. El escardino tiene un cuerpo más plano (comprimido lateralmente) y mucho más abombado que el del rutilo. Su boca se halla claramente orientada hacia arriba y sus aletas son rojas.

El escardino se encuentra en toda Europa, desde Irlanda hasta los Urales y desde el sur de Suecia hasta el norte de Italia y Grecia; también se ha introducido en el noreste de Estados Unidos.

El periodo de freza de este pez se produce a finales de la primavera y principios de verano y sus huevos eclosionan a los 8 ó 15 días. Los individuos de esta especie tardan un promedio de 9 ó 10 años en alcanzar un peso de 500 g.

Las técnicas de pesca del rutilo son válidas para el escardino. Ambas especies cohabitan muy a menudo y es frecuente que las pesquemos a la vez, junto con sus híbridos. Dado el interés que siente por los insectos y las presas de la superficie, el escardino requiere

EL LEUCISCO COMÚN

Presente en aguas vivas, el leucisco común *(Leuciscus leuciscus)* es bastante similar al cacho (con el que puede producir híbridos con normalidad), pero se diferencia de éste por su cuerpo más hidrodinámico.

Su cabeza también es más fina (con una boca de dimensiones más reducidas y orientada hacia abajo), y las escamas que recubren su cuerpo son más delicadas y brillantes. El dorso es bastante oscuro, casi negro en algunos casos; los flancos, más claros, tienden a menudo hacia el verdoso, mientras que el vientre es más blanco. Su peso es también menor que el del cacho: normalmente alcanza los 0,2 ó 0,3 kg, a veces 0,5 kg.

El leucisco común es un pez de aguas limpias y claras, que vive en el límite inuna búsqueda más específica y su pesca es particularmente divertida.

LA PESCA CON BALLESTA

• Los sotos y los nenúfares

En los estanques y ríos tranquilos, los mejores puestos para este tipo de pesca se sitúan normalmente en el centro de los montículos de nenúfares, donde se encuentran medio ocultos por las grandes hojas: los escardinos pueden permanecer allí sin ser vistos.

Otro lugar de gran interés son los sotos o las ramas que caen sobre el agua, a veces rozando la superficie. A la sombra de las hojas, podremos observar concentraciones de peces, donde además de escardinos pueden encontrarse cachuelos o cachos.

Sin embargo, los mejores puestos para el escardino se localizan cerca de los sotos inaccesibles, bordeados de espesos montículos de nenúfares. Para aprovechar correctamente esta técnica, necesitamos una caña de puntera flexible que no supere los 3,5 m a 4, 5 m de lar-

Pesca con ballesta

go. La flexibilidad de la puntera y del portapuntera es primordial, ya que gracias a ello podremos enviar el cebo a la distancia necesaria sin ningún lastre.

Por su parte, la línea es de una gran simplicidad: de 2 a 2,5 m de nailon de 0,14 a 0,16 (se necesita bastante solidez para tensar el nervio de la caña), de un solo cabo y anudado directamente al anzuelo (del n° 12 al n° 16), en función del tamaño de cebos que dispongamos.

• Los cebos más convenientes

En este aspecto, la elección es amplia por la curiosidad y el eclecticismo del es-

cardino: los bichillos terrestres, como las moscas comunes, de estiércol, la cucaracha, el abejorro, los pequeños saltamontes y las hormigas, resultan interesantes, pero presentan el inconveniente de que son muy frágiles, lo que los hace difícilmente compatibles con la pesca con ballesta. Es preferible elegir unos cebos más resistentes, como uno o dos gusanos, una pequeña lombriz de huerto o una larva de canutillo clavados con solidez, con los que se obtienen prácticamente las mismas capturas.

• La pesca

Resulta muy simple. Tantearemos todas las zonas de pesca, lanzando el cebo con la máxima precisión para que produzca un ruido lo más discreto posible cuando entre en el agua. Hay que tener en cuenta los ataques fulgurantes, que exigen un tirón muy rápido. También podemos posar el cebo en una hoja de nenúfar y deslizarlo suavemente hasta que entre en el agua.

---

ferior del sector de la trucha, del tímalo y del barbo, y más ocasionalmente en el sector de la brema, donde la corriente es más agitada. Se puede localizar en las tablas o aguas abajo de los vertederos. Vive en grupo y se alimenta de las larvas e insectos que captura en la superficie y, con menos frecuencia, de los residuos vegetales.

LA PESCA EN MOVIMIENTO

La pesca clásica del leucisco común se parece a la del cacho, en cuanto a la utilización del material y los aparejos, aunque pueden afinarse.

Para interceptar un banco, nos desplazaremos a la orilla del agua y tantearemos todas las tablas soltando línea, con el flotador regulado para que el cebo se mueva a media altura. Utiliza-

remos larvas acuáticas, gusanos (excepto en aguas de primera categoría), lombrices de huerto e insectos poco voluminosos.

LA PESCA A LA MOSCA

Siendo un pez activo y presto a alimentarse en la superficie, el leucisco común es una captura privilegiada para el pescador a la mosca.

Puesto que vive en sectores de pequeñas corrientes, en profundidades que no superan 1 ó 2 m, la aproximación a estos peces y su pesca son más fáciles y a menudo más interesantes que con el cacho. En este caso, nos acercamos más a la pesca de la trucha o a la del tímalo.

Si encontramos un banco de leuciscos comunes, podemos realizar una gran

pesca. Aun en caso de captura, siguen siendo activos y no parece que nuestra presencia les imponga, mientras seamos discretos, aunque también pueden alejarse de nosotros con cierta rapidez. Si es así, evitaremos seguirlos y esperaremos a que vuelvan solos, o cambiaremos de lugar, sin que ello implique no regresar a los lugares más interesantes.

Si se resiste, nos veríamos obligados a ir a pescar muy lejos, con el riesgo añadido de que puede alertar a sus congéneres.

Para su captura, utilizaremos siempre pequeñas moscas no demasiado rellenas (en *cul de canard*, pequeñas arañas, moscas de poco tamaño, hormigas o *palmers*), con lo que evitaremos la pérdida del ejemplar.

LA CARPA DE HIERBA

Originaria de China, concretamente del río Amor, la carpa de hierba *(Ctenopharyngodon idella)*, también llamada carpa china, se impuso en Europa gracias a su extraordinario «apetito vegetariano», que la convierte en un pez muy útil en algunos cursos de agua invadidos por las hierbas.

Se reconoce por su cuerpo fusiforme recubierto de escamas brillantes, muy visibles y frágiles. Otras características, aún más determinantes para identificar al pez, son la boca, de tamaño considerable y adaptada soberbiamente para alimentarse de plantas, y los ojos, situados casi a la altura de la comisura de los labios. Las aletas, muy desarrolladas, son grisáceas, aunque la caudal, muy ahorquillada, presenta un tono tostado.

Existe otro ciprínido, también originario de Asia: la carpa de hierba de cabeza grande o carpa plateada *(Hypophtalmichthys militrix)*, que se alimenta prácticamente de plancton. Esta variedad no es de gran utilidad y no presenta ningún interés para la pesca.

LA PERCA SOL

Calico bass, calicoba, perca arco iris, perca sol: todos estos nombres designan al mismo pececillo de colores luminosos, que más de uno sueña con llevarse a casa y conservar en su acuario. Sin embargo, también existen algunos detractores, que la eliminarían, ya que este pariente del *black-bass* puede ser nocivo para el equilibrio de un estanque o un curso de agua.

La perca sol *(Lepomis gibbosus)* constituye uno de los peces más bellos de agua dulce. Su cuerpo aplastado recuerda más o menos la forma de un disco.

Las dos aletas dorsales están unidas (la primera es espinosa); los colores son muy intensos, con un dorso que va del castaño al verde azulado; sus flancos se hallan moteados de amarillo, naranja y azul, y su vientre es de color amarillo dorado.

Para encontrar a la perca sol, optaremos por los estanques y los márgenes de suave pendiente, los fondos altos y

La carpa de hierba vive en grupo y se alimenta exclusivamente de plantas acuáticas.

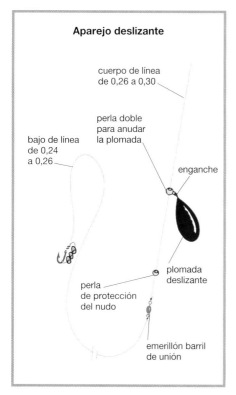

Aparejo deslizante

cuerpo de línea de 0,26 a 0,30

perla doble para anudar la plomada

bajo de línea de 0,24 a 0,26

enganche

plomada deslizante

perla de protección del nudo

emerillón barril de unión

En su país de origen, donde se cría por la calidad de su carne, normalmente alcanza los 20 kg, aunque puede llegar a los 50 kg.

Importado a numerosos países europeos, este pez sigue siendo indeseable en las aguas libres, donde su introducción está prohibida.

Aun así la encontraremos en los lagos o cuando la veda se levanta, eliminando una parte de las hierbas que suelen impedir cualquier actividad de pesca durante el buen tiempo. Actualmente, alcanza un peso que oscila entre los 15 y los 20 kg, lo que lo convierte en un apreciado adversario.

Para pescar la carpa de hierba, podemos confiar en las técnicas específicas para la carpa común. Se ha de tener en cuenta que este pez muestra una gran apetito por los cereales en grano y los *boilies*.

La encontraremos cerca de los grandes montículos de hierbas, donde busca su alimento. Para una pesca más organizada, también podemos preparar un cebado con trigo, cacahuete o palmitos.

Diferentes cebados del anzuelo

maíz anzuelado sobre *hair* contra la tija del anzuelo

boilie anzuelado al *hair*

maíz clavado directamente en el anzuelo

---

todas las zonas de poca profundidad ricas en vegetación.

Para su captura, podemos utilizar las técnicas clásicas de pesca al coup con línea flotante; sin embargo, al tratarse de un pez territorial, es difícil apostar por los efectos de un cebado. Las capturas, a veces numerosas, que se producen de este modo son más bien fruto del azar o consecuencia de una fuerte densidad de percas sol.

LA PESCA A LA VISTA

Para una búsqueda más específica, se ha de disponer de unas gafas polarizadas, que nos ayudarán a detectar la presencia de percas sol. Con una caña de pesca al coup de 4 a

5 m y una línea de un solo cabo de 0,12 a 0,14 rematada por un anzuelo del n° 14, precedido por un pequeño plomo, nos colocaremos de cara al sol y pescaremos todos los peces que se detecten.

Para ello bastará con posar nuestro cebo (gusano, trozo de lombriz de huerto, perla de color o ninfa de pesca a la mosca) cerca de la perca y dejar que se hunda. Si no se produce ningún movimiento, retiraremos ligeramente la línea y la moveremos mediante pequeñas oscilaciones.

Sería relmente sorprendente que un pez tan malcarado como la perca sol se resista mucho tiempo a este movimiento. En el momento de extraer el anzuelo, no olvidemos replegar la aleta dorsal espinosa, ya que puede causar heridas muy dolorosas.

◁ *Con una gran voracidad y un gran oportunismo, la perca sol pica fácilmente a la línea flotante con cebos naturales.*

245

EL PEZ GATO

Invasores, devastadores de frezaderos y de puestos cebados, a veces demasiado pequeños para figurar en nuestra cesta y de un apetito tal que son capaces de tragar el cebo y el bajo de línea, los peces gato (*Ictalurus melas*) no son demasiado apreciados por los pescadores. Sin embargo, son numerosos y casi siempre disponibles, fáciles de pescar y, si alcanzan un tamaño suficiente, ofrecen una carne de gran calidad.

UN HUÉSPED INDESEABLE

Desde el punto de vista morfológico, el pez gato es muy característico: cabeza grande, larga y ligeramente aplastada; boca muy rasgada con un mínimo de 8 bigotes muy desarrollados; aletas pectorales y primera dorsal provistas de peligrosas púas; piel absolutamente lisa, casi negra en el dorso, más verdosa en los flancos, con reflejos de cobre, y amarillo dorado bajo el vientre.

Se cree que su introducción (desde Estado Unidos) en aguas europeas se remonta a finales del siglo pasado. Su reproducción tiene lugar a principios de verano. La hembra desova en una especie de nido surcado en el fondo. El macho y la hembra se turnarán en la vigilancia de la puesta, lo que explica en parte el poder de colonización de la especie. Una vez eclosionados, los jóvenes peces gatos se mantendrán agrupados, formando las bolas negras y movedizas que se ven desde los márgenes.

Un buen método de control de la población consiste en eliminar las bolas, mediante un salabre de malla fina.

EL ESTURIÓN

Conocido y desde siempre muy apreciado por sus huevas, el esturión español y el francés (*Acipenser sturio*) están hoy en día en peligro de extinción. Sólo algunas parejas remontan el curso de los ríos españoles Guadalquivir y Ebro o del Garona y el Dordoña (en Francia) para frezar, con un gran esfuerzo, bajo varios metros de agua. Un ambicioso plan de salvación de la especie se ha puesto en marcha para favorecer la reproducción artificial de los es-

Su presencia, muy frecuente en lagos, canales y cursos de agua de segunda categoría, es bastante variable. Desde hace algunos años, parece estar sufriendo una regresión relativa.

Se trata de un pez de aguas cálidas y tranquilas, y su actividad se desarrolla principalmente de noche o en los días nublados.

Durante los meses de invierno, permanece inactivo sobre el fango. Tan sólo las crecidas de agua más templada pueden sacarlo de su invernación y llevarlo hasta los remolinos cercanos a los márgenes, donde manifiesta una intensa actividad alimenticia.

A mediados de primavera, se puede encontrar en las hoyas, los brazos muertos y los lugares más tranquilos del río, así como en lagos o canales, donde se le puede hallar en toda su extensión. Los pequeños peces gato se pueden localizar cerca de los márgenes, mientras que los más grandes se quedan apostados en zonas más profundas.

DESEMBUCHAR SIN DOLOR

Para evitar los dolorosos pinchazos y la lenta cicatrización que producen las aletas pectorales y la primera dorsal, se debe disponer de un trapo grueso para coger el pez. Como precaución, es mejor hacerlo con el pulgar y el índice colocados justo detrás de las pectorales, y aplanar la aleta dorsal con la palma de la mano. Entonces podremos extraer el anzuelo del pez sin riesgo de pincharnos.

△ *La pesca a la plomada es ideal para el pez gato. Con trozos de pescado muerto se puede pescar los ejemplares más grandes.*

LA PESCA A LA LÍNEA FLOTANTE

Una vez seleccionado el puesto de pesca, daremos algunos golpes de línea (será muy conveniente el aparejo descrito para la tenca a la línea posada) a ras de fondo para asegurarnos de la presencia de los peces gato. Si es así, echaremos algunas bolitas de engodo para atraer más ejemplares y provocar su actividad.

Para atraer a los peces gato puede irnos bien cualquier preparado de los que se encuentran en las tiendas especializadas. Basta con hacerlos más pesados con un poco de tierra limpia y distribuirlos de una sola vez. Si se desea, se puede realizar una mezcla específica para el pez gato, empleando sobre todo sangre seca y harina de carne y de pescado (cuidado con el olor). Otra solución consiste en utilizar alimentos para ganado o aves (a menudo realizados con harina de carne o pescado), o granulados destinados a las truchas de piscifactoría, siempre y cuando sean lo bastante pesados y compactos como para permanecer en el fondo. Los mejores cebos son las lombrices de huerto, los gusanos y las colas de gamba sin cáscara.

LA PESCA A LA PLOMADA

Otra solución, a veces más eficaz para los grandes peces gato, la constituye la línea plomada con un aparejo muy sencillo (véase pág. 235). De este modo podremos pescar un poco más lejos de la orilla y sobre todo a mayor profundidad.

Una vez la línea esté en posición, dispondremos la caña en el soporte con el hilo ligeramente tenso. A modo de cebo, utilizaremos una lombriz clavada varias veces para que forme una bola voluminosa que disuada a los peces gato más pequeños. También se puede usar un trozo de pez muerto clavado sólidamente en un anzuelo simple del n° 2 ó enhebrado con aguja en un anzuelo triple. La picada se manifestará por una serie de sacudidas. A menos que se produzcan de un modo continuo, es preferible esperar pacientemente antes de tirar.

turiones y su cría en piscifactoría. De esta manera, se espera aumentar su población, aunque se necesitará bastante tiempo antes de que se puedan registrar los primeros resultados, ya que hacen falta más de 10 años para que los peces alcancen su madurez sexual.

Asimismo, la pesca del esturión autóctono está vedada, y parece que lo seguirá estando durante muchos años, debido a la difícil situación que atraviesa este pez.

Si por azar se captura un esturión a la línea, se reconoce instantáneamente por su cuerpo exento de escamas, pero con unas hileras de placas óseas en forma de escudo. Su hocico, casi puntiagudo, tiene cuatro bigotes, delante de la boca (bajo el hocico) y a la altura del ojo, y su forma es casi tubular. La cola, muy particular, tiene un lóbulo superior mucho más desarrollado.

Otra variedad del esturión (*Acipenser baeri*) se está empezando a desarrollar en algunos lagos, sobre todo gracias a la acción de los piscicultores, que se dedican a su explotación por la calidad de su carne.

El esturión se alimenta de larvas y gusanos a ras de fondo. Por ello pica fácilmente a la línea, a la plomada en la mayoría de los casos o incluso a la línea flotante.

Los cebos más eficaces son las lombrices, los gusanos blancos y las larvas acuáticas.

LA PESCA COSTERA

EL MEDIO MARINO COSTERO

El pescador de agua dulce, recién llegado al mar, se sentirá desconcertado por la ausencia de referencias y la inmensidad del agua, que le llevará a pescar en cualquier lugar. A ello hay que añadir las corrientes que se invierten cada día, una superficie de agua que cambia cada hora y la vieja idea preconcebida de que el pez de mar es abundante y fácil de capturar. Así, se comprende que un pescador que pasa del estanque al océano necesite más un manual de pesca costera que una buena colección de cañas.

Los cabos rocosos y otras entradas que delimitan una cala, a resguardo de los vientos dominantes, ofrecen excelentes posibilidades para todo tipo de pesca. ▽

LOS DIFERENTES PERFILES DEL LITORAL

En función de la geología del lugar y del relieve, se distinguen numerosos tipos de perfiles litorales que se prestan a diferentes técnicas de pesca costera.

• Los acantilados calcáreos

Estos bellos acantilados característicos de la Costa Brava, del Cantábrico, de las costas normandas o del canal de la Mancha son difíciles de explotar por la verticalidad de sus paredes. Para llegar a la orilla habrá que buscar los conos de erosión que ahuecan el acantilado y que constituyen los caminos de acceso al océano junto a las playas de guijarros descubiertas por la marea baja. Estos fondos de roca golpeados por las olas son ricos en alimento y, por lo tanto, frecuentados por muchos peces.

Todas las técnicas clásicas de pesca costera (*surfcasting*, lanzado, al tiento, etc.) pueden ponerse en práctica en este entorno.

• Los acantilados graníticos

Los más espectaculares son quizá los acantilados graníticos del litoral bretón, que sólo ceden parcialmente a los asaltos del océano. El pescador explotará sobre todo las entradas rocosas, así como las fuertes corrientes de la marea.

Las aguas azotadas por un permanente oleaje son frecuentadas por muchos peces depredadores, como las lubinas o los abadejos, que se tienen que pescar al lanzado, de forma sostenida o a la línea flotante en las partes profundas, sobre todo en las calas que están resguardadas de las olas.

• Las costas rocosas bajas

Si las entradas rocosas se sitúan cerca de un estuario, se encuentran muy pobladas de peces. Esta gran variedad puede estar compuesta por lubinas, lenguados, rodaballos, congrios o doradas, siempre y cuando las zonas escarpadas se alternen con las playas de arena.

Para su captura se permiten todas las técnicas: *surfcasting* en la playa, lanzado con señuelos desde las entradas o línea flotante al pie de las grandes rocas del acantilado.

• Las costas arenosas planas

La técnica del *surfcasting* se recomienda especialmente en las grandes playas rectilíneas de las costas de Las Landas, azotadas por un oleaje incesante, o en las costas planas del litoral mediterráneo, surcadas de corales (las albuferas), que comunican con los grandes estanques del interior.

Playa areno-rocosa

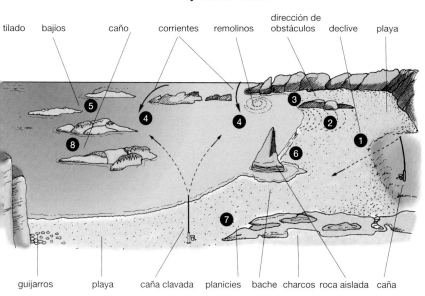

tilado · bajíos · caño · corrientes · remolinos · dirección de obstáculos · declive · playa

guijarros · playa · caña clavada · planicies · bache · charcos · roca aislada · caña

RADIOGRAFÍA DE UNA PLAYA

Hemos concentrado las mejores posibilidades de pesca sobre una playa «ideal» (véase gráfico superior).

Rara vez están reunidas todas estas condiciones, pero algunas de ellas se encuentran a menudo en las costas.

1. Los declives golpeados por las olas durante la marea alta. Las olas golpean esta pendiente inclinada, y empujan a los lanzones e invertebrados diversos, que son muy apreciados por los peces.

2. Las ondulaciones arenosas o *ripple marks*, lugares predilectos de los lanzones, que debemos pescar con bajamar.

3. Los bloques rocosos a lo largo de una entrada, entre dos obstáculos o un pasadizo barrido por la corriente, son muy frecuentados por los mújoles. Para su pesca hemos de utilizar la línea flotante.

4. La corriente de marea penetra por uno y otro lado de los bloques rocosos delimitando una profunda ruptura.

5. Los bajíos son muy concurridos por los pescadores de lubina, que operan en estos casos al lanzado o con señuelos (Big-big o cucharillas ondulantes), por encima de los tapices de laminarias.

6. Una roca aislada que domina la playa. En los refugios que presentan los obstáculos, los charcos o los baches, llenos de gusanos, gambas o cangrejos, se concentran los peces depredadores.

7. Las planicies en la orilla, cubiertas de fucos. Aquí, durante la marea baja, se pueden hallar cangrejos blandos en época estival, levantando las algas.

La costa arenosa clásica, azotada por un oleaje incesante, es ideal para el surfcasting. ▽

8. Un caño entre dos declives rocosos, muy frecuentado por peces depredadores debido al movimiento de las olas.

LAS MAREAS Y SU INCIDENCIA EN LA PESCA

Las mareas, tanto de aguas vivas (alto coeficiente) como de remansos (bajo coeficiente), ya sea con flujo o reflujo, influyen sobre el comportamiento de los peces y, por lo tanto, sobre su pesca.

• Los coeficientes de marea

Se trata de porcentajes comprendidos entre 20 y 120 que caracterizan cada marea cotidiana. Son indicadores que se basan en la altura del agua en baja y alta mar. Su diferencia o montante, alcanza su punto máximo cuando se produce la marea en aguas vivas. Por el contrario, se reduce a la mínima expresión en los remansos. El conocimiento de estos coeficientes resulta muy importante para el pescador.

– Los coeficientes de marea entre 20 y 50

Una marea débil impedirá al pescador el acceso a la punta extrema de la playa. La corriente débil será favorable para la utilización de cebos, pero no permitirá el uso de señuelos. Asimismo, el pescador permanecerá menos tiempo en las planicies para pescar en los caños o en mitad de la playa para el *surfcasting*. Los pescadores consideran que los peces depredadores «trabajan» menos en periodo de remanso. Hay que tener en cuenta que los peces planos o los congrios se adaptan más a estas mareas para desalarse o salir de sus cavernas.

– Coeficientes entre 50 y 75
Las mareas medianas son convenientes en todo tipo de pesca. En especial, resultan muy valoradas por las chopas.

– Coeficientes superiores a 75
Entramos en el periodo de aguas vivas que corresponde a la luna nueva o llena. Estas grandes mareas permiten pescar en puestos muy avanzados, que de otra manera serían inaccesibles desde tierra. Los pescadores prevenidos saben que no podrán quedarse por mucho tiempo, ya que la marea oscila rápidamente con fuertes coeficientes y el flujo les obligará a marcharse pronto (el tiempo suficiente para capturar algunas lubinas). En función del coeficiente, la corrriente también será viva, lo que supone una ventaja para la pesca al lanzado con señuelos. Asimismo, en los puestos intermedios, como las planicies, el pescador será rápidamente barrido por la marea. Las playas más propicias en momentos de gran marea son las más rocosas, ya que albergan muchos más emplazamientos elevados para lanzar la línea, siempre y cuando cambiemos de lugar con frecuencia.
En definitiva, el balance de la pesca en periodo de grandes mareas es positivo, sobre todo en lo que se refiere a peces depredadores. Las corrientes incitan a los peces a una mayor actividad. En este momento, hemos de inspeccionar los lugares menos habituales, ya que la masa de agua presiona sobre los fondos y molesta a las presas inquietas. Todas estas condiciones favorecen la pesca en movimiento (*surfcasting*, sobre todo de noche, desde una escollera o a la entrada de un puerto).

• El reflujo
En esta presentación sobre las mareas, se ha mencionado el oleaje, pero hemos omitido evocar el fenómeno inverso, el reflujo (o bajamar), que presenta un gran interés. La retirada de las aguas viene acompañada

de una succión aspirante de pequeñas presas o sus detritus, que el flujo ha barrido y dejado sobre las playas. Entre ellos se encuentran pulgas, piojos de mar, gusanos, navajas, berberechos, sin contar con muchos gusanos blancos que se han desarrollado en la arena y las algas depositadas en la playa por el mar. Después de fermentar al sol, estas algas contienen gusanos de mar que encantan a los peces; incluso las lubinas se deleitan con ellos. Para pescar correctamente con bajamar, habría que disponer de una playa en pendiente con un relieve muy marcado. En este lugar no hemos de tener miedo a explorar los bancos de arena con señuelos o cebos naturales y los caños rocosos, aunque el fondo esté ya cubierto.
Ello afecta sobre todo a la lubina, a la que no le preocupa volver al mar utilizando vías de agua poco profundas. Hay otro delicioso pez, el rodaballo, que se pesca mejor con la marea descendente. Asimismo, la bajamar favorece la pesca nocturna.

EL ANUARIO DE LAS MAREAS

Antes de salir con la caña en bandolera, los pescadores con sombrero de paja o con *wader* consultan el anuario de las mareas. Este breviario del pescador de mar indica el coeficiente del día, las horas de bajamar y pleamar, así como las alturas de agua correspondientes. Es imposible prescindir de este calendario marino.

◁ *No hay que confundir ola con marejada. La ola afecta la masa de agua de profundidad y, por ello, barre los fondos con fuerza, allí donde las presas buscan a menudo refugio. En cambio, la marejada, nacida de una perturbación lejana, se caracteriza por grandes ondulaciones lisas cuyas alturas alcanzan de 2 a 4 m. Al llegar cerca de las playas, se frena sobre el fondo y se transforma en una ola. Este fenómeno es especialmente espectacular en la costa de Aquitania, donde la marejada se «rompe» sobre los bajíos paralelos a las playas, creando de esta manera una «barra» (una gran ola perpetua) muy peligrosa para los bañistas, pero muy favorable para la práctica del surfcasting.*

LA REGLA DE LOS DOCEAVOS

A las grandes mareas, que obligan a retirarse al pescador, sobre todo si la playa es algo inclinada, se ha de añadir la regla de los doceavos, ya que el mar no sube de forma uniforme, sino por escalones desiguales.
Sube una 1/12 parte de la altura total la primera hora de flujo, 2/12 partes la segunda hora y 3/12 partes la cuarta, momento en que la subida es más rápida. A continuación, el flujo aminorará en 2/12 partes la quinta hora y 1/12 la sexta, hasta que la mar se quede estacionaria, lo que no durará mucho tiempo durante la marea alta.

EL TIEMPO

Las condiciones atmosféricas desempeñan una importante función para la pesca. El viento suele ser un aliado del pescador, ya que se halla en el origen de la formación de las olas. Sólo un viento de fuerza 2 ó 3 en la escala de Beaufort (de 10 a 15 km/h, aproximadamente) podrá formar pequeñas olas y muchos espejos deformantes que ocultarán la presencia del pescador a la vista de los peces.

Un viento que adquiere fuerza (de 4 a 5) levantará olas más grandes que no impedirán todavía el lanzado de cebos o señuelos más pesados. La pesca con buldó es aún practicable, así como la pesca a la plomada y al pececillo con hélices.

Bastará con evitar pescar con viento de través y ponernos de cara al viento, aunque nuestros lanzados se vean acortados.

En cuanto la fuerza del viento alcanza los niveles 5 ó 6 (mar muy agitada), las pesca se ve seriamente afectada.

A veces, se pueden encontrar acantilados que «rompen» el viento, o bahías y calas abrigadas, como en las costas de Contentin, Bretaña o Provenza. Con el *surfcasting,* se ha de recurrir a plomadas de 150 a 200 g y al lanzamiento de cucharillas pesadas de 90 a 100 g que pueden cortar el aire.

En cuanto a la orientación del viento, es muy discutida en función de las regiones. La pesca depende del dibujo de la costa y de la técnica empleada. Muy perjudiciales para los pescadores de cebos, los vientos del norte o del este favorecen a los pescadores de buldó, ya que la bolita sale despedida por la fuerza del viento y les permite explorar más lejos.

En el Mediterráneo, el mistral es objeto de opiniones divergentes; en el Atlántico, los vientos de sector sur u oeste resultan óptimos.

Las playas arenosas situadas bajo el viento, las ensenadas y calas tranquilas con fondo de arena son propicias para la pesca de peces planos.

EL MATERIAL

La bruma, la resaca, las caídas en las rocas y la potencia de los peces perseguidos exigen un material adaptado a condiciones difíciles, incluso extremas. Ante todo se ha de dar prioridad a la fiabilidad y solidez, intentando no olvidar ningún detalle. El nailon, así como la caña o el carrete, deben ser muy fuertes y cubiertos con material anticorrosivo. En función de la técnica de pesca elegida, el material, sobre todo la caña, se deberá adaptar a condiciones concretas. El modelo largo de 4,5 a 5 m se empleará para el surfcasting y la caña de lanzado de 3 m para la lubina o el abadejo. En este capítulo pasamos revista a las posibilidades que ofrece el mercado actual.

Las costas rocosas golpeadas por las olas ofrecen puestos ideales para la lubina. ▽

△ *Caña de surfcasting.*

EL SURFCASTING

Surfcasting se puede traducir como «lanzar a la rompiente», aunque esta definición tal vez sea un poco irrisoria. En la práctica, el *surfcasting* es una técnica que consiste en lanzar al fondo una línea plomada con un cebo natural destinado a los peces. Su éxito reside, básicamente, en el atractivo de dicho cebo, cuyo sabor y olor, transmitido al agua a largas distancias, deberá ser captado por el desarrollado olfato de los peces. Ello no impide al pescador elegir el mejor emplazamiento posible.

EL MATERIAL

• Las cañas

Antiguamente se confeccionaban con bambú (que no estaba exento de cualidades, como la flexibilidad), pero en la actualidad, las cañas de *surf* se fabrican con fibra de vidrio maciza, que se vacía para ganar en ligereza, y carbono o composite (mezcla de fibra de vidrio y carbono), cuyo mejor ejemplo lo constituye el carbono forrado de kevlar. Gracias a este material, las cañas combinan ligereza, resistencia, nervio, potencia y acción. La longitud de la caña sobrepasa los 4 m (suele alcanzar los 4,5 m) para poder lanzar a gran distancia y superar las olas de la orilla. Otro instrumento indispensable es el soporte, que podremos elegir entre los modelos más robustos. Se trata de una simple pica que sostiene un pliegue donde se apoya el talón de la caña, que reposará sobre una horquilla. La potencia de la caña se sitúa generalmente entre los 100 y 200 g. Sin contar con algunos modelos fuera de la gama, muchas cañas comienzan a padecer a partir de los 175 g de plomada, aumentada por el peso de los cebos. El diámetro de la puntera, cerca de la anilla de cabecera, debe ser de 3 mm, aproximadamente. Si es inferior (2 mm), la caña corre el riesgo de romperse. En cuanto al grueso de la fibra a partir del portacarrete, puede variar de 23 a 26 mm; un diámetro suficiente para controlar los arranques fulgurantes de un pez grande.

– El portacarrete

Otro punto a veces subestimado en la compra del material se refiere al portacarrete, sobre todo su disposición con respecto a la empuñadura de corcho. Los fabricantes fijan arbitrariamente esta distancia alrededor de los 90 cm. Dado que cada cual posee una morfología particular, esta distancia no corresponde siempre a la longitud del brazo de los pescadores. Se trata de una cuestión importante, ya que la calidad del lanzado depende mucho de la sujeción de la mano, sobre todo de la distancia entre la mano derecha, situada a la altura del carrete, y la izquierda, que coge la empuñadura. Por ello, a veces es preferible disponer de un portacarrete con aro de fijación antes que de uno atornillado que no permita su desplazanmiento.

– *Las anillas*
Su objetivo esencial es guiar el hilo sin frenarlo en exceso (anillas muy pequeñas), ni dejarlo demasiado suelto en la caña (anillas demasiado grandes). En la actualidad, existe un punto medio: la anilla de partida se coloca bastante distante del carrete, de un diámetro ligeramente inferior al de la bobina y a menudo plegable (práctica para el transporte, pero más frágil). Las otras anillas sobresalientes, cuatro en total, a veces cinco, son casi siempre de aluminio. La anilla de cabecera debe ser de gran calidad, de carburo de silicio, Fuji Hard. Las anillas intermedias, en la medida de lo posible, estarán fabricadas con el mismo material, sobre todo si utilizamos los nuevos hilos forrados, muy abrasivos. Se recomiendan más las anillas

△ *La raya es una de las capturas más apreciadas en el* surfcasting.

trípode que las anillas de cuatro patas clásicas (con dos patillas de fijación detrás y una delante), ya que rompen menos la curvatura de la caña flexionada. La armonía de la distribución de las anillas a lo largo de la caña se puede apreciar si metemos el talón en un rincón de un muro, sostenemos la caña con la mano izquierda y con la derecha nos apoyamos con fuerza sobre la anilla de cabecera de la puntera. Las anillas bien situadas deben seguir perfectamente la curvatura de la caña.

– *El peso de las cañas*
Se ha de examinar el peso de las cañas, que se sitúa en una franja de 50 a 900 g, en función del material empleado. De todos modos, en el *surfcasting*, el peso sólo tiene una importancia relativa dada la poca frecuencia de los lanzados y la nula sujeción manual durante la pesca. Cuanto más ligera sea la caña, más facilitará los lanzados clásicos correctos.

• Dos técnicas de lanzado
De forma breve presentamos dos técnicas que permitirán mejorar las cualidades.

– *El lanzado con el plomo posado*
Es muy eficaz y se aprende con facilidad. El plomo se posa sobre

LAS DIFERENTES ACCIONES DE UNA CAÑA

A continuación, resumimos en un diagrama las cuatro acciones dominantes de una caña, que, a veces, pueden combinarse.
• La figura A es la curvatura de una caña de acción rápida, llamada de punta. La curvatura del lanzado o del tirón, sólo afecta a un tercio aproximado de la longitud de la fibra.
• La figura B muestra una acción más rápida o semiparabólica. La caña se curva mucho más, casi la mitad.
• La figura C muestra una curvatura que se transmite a los dos tercios de la longitud de la caña (acción parabólica).
• En la figura D, se curva la caña entera. Es una acción parabólica lenta. Para pescar mediante el *surfcasting*, recurriremos a la caña B cuando no supere los 4 m, así como la caña C parabólica, la más empleada para lanzar cebos. En este último caso, conviene mantener el anzuelo en buen estado hasta el momento de usarlo. Algunos pescadores prefieren la caña D, quizá con menos cualidades, pero cuya extrema sensibilidad de puntera constituye un excelente indicador de picadas. Éstas pasarían inadvertidas con una caña más rígida.

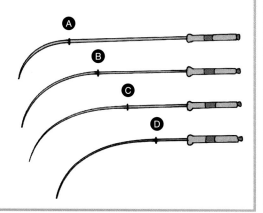

Una caña clásica de surfcasting *equipada con un carrete de bobina fija.* ▷

el suelo detrás del lanzador, con la caña paralela a la orilla y un sedal de unos 3 m (A). El pescador avanza hacia el mar, paso a paso. Cuando el hilo está bien tenso, el talón de la caña se lleva a la cadera izquierda (B). Simultáneamente, la mano derecha proyecta la caña con fuerza hacia adelante empujando con el brazo (C). El plomo pasa por encima de la cabeza en dirección al objetivo, con la caña a unos 45° durante el lanzado del hilo (D). Potente y preciso, este lanzado exige un suelo arenoso bastante denso.

– El lanzado balanceado
Se basa en la técnica del lanzado posado cuando el suelo está lleno de obstáculos, por ejemplo en una playa rocosa. El punto de partida (A) del lanzado con el plomo posado se suprime y se sustituye por un balanceo del plomo bajo la caña mantenida a 45° (bajo de línea más corto). El resto de pasos no varía, con el brazo izquierdo tirando y el derecho empujando. El balanceo, menos efectivo, permite conservar los cebos frágiles. Se puede mejorar el lanzado inclinando el cuerpo al enviar el plomo detrás de nosotros (A), así como lanzándolo al mar con una aceleración sostenida que le hará describir un círculo en trayectoria ascendente (B).

• Los carretes
El carrete apropiado para el *surfcasting* suele ser un modelo pesado, lo que no significa que deba alcanzar los 900 g si la caña no supera los 600 g, aunque esto no tiene mucha importancia, ya que el *surf* excluye la repetición de los lanzados. Un carrete moderno, con un armazón de grafito más ligero, ofrece más comodidad al pescador.

– La capacidad
Debe situarse alrededor de los 300 m de nailon de 0,50 para hacer frente a eventuales arranques de peces grandes. Cuanto más capacidad tenga, más grande será la bobina, lo que significa menos vueltas de hilo devanado en

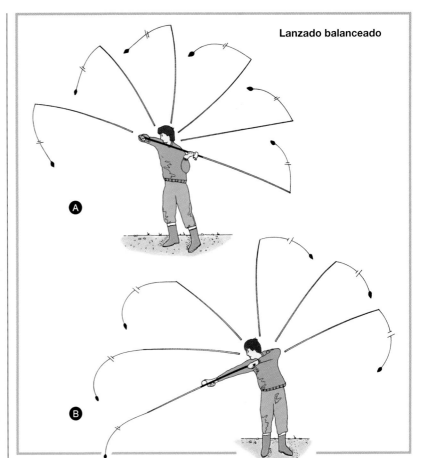

Lanzado balanceado

el lanzado y, por lo tanto, un mejor lanzamiento a distancia. Para ganar algunos metros, las bobinas suelen tener un soporte cónico y facilitan unas oscilaciones para entrecruzar el hilo en la recuperación y evitar que las espiras se encabalguen. Montada de bronce, una bobina con envoltura resulta perfecta.

Lanzado con plomo posado

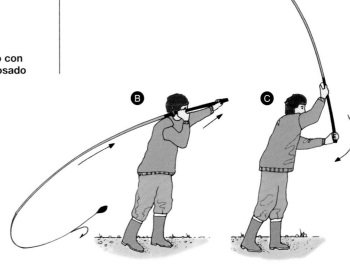

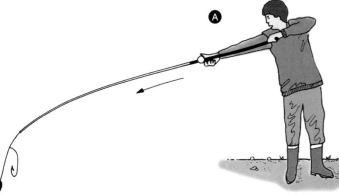

– El freno

Está constituido de resortes y numerosas arandelas. Se considera bueno cuando devana hilo mediante una mínima tracción (sensibilidad) y se regula de forma más o menos dura (progresividad), girando el botón de mando seis veces (media vuelta cada vez).

– El pick up

Para enrollar el hilo en la bobina, existen dos sistemas de recuperación: el *pick up* automático con asa de cesta y el *pick up* manual (recuperación con el dedo) Generalmente, en el *surfcasting*, por cuestiones de simplicidad y de fiabilidad, se prefiere la recuperación con el dedo, llamada PUM. Lo importante es que en el *pick up* se disponga de un rodillo muy duro que pueda girar fácilmente. Un rodillo montado sobre un cojinete autolubrificante estanco responde a las exigencias del mar (bruma salada, viento cargado de sal o caída en el agua). Haciendo las veces de polea, le ahorra desgaste al nailon, así como el calentamiento que cortaría rápidamente el hilo.

— Una buena velocidad de recuperación

Para recuperar un bajo de línea muy lastrado, hay que actuar deprisa si se quiere despegar la plomada del fondo, generalmente accidentado, sin que se arrastre demasiado. Se considera que de 0,95 a 1 m de hilo recuperado en cada vuelta de manivela es una buena medida. Eso depende del *ratio*, a menudo cercano al 4, lo que significa que, dando una vuelta entera de manivela, el *pick up* dará cuatro vueltas alrededor de la bobina. Evidentemente, 1 m de hilo por vuelta de manivela implica forzar demasiado el mecanismo, por lo que es preferible que sea muy grande y lo más sencillo posible.

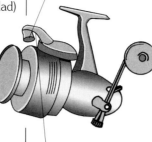

Carrete de recuperación con el dedo

rodillo autolubrificante

pick up manual con recuperación con el dedo

Carrete de *pick up* automático

bobina de gran capacidad

asa de cesta

armazón de grafito

La pesca sostenida o el surfcasting en grandes playas arenosas permite capturar muchos peces planos, como esta solla. ▷

Los engranajes deben ajustarse (hasta 0,01 en caso de carretes de calidad). El conjunto se monta sobre un rodillo de bolas de acero. Su multiplicidad no implica necesariamente robustez. Así, un Mitchell 498, casi irrompible, sólo dispone de dos cojinetes, uno con bolas sobre un eje del soporte y otro con agujas sobre el eje de la manivela.

• Los hilos

El carrete es una reserva de hilo que debe ofrecer una serie de cualidades: resistencia, flexibilidad, «invisibilidad», ausencia de memoria, antiabrasivo, que aguante bien los nudos e insensible a la torsión o a los rayos ultravioleta. Si pescamos al *surfcasting*, se necesita un hilo resistente. Para desenterrar de la arena un plomo de garfio clásico hace falta una gran tracción, igual que para atraer un montón de algas. Cuando hay que romper el hilo por causa de un enganche, un nailon ordinario tenso pierde su resistencia inicial. Así, se puede utilizar un diámetro de 0,40 (alrededor de 13 kg de resistencia) con mar calmada y de 0,45 ó 0,5 con mar agitada.

Se puede reducir a 0,30 siempre y cuando utilicemos un refuerzo (10 m de 0,5) para evitar que el nailon se rompa al lanzar. En cuanto a lo demás, es preferible emplear monofilamentos no demasiado elásticos por la gran longitud de la línea desplegada, que exige un buen tirón. Asimismo, un bajo de línea demasiado fino o flexible tenderá a enrollarse alrededor del cuerpo de línea. Los multifilamentos presentan una solución nueva y tentadora: las hebras forradas, que comprenden multitud de filamentos tensos cuya resistencia es extraordinaria. Por ejemplo, un 0,18 tiene una resistencia de 11 kg, es decir, el equivalente a un nailon de 0,35 de calidad. Para el *surf*, un multifilamento de 0,20 (13 kg) es suficiente, ya que en este caso la resistencia es real. Las ventajas son múltiples: se gana distancia, se ejerce menos presión sobre el hilo, el plomo se aligera y se advierte mejor la picada. Además, presenta una gran flexibilidad y el deslizamiento por las anillas es perfecto. De todos modos, si bien la total ausencia de elasticidad es positiva para el tirón instantáneo a gran distancia, no lo es tanto para la puntera de la caña parabólica que debe encajar el choque, cuando el freno del carrete no está totalmente regulado. Además, los multifilamentos exigen nudos complicados, doblados con muchas espiras, y que han de estar pegados, si se quiere realizar el proceso correctamente (con cyanoacrilato o hidro-glue).

Nudo Palomar para multifilamento

Plomo de estrella. ▷

Pesca del lobo al surfcasting en el litoral corso. ▽

Muchos nudos clásicos hacen que perdamos un tercio o la mitad de la resistencia inicial. No obstante, el nudo Palomar es uno de los más seguros y más fáciles de realizar (véase dibujo, a la izquierda). Los multifilamentos presentan otros defectos, como por ejemplo, una propensión a rajar las anillas ordinarias, sobre todo la de cabecera, así como los rodillos del *pick up*. Además, tienden a enrollarse en la puntera y en las hélices de los señuelos de superficie. Aparte, nos obligan a adquirir un carrete para enrollar hilo en espiras entrecruzadas, ya que si no se encabalgan en la bobina. Si se produce un bloqueo al inicio del lanzado, puede ser muy doloroso si golpea el dedo; es casi obligatorio protegerse el índice con un dedil cuando se trata de diámetros pequeños.

Plomo reloj. △

Así pues, se ha de sopesar los pros y contras antes de utilizar multifilamentos, muy de moda en la actualidad. El futuro nos dirá si llegarán a sustituir a los monofilamentos y para qué pesca habrá que reservarlos.

• Las plomadas

Cada vez se les exige más cualidades: una buena penetración en el aire durante el lanzado y en el agua durante la inmersión, y una estabilidad suficiente en el fondo para mantener la línea tensa, pero

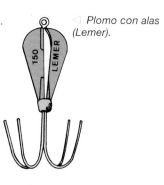

△ *Plomo cuadrípalo (Lemer) botavara.*

sin exceso, para facilitar el ascenso. El plomo de garfio de latón se utiliza desde siempre (quizás por su precio más económico) pero, en la actualidad está apareciendo una modalidad reversible, que gira mediante tracción.

◁ *Plomo con alas (Lemer).*

Los plomos con alas, que mantienen una buena trayectoria en el aire a pesar del viento, ascienden fácilmente por su forma planeadora. Asimismo, una larga tija impide que el plomo se dé la vuelta en la línea de lanzado. Estos plomos son muy efectivos Cuando el estado de la mar lo permite, podemos utilizar plomos sin araña.

◁ *Plomo trilobulado.*

Éstos se desplazan ligeramente, ya sea por la acción de la corriente o por voluntad del pescador. Estas derivas atraen a los peces gracias al deslizamiento y a la pequeña nube de arena que le acompaña cuando resbala. Los más conocidos son los plomos reloj, que se deslizan muy fácilmente; los plomos de estrella o castañas, que se mantienen más estables en el fondo; los plomos trilobulados, muy estables en el lanzado y en el fondo, y los plomos antienredo (botavara) de tres o cuatro palas (cuadrípalos), atravesados por el hilo. No se arrastran por el fondo, sino que se lanzan lejos y ascienden sin trabarse. Los plomos antienredo son convenientes en las playas areno-rocosas y también con los peces desconfiados, ya que el bajo de línea es deslizante.

△ *Plomo clásico de garfio.*

• El bajo de línea

Los bajos de línea que se realizan para el *surfcasting* son de dos tipos: los aparejos desviados, con mar brava, y los aparejos de arrastre, para mar calmada o poco agitada.
– El aparejo desviado se compone de un bajo de línea de unos 3 m de 0,45 e implican dos o tres cabos cortos (de 20 a 50 cm) montados sobre un bucle desviado.
– El aparejo de arrastre, llamado también rezagado, se compone, a 25 ó 30 cm por encima del plomo, de un emerillón de 3 bucles paternóster, sobre el que se fija una larga hijuela de unos 2 m. Más sensible que el anterior, ofrece una mejor presentación del cebo sobre el fondo. Estos aparejos típicos admiten mejoras que los harán mucho más efectivos.

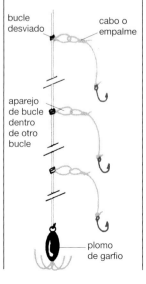

Aparejo clásico con 3 hijuelas

bucle desviado
cabo o empalme
aparejo de bucle dentro de otro bucle
plomo de garfio

Aparejo de arrastre clásico

emerillón paternóster
2 m
30 cm
omo garfio

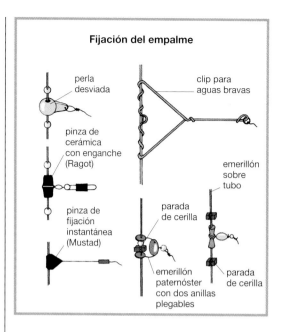

Fijación del empalme

perla desviada
clip para aguas bravas
pinza de cerámica con enganche (Ragot)
emerillón sobre tubo
pinza de fijación instantánea (Mustad)
parada de cerilla
emerillón paternóster con dos anillas plegables
parada de cerilla

– La variante del aparejo desviado se emplea en aguas muy agitadas por las olas o fuertes corrientes, mediante los cabos recortados a 20 cm para aguas bravas (y reducidos a uno solo en ese caso). Es mejor optar por una fijación mediante un emerillón barril, fijado entre dos perlas, que por una fijación al bajo de línea a través de un bucle desviado.
Este sistema permite que la hijuela gire alrededor del bajo de línea sin torcerse ni enrollarse. Para obtener una mayor libertad, se puede disponer de cuatro perlas (fijas en los extremos) adheridas, detenidas por nudos tope. Dos perlas móviles facilitarán la rotación del

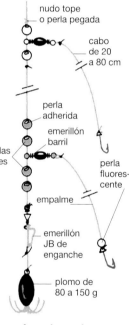

nudo tope o perla pegada
cabo de 20 a 80 cm
perla adherida
emerillón barril
perlas libres
perla fluorescente
empalme
emerillón JB de enganche
plomo de 80 a 150 g

Aparejo moderno con hijuelas

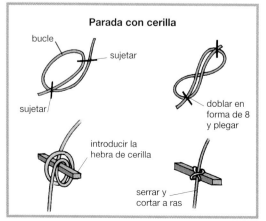

Parada con cerilla

bucle
sujetar
sujetar
doblar en forma de 8 y plegar
introducir la hebra de cerilla
serrar y cortar a ras

emerillón. Otro sistema antienganche, llamado helicóptero, consiste en pasar un pequeño tubo de plástico por uno de los bucles de un emerillón barril del n° 8. De esta manera, éste se mantiene perpendicular al bajo de línea, cuando el emerillón se desplaza entre las perlas.

Por otro lado, las perlas fluorescentes pueden estimular el ataque de los peces, sobre todo de noche, si se disponen justo detrás del anzuelo. Los cabos más largos (1 m) corresponden a una mar agitada con un oleaje regular.

Evidentemente, separaremos los dos cabos de forma que no se enreden. Ademas, los bajos de línea, preparados con antelación, se anudarán al cuerpo de línea por un emerillón de enganche.

– La variante del aparejo rezagado es un punto medio entre el aparejo derivado y el rezagado. Se realiza con un largo empalme de 2 m fijado de manera que el anzuelo se sitúe casi a la altura de la plomada en el lanzado. Una vez en el agua, puede moverse siguiendo el flujo, por encima o cerca del fondo, lo que resulta muy valioso. Permite presentar de forma natural los cebos vivos, como los lanzones, eperlanos, sardinas o jibias que (aun muertos) serán arrastrados por las aguas, lo que puede provocar la picada de muchos peces.

Para dar una apariencia natural al cebo, se puede montar el cabo sobre una perla o un tubo deslizante que sostenga el plomo. Así, la picada será más clara, siempre que el pescador haya dejado el hilo un poco flojo.

△ *El engancha-cebos con escudo protege el cebo y frena poco el lanzado.*

• Los anzuelos

La primera función de un anzuelo es clavarse y penetrar en la boca del pez. Para asegurarse de su agudeza, se puede apoyar la punta sobre la uña del pulgar. Si el anzuelo es fino, hay que procurar que no resbale. Si no, hace falta afilarlo con una lima o una piedra. Actualmente, los fabricantes nos ofrecen anzuelos de aleación (carbono) o con afilado químico, que cada vez resultan más finos y, por lo tanto, más agudos y penetrantes.

– El tamaño del anzuelo

El número depende del grosor del cebo presentado y del hilo que lo sujeta. Se deben respetar ciertas proporciones.

Por ejemplo, un hilo de 0,30 permitirá fijar anzuelos del n° 1 al n° 2/0; un hilo de 0,40, anzuelos del n° 2/0 al n° 4/0; y un hilo de 0,50, anzuelos del n° 4/0 al n° 6/0.

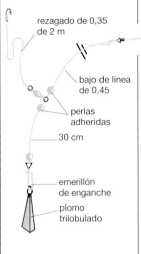

Variante del aparejo de arrastre

- rezagado de 0,35 de 2 m
- bajo de línea de 0,45
- perlas adheridas
- 30 cm
- emerillón de enganche
- plomo trilobulado

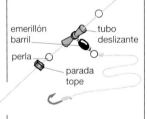

Deslizante de helicóptero

- emerillón barril
- tubo deslizante
- perla
- parada tope

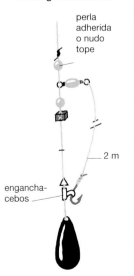

Aparejo mixto de larga desviación

- perla adherida o nudo tope
- 2 m
- engancha-cebos

Como la principal ventaja del *surfcasting* consiste en dirigirse a peces muy diversos, no existe un anzuelo comodín. Para la pesca de peces medianos (lubina, dorada, rodaballo o lenguado), el n° 2/0 puede resultar muy conveniente. Un anzuelo n° 5/0 ó n° 6/0 será apropiado para los peces de mayor envergadura (grandes lubinas, corvinas, rayas o congrios) y para el correspondiente cebo (jibia, sepia, pulpo, pequeñas lisas u otros cebos vivos). Sin embargo, no existe un criterio unificado, ya que un número 2/0 en una marca equivale a un 4/0 en otra.

– La forma del anzuelo

Los anzuelos adoptan diversas formas en función de cómo se pesca. Así, los de hierro fino con tija larga son convenientes para gusano, pero también pueden utilizarse para

---

PERSONALICE SUS ANZUELOS

Algunos pescadores dan mucha importancia al aspecto del anzuelo. Sin llegar al extremo de pintarlo en función del cebo del día, se puede optar por los anzuelos mates antes que por los brillantes niquelados. Para protegerlos, se ha aplicar un barniz fluido e inodoro (del tipo aislante que se usa en electrónica) o un barniz para metales.

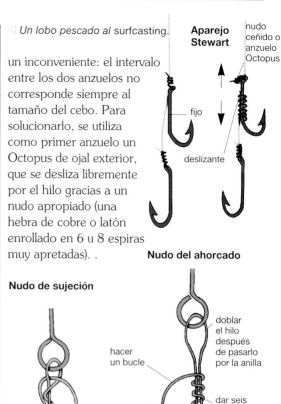

◁ *Un lobo pescado al* surfcasting.

un inconveniente: el intervalo entre los dos anzuelos no corresponde siempre al tamaño del cebo. Para solucionarlo, se utiliza como primer anzuelo un Octopus de ojal exterior, que se desliza libremente por el hilo gracias a un nudo apropiado (una hebra de cobre o latón enrollado en 6 u 8 espiras muy apretadas). .

Aparejo Stewart

nudo ceñido o anzuelo Octopus

fijo

deslizante

Nudo del ahorcado

doblar el hilo después de pasarlo por la anilla

dar seis vueltas alrededor de ambos hilos

Nudo de sujeción

hacer un bucle

Nudo Palomar

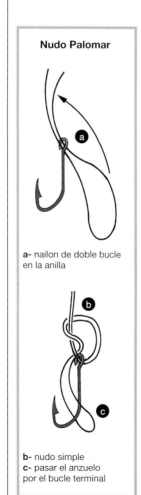

a- nailon de doble bucle en la anilla

b- nudo simple
c- pasar el anzuelo por el bucle terminal

APAREJO WISHBONE

El aparejo *wishbone* se emplea con frecuencia para mantener los cebos frágiles, como los cangrejos blandos, o para los cebos vivos grandes, tomando la precaución, en este caso, de anudar los dos anzuelos a diferentes longitudes. Se realiza formando un largo bucle mediante un nudo de cirujano.

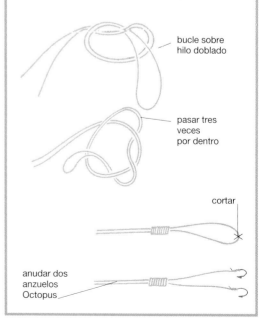

bucle sobre hilo doblado

pasar tres veces por dentro

cortar

anudar dos anzuelos Octopus

cebar con navajas o pececillos muertos (lanzones, eperlanos). Este tipo de anzuelos se pasan por la boca y se sacan por el centro del cuerpo. Siempre con tija, pero con una curvatura invertida, los anzuelos como los VMC «surf» permiten también pescar con gusanos o pequeños cebos de concha.

Los anzuelos de hierro grueso Octopus y los Mustad, VMC o Gamakasu son más resistentes (dorada), pero exigen que se les afile la punta. Se utilizan con cefalópodos, cangrejos y trozos de pescado en la captura de ejemplares de gran tamaño (grandes lubinas, congrios, corvinas o rayas) en los números 4/0 y 6/0.

– *La fijación del anzuelo en el empalme*
Normalmente se realizan 3 nudos. Los más utilizados para los anzuelos de anilla, porque son los más prácticos de fijar, son:
– El Palomar (con los multifilamentos, pero simplificado para el nailon) resulta fácil de confeccionar, aunque es un poco grueso para los pequeños gusanos frágiles.
– El nudo de sujeción o mediobarril es muy usado.
– El nudo del ahorcado o universal tiene la ventaja de ceñirse libremente, dejando pasar el extremo que sirve para detener al gusano, que tiende a enroscarse. Para evitar este defecto de presentación se utiliza el aparejo Stewart, donde el primer anzuelo se anuda dejando un cabo lo suficientemente largo como para anudar el segundo. Este aparejo, muy utilizado, presenta

LOS CEBOS PARA SURFCASTING

Existen cuatro categorías de cebos o carnada que son efectivos en la pesca al *surfcasting:*
– Los gusanos, arenícolas, nereidas o gusanos importados son cebos muy apreciados .
– Los moluscos cefalópodos como pulpos, sepias, calamares.
– Los moluscos gasterópodos y lamelibranquios.
– El pez, muerto o vivo y en trozos o entero; las especies de carne grasa como el bacalao, la sardina o el arenque son las mejores.
– Los crustáceos (sobre todo el cangrejo blando). La gamba se reserva a la pesca más fina.

• Los gusanos

– La arenícola
Cuando la arena es gruesa y cenagosa, se esconde formando un hoyo en forma de U y se advierte por sus heces (rodetes sobre la arena). Se debe ahuecar la arena con ayuda de una horca, a ser posible dos personas: una paleando y la otra recogiendo, rechazando o apartando los gusanos heridos. Casi todos los comerciantes especializados venden arenícolas. Para que se conserven se han de lavar bien sobre el terreno de pesca con agua de mar. A continuación, se deben colocar en cajitas de madera que absorban el mucus y las heces. También podemos enrollarlas por separado en un papel de periódico y meterlas en el cajón verdulero de la nevera, sin mezclarlas nunca con otros gusanos. Después de varios días, hay que vaciarlas y salarlas. De cualquier modo, no hay nada mejor que una arenícola «fresca».

– La rosca blanca (nereida)
Es muy sinuosa y sus contorsiones en el agua atraen a muchos peces. Se la puede encontrar con arenícolas o en la arena cenagosa de los puertos o estuarios. Como nada permite

◁ *Las arenícolas son excelentes cebos para todo tipo de peces.*

△ *Anzuelo de una arenícola.*

detectar su presencia, hay que cavar a poca profundidad, un tanto al azar, hasta que encontremos un yacimiento.
Su conservación es idéntica a la de las arenícolas, a menos que podamos conservarla en agua de mar renovada u oxigenada (ventilador a pilas). Siendo sus movimientos el principal atractivo de este gusano, es necesario un anzuelo de hierro fino que ofrezca 3 ó 4 roscas clavadas por un extremo. Por desgracia, algunas se desengancharán, excepto si empleamos una cápsula-cebador, una especie de plomo hueco que conserva el cebo.

– La gran rosca
Se trata del gusano más grande y resistente, pero, por desgracia, escasea. Hay que buscarlo en las rocas en descomposición, los intersticios de las rocas friables, cursos de gravillas y fuco podrido.

– El gusano de arena
Muy largo y delgado, este gusano de color rosa anaranjado resulta un gran cebo. Vive de forma parecida a la gran rosca, en los estratos de las rocas frágiles, en las concentraciones de conchas de ostras o bajo las piedras, en el extremo de los espigones. Se extrae con dificultad, pero, a veces, se puede encontrar en abundancia en los bordes de la bajamar de las grandes mareas. Los gusanos de arena se conservan en el agua marina con las mismas precauciones que las nereidas (eliminaremos los gusanos heridos o muertos y renovaremos regularmente el agua).

– El gusano de hoyo
Es de color marrón verdoso, irisado. Presenta mucha actividad, sobre todo de noche, pero es bastante frágil. Su presencia puede percibirse por el extremo de un hoyo muy largo donde se esconde en las aguas tranquilas y en

LA ROSCA ROSA

Este gusano se encuentra en la arena cenagosa de los estuarios. Aunque excelente, la rosca rosa es muy frágil para ser empleada en el *surfcasting*. Para que alcance el fondo, es preferible cubrir el anzuelo que la sostiene con una pequeña bolsa de Solucit, que tiene la propiedad de disolverse y desaparecer rápidamente en el agua. Asimismo, es necesario el uso del engancha-cebos. Los peces planos, como el lenguado, aprecian mucho este gusano.

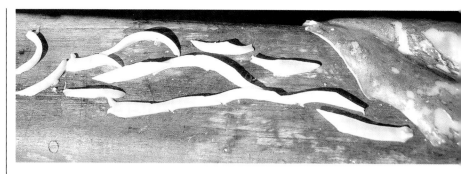

descomposición. La recogida, que tiene lugar durante la marea baja, se asemeja a la de las navajas. Así, vertemos sal gorda marina en el hoyo, provocando que el gusano se asome, momento que hemos de aprovechar para golpearlo con la pala. Su conservación es idéntica a la de los gusanos de arena.

– Gusanos importados
Se encuentran disponibles en las tiendas de artículos de pesca, pero resultan bastante caros. Los gusanos de importación americanos o coreanos constituyen una solución interesante si no se vive cerca del mar o sólo se dispone de un fin de semana para pescar.
Los gusanos americanos, barrigudos y largos (15 cm), han de utilizarse enteros y con precaución. Si se no se clavan bien, estos gusanos sanguíneos pierden la sustancia que atrae a los peces, de ahí la utilidad de una aguja de cebado para enhebrarlos en un anzuelo recto de hierro fino. Las doradas pican mucho con este cebo.
Las supercordelles son gusanos sorprendentes, porque podemos cortarlos libremente, empezando por la cola, sin afectar sus capacidades como cebo. Su longitud, que va de 1 a 2 m, presenta unas ventajas que puede aprovechar el pescador. Además, se conservan con el calor (25 °C), a diferencia de otros gusanos, por lo que son ideales en las pescas meridionales de verano.

• Los moluscos
Entre ellos, los cefalópodos son los cebos preferidos de los pescadores de *surfcasting*. Resultan muy interesantes durante la pesca nocturna por su gran resistencia en el lanzado, su sabor cuando son frescos y su blancura fluorescente.

– El calamar
Llamado chipirón cuando es pequeño, el calamar se clava entero en el anzuelo (aparejo Stewart). Las tiras recortadas de piel o cabeza serán muy efectivas con muchos tipos de peces. En cuanto a la forma de captura, ha de ser preferentemente de noche, utilizando una popera campaneada al pie de las rocas de los acantilados, diques, pontones o muelles. Se pueden conseguir cuando regresan los barcos al puerto, si no han pasado mucho tiempo en hielo, su peor enemigo. Si no es posible pescarlo, el calamar se puede adquirir en cualquier pescadería (hay que procurar que sea fresco). Se conserva perfectamente en el congelador, envuelto en papel de aluminio.

△ *Tiras de sepia listas para usar.*

atar la extremidad

△ *Calamar.*

△ *Popera fluorescente.*

Los trozos de pulpo son muy adecuados para la pesca sostenida del congrio. ▷

– La sepia
Próxima al calamar por su utilización, ya que se puede usar entera, en tiras (la parte blanca), o guardando sólo la cabeza y los tentáculos. Éstos últimos, a causa de sus ondulaciones, son particularmente atractivos para todos los peces. Cuando utilizamos una tira o un pequeño calamar, se debe evitar enrollarlo en el anzuelo (la torsión). En este caso es mejor que sobrepase el extremo posterior de la anilla. Si es necesario, un nudo rudimentario impedirá al cebo ondularse demasiado en la corriente.

Sepia. △

– El pulpo
Se pesca y utiliza igual que el calamar o la sepia. Sus largos tentáculos se mantienen muy bien sobre los anzuelos y pierden el color con más lentitud.

• Los moluscos gasterópodos y lamelibranquios
Uno de las primeras atracciones de los niños en la playa son los moluscos de concha, granos de café, abulones o caracolas en espiral. Al llegar a adultos, unos se interesan por su sabroso contenido (almejas finas, berberechos) y otros, los pescadores, por sus cualidades piscatorias.

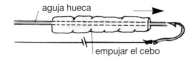

aguja hueca

empujar el cebo

línea

vara metálica que se ha de tirar

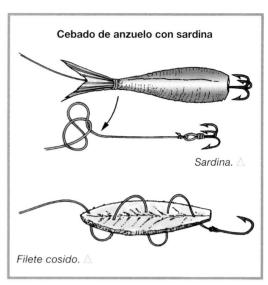

Cebado de anzuelo con sardina

Sardina. △

Filete cosido. △

– La navaja o muergo

Vive en el límite de las aguas bajas, escondida bajo 40 ó 50 cm de arena. Se percibe su presencia por el agujero que dejan en la arena en forma de ocho. Las navajas, que viven en colonias, abundan en muchas playas arenosas. Se pueden extraer de muy diversas maneras. Un método consiste en introducir un puñado de sal sobre el agujero. Otra manera es hundir en el orificio una larga varilla de acero curvada en forma de gancho y girarla un cuarto de vuelta para sacar la navaja.

– La almeja rubia

Constituye uno de los mejores cebos para la lubina y los peces objeto del *surfcasting*. Por su consistencia, grosor, fluorescencia... reúne las condiciones necesarias para hacer grandes capturas.

Si se perfora un pozo en las rocas tiernas, la almeja rubia emite un chorro de agua potente que indica su presencia a los buscadores,

△ *Almeja.*

que, por otro lado, conocen sus lugares predilectos. Resultan indispensables una palanca o un pico. El empleo de una larga varilla de hierro curvado, como el gancho para navaja, puede ser eficaz. La almeja también se congela.

– La coquina

Más fácil de extraer en las arenas fangosas, la coquina también lanza un chorro de agua cuando advierte la presencia de un cuerpo extraño. Proporciona una carnada luminosa y se pesca en los agujeros, como la navaja.

– Otros moluscos de concha

Existen otros moluscos que pueden convertirse en cebos ocasionales, como los berberechos, que son fáciles de desenterrar en la playa mediante un rastrillo. Pueden servir para atraer a las doradas, los gádidos e incluso las lubinas. En la arena húmeda también se encuentran olivas de mar y moluscos fosforescentes.

Cebado de anzuelo con la navaja

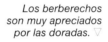

Los berberechos son muy apreciados por las doradas. ▽

• Los peces

Un pez que se alimenta de otro... no hay nada más normal en el ciclo alimenticio. El mejor ejemplo es la caballa, un depredador que, a su vez, es el alimento de otros. Un pez fresco siempre ofrecerá mejores resultados, aunque también se puede utilizar la caballa congelada en caso de no disponer de otra clase de cebo más fresco. Se ha de coser la piel al anzuelo procurando coger un poco de carne. Un filete de caballa se mantiene muy bien en el aparejo Stewart. Si se sujeta una lengüeta a la cola, que es la parte más dura, el buen aspecto de la caballa tanteará correctamente a los peces.

Hay otros pececillos (pequeñas lisas, gádidos, bogas, eperlanos o gobios) que también pueden utilizarse, pero se ha de tener en cuenta que el lugar de captura pocas veces coincide con el de su uso. Ello implica el problema de su conservación y transporte, particularmente crítico con cebos vivos tan efectivos como los lanzones.

A menudo, se confunde el lanzón con su prima, la aguja (anguila de arena). Ésta, más pequeña, puede abrir ampliamente sus mandíbulas protráctiles. Estos pececillos longilíneos brillan con excepcionales destellos, ya sean plateados o verde azulados en el dorso, y se agitan y ondulan mucho. Su piel, olor, gusto y vivacidad lo convierten en un cebo extraordinario para las lubinas y otros depredadores.

La pesca del lanzón vivo exige ligereza, delicadeza y flexibilidad al lanzar. Se debe elegir un mar poco agitado, que permita mantener en el fondo un plomo de 80 g. Una caña para buldó será más conveniente que una caña fuerte de *surfcasting*. Un carrete semipesado cargado con 250 m de nailon de 0,30 (más que un multifilamento) permitirá amortiguar el choque de inmersión por su elasticidad y frenará

CÓMO EMPLEAR LOS LANZONES

Cuando los lanzones vagan por los puertos, a lo largo de los muelles o los remolinos que se forman ante los diques, es posible pescar al campaneo con trenes de señuelos brillantes de perlas con varias caras, en anzuelos dorados. Con la marea baja, se hunden en la arena gruesa húmeda, junto a los charcos, arenales, canales, o en la arenas onduladas. En este caso, se han de desenterrar con pala o rastrillo. Es preferible ayudarlos, ya que su fragilidad les hace saltar y huir rápidamente. Los saltarines se recogerán en un saco de arpillera y los que huyan, descubiertos por la palpitación de la arena en la superficie, se interceptarán en su progresión subterránea. En los lugares autorizados, se capturan con ayuda de una red de malla fina rodeándolos en una gran hondonada, donde se habrán refugiado con bajamar.

A partir de ese momento, se ha de realizar todo lo necesario para su conservación. Así, una vez capturado, se ha de introducir en un gran cubo, con una tapa agujereada o en-

Difíciles de capturar, los lanzones son un excelente cebo para pescar la lubina y el abadejo. ▽

△ *La recolecta de los lanzones se puede realizar con pala o rastrillo.*

rejada, provisto de un ventilador a pilas, para mantener con vida a este pez, que se caracteriza por su fragilidad. También habrá que cambiar el agua con frecuencia, si no se utilizan al instante. Para transportes de corta duración, se puede disponer de cestos de ostras con arena extraída del lugar de captura.

El lanzón se puede fijar de tres formas diferentes con un anzuelo del n° 1, de hierro fino y con tija corta:

– Por los labios. Es una fijación bastante frágil, que bloquea la respiración del pez.

– Por la piel del dorso, justo tras los ojos y donde empieza la aleta dorsal. Es una buena fijación, pero exige mucha suavidad en el lanzado.

– Por el pedúnculo caudal. La fijación es más sólida y eficaz, ya que la lubina suele cazar al lanzón por la espalda.

ligeramente el devanado del hilo, con ayuda de un dedo sobre el labio de la bobina. El aparejo mixto descrito parece adaptado a esta pesca sobre fondo firme. Además, es posible montar un bajo de línea deslizante sobre un plomo de garfio, perforado plano y hexagonal, o un cuadrípalo (A). Si tememos que el lanzón se esconda, buscando refugio en la arena, encajaremos una canica (*Bait-float*) microporosa, impregnada de aceite del Báltico, que mantendrá el bajo de línea por encima del fondo. Nada resulta sencillo con el lanzón, pero a su vez, todo es posible, incluso pescar el mejor ejemplar de lubina.

Cómo cebar la aguja o el lanzón

por la piel

por los labios

por la cola

Bait-float

120 cm de 0,13

plomo agujereado

tope

Aparejo deslizante

• Los crustáceos

– El cangrejo blando

Cuando mudan, es decir, cuando pierden su caparazón para fabricar otro nuevo, los cangrejos pasan por un periodo en que esta protección aún no se ha solidificado. Ello los hace muy vulnerables y provoca el ansia de la mayoría de depredadores. Entonces se les llama cangrejos blandos. En general, los pescadores utilizan el cangrejo verde o el cangrejo rabioso, fácil de recoger durante la marea baja.

Los lugares donde se encuentran los cangrejos blandos o a punto de mudar son, esencialmente, playas areno-rocosas, rocosas o incluso arenosas. En estas últimas, dado que están sembradas de charcos formados por el reflujo del mar, y casi siempre al límite de las aguas altas de mareas medianas, el cangrejo encuentra refugio, por lo menos mientras el mar sube.

Las mareas de alto coeficiente y las aguas agitadas son más favorables que las mareas de remansos, aunque no es totalmente fiable, ya que en verano el agua caliente acelera la muda, lo que provoca que los cangrejos estén bastante diseminados por la franja costera.

Los charcos idóneos son poco profundos, bordeados de fuco que habrá que retirar con gancho, pero sin arrancarlo. Los buscadores temerosos llevarán guantes. Si una piedra ocupa el centro o un rincón del charco, con toda probabilidad hallaremos el cangrejo debajo. Debemos procurar levantarla con cuidado sin alterar demasiado su ubicación.

Si el fondo es arenoso, una hinchazón en la superficie delatará al cangrejo blando, que se habrá medio escondido. La más mínima falla rocosa debe ser explorada; además, se ha de tener en cuenta que los lugares más cálidos son

△ *Un cangrejo verde y su muda. Al crustáceo que acaba de desprenderse de su caparazón se le llama cangrejo blando.*

Aparejo wishbone para cangrejo blando

△ *Enhebrar tres articulaciones de patas y extraer la punta de cada anzuelo por la espalda.*

Aparejo simple para cangrejo blando

puente

△ *Enhebrar cuatro ligamentos situados en el vientre por ambos lados.*

los mejores. También se pueden encontrar cangrejos blandos en los puertos que desaguan, donde se esconden bajo los detritus o las algas podridas, así como en los canales cenagosos que alimentan las salinas o comunican con los estanques salobres. En el límite de las aguas bajas, también se puede descubrir una nécora blanda o un buey de mar (durmiente) blando. En cuanto a la forma de cebar el anzuelo con un cangrejo blando, eligiremos el anzuelo conveniente: un Octopus de ojal exterior del n° 3/0 para un cangrejo pequeño del tamaño de una almeja fina o un n° 4/0 ó n° 5/0 si es mayor. Cuando el cangrejo es de gran tamaño, se puede cortar en dos. Para un principiante, la mejor fijación se obtiene con un aparejo wishbone de dos anzuelos del n° 3/0. Cada anzuelo se clavará en 3 ó 4 junturas de las patas, que se habrán extirpado previamente (véase gráfico junto a estas líneas).

Los alvéolos de articulación de las patas son os más sólidos para introducir los anzuelos. Si es necesario, lo acabaremos de fijar con una pequeña pulsera de caucho o un simple hilo de coser de algodón con un nudo en el centro. Un experto enhebrará un anzuelo del n° 4/0, primero en un lado, en los ligamentos de unión de las patas, y, luego, extraerá la punta por la espalda; después, dará la vuelta al cangrejo y enhebrará dos o tres articulaciones en el lado opuesto, de forma que la curvatura del anzuelo hará de puente sobre la espalda del cangrejo.

En el *surfcasting,* el cangrejo blando se puede emplear sobre un aparejo de arrastre o mixto.

– Los otros crustáceos
Entre los crustáceos apreciados por los peces, tenemos la gamba viva, clavada en el penúltimo anillo de su caparazón articulado. Este cebo no forma parte del *surfcasting* porque es muy delicado para lanzarlo a larga distancia, incluso con una línea fina. A pesar de todo, la gamba viva se puede reservar a otras técnicas de pesca. En cambio, el cangrejo ermitaño puede ser considerado como un buen cebo. Este paguro de abdomen blando se refugia en las conchas vacías y sólo saca la cabeza y las pinzas. Es bastante corriente y se puede atraer con un cebo de conchas aplastadas. Para extraerlo, hay que romper su concha con un martillo, procurando no aplastarla. Lo presentaremos clavado en el borde del cefalotórax, enhebrado con una aguja de cebado o, simplemente, utilizando el abdomen, en un número de dos o tres por anzuelo. El ermitaño se conserva bien en un medio húmedo, en una barquilla de madera y entre las algas.

EL SURFCASTING A GRAN DISTANCIA
Aunque no se necesite una gran distancia para el *surfcasting,* el pescador, que dispone a menudo de dos o tres cañas, multiplicará sus posibilidades de captura si coloca una de ellas

▽ *El ermitaño tiene a menudo relaciones simbióticas con la anémona marina.*

actinia
concha

▽ Surfcasting *sobre una playa arenosa a la espera de una picada.*

a 100 m y las otras a 70 y 50 m de la orilla. Con el viento de cara, se tienen problemas para superar los 60 m, incluso disponiendo del material apropiado: la línea fina, una plomada abundante, un engancha-cebos y un cabo único y corto. El cebo, a menudo voluminoso, es un elemento de freno. Se estima que se pierden de 20 a 30 m con respecto al mismo lanzado realizado tan sólo con el plomo.
Cabe preguntarse cómo recuperar estos metros perdidos sin mutilar ni perder los cebos forzando exagerada e inútilmente los lanzados.

• El teleférico
Basta con utilizar el teleférico, un sistema empleado para la pesca del lucio en estanque. El principio es simple: lanzar el bajo de línea sin cebo, y luego deslizar el cabo que lleva el cebo mediante un plomo suplementario.
El aparejo comprende un cuerpo de línea de nailon 0,35 o, aún mejor, un multifilamento de 0,18 ó 0,20, que en esta situación encuentra una aplicación correcta, rematado por un plomo de garfio de 100 a 150 g. Por encima del multifilamento pondremos una perla, o algún otro tope, fijada entre 50 a 150 cm, en función de si tenemos previsto un aparejo de arrastre o mixto, una elección que a su vez

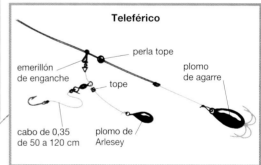

Teleférico
perla tope
emerillón de enganche
plomo de agarre
tope
cabo de 0,35 de 50 a 120 cm
plomo de Arlesey

dependerá del cebo y del estado de la mar (se ha de usar un cabo más corto para mar brava). Una vez la caña está fijada y la línea bien tensa, se engancha el bajo de línea de 0,35. Este último se deslizará por el cuerpo de línea, arrastrado por una plomada auxiliar de 40 a 50 g. El cabo del anzuelo puede fijarse con un emerillón barril o desviarse al hilo del plomo de 0,45. Esta técnica sólo es válida si la línea tendida es suficientemente oblicua. En una playa de poca pendiente, una vez lanzada la línea, habrá que buscar un lugar elevado en la cima de alguna duna, roca, escollera o acantilado. Mediante esta inclinación, y guardando una distancia de más de 30 m entre la cabecera de la puntera y el plomo de garfio, el bajo de línea podrá deslizarse hasta el tope, de forma que se «llevará» los cebos en perfecto estado: cebos vivos (lanzones), frágiles (sardinas), cangrejos, calamares o sepias, que no habrían podido alcanzar una gran distancia. La distancia adecuada puede ser el lugar donde se sitúan las gaviotas, sobre los cazaderos de lubinas o en un bajío alejado donde rompen las olas.

EL SURFCASTING NOCTURNO

Una pesca nocturna se prepara durante el día. Se ha de elegir el lugar donde la cresta de las olas se curva, después de que rompan a derecha o a izquierda, o, al contrario, en las zonas en

◁ *Una caña de* surfcasting *telescópica.*

Los peces grandes ganan la costa durante el crepúsculo. ▽

que las olas suben y caen, si sólo buscamos lubina. Asimismo, un pasillo *entre* dos puntos elevados puede ser excelente. Una vez detectado el emplazamiento, sólo queda preparar el material. De noche, los cebos más empleados son los gusanos marinos, arenícolas, gusanos importados, cangrejos, calamares y sepias de carne fluorescente. Evitaremos los cebos frágiles que exijan aparejos delicados. Se ha de tener en cuenta que los peces planos, como el lenguado pescado de noche, son sensibles a todo lo que reluce.

cuerpo de línea de 0,40

bajo de línea de 2 cm, deslizante, de 0,45

plomo con o sin garfio para derivar

perla fluorescente

tope

anzuelo del n° 2/0 al n° 4/0

Aparejo simple y sensible

Hay que ser previsor si se desea pescar de noche. La caña provista de cebos voluminosos y aparejos reforzados será muy conveniente para pescar verrugatos, chuchos, cazones pequeños o grandes corvinas. Las cañas se agruparán para que las picadas no pasen inadvertidas, a pesar de todas las señales luminosas de que disponen: cabecera de puntera, anillas fluorescentes, un *starlitte* y un bastoncillo luminoso que, por reacción química, desprende una luz potente y prolongada (debe anudarse a la cabecera de la puntera). Los indicadores de picada también han de estar presentes. El más antiguo, el cascabel, tiene el inconveniente de sonar al más mínimo golpe de viento. Mucho más sofisticado, el detector de picada electrónico se ajusta por encima del carrete y puede regularse para que no confunda una ola con un pez. Suena y se ilumina, pero no soporta las salpicaduras y la espuma. Al contrario, el cubito de poliestireno hendido, muy rudimentario, colocado en la línea muy poco tensa al final de la caña, constituye un buen indicador de picada, muy visible en el haz luminoso de la linterna frontal.

También podemos utilizar una bombilla o diodo fijados en el extremo de la puntera y alimentados por una pila de litio, que tiene la ventaja de no descargarse cuando se utiliza, pero que es sensible a la corrosión.

Otro método para advertir las picadas consiste en un pequeño lastre pintado en color fluorescente, provisto de un simple gancho para extraerlo fácilmente de la línea al sacar el carrete.

LA PESCA SOSTENIDA

Por definición, la pesca sostenida (al tiento) consiste en sostener una línea posada verticalmente desde la caña. Así pues, se practica en las aguas bastante profundas, como las que encontramos a pie de las rocas de los acantilados, los muelles, los diques o los espigones. En principio, esta técnica excluye cualquier lanzado. De hecho, existen diferentes tipos de pesca sostenida, algunas próximas al *surfcasting*. El aparejo clásico es del tipo tradicional (*surfcasting*), salvo que el plomo de garfio se proscribe y la caña sostenida con la mano permite campanear el bajo de línea, de forma ascendente o descendente, para atraer a los peces. Los cebos son idénticos a los ya mencionados, preferentemente los frágiles y vivos, como las gambas, las nereidas y los lanzones, que guardan todo su atractivo si se posan en vez de lanzarlos.

EL MATERIAL

Las cañas son de una longitud media de 3 a 3,6 m, con una acción de punta necesaria para el tirón inmediato. Los carretes pueden ser de una capacidad inferior a los del *surf*, para que resulten más ligeros. La gran ventaja de la pesca sostenida reside en la posibilidad de cebar el puesto y atraer a los peces con pasta de sardina, bolas de engodo a base de cangrejos machacados, o pescado triturado mezclado con harina de cacahuete y arena.

LA PESCA SOSTENIDA AL LANZADO

Esta técnica consiste en lanzar el bajo de línea en las playas areno-rocosas. Se parece al *surfcasting*, con la diferencia fundamental de que la caña siempre está sostenida en acción de pesca (el control de la línea se realiza con el dedo) y que el pescador se centra en lugares muy precisos, detectados durante la marea baja. Las costas normandas y bretonas se prestan a este tipo de pesca sostenida en movimiento. Para practicarla sin fatigarnos en exceso, elegiremos una caña menos potente que

Los mejores emplazamientos en zona rocosa

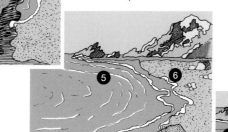

1- hondonada rocosa
2- corriente
3- banco rocoso
4- planicie
5- margen de cabo
6- cala
7- caño
8- estrecho
9- roca aislada en la entrada de un caño

Bajo de línea para la pesca sostenida al lanzado

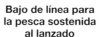

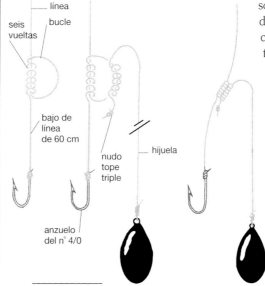

línea
seis vueltas
bucle
bajo de línea de 60 cm
nudo tope triple
hijuela
anzuelo del n° 4/0

la del *surfcasting,* de una longitud aproximada a 3,6 m, de carbono si es posible, y un carrete semipesado (500 g), con una gran velocidad de recuperación (90 m como mínimo), de forma que podamos recuperar rápidamente el bajo de línea con los plomos y evitar enganches durante el trayecto. Cuando pescamos en un medio accidentado, el bajo de línea debe ser muy sencillo, lo que excluye todos los accesorios susceptibles de encallarse en la más mínima falla rocosa. No se han de usar emerillones, sobre todo los paternóster, ganchos ni perlas. Para esta pesca sólo se necesita una línea fluida y sólida. En el bajo de línea típico, el empalme que lleva el anzuelo no está desviado, sino que baja directamente del cuerpo de línea, proporcionando solidez. El hilo soporta el anzuelo, que se monta desviado. Una plomada de caras planas, si es posible con alas, facilitará el ascenso y evitará que se arrastre por el fondo.

Los lugares ideales para esta pesca deportiva son las playas de pendiente pronunciada, que permiten lanzar muy lejos, y las playas con planicies, rocas sobresalientes, canales profundos, estrechos arenosos o bajíos durante la bajamar. Las imágenes que aparecen junto a estas líneas nos dan una idea de los mejores emplazamientos de zona rocosa. Los lanzados son de una gran precisión debido a las distancias cortas (de 50 a 60 m) y al tipo de pesca, que no es totalmente estática.

Se dirige a un pez muy deportivo: la gran lubina y, en ocasiones, la dorada. La carnada ideal es el cangrejo blando, pero el calamar, la sepia, la navaja, el gusano grande o la almeja también pueden ser efectivos. Se trata de una pesca de tacto,

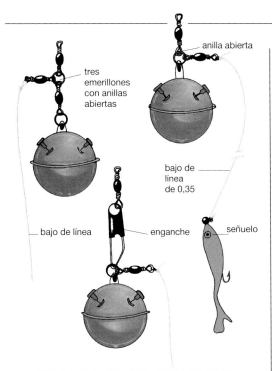

tres
emerillones
con anillas
abiertas

anilla abierta

bajo de
línea
de 0,35

bajo de línea — enganche — señuelo

Diferentes modos de sujeción del buldó

observación y movimiento, que consiste en pasar de un puesto a otro, ya que, en el intervalo, las olas, rompientes y enroscadas, habrán cambiado en el curso de la pleamar.

LA PESCA AL LANZADO

La pesca al lanzado es la más extendida a orillas del mar por dos razones básicas:
– la facilidad y rapidez de su puesta en práctica;
– la efectividad de los señuelos modernos.
De todos modos, se ha de tener cuidado con la profusión de señuelos. Cada año surgen diversas novedades y el pescador puede dudar en el momento de pasar a la acción, por lo que su jornada de pesca puede convertirse en un banco de pruebas. No debemos olvidar que un rústico tubo de caucho, sin cola ni cabeza, comparado a un señuelo tan sofisticado como el Rapaloup, que emite señales de alerta, sigue atrayendo a los peces, a pesar de su desconfianza.

EL BULDÓ Y SUS DIVERSOS USOS

El buldó reúne innumerables adeptos por su facultad de lanzar y posar un señuelo en las situaciones más complicadas. Utilizado en su origen en el río por los pescadores a la mosca, el buldó marino ha adquirido una forma oval para cortar mejor el aire. Se fabrica con plástico macizo para evitar que se rompa con las rocas (Bulrag). Además, es luminoso para la pesca nocturna e, incluso, un poco sumergible para la pesca a una profundidad media. En resumen, es el flotador lastrado por excelencia. Una buena

TIPOS DE FLOTADORES Y PESCA RECOMENDADA

Flotador fusiforme para aguas calmadas

Junto a las clásicas bolas de Niza o flotadores de Toulouse, los flotadores modernos sintéticos de células cerradas son sólidos y responden a diversas necesidades.

La forma del flotador depende del estado de las aguas. En aguas calmas y retiradas, como los puertos, las lagunas y los diques, los flotadores fusiformes corresponden a las técnicas finas como las del eperlano o la lisa. Los flotadores empleados en agua dulce (rutilos o alburnos) son convenientes para la pesca cuya carga sea superior a 2 g, en el marco de la pesca al coup (caña muy larga sin carrete). En el mar, con frecuencia se necesitará completar el lastre en la base de la antena.

En aguas más agitadas, el cuerpo del flotador será cada vez más barrigón, para que no se hunda con la primera ola; para facilitar el lanzado a distancia, deberá ser deslizante. Por la noche, estos flotadores podrán equiparse con un bastoncillo luminoso o una pila. Los flotadores deslizantes que soportan gran peso son los más eficaces para el lanzado y presentan cebos (gambas o nereidas) justo por encima del fondo, lo que nunca podríamos conseguir con un flotador fijo, por ejemplo, a pie de los cimientos de un dique, a menudo muy poblados de peces.

nudo tope

flotador deslizante

plomada decreciente

Waggler para aguas intensas

Flotador deslizante para aguas agitadas

nudo

Waggler deslizante

plomada masiva (plomos blandos AA)

Waggler deslizante

caña para carpa, puede sernos útil para la pesca al buldó, aunque también se puede elegir una caña más adaptada. Esta última ha de ser ligera (350 g, de carbono), ya que se está siempre en movimiento, y debe tener una longitud de unos 3,9 m, teniendo en cuenta el largo bajo de línea (de 2,5 a 3 m). Su potencia nominal se sitúa entre 30 y 90 g para una acción semiparabólica. El carrete será ligero (grafito) y adaptado a la caña para no desequilibrar el conjunto. Su bobina cónica y la recuperación entrecruzada del hilo facilitarán los lanzados.

▽ Clown-Raglou.

Raglou Spid. △

△ Pop.

LOS SEÑUELOS

Un señuelo es un objeto inerte que engaña a los peces al dar una impresión de vida, gracias a su resistencia al agua y a su progresión. El señuelo se ondula, gira sobre sí mismo y es fuente de vibraciones, que son percibidas por cualquier pez, sobre todo los depredadores. De ahí la necesidad de que el pescador imprima movimientos al señuelo con ayuda de la caña y del carrete.

LOS SEÑUELOS LIGEROS

Los señuelos empleados en la pesca al buldó son señuelos superficiales, ligeros y flexibles. El más antiguo, la angula de caucho, roja o blanca, sigue siendo muy utilizado, aunque tiende a retorcerse. Lo más corriente en los señuelos con buldó sigue siendo un lanzón con cola flexible, acabada en una paleta caudal que hace las veces de deflector.

Entre los más conocidos, citaremos el Raglou y sus homólogos: Red Gill o Delta de cola bífida, cuyos tamaños se sitúan entre 6 cm en aguas calmadas y 13 cm o más en aguas más agitadas. Es preferible que todos estos señuelos posean, en la parte superior, un plomo Spid descentrado, que evita la torsión e impide que el señuelo se incline, lo que lo haría ineficaz. Una variedad de Raglou, el Rag Bar, tiene el interior de la cabeza plomado. Además de la ventaja antes mencionada, un señuelo plomado por su parte anterior se clavará en el fondo sin dejar de girar, lo que puede provocar la picada de los peces depredadores. Otra variante, mitad cuchara, mitad Raglou, la Angel Bar, es muy apreciada por sus vibraciones. También podemos asociar con éxito un utensilio con alas llamado Clown y una Raglou.

LAS FLORECILLAS

En un ámbito diferente, las florecillas, lengüetas onduladas de piel natural o artificial, resultan también muy eficaces, como la Shad Rag, la Nessie de Ragot o la Pop de Fisheur. Una de las más recientes, la Vitala de láminas flexibles, imita a la perfección un cebo vivo en dificultades, mientras que la Solette Ragot nada sobre pequeños fondos sin agarre. Si empleamos nailon bastante fuerte, hay que sujetar el señuelo con el nudo del ahorcado, que no interrumpe la trayectoria del señuelo.

Si utilizamos multifilamentos, se ha de añadir un *pick up* de asa de cesta y un freno microregulable. En la mayoría de ocasiones, los hilos no son inferiores a 0,28 en aguas calmadas, siendo los más utilizados el 0,30 y 0,35. La velocidad de recuperación, entre 75 y 95 cm por vuelta de manivela, permite que el señuelo se mueva a diferentes velocidades. Los bajos de línea deben tener un diámetro superior al del cuerpo de línea (0,05), para controlar esta parte tan expuesta. Su unión al buldó se realiza mediante unos emerillones de calidad (Berkeley, Mac Mahon n° 5) y una anilla abierta o un enganche. Un segundo emerillón, a mayor altura, servirá para unir el nailon que proviene del carrete.

Este dispositivo desviado es preferible al lineal, ya que confiere al aparejo movilidad y flexibilidad, a la vez que limita los enredos en el lanzado. A veces, se añade un tercer emerillón, que reduce aún más la torsión, sobre todo con hilos finos.

El buldó debe llenarse de agua dulce, ya que es más densa que la salada. Algunos introducen purpurina plateada para llamar la atención de los peces.

△ *Desembuchado de un tordo, capturado mediante la pesca sostenida en una costa rocosa.*

▽ *Rapala ondulante.*

◁ *Shad Rap de Rapala.*

▽ *Angel Bar.*

Nessie. ▷

Rapala Magnum Silver, una garantía de éxito con la lubina. ▷

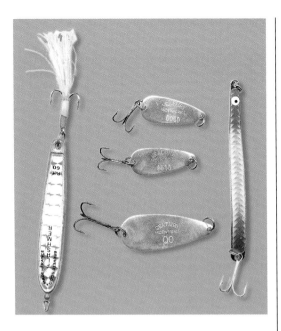

◁ *Las cucharillas ondulantes para lubina y abadejo:*
• *Flashmer (izquierda).*
• *JB (centro).*
• *Jensen Toby de Noruega (derecha).*

LOS SEÑUELOS RÍGIDOS

• Los pececillos nadadores

Entre los señuelos rígidos, los pececillos nadadores con babero, que se creían reservados para la pesca al curricán, pueden utilizarse con el buldó. Por ejemplo, un Shad Rad 8 GP azul eléctrico o un Countdown CD 11, que no descenderá por debajo de 1 m, así como un Rapala CD 9. Si no aceleramos demasiado la recuperación de los señuelos, éstos pueden pasar por las aguas poco profundas, llenas de peces, como los bancos de ostras, o los bajíos cubiertos de laminarias. Se puede usar otro señuelo, mitad cuchara, mitad pececillo, que es el Rapala ondulante. Con estos señuelos, armados de anzuelos triples, existe el peligro de que se enrollen en la línea al lanzar. En este caso, más que nunca, habrá que frenar el descenso del buldó antes de que se pose, para que el bajo de línea se extienda hacia adelante. Además, siempre que practicamos el lanzado al buldó, se ha de situar el índice de la mano izquierda sobre el reborde de la bobina. Se ha de procurar que exista una distancia de 60 cm entre la anilla de cabecera y el buldó durante el arranque del lanzado. También, se debe verificar que el señuelo no se engancha a la tierra, que el bajo de

línea no haya sufrido demasiados lanzados reiterados en zonas rocosas o que no se haya forzado demasiado con recuperaciones y tirones sucesivos. La fiabilidad del nudo de sujeción de la anilla de cabecera del señuelo (nudo doble o forro de plástico) ha de controlarse muy de cerca. Por último, si se utilizan multifilamentos de 0,16 ó 0,18, que aumentan la distancia de los lanzados, se recomienda proteger el dedo índice con esparadrapo.

• Las cucharillas ondulantes

Siempre en la gama de señuelos rígidos, las cucharillas ligeras ondulantes como Leman o Cybèle tienen un movimiento sinuoso y rotatorio que provoca la picada de peces como las lubinas, sobre todo cuando cazan, agrupadas, en la superficie. Su tamaño, su forma alargada y los destellos de su paleta niquelada, recuerdan la silueta y el aspecto de los boquerones o las anchoas, peces-cebo muy capturados por los depredadores. En ese caso, es conveniente desviar una o dos moscas de metralleta blancas a una corta hijuela, 40 cm por encima de la cucharilla, para que parezcan unos alevines perdidos, seguidos por el pececillo que se supone que representa la cucharilla. Un método de pesca, que se muestra muy eficaz, consiste en guiar con ligeras sacudidas a la pareja cucharilla-buldó cerca de un banco de presas cazadas, alternando aceleraciones en los huecos de las olas con deceleraciones en las crestas. Asimismo, los triples son corrientes. Cuando la actividad de caza en superficie se calma, no hay que desistir, sino intentar pescar a mayor profundidad con ayuda de cucharillas ondulantes semipesadas: Yann, Flashmer, Saintix... Si tememos emplearlas solas (por los enganches), las anudaremos a un buldó de la siguiente forma:
– se debe enhebrar un buldó oval o un Bulrag en el bajo de línea y luego sujetar la cucharilla;
– a unos 3 m de la cucharilla, se ha de situar el enganche que hará de tope; de esta forma, el buldó se deslizará por el bajo de línea y el pescador podrá interrumpir la recuperación siempre que lo desee y dejar que descienda la cucharilla en caída libre (la caída de hoja muerta resulta

Pesca con buldó

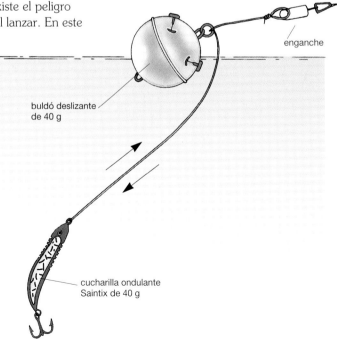

enganche

buldó deslizante de 40 g

cucharilla ondulante Saintix de 40 g

muy atractiva). Por el contrario, también podrá hacerla subir levantando fuertemente la caña. De esta manera, realizaremos como un campaneo, imprimiendo al señuelo un movimiento ascendente y descendente que ha logrado la captura de numerosas y grandes lubinas. Por último, se ha de tener en cuenta, al iniciar el lanzado, que el buldó y la cucharilla están agrupados, formando un importante lastre de 60 a 80 g (30 + 30 ó 40 + 40) capaz de realizar largos lanzados, incluso con un nailon bastante grueso (0,40), necesario para evitar un desgaste exagerado en el ojal de enganche del buldó. Si empleamos un multifilamento, será el ojal el que puede desgastarse.

La pesca al buldó es una técnica de lanzado recuperado, es decir, una pesca de exploración al igual que la pesca sostenida con señuelos. Además, se realiza sobre el mismo tipo de

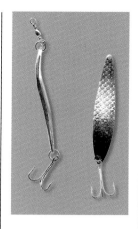

△ Ondulantes: para bacalao (izquierda); para lubina (derecha).

San Pedro pescado al lanzado. ▽

costas accidentadas areno-rocosas, o totalmente rocosas, y en los mismos puestos de acecho o paso de peces depredadores (en especial la lubina).

LA PESCA CLÁSICA AL LANZADO CON SEÑUELOS

Podemos practicar correctamente la pesca al lanzado con señuelos desde una pendiente y sin ayuda del buldó. Cuando el peso supera los 20 g, es posible lanzar a distancia pececillos nadadores con babero metálico, tipo Rapala, mediante los hilos modernos, finos y resistentes, sobre todo si se trata de multifilamentos. Si es necesario, se añadirá ante el señuelo un plomo, que se fija sin nudo respetando la relación distancia/plomo de 50 cm por cada 10 g, lo que da una profundidad de 5 m con un plomo de 100 g, por debajo de la profundidad normal del señuelo. De todos modos, el peligro de enredo y la fuerza del viento hacen preferible la utilización, con mar brava, de un señuelo pesado compacto.

LOS SEÑUELOS METÁLICOS

Una cucharilla ondulante de 40 a 60 g responde mejor a las condiciones atmosféricas adversas. Se lanza lejos y con gran precisión a las olas enroscadas, a la espuma de las grandes olas o a los rompientes sobre los cabos arenosos en la entrada de las hoyas. Abandonada a su suerte, una cucharilla ondulante desciende planeando hacia un lado y otro como una hoja muerta, y hacia arriba y hacia abajo (si su perfil y el equilibrio de las masas han sido bien estudiados), lo que produce la impresión de ser un pececillo moribundo. Arrastrada con fuerza con ayuda de la caña primero y, después, del carrete, la ondulante describe un movimiento giratorio.

Si no se manifiesta ninguna picada, la dejaremos descender libremente, con el hilo separado del *pick up* (se recomienda el uso de uno manual), para que prosiga su acción cerca del fondo, en zigzag. Cualquier detención de la cucharilla en su descenso, que provoque una relajación en la línea, debe ser respondida con un enérgico tirón. A lo largo del ascenso, la brusquedad nos clarificará la certeza de la picada.

△ Una cucharilla ondulante tipo Flashmer.

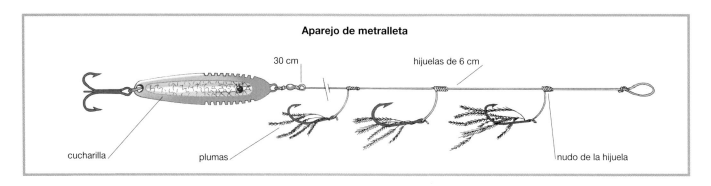

Aparejo de metralleta

30 cm — hijuelas de 6 cm

cucharilla — plumas — nudo de la hijuela

Cuando se detecta la caza de las gaviotas, que indica que hay peces en la superficie, se ha de lanzar hacia el límite del cazadero, provocando que la cucharilla se hunda a algunos metros (suele ser atrapada en ese momento).

A continuación, recuperaremos con el carrete o ladearemos la caña tirando con fuerza hacia arriba. Si no aparece nada, hay que dejar que la cucharilla gane de nuevo el fondo, donde los depredadores se han apostado. Una vez que la caza termine habrá que insistir, ya que la ausencia de agitación en el agua no significa en absoluto que los depredadores hayan desaparecido, sino todo lo contrario. En una corriente que bordee un cabo, lanzaremos aguas arriba, atravesando la corriente, que empujará a la cucharilla y aumentará su atractivo.

Resulta más ventajoso anticipar la cucharilla con un tren de miniseñuelos montados en cortas hijuelas (aparejo metralleta).

Por ejemplo, las plumas blancas, separadas unos 30 ó 40 cm, emiten sutiles vibraciones que equivalen a las que provocan los pececillos-cebo, los pulpos pequeños o las angulas. Estos pseudo-alevines simulan una caza en la que la cucharilla desempeña un papel fundamental, atrayendo a los verdaderos depredadores. Un aparejo de este tipo campaneando en el fondo o bien lanzado, atravesando las olas rompientes, provoca múltiples y variadas capturas.

LA METRALLETA Y EL NUDO DEL APAREJO

El material destinado a esta pesca se asemeja al de la pesca con buldó. La caña será larga y ligera, preferentemente fibrosa, con una buena acción de punta. Se recomienda un carrete semipesado cargado con 200 m de nailon de 0,40 ó 0,45. Se puede prever un multifilamento, aunque los lanzados largos no sean necesarios, pero vigilando los enganches en el fondo.

En el momento en que notamos un enganche más seco que la picada de una lubina, no debemos tirar brutalmente de la caña.

En este caso se ha de bajar y darle pequeños golpes, que pueden provocar el desenganche al oscilar la cucharilla. Otro método consiste en aprovechar la elasticidad del nailon. Después de tensar al máximo el hilo con la caña, se separa la línea del *pick up*: la detención brusca provoca el desenganche. Además, el hecho de utilizar un anzuelo doble o simple, un número 4/0 en vez de un triple, limita mucho los enganches, siempre y cuando las puntas se orienten hacia el lateral del vientre de la cucharilla, ya que ésta, si está descentrada, cae sobre el fondo, por el lado del dorso bombeado. Finalmente, como última precaución, debemos sustituir la anilla abierta por un pequeño bucle de nailon, cuya resistencia alcanzará la mitad de la de la línea, por ejemplo, un 0,22 para una línea de 0,45 (nudo de cirujano pegado).

Dado que este bucle corre el riesgo de someterse a un gran desgaste, habrá que vigilarlo y rehacerlo a la más mínima rascada o bien disponer de un juego de cucharillas de recambio. Para evitarlo, también podemos realizar este bucle (nudo simple) con un hilo fino de latón. Se han de realizar varios ensayos, agarrar el anzuelo de la cucharilla y tirar fuertemente del nailon de la línea hasta que ceda el bucle. Así, con un simple anzuelo se podrá recuperar la cucharilla.

Entre el resto de señuelos que se pueden lanzar solos, hay que mencionar el pececillo de hélices y el popper, muy de moda estos últimos años.

LOS SEÑUELOS DE SUPERFICIE

• Los pececillos de hélice

El atractivo de estos señuelos reside en la agitación que provocan en la superficie del agua, produciendo la impresión de una caza, lo que estimula a los depredadores, como por ejemplo, las lubinas. Las dos hélices, que giran en sentido inverso, emiten unas vibraciones que unidas al crepitar de las burbujas de aire provocan el efecto de un pez saltando fuera del agua.

Con un peso que oscila entre los 20 y 80 g, el pececillo de hélice, llamado Big-Big, Hélibar o Mirolure, puede lanzarse solo, siempre y

△ *Big-Big.*

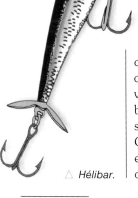

△ *Hélibar.*

cuando utilicemos un nailon de 0,24 a 0,30, muy visible, o multifilamentos. Han de ser proyectados por una caña de buldó, preferentemente con acción de punta rápida, que permita guardar el contacto con el señuelo. Cuando éste toque el agua, la acción de pesca consistirá en tirar en seco y con la caña alta, para que salpique en la superficie.

A continuación, recuperaremos, alternando aceleraciones con deceleraciones. Si pescamos en la corriente, podemos permanecer en el mismo sitio. La picada suele tener lugar al inicio o al final de la recuperación, al producirse la última agitación del Big-Big.

Se obtienen mejores resultados con la mar calmada o ligeramente agitada, siempre y cuando la altura del agua no supere los 4 ó 5 m.

Si la mar está agitada, hay que utilizar los señuelos más grandes (de 11 a 14 cm), que se lanzan bastante lejos y que, por su inercia, evitan pérdidas durante el tirón. Este último no se producirá cuando detectemos un pez depredador siguiendo un señuelo en la superficie. En efecto, el pez no se lo va a tragar; lo que quiere es alejar al intruso con su hocico. De ahí que haya múltiples picadas en el exterior de la cabeza o en la piel del dorso. Esta pesca a la vista es muy excitante sobre pequeños fondos y con buen tiempo.

• Los poppers

Estos señuelos funcionan con el mismo principio que los pececillos de hélice. Producen mucho alboroto en la superficie para atraer a las lubinas que se hallan apostadas en el fondo. Por su cabeza hendida y cóncava, se deslizan por la superficie del agua produciendo el mismo ruido («pop») que un tapón de cava, lo que les ha valido su nombre.

Más ligeros que los pececillos de hélice, exigen un tiempo calmado para ser lanzados y rebotar sobre el agua, creando una estela muy atractiva. Las ensenadas retiradas, los golfos cerrados o las calas se adaptan bien a su forma de nadar entrecortada y provocadora.

Igual que con el pececillo de hélice, un tirón prematuro puede provocar la pérdida del pez. Es preferible frenar o interrumpir, o bien acelerar el movimiento del señuelo, cuando detectamos un pez perseguidor, lo que, por otro lado, resulta muy emocionante. Cabe preguntarse, por qué un señuelo es atacado si sólo es una caricatura, la mayoría de las veces inodora. El ataque se produce por las ondas sonoras, que se propagan muy lejos y a gran velocidad. Así, la más mínima vibración actúa

△ *Popper para lubina: un excelente señuelo de superficie.*

sobre el pez para atraerlo. Pero, después, ¿qué le hace decidirse a tragárselo? En este caso, el hambre puede influir. Hay quien piensa que, quizás, el señuelo debería de ser la réplica exacta de la presa del momento: forma, color, manera de nadar, olor. Sin embargo, opinamos lo contrario, porque una imitación perfecta tiene pocas posibilidades de ser atacada, pero, por el contrario, un señuelo imperfecto que nade sobre un lado, girando sobre sí mismo, zigzagueando, será cazado. Hemos de hacer «sufrir» a nuestros señuelos para atraer a los peces, algo que corresponde a las crueles leyes de la selección natural, basada en la eliminación de los más débiles. Otro elemento a tener en cuenta es que cuando un pequeño abadejo se lanza sobre una pluma de metralleta, otro abadejo, en este caso de gran tamaño, o una lubina lo persiguen para apoderarse de la cucharilla, que, en un principio, habían rechazado. Ello se debe al instinto del derecho del más fuerte y la competencia. De ahí el interés de montar señuelos diferentes por parejas. La defensa del territorio, tan común en el mundo animal, también puede intervenir si sus presuntos competidores (cucharillas, pececillos de hélice) atraviesan el territorio ocupado por un buen pez. Lo que, a menudo se refleja en las picadas fuera de la boca. Ocurre también en otoño, cuando los depredadores se reúnen en vísperas de la freza. Una pesada cucharilla golpeando con insistencia el fondo, los enciende y los convierte en nuestras capturas. Por último, se puede pensar que el señuelo tiene un poder de atracción tal que despierta el instinto del depredador y le hace olvidar todo lo que le ha permitido sobrevivir hasta entonces.

LA PESCA A LA LÍNEA FLOTANTE

El material se compone de una caña a la inglesa de unos 4 m, provista de anillas que, durante la lucha con un pez grande, permiten que su acción se reparta por toda la longitud. Además, se ha de disponer de un carrete ligero de freno, muy progresivo, cargado con nailon de 0,16 ó 0,18. El waggler puede ser deslizante, lo que facilita los lanzados, disminuye los riesgos de enredo y permite pescar con cebo vivo, en una zona portuaria (lubina) con aguas calmadas, o con señuelos en una zona abierta (órficos). Además, la elección de los flotadores, en función del mar, no es tan sencilla como en agua dulce, pero es garantía de éxito.

LA PESCA

LA LUBINA

Muy conocida en la Antigüedad por los romanos, la lubina (Morone labrax) *cayó en el olvido durante mucho tiempo fuera del ámbito mediterráneo. Se trata de un hermoso pez de carne muy apreciada. Cabe mencionar otra especie extendida por el litoral atlántico al sur de Bretaña: el róbalo, reconocible por sus numerosas manchas negras repartidas por sus flancos.*

La lubina es uno de los peces más perseguidos por los pescadores deportivos costeros. Su espectacular resistencia y su delicada carne explican, quizás, la pasión que despierta. ▽

UNA GRAN VORACIDAD

A partir de los años sesenta, la lubina se puso de moda. Ciertos aspectos de su pesca, su desconcertante comportamiento, incluso su pretendida nobleza, la hacen comparable al salmón.

De la familia de los morónidos, se parece vagamente a la perca: aletas dorsales armadas de radios muy espinosos, gran boca membranosa y frágil, y largas escamas plateadas.

Este pez muestra una gran voracidad. Caza en grupos numerosos, que persiguen a sus presas hasta sacarlas a la superficie, donde son vigiladas por las gaviotas, y después se apostan de nuevo en el fondo al acecho de una nueva captura. Las lubinas son especialmente sensibles a todo lo que se mueve de forma ascendente y descendente; así, la pesca al lanzado con ayuda de señuelos será muy eficaz en este caso.

Además, su voracidad les permite acechar presas de cualquier tamaño; desde el múgil, con una longitud que equivale a una mano, hasta la pequeña pulga de arena, pasando por la carne de sepia. Los peces, los crustáceos y los gusanos blandos o duros están presentes en su dieta. Asimismo, la lubina también se alimenta de los peces de roca más viscosos, como el gobio, la locha, el burrito, tanto los espinosos como los picones, o los cangrejos más agresivos, como las nécoras nadadoras. Ante la variedad de cebos y señuelos que existe, cabe preguntarse cómo es posible que no se pesque más la lubina.

¿DÓNDE SE ESCONDE?

Con frecuencia, el desespero del pescador se debe a la ausencia repentina y prolongada de la lubina. Sin embargo, a medida que pesquemos y saquemos el anzuelo vacío, nos daremos cuenta de que era una ausencia fingida. Con toda seguridad, las lubinas estaban presentes en el lugar de pesca o a algunos metros. Los pescadores deberán esperar una ocasión más propicia, a menos que empleen otros medios para incitar a las lubinas a picar cuando no tienen el hambre de «lobo», que les ha valido el mote en el Mediterráneo.

Los días buenos de pesca son aquellos en que las condiciones atmosféricas son adversas para los no pescadores.

△ *Las costas rocosas golpeadas por la resaca son un lugar muy frecuentado por los pescadores de lubina al lanzado.*

Vientos marinos, nubes, lluvia, olas, espuma o resaca son las condiciones ideales para el pescador de la lubina, aunque no pueda mantener la línea en su sitio por causa de la tormenta. Pero, una vez pasada la tempestad, el océano permitirá la captura de los peces.

El pescador ha de ser tenaz y rodearse de múltiples precauciones para capturarla mar adentro.

La lubina es un pez de flujo. Ello significa que, con bajamar, y, a menudo, media hora antes de que suba el mar, los peces ya se han concentrado en su lugar de partida, al alcance del lanzado. Cuando la primera ola del flujo llene la orilla de ribetes de espuma blanca, las lubinas tomarán la corriente más o menos paralela a la costa. A medida que el agua suba, las lubinas abordarán la costa. Primero, rodearán los obstáculos sumergidos o emergentes, como los cabos; después, las rocas aisladas

o, en su defecto, los bancos de arena, y, por último, los huecos de la costa, las calas, ensenadas o fallas.

En su recorrido de caza, la lubina tomará unas vías casi invariables, cuyo trazado guarda una estrecha relación con los accidentes del relieve marino, aunque sean débiles y con ausencia de rocas en las playas arenosas (arenales). A cada escalón de ascenso corresponde un cazadero. Otra característica destacable de la lubina es que su ruta ascendente pasa por las elevaciones de los fondos por los que la ola, después del rompiente, se expande en una capa blanca. Así, se puede encontrar en los bancos, escalones arenosos, cimas y planicies rocosas.

La lubina tiene unos hábitos muy constantes y acudirá a un puesto a la misma hora de marea, siempre con la misma altura de agua. El nivel del mar le sirve para orientarse.

Por último, aunque es cierto que este pez no siempre es fácil de pescar, suele acabar picando el anzuelo.

LA LUBINA Y EL RÓBALO

Hay dos tipos de lubina que abundan en las costas francesas.

• La lubina

La lubina *(Morone labrax),* se denomina lobo en la parte mediterránea de Francia, lubina en el sudoeste, drenec en Bretaña o, incluso, lubina blanca, sobre todo cuando es joven y frecuenta las arenas de las playas y estuarios, donde se desarrolla con rapidez. La relación edad/tamaño es significativa. Una lubina de 4 años mide 36 cm: el tamaño legal. Se ha registrado un peso récord de 13 kg en un ejemplar de 25 años. Entre ambos extremos, una lubina medianamente grande alcanza los 3,5 kg a los 13 años y una lubina me-

EL USO DEL SEÑUELO

El comportamiento extraño de los peces, sobre todo de los llamados «nobles», es indiscutible. La experiencia demuestra que se necesita prestar más atención a las actitudes, trayectos y momentos de actividad del pez. Gracias a esto, ahora sabemos que la pesca nocturna tiene un mayor rendimiento que la diurna. Otra constatación es que la pesca con señuelos no es tan eficaz como en los años setenta y ochenta, cuando estaba en su pleno auge. Ello se nota sobre todo en la pesca con barca, cerca de las costas, donde, en sectores considerados como buenos, la pesca al curricán no obtiene los resultados de antaño.

Si preguntamos a los pescadores, seguramente nos dirán que los peces han desaparecido; sin embargo, cuando los convencemos de que no se desplacen tanto, que permanezcan en un puesto fijo y lancen a unos 20 m un bajo de línea de *surfcasting* cebado con cangrejo blando, se dan cuenta de su error, ya que la captura de la lubina ha sido un hecho.

No se trata de menospreciar los señuelos. Si tenemos en cuenta que algunos de los récords más importantes en la pesca de la lubina han sido fruto de la pesca con señuelo y con cebo, concluiremos que, por el momento, se trata de dos técnicas complementarias, de igual valor.

diana los 2 kg a los 10 años. La determinación de la edad se realiza estudiando las *estrías* de las escamas (escalimetría) o mediante la observación de los otolitos del oído interno.

• El róbalo

El róbalo (*Labrax lupus*) o céfalo, sólo se encuentra en el Mediterráneo y en las costas del sudoeste del Atlántico (Vendée, Aquitania). Más pequeño que la lubina (1 ó 2 kg), tiene una forma más afilada, cola larga, cabeza puntiaguda y puntitos negros en el dorso, flancos y aletas.

Tienen un profundo instinto gregario que hace que se desplacen en grupos unidos y móviles, y cacen los peces de la superficie. Asimismo, su pesca es más bien rápida, en serie, con ayuda de señuelos escalonados en la línea. Un último comentario, de tipo culinario: la carne del róbalo (baila) se considera más seca y menos sabrosa que la del lobo (lubina).

UNA GRAN BOCA

Cuando abrimos la boca de una lubina nos damos cuenta de su tamaño desproporcionado. El borde de las mandíbulas está marcado por pequeñas rugosidades, sin ningún diente típico del depredador. Tan sólo, al final de la garganta, los largos dientes faríngeos planos controlan el alimento que se dirige al estómago. La mandíbula inferior se articula mediante arcos cartilaginosos, unidos por membranas que ceden bajo la presión de un dedo. De estas observaciones se deduce que:
– para una boca grande, se necesita un cebo grande y un anzuelo adaptado;
– este anzuelo rara vez se clavará en el paladar liso o en la lengua, pero fácilmente en las paredes laterales membranosas, cuya fragilidad puede producir un rápido desgarre;
– no se ha de temer el contacto del nailon con las mandíbulas. Así, es posible el uso de líneas finas. Si levantamos el escudo de los opérculos cortantes y espinosos (cuidado con los dedos) descubriremos unas agallas de branquias impresionantes, muy escalonadas, llenas de sangre roja oxigenada.

UN RÉGIMEN VARIADO

La lubina encuentra en las algas un escondite propicio para las emboscadas y una gran variedad de presas: gambas, peces, cangrejos… Es un pez de aguas poco profundas, a menudo ricas en vegetación.

La lubina es sensible a los señuelos que, bien guiados, provocarán su ataque a pesar de no tener hambre. Antes, la lubina era más fácil de pescar, ya que tenía más curiosidad que desconfianza. Se podía pescar a treinta metros de la orilla, y los primeros

cazadores submarinos se encontraban a menudo rodeados por este pez.

Las lubinas son sensibles a los cambios de forma y a los movimientos. Esto significa que la pesca durante el día presenta cierta dificultad, que se agudiza cuando se pesca en aguas claras de verano, y hace que su pesca sea preferible durante el alba o la noche. El examen del contenido estomacal de la lubina es motivo de sorpresa en ocasiones, tanto por la variedad de sus presas (peces, crustáceos, moluscos o moluscos de concha) como por sus dimensiones, cantidad y resistencia (se pueden encontrar cangrejos de «hierro», jugo negro de tinta de sepia, incluso su hueso). Una necesidad de alimentación semejante no puede renovarse diariamente. Al margen de los excelentes resultados obtenidos con la pesca los días de ayuno, las consecuencias de esta alimentación excesiva de la lubina son más bien nefastas.

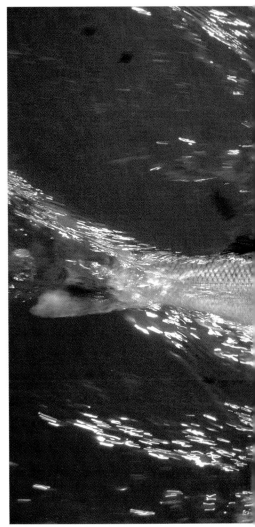

Una lubina pescada al lanzado con señuelo flexible. ▷

De vuelta a sus lugares de reposo, cabe preguntarse qué hace un pez cuya capacidad estomacal no admite más alimento. La ingestión de presas voluminosas conlleva pesadas digestiones. Después de ingerir alimento para varios días, se piensa que la lubina se esconde en su falla. Esta inactividad prolonga el estado de equilibrio fisiológico de su organismo.

Desde la costa, las posibilidades de pesca se mantienen. En primer lugar, la pesca nocturna, que rara vez decepciona cuando la bajamar corresponde a las horas del crepúsculo o, por el contrario, la búsqueda de jóvenes lubinas al alba, siempre activas con el primer flujo de la marea. No debemos olvidar que las lubinas deben conseguir diariamente su ración de alimento.

En este sentido, los estudios de los especialistas indican que la alimentación de la lubina está constituida por crustáceos en un 80 %. Y, de éstos, tres cuartas partes son cangrejos.

Un puñado de cebos vivos constituye un excelente cebo para lubina. ▷

En cuanto a la gamba, pequeña o grande, es tan buena y universal como el cangrejo. Así lo prueba su empleo regular en el Mediterráneo para pescar lubinas desconfiadas. En cambio, en el canal de la Mancha y en el Atlántico, la fragilidad de la gamba desaconseja la pesca en aguas agitadas y llenas de obstáculos, así como el lanzado.

Los gusanos, sean grandes y blandos, como las arenícolas, o pequeños e inquietos, como las nereidas, son igualmente eficaces. En este caso, la calidad sustituye a la cantidad y una lubina de gran tamaño puede interceptar el paso de una lombriz tipo rosca que, en el anzuelo, no parecía dar resultado.

El calamar, pequeño y entero, así como los tentáculos o tiras de tentáculo, son la carnaza preferida en el *surfcasting* por los buenos lanzadores, cuando hay que superar las olas enroscadas en las grandes playas planas y alcanzar las corrientes y hoyas alejadas. Otros cebos adecuados, como las navajas (muergos), sólo se pescan en puntos concretos de ciertas costas. Los lanzones o sardinas requieren una manipulación más delicada.

UN OLFATO DE DEPREDADOR

No sabemos a ciencia cierta a qué distancia puede «sentir» el pez las emanaciones procedentes de una presa. Los órganos que captan olores y sabores son numerosos y complejos y se encuentran diseminados por todo el cuerpo. Sin embargo, se concentran sobre todo alrededor de la boca y hacen que la lubina se sitúe a distancia y huela los efluvios. Se ha de tener en cuenta que una presa en apuros es un gran estímulo para el instinto depredador de una lubina.

La navaja es considerada el cebo universal por excelencia. ▷

LAS PICADAS Y LA DEFENSA DE LA LUBINA

La picada de la lubina se caracteriza por dos toques seguidos y bien perceptibles: uno cuando el pez se apodera del cebo, y el otro cuando asegura la presa y la paraliza en la garganta para tragársela. Eso, a menos que haya sentido la presencia del anzuelo y el hilo, y dé un brusco cabezazo en diagonal para desembarazarse de ellos. Este comportamiento finaliza frecuentemente con una autopicada, sin la intervención del pescador. A continuación, realizará un brusco arranque. Las lubinas jóvenes son proclives a ello, y su brutal picada hace creer a menudo que se

ha capturado una gran pieza. Si finalmente no se capturan, el fracaso se debe, sin duda, a un cebo o a un anzuelo demasiado grandes. Un anzuelo n° 1/0 ó n° 2/0 es suficiente para las pequeñas lubinas. Las adultas que hayan perdido la fuerza juvenil sólo dan un toque, a veces débil. En este caso, un pescador que perciba este ataque, con el hilo de línea en el índice, sentirá cierta vacilación en la flotación de la línea, cuya curvatura se acentuará. Si no tiramos enérgicamente en este instan-

te, perderemos la lubina la mitad de las veces. Otro golpe favorito de la lubina consiste en lanzarse sobre el cebo, de cabeza al pescador. Este arranque provoca que el bajo de línea resbale varios metros y una gran relajación de la línea, que es imposible de recuperar con suficiente rapidez, sobre todo si la caña está clavada cerca del pescador. Se sobrentiende que las picadas de la lubina varían en función de muchos elementos, como el estado del mar, por ejemplo: si las aguas son turbias, agitadas, las picadas serán decididas, brutales, por miedo a que la presa detectada se escape del perseguidor. Por el contrario, si la mar está en calma, las picadas serán más delicadas. Asimismo, una corriente puede estimular el ansia de una lubina por atrapar una presa.

La acción de tirar de una lubina no es suficiente, ya que también hay que retenerla. El primer error consiste en tirar más bruscamente que el pez y, peor

A la lubina le gusta situarse en el rompiente de las olas, donde se puede pescar de forma eficaz al lanzado. ▽

La lubina pica muy bien a la mosca, que se puede elegir entre las multicolores adornadas con hebras de color. También se pueden utilizar todos los streamers susceptibles de imitar a los alevines o lanzones. ▷

áun, recuperar el hilo frenéticamente. El segundo sobreviene normalmente al final de la lucha: si se pierde la presa es porque se arrastra hasta la superficie con demasiada rapidez, y sus cabriolas sorprenden al pescador. En el primer caso, existen muchas probabilidades de que el anzuelo desgarre la boca de la lubina; en el segundo, el mismo anzuelo saltará del «ojal» que haya producido en las paredes de la boca.

Dos rasgos caracterizan la defensa de la lubina. El primero es la rápida subida a la superficie. No busca el fondo, como la dorada, o un refugio, como el congrio: se trata de un pez franco. A algunos centímetros de la superficie, suele girar de repente en diagonal a la derecha o izquierda del pescador, de forma que éste tendrá que acostar la caña en sentido inverso, ya que huye hacia un obstáculo, a menudo una roca que sobresale del agua, como si quisiera chocar con ella. Esta eventualidad lleva en ocasiones al pescador a hacer maniobras lamentables, como tirar con todas sus fuerzas.

La segunda defensa se produce en la superficie, donde la lubina mostrará todas las facetas de sus aptitudes deportivas: vueltas, giros, cabezazos rabiosos, descensos en picado y ascensos. Esta situación puede terminar con la pérdida del pez, ya que a menudo sucede cerca de la orilla y de los obstáculos. Cuando la lubina se debate en la superficie, se sienten con más brusquedad las sacudidas de la línea, porque ya no se pueden amortiguar con una gran longitud de nailon, ni la presión del agua en el hilo. En estos momentos, se corren riesgos de ruptura a la altura del nudo del anzuelo, así como de desgarre de la boca y el consiguiente desenganche. Cualquier pescador de lubina ha constatado alguna vez que el anzuelo se ha mantenido en la boca del pez que acababa de cobrar, sin saber exactamente porqué.

En definitiva, luchar correctamente con una lubina consiste en dosificar bien la presión de la caña sobre la boca del pez, sin relajar ni exagerar la tensión.

LA PESCA DE LA LUBINA

El material para pescar lubina ha de constar de dos cañas, una para lanzado y la otra para la pesca al *surfcasting* y sostenida, y de unos carretes que se correspondan con estas técnicas (véanse págs. 254-257).

• Los puestos estratégicos

Los mejores sitios suelen localizarse en diversas zonas, donde, normalmente, abunda la espuma. Sin embargo, los principales puestos para pescar después de una atenta observación de la playa con marea baja son:

– *Los cabos rocosos elevados que se hunden bruscamente en el agua*
Se prestan a cualquier pesca al lanzado de señuelos o cebos.

– *Los cabos bajos*
Reaparecen en la distancia bajo forma de rocas aisladas o bajíos poco cubiertos. En estos casos se recomienda la pesca con buldó.

– *Las planicies rocosas o arenosas*
Forman bajíos que siempre se descubren durante la marea baja. Desde el primer flujo, cuando las olas rompen, pescaremos con buldó, pececillo de hélice o poppers.

– *Los caños entre planicies*
La pesca se realiza con cebos y sostenida con cucharilla o buldó y señuelos flexibles.

– *Los desprendimientos de grandes bloques separados de los acantilados*
Resulta difícil pescar con señuelos. Son sitios muy poblados de lubinas porque parecen infranqueables. Se puede utilizar la pesca sostenida con cebos. Cuando los desprendimientos sumergidos alcanzan una profundidad importante, pescaremos al campaneo con cucharilla.

– *Los bordes de rocas aisladas sobre una playa*
En esta zona son factibles todas las técnicas de pesca.

LOS POPPERS

Las lubinas grandes se capturan gracias a su gran curiosidad. Se puede usar el popper entre los obstáculos que sirven de puestos de acecho a un pez solitario o en aquellos montículos de hierbas, donde no nos atreveríamos a pescar con otro señuelo. Evidentemente, una recuperación uniforme no es recomendable. El Big Bomb, el popper más conocido, debe zigzaguear, moverse mediante pequeños saltos y emerger ruidosamente para alertar a los peces depredadores cercanos. El ataque suele ser brutal, precedido a veces por remolinos que indican la persecución del depredador.

◁ *La pesca de la lubina al* surfcasting *en una playa de Córcega. Este excelente emplazamiento en un pequeño estuario, atrae a muchos peces.*

– Las hoyas
Son recorridas por las corrientes y muy visibles a causa de su color azul, cuando el agua es transparente. Se debe pescar al *surfcasting* o con señuelos sobre los relieves que las bordean.

– Las ensenadas, las pequeñas calas con fondos de arena o guijarros
A menudo pescaremos grandes lubinas con señuelo, si lo hacemos durante la marea alta en los extremos de la playa y con mar brava.

• Las mejores estaciones
En enero, febrero y marzo, cuando la temperatura del agua desciende por debajo de los 7 °C, las lubinas se alejan de la costa y se reúnen en aguas profundas, sobre fondos pedregosos, donde son detectadas con sonda por los pescadores profesionales, que a menudo provocan estragos. Para controlar la correcta evolución de la especie, quizás se debería prohibir la pesca durante este periodo del año. Los meses más favorables para pescar son mayo y junio, durante los cuales las lubinas son muy activas y reponen sus fuerzas, sobre todo alimentándose de los cangrejos, que efectúan varias mudas en esta época.
A partir de julio, la llegada de los veraneantes modificará el comportamiento de la lubina, a excepción de las costas muy rocosas. La actividad de las lubinas casi siempre es nocturna, lo que resulta ideal para el pescador de *surfcasting*.

En septiembre, la afluencia masiva del turismo desciende, pero, por el contrario, aumenta la presencia de los pescadores costeros. Por último, octubre y noviembre son meses fructíferos, sobre todo noviembre, cuando se pescan las lubinas más grandes.

LA LUBINA DE NUESTRA VIDA
Cuando una lubina se encuentra en apuros, emite sustancias químicas y, quizás, unas ondas vibratorias, que son signos de peligro, lo que provoca la huida del resto del grupo de lubinas jóvenes. Este comportamiento persistirá incluso cuando las lubinas crezcan y vivan en grupos más reducidos. De ahí la necesidad de emplear siempre la misma técnica con señuelo (pesca al curricán clásica o plomo en el fondo). Una vez adultas, las lubinas irán siempre en pareja, y resulta muy difícil atrapar las dos sucesivamente.
La desconfianza crece con la edad. La gran lubina (vieja) permanece sola, lo que la lleva a explorar los mejores cazaderos y los más resguardados (algas, desprendimientos rocosos y fallas), en definitiva, aquellos que le procuran alimento fácil. Las mejores presas, muy vigorosas y rápidas, serán rechazadas en beneficio de otras, más pequeñas o incapacitadas. Pensemos en las plumas ligeras o las metralletas, con cangrejos blandos, así como en los señuelos que llega a tragarse (cucharillas ondulantes) o los señuelos lentos que parecen peces en apuros, gracias a sus movimientos indecisos (poppers).
Se sobrentiende que un cebo vivo bien situado, como una gran ración de sepia, siempre dará buenos resultados.
Cuando pasa por nuestro sector un banco de alevines (anchoas, boquerones, lisas o lanzones), es muy probable que cerca de allí se encuentre una lubina. Con frecuencia, las grandes lubinas se mantienen al acecho, en el fondo y cerca de sus presas. Es precisamente en estos lugares donde habrá que buscarlas, aunque las más jóvenes hayan podido huir debido a su desconfianza.

SEÑUELOS DE TAMAÑO NATURAL

Antes que pintar un ojo en un señuelo, conviene adaptar su tamaño al de las presas, sobre todo durante las cacerías. Se ha advertido muchas veces que, incluso, las grandes lubinas se apoderan de las pequeñas plumas antes que de la cucharilla que viene a continuación, más voluminosa y, en principio, más apetitosa. Ello se debe a que los depredadores prefieren cazar pequeños alevines. Por el contrario, la cucharilla está más solicitada cuando se trata de anchoas o sardinas.

◁ *El Rapala o el Big-Big son algunos de los señuelos más empleados en la pesca de la lubina.*

EL ABADEJO

*P*erteneciente a la gran familia de
los gádidos, el abadejo (Pollachius
pollachius) *es un hermoso pez de forma
ahusada cuyo cuerpo está recubierto de
pequeñas escamas de color dorado.
Este pez mimético, adquiere una
pigmentación que puede oscilar entre
el bronce y el cobrizo, pasando por
el naranja, en función del biótopo
que habita. El abadejo es un gran pez
deportivo que se captura muy bien con
señuelos. Además, su carne es
deliciosa, por lo que se aprovecha todo.
En España se le llama serreta, bacalao
falso o merlo.*

LA «LUBINA DEL POBRE»

A primera vista, el abadejo da la impresión de gran tranquilidad, incluso de apatía, que contrasta con su vecina, la activa lubina (véase pág. 276). Ambos peces cohabitan juntos, aunque con las lubinas los pequeños abadejos nunca están a salvo de recibir algún que otro ataque. En efecto, frecuentan los mismos fondos herbáceos o rocosos, se alimentan de las mismas presas y se persiguen unos a otros. De todos modos, el abadejo se mantiene mucho más abajo que la lubina, aunque también se alimenta de los bancos de alevines que pasan a ras de superficie.

UN PEZ LUNÁTICO Y GREGARIO

Bastante gregarios, los abadejos aparecen por la mañana, cerca de la costa, en cuanto el tiempo es favorable. Al principio se trata de hermosos ejemplares de 2 a 4 kg, seguidos de bancos que agrupan peces de menor tamaño y, por último, en pleno verano, de pequeños abadejos moteados de naranja, que se han de devolver al agua por dos razones: la primera es por la ética de pescador aficionado y la segunda, por respeto a su tamaño legal (30 cm). Además, al pescador le conviene dejarlo engordar, ya que un abadejo joven puede alcanzar 1 m de largo y pesar 10 kg. Su hermano, el carbonero *(Pollachius virens),* de dorso más oscuro y con el interior de la boca negro, alcanza un peso superior, pero se pesca pocas veces desde la orilla.

DÓNDE PESCAR EL ABADEJO

El abadejo es un pez depredador que aprecia las corrientes potentes. Es allí donde le encontraremos más fácilmente, anclado en el fondo, acechando a sus presas. Los grandes cabos graníticos escarpados que se meten en un mar profundo, prolongados por los escollos, son las zonas más frecuentadas. El abadejo se sitúa a un mínimo de 5 m de profundidad, aunque, cuando persigue agujas, puede aventurarse a menos de 1 m. En principio, cuanta mayor profundidad, más grande será el abadejo. Así, las costas acantiladas son muy adecuadas, ya que en ellas se encuentran los biótopos que convienen más a este pez, como las rocas abruptas, los promontorios que se adentran en las

El abadejo, igual que la lubina, es un ávido depredador que pica ya sea con cebos naturales o con señuelos. ▽

El abadejo pica fácilmente a la mosca, sobre todo cuando se acerca a las calas (en este caso, Irlanda) para cazar morralla. ▽

Aparejo desviado

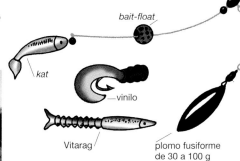

arrastrada por la plomada y subiéndola con relativa rapidez, como haríamos con una lubina.

En vez de la anguila, podemos probar otro señuelos, como el Raglou, Red Gill o Delta de cabeza plomada descentrada. Los pequeños kats o vinilos también pueden ser efectivos. Podemos incorporar las plumas a los movimientos de ascenso y descenso, ya que, si existe un señuelo infalible para la pesca del abadejo, éste es la pluma blanca o amarilla, que asocian a sus presas preferidas: los alevines pequeños.

aguas rápidas y profundas, que contrastan con corrientes intensas, y los declives de gran pendiente, cerca de las hoyas que ofrecen una sucesión de marcas, cavidades o desprendimientos. Todo ello, junto con el comportamiento que muestra este pez, puede ofrecer grandes luchas al pescador.

Otra particularidad de este delicado pez es su preferencia por las aguas limpias y calmadas. A veces, se le puede observar realizando un pequeño chapoteo. Con la mar más agitada se refugia en lo más profundo y, en los días claros, muestra predilección por la caza al alba o durante el crepúsculo. A causa de su predisposición a las corrientes, es normal que se muestre activo cuando repunta la marea con coeficientes altos, durante el montante y la mitad del reflujo. Por fortuna, el abadejo no se instala necesariamente en el fondo. Lo vemos cazar cerca de cabos bajos doblados por la corriente, si existen refugios cerca, o junto a los islotes que dividen las corrientes. A esta profundidad media, pescaremos con mar algo agitado, viento moderado y cielo plomizo. Si el día es muy soleado, habrá que volver a las profundidades, donde cazará durante todo el día. Las costas bretonas se prestan de forma especial a la pesca del abadejo.

LOS APAREJOS MÁS EFICACES

• El aparejo lastrado

Los abadejos son muy sensibles a la anguila de caucho pequeña. Muy ligera, se debe lastrar mediante un plomo de oliva deslizante colocado entre 2,5 y 3 m o, aún mejor, un plomo de barco con emerillón, que evita la torsión de este tipo de señuelo. En cuanto a los colores, si el agua es clara y con una profundidad media, usaremos el blanco, el dorado o el rojo. En aguas más profundas y oscuras, elegiremos los colores marrones, azules, grises o negros, así como el amarillo *chartreuse*, muy visible. Se ha de provocar al abadejo con movimientos de campaneo, dejando que la anguila se hunda

• El aparejo desviado

Para evitar demasiadas roturas en el material del pescador, el aparejo del señuelo desviado permitirá que el plomo toque el fondo antes que los señuelos. Se trata de practicar la pesca al toque, siempre y cuando se sienta con claridad el impacto de la plomada, con ayuda de una caña muy sensible, como la de buldó. Una perla *bait-float*, impregnada de atractivas sustancias que le proporcionen olor (no olvidemos que los abadejos tienen un gran olfato), aligera el bajo de línea e impide un excesivo rozamiento con los obstáculos, aumentando el poder de seducción del señuelo. Las condiciones de pesca más ventajosas tienen lugar durante las

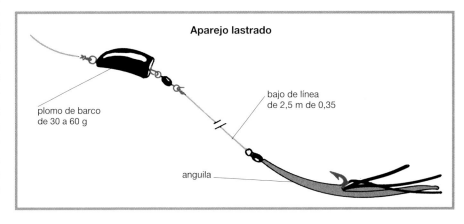

◁ *Un hermoso ejemplar de abadejo irlandés capturado con una cucharilla ondulante.*

charilla comporta menos riesgo, ante la perspectiva de una excelente pesca.

LA PESCA CON CEBOS

Los cebos para el abadejo son idénticos a los empleados con peces que frecuentan los fondos rocosos.

• Un aparejo y un cebado adaptados

Mediante una caña para buldó se puede pescar en el fondo o con flotador. En el fondo, optaremos por el aparejo deslizante con plomo hexagonal perforado, detenido por un emerillón de enganche en el bajo de línea, que puede llevar dos anzuelos.

Después de rastrear con minuciosidad la profundidad, regulando de forma diferente el tope superior, también se puede emplear el flotador deslizante en un bajo de línea lastrado con plomos de oliva, para la búsqueda del abadejo desde espigones o promontorios. En ambos casos, resulta interesante proceder a un engodo abundante para atraer y retener a los abadejos, por ejemplo, aguas abajo de una corriente que rompa contra un dique o un cabo. La pasta de desechos de sardina mezclada con arena constituye el cebado más simple. Asimismo, podemos mezclar mejillones y cangrejos triturados o carne de caballa con harina de cacahuete. Las bolas de engodo recargadas de arena se deben lanzar a intervalos regulares hacia la zona más cercana al puesto. Debido a que los emplazamientos del abadejo son más bien salvajes, es acosejable colocar un cubito de engodo bajo el cabo del Brézellec.

• La picada del abadejo

La picada del abadejo es clara, por lo que el tirón debe ser seco y decidido. Su defensa reside en bajar en picado al fondo para cobijarse y contener la línea. Después, el abadejo vuelve a la superficie lentamente.

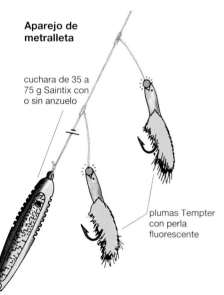

Aparejo de metralleta

cuchara de 35 a 75 g Saintix con o sin anzuelo

plumas Tempter con perla fluorescente

LAS CUCHARILLAS MÁS MODERNAS

Las cucharillas ondulantes se han modernizado. Revestidas de Scalelite brillante, imitando las escamas, o de llamativos hologramas barnizados, emiten destellos tan atractivos como los nuevos señuelos sofisticados. El anzuelo de cola puede adornarse con un amasijo de pelo irisado, plumas de marabú, un faldón hinchable o incluso una pequeña anguila de caucho. Se trata de detalles de interés relativo, pero que facilitan la pesca y constituyen un placer para el pescador que ha construido su propia cucharilla.

cacerías en la superficie, donde la pesca con buldó clásica recupera su gran eficacia. Por desgracia, como esta actividad es bastante escasa, resulta más conveniente ir en busca del abadejo allí donde se encuentre, mediante señuelos pesados.

En este caso, la cucharilla resulta muy eficaz, ya que se sitúa en el fondo, al igual que el abadejo. Podemos sustituirla por un plomo del tipo palangre o fusiforme, precedido de un tren de cuatro o cinco plumas, sobre todo las Tempter (Mustad).

Este método funciona mejor con los abadejos pequeños y medianos.

• El aparejo de metralleta

Otra solución consiste en extraer el anzuelo de la cucharilla, que pasará a desempeñar una función de *teaser* (excitador), ya que los abadejos son tan proclives a la territorialidad como las lubinas. En este caso lo peor que puede ocurrir es que se produzca una sacudida que detenga por un instante el ascenso del bajo de línea. Ello indica que un gran abadejo se ha lanzado sobre la cucharilla, pero sin picar.

Sea como sea, en presencia de grandes ejemplares, asegurar la cu-

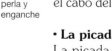

cuerpo de línea de 0,35

tope

plomo deslizante de 40 a 120 g

perla y enganche

0,30

anzuelo del n° 2 al n° 2/0

Aparejo para la pesca en el fondo del abadejo

EL CONGRIO

*E*l congrio (Conger conger) es quizás, junto con la corvina, uno de los peces más grandes que nos proporciona la pesca costera. Los ejemplares más grandes (de 40 a 60 kg) se pescan en barca sobre los restos sumergidos, pero, desde la orilla, también se pueden capturar congrios de 16 a 20 kg. Cuando se conoce la gran resistencia del congrio, es más fácil entender la pasión que despierta en los pescadores (aunque, desde el punto de vista culinario, su carne no reviste especial interés). Las mejores expectativas de captura, cuando nos apostamos en la orilla, se presentan con el crepúsculo o al llegar la noche.

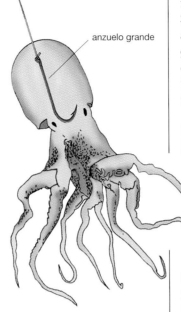

anzuelo grande

Cabeza de calamar

El congrio es un habitante típico de las costas rocosas, donde se oculta entre las cavidades, mostrando una preferencia por los restos sumergidos. Este gran depredador se pesca igual de bien desde la orilla que desde una embarcación. ▽

UN TENAZ ADVERSARIO

Pez casero, no muy activo, el congrio se aleja muy poco de sus refugios, que se sitúan junto a los obstáculos, hoyos sin fondo, fallas o refugios de bogavantes. Su desarrollado olfato lo hará salir de su agujero en busca de sus presas favoritas: gádidos, caballas, cefalópodos, sardinas, calamar o sepia. Se pueden escoger diferentes opciones, siempre y cuando se respete la frescura de los cebos.

LOS CEBOS

El cebo debe tener una buena presentación. La mejor forma consiste en utilizar el aparejo Stewart. Usaremos un anzuelo grande del n° 6/0 al n° 9/0 Octopus o O'Shaughnessy, con tija más larga, seguido de un Octopus más pequeño del n° 4/0 con ojal, que se deslizará gracias a las espiras bien prietas del hilo de latón o cobre. Este pequeño anzuelo desempeñará la función de fijador: mantendrá el cebo impidiendo que se aplaste, lo que reduciría enormemente su atractivo.

• Los cefalópodos

La carne de los cefalópodos, bastante frágil, es destrozada a veces por los gádidos, excepto cuando el congrio se mueve por esos parajes. El anzuelo mayor se introducirá bajo la cabeza y la punta saldrá entre los ojos, mientras que el pequeño se clavará en la parte posterior de la sepia, a una buena distancia, mediante un nudo prieto de autobloqueo. Para ahorrarse algunos cebos, los pescadores usan con frecuencia una parte del calamar, preferentemente la cabeza. En este caso, el anzuelo grande de tija larga se clava bajo la cabeza y se extrae por entre los ojos, mientras que el más pequeño se introduce en uno o dos tentáculos. Cuanto mejor sujeten los anzuelos el cebo, menos posibilidades tendrá el congrio de apoderarse de él sin picar.

• La caballa

La caballa, de carne grasa, firme y sanguinolenta, es uno de los mejores cebos para el congrio. Se emplea el anzuelo mayor (del n° 6/0), clavado en el flanco, cerca de la cabeza, y extraído por el cráneo, con la tija acostada y atada con una cuerda de depredador o dacrón, hilos fáciles de atar. El segundo anzuelo (del n° 3/0) se clavará cerca de la aleta caudal y, si es necesario, realizaremos dos o tres medios cortes invertidos (nudos de cabrestante utilizados para formar topes con ayuda de un trocito de cerilla). A continuación, se atará el pez con varias vueltas de cuerda para soportar los tirones del congrio, que no tendrá más remedio que tragárselo entero. También se puede utilizar filetes de caballa, pero son más frágiles. Más vale cortar una caballa o una sepia a lo largo, cabeza incluida, y fijar la mitad del pez de la misma manera.

DÓNDE Y CÓMO PESCAR CONGRIO

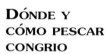

medio corte

medio corte

Caballa atada

• Puestos naturales

Los puestos naturales se encuentran al pie de los acantilados, donde el congrio dispone de un mínimo de 3 m de agua por encima de la cabeza, o en una profunda hoya. Estos lugares, situados a lo largo de las costas rocosas, son bastante frecuentes en el océano Atlántico y en el mar Mediterráneo.

• Los puestos artificiales

Los puestos artificiales se crean con el establecimiento de escolleras o diques, que protegen los puertos de aguas profundas, y se componen de densas aglomeraciones de bloques de piedra grandes. Los congrios aprovechan estas pedreras ricas en crustáceos y moluscos. En esta zona, el congrio saldrá sobre todo de noche, con las aguas calmadas y más bien cálidas, ya que este depredador no suele frecuentar las corrientes de mareas de alto coeficiente.

• Un aparejo apropiado

Se debe descartar bajos de líneas de 4 ó 5 m para la pesca sostenida con lanzado de un aparejo simple, ya que la base de estas escolleras es ancha. Para el aparejo, utilizaremos un plomo de caras planas montado en una hijuela, una corredera y un bajo de línea trenzado de acero forrado de nailon, lo más flexible posible (tipo Steelon o Scale Mer) y de una resistencia de 40 Lbs.

△ *La pesca del congrio al tiento en una costa rocosa de Bretaña.*

En todos los aparejos para congrio, es preferible interponer un emerillón de bolas (Berkeley) antes que intercalar dos de tipo ordinario, que hacen que el bajo de línea fragmentado sea más frágil.

Por lo general, se utiliza una caña de barco de unos 2 m, de fibra de vidrio maciza y con polea en el extremo de la puntera, de una potencia de 30 a 40 Lbs, así como un carrete de bobina giratoria igual de potente. También se puede emplear un carrete grande de *surf* de bobina fija, siempre que el calibre del nailon de la línea no sea superior a 0,70.

El aparejo para la pesca sostenida en pendiente, en vertical sobre el puesto, se inspira en la pesca con embarcación. Se utiliza algunas veces una pequeña corredera portaplomos antitorsión, tipo Sea Boom, y un bajo de línea deslizante idéntico. Cuanto más fuerte es la corriente y más obstáculos presenta el fondo,

cuerpo de línea de 0,70

corredera

enganche

hijuela de 30 cm de 0,30

emerillón

sleeve

plomo de 100 a 400 g

hilo trenzado de acero

sleeve

anzuelo del n° 6/0

Aparejo simple

más corto ha de ser el bajo de línea de acero (50 cm). Por el contrario, si la corriente es nula y el fondo limpio, el bajo de línea debe alcanzar 1,50 m.

• El toque, la picada y el cobro

El congrio realiza movimientos muy bruscos y se manifiesta, en primer lugar, con tirones del cebo. Este comportamiento requiere la incorporación de una corredera y de 1 a 2 m de línea en ese preciso instante. A continuación, se suele producir un segundo tirón, que no se debe responder tirando, sino dando un poco de hilo. Al tercer arranque, hay que tirar con gran rapidez y subir con fuerza.

A veces, el congrio parece resignarse y se deja capturar sin ofrecer demasiada resistencia. No obstante, una vez en la superficie, realizará una serie de contorsiones, vueltas sobre sí mismo e intentos de huida hacia el fondo que, aunque esté bien agarrado, dificultarán enormemente su captura final.

GARANTÍA DE FRESCURA

El atractivo de los cebos depende de su frescura. La frase «Pescado y cebado en la marea» debería de ser el lema de los pescadores. Nada supera a la carnaza viva, que ha de desangrarse en el momento de la pesca. Su carne y sangre contienen jugos, cuyos sabores diluidos en el agua despertarán el apetito de los peces a largas distancias. Al cabo de un cuarto de hora, a veces menos, la carnaza ya no es fresca. Su carne descolorida ya no sirve como cebo.

LAS DORADAS

Cerca de las costas españolas y francesas se encuentran dos tipos de doradas (espáridos). Una es la dorada real o ceja de oro (Sparus auratus), y la otra, la chopa o dorada gris (Spondyliosoma cantharus), un pez abundante en la costa, pero que desaparece cada cierto tiempo, ya que realiza unas misteriosas migraciones. Ambos peces pueden ser pescados de forma sostenida (al tiento) o con línea flotante.

Confección de un bucle para hijuela

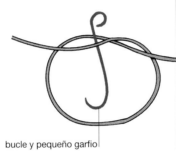

bucle y pequeño garfio

Dos chopas o doradas grises capturadas mediante la pesca sostenida en el sur del Finisterre. Estos peces de tamaño mediano son menos capturados que la dorada real, pero son igual de interesantes, ya que su sabor exquisito hace que se puedan aprovechar por completo. ▽

LA CHOPA

Pez gregario, la chopa o dorada gris vive en bancos mixtos. Gracias a sus grandes aptitudes para la pesca deportiva y a su carácter, se presta a la mayoría de técnicas.

• Los puestos típicos

Los lugares donde se apuesta son muy concretos: los declives de las rocas arcillosas (cabos rocosos acantilados, pies de escollera), los escondites de la chopa (fallas arenosas de una pedrera adentrada), las salidas de los caños profundos y los fondos inclinados, donde la dorada ocupa diferentes escalones. En general, estos puestos típicos no dependen de las olas o corrientes muy violentas, y, como mínimo, permiten a las chopas resguardarse en el fondo, ya que les encanta permanecer muy cerca de las rocas. Para su captura, son muy favorables las mareas medianas (coeficiente 60 ó 75). Finalmente, no olvidemos que la pesca de la chopa requiere un material (nailon, anzuelos y cebos adaptados) de tamaño reducido.

aguantar aquí — 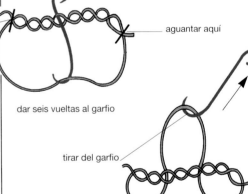 — aguantar aquí

dar seis vueltas al garfio

tirar del garfio

• Los aparejos adaptados

– El bajo de línea sostenido

Se trata del bajo de línea tradicional de dos o tres hijuelas cortas (15 cm), escalonadas y fijadas (unos bucles dentro de los otros) a los bucles de hijuela, de confección delicada, si no se recurre al truco del garfio. Estos bajos de línea deben ser de un nailon mucho más fino que el del *surf*. El cuerpo de línea ideal es un multifilamento de 0,16, que no se deja llevar por la corriente, de la que la chopa huye, y permite una respuesta muy rápida (tirón inmediato a la picada) gracias a su rigidez.

– El bajo de línea deslizante

Permite pasar por encima de obstáculos sumergidos (pedreras de diques de protección para puertos en aguas profundas o pies de acantilado escalonados, que son muy apreciados por las doradas). Se trata de un aparejo muy sensible que comprende una pequeña corredera de tubo que sostiene el plomo de oliva. Éste, suficiente para sostenerse en el fondo, ha de aguantar el doble del peso máximo que puede soportar un flotador fusiforme deslizante, detenido en la parte superior por un nudo tope u ordinario. Este tope debe situarse alrededor de 1 m por encima de la altura del agua.

El procedimiento es el siguiente: una vez el plomo toca el fondo, se ha de tensar un poco la línea hasta que el flotador tome una posición oblicua con respecto al agua.

nudo

flotador
deslizante
de 30 g

perla
tope

corredera
de tubo

emerillón

perla
tope

emerillón
de enganche

plomo de
Arlessey
de 60 g

cabo

**Aparejo
deslizante**

– El bajo de línea semiarrastrado, llamado de helicóptero

Se trata, quizás, del bajo de línea mejor adaptado a la pesca de la chopa, que constituye una auténtica pesca de velocidad, ya que este pez vacía el anzuelo al instante y obliga al pescador a reaccionar de inmediato. Otra dificultad reside en buscar la altura en que se sitúa la chopa, que varía de nivel durante la pesca. De ahí la necesidad de poseer un bajo de línea de recambio, en el que deberemos situar las hijuelas en el tramo superior. Por último, sólo podemos mantener las doradas al alcance de la línea mediante el engodo. El más sencillo y eficaz se hace con sardinas desmenuzadas y mezcladas con arena en un cubo.

La defensa de la chopa es fantástica. Se basa, sobre todo, en utilizar su largo flanco para frenar el ascenso, así

como cabezazos, arranques y una suspensión en la superficie en la que no hay que confiar, ya que es el preludio de un último movimiento hacia el fondo que puede originar el desenganche. Si pescamos de forma delicada, la chopa nos proporcionará grandes sensaciones.

LA DORADA REAL

Un hermoso pez de la familia de los espáridos (5 kg), con la boca purpúrea y las cejas de oro, de ahí su sobrenombre. Tiene una frente abultada que cae recta sobre un hocico cerrado y unos labios gruesos. Éstos se abren sobre una extraordinaria mandíbula capaz de triturar cualquier molusco de concha. Para completar el aspecto de esta dorada, hemos de mencionar las máculas negras y naranja de los opérculos, el iris dorado y su piel plateada.

• Los puestos típicos

Se encuentra en las costas areno-rocosas y, particularmente, en las planicies salpicadas de mejillones y los bancos de ostricultura. Debemos conducir nuestra búsqueda hacia los puntos bajos, canales ensanchados en forma de embudo, hondonadas abiertas y las corrientes arenosas, que serpentean a través de la roca y están llenas de gusanos, cangrejos, berberechos y almejas. Nos detendremos en los lugares en los que el fondo, menos expuesto a la acción de las aguas, contenga gravilla, cantos rodados o grandes piedras redondas cubiertas de musgo. Si se encuentra una franja rocosa que se eleve cerca de nosotros, se habrá encontrado un puesto típico de dorada real en el declive de la roca.

Esta precisión en la pesca marina sigue siendo un tema que produce incredulidad a muchos aficionados que desconocen el comportamiento de la dorada. Este pez temeroso, se apuesta cerca de las rocas, al límite de una corriente o de un pequeño curso. También se pueden encontrar peces en los fondos menos accidentados. Los bancos de cría de ostras y mejillones constituyen zonas ideales para la dorada. Los alrededores de estos bancos y los caños de entrada, donde a menudo van a parar moluscos escapados, constituyen buenos puestos que la

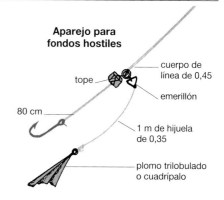

**Aparejo para
fondos hostiles**

tope

80 cm

cuerpo de
línea de 0,45

emerillón

1 m de hijuela
de 0,35

plomo trilobulado
o cuadrípalo

dorada explotará con el cielo gris, la lluvia, al alba o durante el crepúsculo.

• Los aparejos adaptados

Pescaremos con aparejos semejantes a los utilizados para la lubina, pero incidiendo en la solidez (0,45 en medio rocoso) alargando el único cabo (de 80 a 100 cm) y optando por un aparejo deslizante que permita soltar la mano en el momento de la picada. El anzuelo (del n° 2/0 al n° 4/0) ha de ser de hierro fuerte, redondo, bien afilado y con la tija muy corta.

– El aparejo para los fondos hostiles

Es conveniente en los fondos que frecuenta la dorada real y que son difíciles para el pescador.

Se trata de un aparejo sencillo y sólido, ya que no hay ningún cabo desviado en el bajo, que es una prolongación del cuerpo de línea. A pesar de ello, se trata de un aparejo sensible y deslizante.

LA DORADA
A LA NAVAJA

La carne de la navaja, gomosa, se mantiene perfectamente en el anzuelo y resiste los lanzados potentes. Podemos utilizar el aparejo Stewart de dos anzuelos en tándem o la aguja hueca.

Los trocitos de navaja en anzuelos finos pueden despertar el interés de las chopas. En cuanto a las doradas, no rechazarán una navaja entera, aunque sea con su concha. En este caso, tiramos del bajo de línea con un gancho antes de fijar el anzuelo. La sujeción es perfecta, ya que la curvatura del anzuelo se adapta muy bien a la concha.

– El aparejo para canales

Se emplea en los canales que comunican los estanques litorales con el mar, paso obligado de las doradas que aprecian las aguas cálidas de estas lagunas. También puede emplearse en la pesca sostenida de profundidad, allí donde la afluencia de moluscos en las playas denotan una abundancia de moluscos bivalvos, de yacimientos submarinos.

El principio que rige la pesca de las doradas (sin resistencia a la picada), se refuerza con un método que consiste en coger varias espiras del bajo de línea y retenerlas con un lazo de Solucit. Éste libera una mayor longitud de empalme (2 m) al disolverse en el agua. Evidentemente, la caña debe adaptarse a este método. Se puede usar una caña de buldó de 30 a 100 g o una caña de *surf* ligera de 4 m de longitud.

• El tirón

La picada se produce en dos tiempos. En primer lugar, notaremos temblores en la línea y tirones, que significan que la dorada está masticando el cebo. Si tiráramos en este momento, el anzuelo podría ser despedazado por sus potentes molares. Se ha de esperar a que la presa ejecute un decidido arranque y

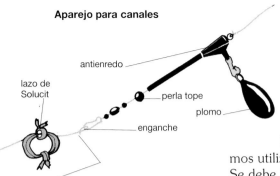

Aparejo para canales

antienredo

lazo de Solucit

perla tope

plomo

enganche

2 m

actuar tan rápidamente como permitan la caña y el nailon. Hay que tener en cuenta que es muy complicado hacer que la dorada abandone el fondo. Después del último arranque, se producirá una lucha con cabezazos y descensos en picado, pero que en ningún momento implicará el debilitamiento de la presa. No se le podrá ver el dorso hasta el último instante, cuando inicie una serie de giros en la superficie que generalmente acaba con una vuelta magistral sobre el bajo de línea, el último coletazo para liberarse.

• Los mejores cebos

Los cebos se pueden seleccionar entre los moluscos de concha, sobre todo la navaja, la almeja, el mejillón, el berberecho. Los gusanos, las grandes arenícolas, las gambas y la tita, en la zona mediterránea, también son válidos.

Existe la posibilidad de emplear cangrejos duros sin que la dorada lo advierta, siempre y cuando naden en banco, sin embargo, se obtienen mejores resultados con los cangrejos blandos (véase recuadro inferior).

Para la pesca al *surf*, podemos utilizar la navaja con su concha. Se debe lanzar el cebo en diagonal y dejarlo a la deriva, después esperar con el hilo sujeto entre el pulgar y el índice, que frenará el devanado de la bobina del carrete, y el *pick up* abierto. Cuando los dedos perciban una parada, soltaremos el hilo y esperaremos el arranque del pez para tirar. La mayoría de las veces, el anzuelo se clava en los gruesos labios de la dorada o en el fondo de la garganta.

Después de un tirón prematuro y de algunos segundos de lucha sobre el terreno, el anzuelo aparecerá vacío y totalmente deformado (recto, sin curvatura), reflejando el duro combate que acaba de producirse en el agua, ante la decepción del pescador.

Hay que destacar que en la pesca de este pez se debe utilizar material de gran calidad. Se requieren unas herramientas pesadas, apropiadas para este tipo de peces. Sólo así, la lucha con la dorada estará equilibrada.

EN BUSCA DE LOS CANGREJOS BLANDOS

Si se trata de una hembra, se encontrará protegida por un macho. Este último esperará a que la primera haya hecho la muda para copular y deberá esconderse de la mejor manera posible.

La evidencia de que el cangrejo ha realizado su muda es su caparazón, que se encuentra vacío, abandonado, y a menudo muy visible. Si dudamos si un macho ha mudado o no, se ha de tirar de la última articulación de una de sus patas, que cederá y dejará ver la piel anaranjada.

Existen, pues, dos buenas pistas para el pescador que busca este precioso cebo: un cangrejo que se halla protegido por otro y un cangrejo apacible cuyo caparazón está cubierto por una segunda piel. Este cangrejo, una vez pe-

lado (como se pela un huevo duro) es excelente. Se mantiene muy bien en el anzuelo y se conserva largo tiempo.

Distinguimos dos fases en la muda: una preparatoria y otra operativa. En la primera, el caparazón adelgaza, se seca y adquiere un color púrpura o verdoso; además, se estría con venas amarillentas bajo el vientre. Una piel amarilla anaranjada se está desarrollando debajo, que es el embrión de la futura coraza. En este estadio, el cangrejo se debilita y repliega las pinzas y las patas bajo el vientre.

En la segunda fase, al acabar la muda, la concha se parte y se abre como una ostra y el animal se deshace con dificultad de lo que queda del caparazón. En este momento, el cangrejo es blando, está

debilitado, pero se encuentra maduro para la pesca.

Por el particular olor que desprende y las hormonas que emiten las hembras, cualquier depredador, sobre todo la lubina, percibirá esta presa a larga distancia. Además, el cangrejo blando es tan apetecible que los depredadores, aunque no sean sus perseguidores habituales, también lo capturarán.

El cangrejo está obligado a deshacerse de su caparazón varias veces al año, ya que se le «queda pequeño». Durante algunos días, el tiempo necesario para que el cangrejo elabore un armazón más grande y adaptado a su tamaño, este valeroso luchador, desnudo y blando, estará expuesto a los depredadores y pescadores.

LA LISA

L a lisa comprende varias especies repartidas a través de todos los mares y océanos del mundo. En nuestras aguas, las más comunes son la lisa (Chelon labrosus), reconocible por sus labios gruesos, el superior surcado por tubérculos, y la lisa dorada (Liza aurata), cuyo opérculo está marcado por una mancha amarillenta muy evidente. Depredadora omnívora, la lisa puede pescarse con todas las técnicas. Su voracidad la lleva a lanzarse tanto sobre cebos vegetales como animales, así como sobre los señuelos. Su valor gastronómico desigual se compensa con una espectacular resistencia.

La lisa se parece un poco al cacho, dado su cuerpo robusto, grueso y recubierto de grandes escamas plateadas. ▽

UN PEZ ASTUTO

Su color gris plateado y la presencia de una primera aleta dorsal muy espinosa podrían confundirla con la lubina. Sin embargo, estas dos especies no se mezclan, porque viven en aguas diferentes. La lisa prefiere las aguas calmadas, como las aguas de estuario cenagosas, que remonta bastante arriba, las salidas de desagües y los puertos fangosos.

De hecho, la fuerte defensa de la lisa, muy desconfiada, apasiona a los pescadores de zonas portuarias, que suelen encontrar en esta pesca la delicadeza de la pesca en agua dulce: cachos, rutilos, carpas. Sin llegar a alcanzar un gran tamaño (4 ó 5 kg), una lisa, con un peso de 1 kg, ofrecerá mucha resistencia al pescador, sobre todo si el hilo es fino (de 0,16 a 0,24). Aunque sea un pez de gran potencia, a la lisa le desagrada luchar en las corrientes, y prefiere reposar en las aguas tranquilas, de ahí que le atraigan los puertos y las calas abrigadas. Cuando se la ve pasar formando bancos o dar vueltas en el agua, existen pocas posibilidades de capturarla desde la orilla. De todos modos, la observación de estos sectores puede resultar muy fructífera cuando la capa de agua que cubre a las lisas del puerto, extremadamente desconfiadas, es de 2 a 3 m de agua.

LA PESCA EN EL FONDO

Puede realizarse de forma clásica: con un plomo plano hexagonal (50 g) deslizante, situado por encima de un bajo de línea sujeto con un enganche, de una longitud de 80 cm, de 0,24 y un anzuelo invertido del n° 6; o con un aparejo de metralleta con hijuelas cortas (dos o tres), escalonadas por encima de un plomo Marie, que tiene la ventaja de poder cambiarse sin tener que desmontar nada. Mantendremos el mismo nailon y los anzuelos que en la forma clásica.

• Las vísceras de sardina como engodo

La pesca en el fondo se suele practicar más en una costa rocosa que en un puerto, en los remolinos formados aguas abajo de una corriente que va a parar a un cabo adentrado. Exige un engodo que suele ser obligatorio en el caso de las lisas: la pasta de sardinas troceadas con arena. Este engodo aumenta su efectividad si se acompaña de cebos de línea. Empleadas durante mucho tiempo y muchas veces olvidadas, las vísceras de sardina resultan ideales. En ellas encontramos dos partes utilizables. La primera es el tubo que parte de la cabeza y sirve de esófago: se debe cortar y enhebrar en el anzuelo como un gusano. La segunda parte se localiza en el extremo de la bolsa estomacal, que se prolonga por los filamentos de la carne. Esta especie de pelillos se suelen usar conservando el pedazo de carne al que van adheridos y nos permiten clavar bien el anzuelo. Todo el conjunto, la víscera enhebrada y los pelos, resultan muy atractivos. Las lisas más grandes y mejores, que viven en aguas limpias, no pueden resisitir la tentación ante este cebo.

LA PESCA CON FLOTADOR

La pesca portuaria se practica con una larga caña al coup de río de 5 m o una caña a la inglesa Feeder, con una puntera muy sensible y una acción rápida.

• Los flotadores adaptados a las condiciones de pesca

El aparejo más sencillo va provisto de un flotador fijo fusiforme, muy bien equilibrado a ras de la antena por una

Con un gran apetito, la lisa no puede resistirse a los señuelos ni a los cebos naturales. ▷

plomada decreciente (A), para aguas calmadas, cálidas y sin viento. Si las condiciones son adversas, podemos recurrir al flotador inglés Waggler, también de plomada decreciente. Para que sea deslizante, desplazaremos el plomo superior, introduciéndolo en el bajo de línea, y detendremos el deslizamiento del flotador con un nudo o *stopfil* (B). Ante una corriente del primer flujo, en un caño de acceso al puerto (un buen puesto), utilizaremos en el cuerpo de línea un flotador submarino que mantenga el bajo de línea casi vertical.

Para frenar la deriva, el bajo de línea se debe lastrar con un plomo Marie (C). Es un aparejo muy sensible que debe vigilarse constantemente. El hilo ha de estar lo suficientemente tenso como para poder flexionar un poco el extremo de la puntera. Cuando se doble demasiado o se destense, se debe tirar. Nos encontraremos con intentos fallidos, ya que los labios de la lisa son muy sensibles, pero lo mismo sucede con otras técnicas.

Este aparejo permite pescar en lugares menos frecuentados que los muelles, como la profundidad de las rocas acantiladas, que pueden proporcionar una pesca abundante.

• Engodo y cebos

Se recomienda engodar el puesto, unos días antes de la pesca. Por ejemplo, se puede usar pan remojado en un cubo, espesado con arena y perfu-

EL PLOMO MÁS ADECUADO

La disposición de los plomos depende del tipo de pez perseguido. Para peces desconfiados, como la lisa, una plomada decreciente es eficaz, así como más sensible, pero presenta el inconveniente de que se hunde enseguida en aguas agitadas.

En estas aguas de corriente intensa, pescaremos con un flotador a la inglesa: el Waggler. El principio consiste en sumergir el extremo o una parte de la puntera, de forma que la línea no sea arrastrada por el viento o las olas. Esta técnica permite pescar lejos con líneas finas, para percibir las picadas de peces tan desconfiados como las lisas.

Diversos flotadores

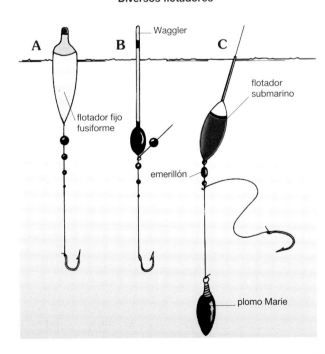

A — flotador fijo fusiforme

B — Waggler, emerillón

C — flotador submarino, plomo Marie

LA FLEXIBILIDAD

En todas las técnicas de pesca al lanzado, incluso las más sencillas, se requiere que el pescador mueva sus piernas como si se tratara de un lanzador de jabalina. Es decir, debe flexionar la pierna de apoyo y soltarla como un resorte en el momento del lanzado. Muchos pescadores lanzan de un modo incorrecto, con el cuerpo recto y rígido: la flexibilidad es imprescindible, de la misma manera que se la «exigimos» a nuestra caña.

mado con aceite de sardina, harina de gamba (extractos liofilizados) o aceite báltico.

El mejor cebo consiste en una bola de miga de pan moldeada sobre el anzuelo o un trozo de pan (un viejo engodo para río) impregnado en aceite de sardina.

No obstante, debido a que la dieta de la lisa es muy variada y su apetito parece insaciable, también servirá, como cebo, un trocito de gamba sin cáscara, la carne de atún extraída de la cabeza o un trozo de pan (que es el cebo más usado en nuestro país).

LA PESCA CON BULDÓ

En la costa o en los estuarios y sus alrededores, se puede observar cómo nadan los bancos de lisas, lo que supone una enorme tentación para el pescador. En este caso, utilizaremos una cucharilla especial para lisa, una pequeña cucharilla giratoria de larga tija, cebada con un arenícola, a 2 m de un buldó del n° 3, un bajo de línea de 0,2 y una caña de lanzado de 30 a 50 g. Una Sert ligera con buldó (de 30 a 80 g) puede servir. Las lisas son muy sensibles a esta cucharilla. Puesto que se mantienen a distancia de las orillas, pican de una forma decidida.

Cuando la corriente es muy marcada, nos podemos encontrar con que hemos de recargar la línea componiendo el trío plomo-buldó-cucharilla. Para explorar diferentes profundidades, llenaremos el buldó, será suficiente del n° 2. La recuperación, muy lenta, también se puede detener cuando la corriente es suficiente como para hacer girar la cucharilla y tensar el bajo de línea. Si reducimos la tensión, resultará decisivo. Incluso, se puede posar la caña y fijarla, mientras nos ocupamos de otra.

La defensa de la lisa a distancia se caracteriza por una gran resistencia.

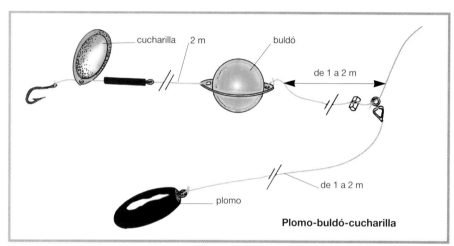

Plomo-buldó-cucharilla

EL BARQUICHUELO DE RENÉ CLAIR

Existe una técnica de pesca de la lisa que requiere un procedimiento bastante divertido. Se trata de la pesca «al barquichuelo», que proviene de una técnica provenzal, el «rusclet», empleada en verano, con aguas cálidas y vientos de tierra. Consiste en un trozo de corcho (o, en su defecto, de poliestireno compacto) de alrededor de 12 cm , con un espesor de 6 a 2 cm, acabado en punta y provisto de 5 ó 6 incisiones laterales.

Se anuda el barco como un paquete y se hace un bucle en el nudo terminal, al que sujetaremos una línea con cinco o seis cabos muy cortos de nailon de 0,30, encajados en las incisiones y los anzuelos del n° 6 al n° 8, provistos de una bolita de pan. Bajo el barco, con gomas de caucho, fijaremos una corteza de pan duro de las mismas di-

mensiones que el barco... y «viento en popa a toda vela». Inquietas por este alimento, las lisas picarán la corteza con fuerza y, a golpes de hocico, se quedarán clavadas en los anzuelos. Una gran oportunidad que el pescador no dejará escapar. Duborgel nos enseñó esta divertida técnica, y nos explicó que era René Clair quien se la había revelado, quien, a su vez, podría haberla conocido de manos de Pagnol. Con sempiterna inventiva, Michel proponía clavar en la proa del barquichuelo una pluma de gaviota como si fuera una vela, y afirmaba seriamente: «Podrás pescar la lisa hasta las costas de África o América».

A menudo, los «trucos» de los pescadores del lugar pueden convertirse en las técnicas más eficaces.

Barquichuelo

LOS PECES PLANOS

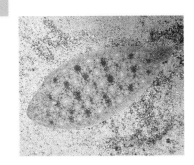

L os peces de la familia de los pleuronéctidos se ven afectados por una «gran fatiga» a medida que crecen. Se mantienen recostados sobre un lado, y su flanco superior, en el que se encuentran los ojos, cambia de color y se mimetiza mostrando la única forma de defensa de estos peces. Confiados en el manto de arena que les protege, suelen tragarse los cebos sin ningún problema, lo que les convierte en una presa fácil.

△ *Mediante un mimetismo sorprendente, el lenguado (arriba) escapa de la mayor parte de sus depredadores. La limanda (centro) (en España, barbada) es un pez de grandes fondos, pero poco interesante para la pesca. En cambio, el rodaballo (abajo) es delicioso y muy luchador.*

Un doblete conseguido por dos especialistas: un rodaballo y una chopa. ▽

EL LENGUADO

Pez de carne delicada, el lenguado *(Solea vulgaris)* era muy abundante en la costa mediterránea. Incluso se podían pescar caminando por el agua, con una fisga (tridente). En la actualidad, escasea y se capturan ejemplares de 0,5 kg a 1 kg, buscando sobre los escalones arenosos, ricos en gusanos solapados por las rocas, a poca profundidad. Sus costumbres requieren unas condiciones de pesca tranquilas: mar plana y coeficientes bajos de marea. Así, se tratará de pesca fina, con líneas de nailon de 0,20 a 0,30 y cañas de buldó o *surf* ligero que puedan lanzar hasta 120 g. Los plomos adaptados de 60 g serán suficientes para mantener fijo el bajo de línea. Si deriva ligeramente (plomo reloj), la pesca resultará más positiva y, si es deslizante (plomo hexagonal con picos), los lenguados, desconfiados de día, picarán. El bajo de línea es del tipo de arrastre (2 m de nailon de 0,22) y puede comprender un cabo suplementario más corto que presente un cebo diferente (gambas).

El cebo más corriente es la arenícola y, aunque resulte curioso y poco frecuente, el gusano puede estar en su primera fase de putrefacción. Se pueden usar otros gusanos, por ejemplo: el gusano de hoyo, la rosca, el gusano milagro y el jumbo o americano. En el sudoeste francés, el cebo local es la *ophélie*, denominada gusano azul, aunque puede ser blanco, rojo o amarillo. A estos gusanos les gusta situarse al borde de las hoyas donde se concentran los mejores peces, desde la lubina hasta el rodaballo pasando por la corvina y, por supuesto, el lenguado.

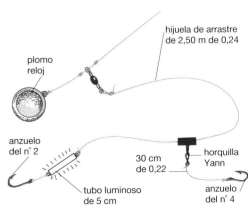

hijuela de arrastre de 2,50 m de 0,24

plomo reloj

anzuelo del nº 2

tubo luminoso de 5 cm

30 cm de 0,22

horquilla Yann

anzuelo del nº 4

Aparejo para el lenguado

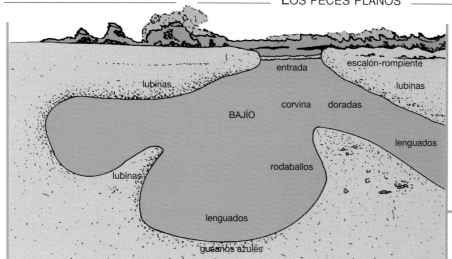

Bajío o laguna

Pesca al recuperado

cucharilla
40 cm
bait-float
patas de rastreo

cientemente largas como para que el pez muerda el cebo. La nube de arena levantada por la cucharilla atraerá a la solla, que se lanzará sobre la arenícola. Podemos aumentar este atractivo, sujetando al ojal de la cucharilla 6 u 8 cm de hilo de acero de 0,08, enrollado y retorcido con ayuda de una pinza. En las tiendas especializadas existen plomos de rastreo, que también nos pueden ayudar. Esta pesca a la cremallera, divertida y eficaz, permite ganar más terreno que la pesca sedentaria y, así, aumentar las posibilidades de encontrar peces planos.

Estos gusanos azules son bastante delicados como cebo y se deben colocar en unos anzuelos de hierro fino del n° 2 al n° 4, que se clavarán por la cola, en grupo, o se unirán en un manojo atados con un hilo de lana, que a su vez se sujetará a la curvatura del anzuelo.

LA LIMANDA

Su cuerpo presenta una forma alargada y rugosa (lima), y la línea lateral parte del ojo derecho, arqueándose a la altura de la aleta pectoral. La tonalidad de la limanda o barbada (*Limanda limanda*) es bastante variable, ya que va del dorado al marrón-amarillento. Es una especie atlántica costera, muy común en el mar del Norte y en el canal de la Mancha, al que le gustan los fondos arenosos más allá de los guijarros. Se desplaza a poca profundidad, preferentemente en los remolinos, donde busca gusanos con el flujo montante. Para encontrar bellas limandas de 30 a 40 cm, es necesario lanzar lejos, a los bancos de arena barridos por la corriente. El *surfcasting* permite pescar limandas, a las que ofreceremos arenícolas escalonadas por encima del plomo de agarre, mediante horquillas (Clipobar de Ragot, fijadas por nudos de hijuela y emerillones). Este tipo de aparejo estándar puede servir para la mayoría de peces planos.

LA SOLLA

La solla europea (*Pleuronectes platessa*) tiene un cuerpo romboide de formas suaves, finas escamas marrones,

moteadas con típicos puntitos naranja, y un vientre muy blanco.

Abunda en las playas limpias, ricas en bancos de gusanos arenícolas o nereidas, los dos principales cebos utilizados para su pesca, aunque también pica ante un fragmento de navaja o una pinza de cangrejo blando.

Se pesca al *surfcasting* con aparejos idénticos a los utilizados para el lenguado o la limanda. Un poco más depredadora que éstos últimos, la solla se captura con facilidad con la pesca al recuperado, cuando el terreno es propicio.

Se trata de una pesca muy activa que emplea una cucharilla ondulante de 45 a 60 g, que sustituye al plomo y sirve también de *teaser* gracias a su brillo y su forma de nadar, haciendo pequeños saltos. Detrás de la cucharilla, en la anilla abierta, fijaremos un empalme de 40 cm de nailon de 0,35 a 0,40 con un anzuelo para gusano, mediante un bucle. Después del lanzado, realizaremos un tirón seco para que la cucharilla avance dando pequeños saltos, que se intercalarán con pausas sufi-

EL RODABALLO

Con el rodaballo (*Psetta maxima*), acabamos este breve repaso a los peces planos. El rodaballo, que puede alcanzar 15 kg de peso, es una captura muy codiciada por la mayoría de pescadores. Escasea tanto como el lenguado, con el que comparte emplazamientos, sobre todo las arenas de las hoyas y, particularmente, los bajíos.

Su temperamento depredador provoca que los rodaballos se lancen sobre presas muy variadas (las arenícolas y los lanzones en las playas), hasta tal extremo que el lanzado recuperado puede resultar más productivo que la pesca clásica al *surf*. De todos modos, esta última técnica conserva todas sus cualidades si se emplea tiras de calamar, lanzones, morro de caballa, gambas o cangrejos blandos... siempre y cuando conozcamos los emplazamientos del rodaballo.

plomo
hilo de arrastre de 70 cm
perla con caras
0,24
Clipobar
20 cm
anzuelo del n° 2

Bajo de línea con hijuelas

LOS PECES DE ROCA

El durdo (Labrus bergylta), que pertenece a la familia de los lábridos, vive en un entorno de declives rocosos y laminarias. Su carne, en contra de lo que se dice, es exquisita. ▽

*L*os peces de roca
tienen la fama de servir
sólo para una buena sopa. Sin
embargo, las mojarras tienen una
carne deliciosa que desmiente esta
creencia.

Ambiente típico de un fondo rocoso mediterráneo frecuentado por mojarras, julias y pámpanos. ▽

LAS MOJARRAS

De la familia de los espáridos, la mojarra *(Diplodus vulgaris)* se parece a la dorada plateada. Tienen nueve estrías verticales oscuras y moteadas con una mancha negra sobre el pedúnculo caudal. Las mojarras son los únicos que poseen pequeños incisivos y molares. Se trata de un pez costero que no deja de moverse. Frecuenta los prados de posidonias y las costas rocosas francesas del Atlántico (golfo de Gasconia) y del Mediterráneo. Desconfiadas y combativas, aunque de tamaño pequeño (de 0,2 a 1 kg), son perseguidas por su carne de sabor delicado. Los momentos del día en que tendremos más posibilidades de acercarnos a las mojarras sin llamar demasiado la atención son el alba o el crepúsculo. Se pescan a la línea flotante con una gran caña de pesca al coup y un pequeño carrete, con una reserva

El raspallón (Diplodus annularis), muy próximo a la mojarra, se distingue de ésta por su cuerpo más fusiforme. ▷

△ *El sargo (Diplodus sargus).*

La oblada (Oblada melanura), que pertenece como las mojarras a la familia de los espáridos, vive en grandes bancos en todas las aguas costeras. ▷

de hilo y nailon de 0,22. En cuanto al flotador, fusiforme, muy sensible y fluorescente, se equilibrará con una plomada abundante de pequeñas olivas, seguida de un empalme corto de 15 cm de 0,20 y un anzuelo de tija corta del n° 6 al n°10. Como cebos, utilizaremos gusanos, colas de gamba, masa de pan o queso, pequeños cubitos de navaja o carne de sepia (que resiste mejor el rápido ataque de las mojarras, parecido al de las chopas). Hay un proverbio que dice: «Buscando algas encontraremos mojarras»; a veces se trata de algas arrancadas del fondo, que las corrientes arrastran hacia las calas, donde quedan depositadas en parte, mientras que el resto refluye con la corriente saliente. Las mojarras acompañan al tapiz de algas flotantes, a cuyos bordes podemos lanzar una línea deslizante con un plomo plano hexagonal. El mejor cebo es una pequeña arenícola del tipo rosca sobre un anzuelo invertido del n° 8. Asimismo, las mojarras son muy sensibles al engodo del lugar, como la mayoría de las doradas.

LOS PECECILLOS DE ROCA

En los agujeros de las rocas, aunque sean poco profundos, como las grietas o las fisuras, y en los bloques rocosos (diques, piedras posadas en fondos de gravilla o amontonadas), es casi seguro que habrá pececillos buscando alimento, dispuestos a saltar sobre cualquier presa: un trozo de gamba o lapa, un mejillón, una pulga de mar o un trozo de gusano.

• El gobio de roca

Común en nuestras costas, el gobio de roca (*Gobius* sp.), también llamado locha, es un pececillo de carne muy sabrosa. Tiene un cuerpo redondo, de color negro, y ojos saltones; sus aletas ventrales soldadas forman una ventosa. Con o sin caña, se puede pescar a la vista, sumergiendo un bajo de línea de 0,18 que comprenda dos o tres plomos esféricos en su extremidad y uno o dos cabos cortos de 5 cm, rematados con un anzuelo recto de tija larga del n° 12, cuya muerte se aplanará con unas pinzas para extraerlo más fácilmente de la boca del gobio.

• La locha

La locha de mar (*Gaidropsarus vulgaris*) es algo más grande que el gobio (30 cm). Este pez de piel negruzca, lisa y con bigotes, se pesca en hoyas bastante profundas, a la línea flotante y con cebo grande. A veces, se traga los cebos de la lubina y el durdo.

• El blenio

El blenio (*Blennius* sp.) o torillo es un curioso pececillo marrón que vive en

△ *El gobio de roca vive a poca profundidad, entre los desprendimientos rocosos. Se encuentra con frecuencia durante la marea baja, en los charcos dejados por el reflujo.*

Al igual que el gobio, el torillo vive cerca de la superficie, bajo las piedras. Se puede emplear como cebo vivo para la pesca de la lubina. ▷

familias bajo las piedras. Se reconoce por las excrecencias carnosas que rebasan sus ojos exorbitados y por sus mandíbulas con dientecillos agudos.
Ya sea en las hoyas o en seco, entre dos piedras, se puede pescar al toque o con gobio. Si disponemos el cebo en la entrada de la caverna, no hay duda de que se lanzará sobre él. Si es necesario, para despertar al blenio, se

Los cótidos habitan el litoral costero, donde se camuflan entre las cavidades rocosas y las algas. ▽

puede golpear la roca con la puntera. Se trata de un pez muy vital, especialmente útil como cebo vivo en la pesca de la lubina o del congrio en medios rocosos.

• Los cótidos

Su verdadero nombre es cola de escorpión. Los cótidos (*Enophrys bubalis*) presentan una cabeza grande poco agradable. Es una especie de rape en pequeño y constituye un gran cebo vivo. Muy voraz, este cazador al acecho es la presa perfecta para los pescadores costeros a la línea flotante.

• La julia

Pariente próximo del durdo, la julia (*Coris julis*) también se conoce con el nombre de loro de agua por sus colores chillones. Se trata de un lábrido de pequeño tamaño que se alimenta de la carnaza y enfurece a los pescadores, ya que vacía los anzuelos destinados a otros peces al pie de las escolleras o en las hoyas.
La julia se pesca al toque, como el resto de pececillos, o a la pequeña línea flotante. La captura de estos peces de roca constituye para los niños una buena iniciación a la pesca.

LA CABALLA

△ *Pequeñas caballas recién capturadas.*

Aunque sean capturadas mediante la pesca al curricán, puede suceder que algunas «hordas» de caballa del Atlántico (Scomber scombrus) se dirijan a las playas o a la entrada de los puertos, en busca de bancos de alevines. Estas invasiones tienen lugar, sobre todo, durante los veranos más calurosos, cuando el mar está calmado y liso.

LA LÍNEA FLOTANTE

Se pueden pescar una por una con líneas finas (la caballa, hermana del atún, es un luchador muy fuerte). Realizaremos las capturas a la línea flotante con nailon de 0,20, cebado con florecillas de caballa o cabezas de sardina. De todos modos, como los bancos de caballas se desplazan constantemente, es necesario mantenerlas al alcance de la caña mediante el engodo. Éste consistirá en sardinas trituradas mezcladas con pan remojado y escurrido, espesado con harina de cacahuete y perfumado con aceite báltico. También se puede utilizar panes de engodo preparados (los encontrará en cualquier tienda especializada), que ofrecen una mayor pulcritud.

LA METRALLETA

Otra forma más rápida de pescar caballa, cuando caza cerca de la orilla (una actividad que no pasa inadvertida), consiste en enviar una metralleta al banco, con cucharilla ondulante precedida de dos o cuatro plumas blancas o rojas. El efecto es inmediato y en cada intento se puede capturar una gran cantidad de caballas.

◁ *La caballa pica los cebos naturales con gran facilidad.*

Durante todo el verano, las caballas se acercan a la costa, donde es posible capturarlas al lanzado con señuelos. ▽

LOS ESCUALOS

*L*os escualos son pequeños tiburones, generalmente inofensivos. Una vez han picado, hay que tener mucho cuidado al agarrarlos, tanto por sus dientes como por su aguijón. Aun así, lo mejor es devolverlos al agua, ya que los escualos se encuentran en vías de extinción. A pesar de todo, todavía existe un lugar donde se puede pescar el tiburón azul en abundancia: las costas de Irlanda.

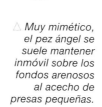

△ Muy mimético, el pez ángel se suele mantener inmóvil sobre los fondos arenosos al acecho de presas pequeñas.

◁ Las pintarrojas y el gato marino son tan abundantes que pueden llegar a amargar la vida de los pescadores, ya que roban los cebos dispuestos para especies más nobles.

EL PEZ ÁNGEL

El pez ángel *(Squatina squatina)*, de 20 kg de peso, se sitúa a medio camino entre el tiburón y la raya. Sus orificios nasales se encuentran a los lados y el hocico en el dorso. Su tonalidad es marrón o gris mármol. Como la mayoría de tiburones costeros, vive sobre fondos areno-cenagosos, donde se ceba de cefalópodos, cangrejos, lanzones, obladas y peces planos.

LA PINTARROJA Y EL GATO MARINO

La pintarroja *(Scyliorhinus canicula)*, de 2 kg de peso, y el gato marino *(Scyliorhinus stellaris)*, de 12 kg, son escualos de movimientos lentos, que están siempre al acecho de todo lo que se arrastra sobre la arena, muerto o vivo. La pintarroja tiene una fuerte cabeza redonda y el ojo cubierto de párpados móviles. Emite una especie de mugido que le vale el sobrenombre de vaca de mar. Su piel, muy rugosa, puede causar graves daños en el antebrazo del pescador, alrededor del cual suele enroscarse. El gato marino, moteado, es un limpiador de fondos arenosos y, en ocasiones, rocosos, que se puede encontrar en plena mar masticando los cebos antes de tragárselos.

LOS PERROS MARINOS

Existen otros escualos conocidos como perros marinos.

El cazón *(Galeorhinus galeus)*, de 15 kg, de color azul grisáceo, tiene el hocico detrás de los ojos y unos dientes puntiagudos; por otro lado, la musola *(Mustelus mustelus)* posee unos dientes afilados, manchas blancas en el cuerpo y una aleta dorsal avanzada. Es un «perro gordo» (5 a 6 kg) pequeño y de color gris azulado, que desprende un fuerte olor. Se desplaza mucho y se alimenta, sobre todo, de peces. Para su pesca, los bajos de línea deben ir provistos de emerillones y cabos de arrastre para el fondo. Para éstos, se debe emplear hilo trenzado de acero, aunque un buen nailon o un multifilamento también sirve, ya que la defensa de estos tiburones es bastante débil.

EL BACALAO
EL MERLÁN
LA FANECA
LA RAYA

El bacalao (arriba).
El merlán (centro).
La faneca (abajo). ▽

EL BACALAO

La piel marrón con puntitos del bacalao del Atlántico *(Gadus morhua)* puede adquirir matices verdes, amarillos o grises, mientras que la parte del vientre se mantiene clara. Originario de las aguas más frías (2 °C a 7 °C), se encuentra básicamente en el Atlántico norte; otras variedades se distribuyen a lo largo y ancho del Atlántico y del Pacífico. Puede alcanzar los 10 kg en las costas y pesos muy superiores en alta mar (45 kg a 95 kg).

Igual que el abadejo, se encuentra en los fondos. Los mejores emplazamientos para su captura se localizan en estas zonas, a las que los pescadores se tienen que adaptar para buscar los hoyos de bacalao situados a gran distancia.

• La pesca al lanzado

Para el lanzado debemos disponer de un material pesado (una caña potente de 4 a 5 m, susceptible de lanzar un peso de 300 g, como la Surf Custom Shimano o la Télé-Caussel de grandes anillas). El carrete más adecuado es el 498 Mitchell, de recuperación manual. Para proyectar tales pesos, indispensables para ganar el fondo a gran distancia, será necesario un plomo de agarre de 9 a 10 m de nailon de 0,60, unido por un emerillón barril. Si no fuera por la fuerza que se necesita para lanzar, el bacalao sólo requiere unas líneas de 0,45 y bajos de línea de 0,10, siempre y cuando posean grandes horquillas

LA PRESENTACIÓN DE LA ARENÍCOLA

Hay dos formas de presentar la arenícola a los peces. La primera consiste en coserla sobre el anzuelo de larga tija recta o enrollarla de manera que una parte del gusano supere la anilla del anzuelo. En la punta de éste, se ha de fijar otra arenícola por la cabeza.

La segunda forma de presentación se realiza enhebrando una arenícola grande en el anzuelo sin perforarla, mediante una aguja hueca de cebado. En el primer caso, es necesario disponer de un engancha-cebos en el bajo de línea.

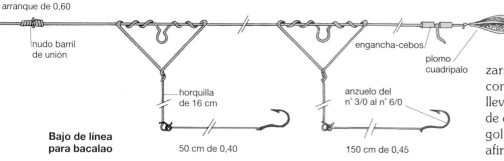

arranque de 0,60

nudo barril
de unión

horquilla
de 16 cm

**Bajo de línea
para bacalao**

50 cm de 0,40

engancha-cebos

plomo
cuadripalo

anzuelo del
n° 3/0 al n° 6/0

150 cm de 0,45

que eviten los enredos. En cuanto a los anzuelos destinados a este pez tan voraz, su forma se ha de adaptar al cebo predilecto del bacalao: las grandes arenícolas negruzcas de piel arrugada. Los gusanos se han de enhebrar con una aguja de gusano para una mejor sujeción en el lanzado. En este caso, el engancha-cebos puede sernos muy útil, dada la fuerza del lanzado.

Gracias a las sorprendentes propiedades de las cañas modernas de carbono, quizás se puedan evitar las pedreras de los diques y las fuertes corrientes que las rodean, y lanzar sin demasiadas dificultades al límite máximo, en la franja de agua sucia donde se apuestan los bacalaos.

La picada y la resistencia del bacalao no son muy espectaculares, ya que este pez no desconfía de los cebos y los traga con facilidad. Hay que evitar tirar antes de lo debido, es decir, antes de que el pez huya.

EL MERLÁN

De tamaño más reducido, el merlán (*Merlangius merlangus*) posee las mismas características que el bacalao, es decir, necesita una buena profundidad de agua y es muy voraz. En cambio, su rápida picada exige una muñeca más presta a tirar. Vive y se desplaza en bancos y, durante el verano, se aproxima a las costas y a las obras portuarias.

• Los mejores aparejos

Los aparejos serán idénticos a los que se usan con el bacalao. Así, se utilizarán de dos a tres cabos sobre unas horquillas giratorias (el merlán es un pez que se retuerce mucho) y un cabo terminal, más largo, que se arrastrarán por el fondo. Al merlán le atrae todo lo que brilla y siente predilección por las perlas de

varias caras dispuestas por encima de los anzuelos, del n° 1 al 1/0. Los cebos clásicos, arenícolas y nereidas, sirven perfectamente, así como los trocitos de caballa (florecilla) o de calamar (tentáculos). Al margen del tirón, la pesca del merlán no presenta demasiadas dificultades.

LA FANECA

Este gádido *(Trisopterus luscus)* tiene los ojos más grandes que el vientre. Se aproxima al abadejo por su color y su forma gruesa; al merlán por su carne, y al bacalao por su bigote situado bajo la mandíbula.

La faneca es un pez que no teme a nada, lo que en ocasiones puede llegar a exasperar a los pescadores. Sin embargo, muestra una gran desconfianza hacia todo aquello que supone una amenaza en los fondos rocosos o al final de las rocas (los agujeros para fanecas).

• Pescas variadas

Cualquier cebo puede servir con este pez, sobre todo si campaneamos un poco el plomo por encima del fondo: arenícolas, gambas, coquinas, berberechos, trozos de calamar, caballa, etcétera.

El aparejo de la pesca sostenida se compone de un hilo de 0,24, con 3 ó 4 cabos cortos anudados a emerillones u horquillas giratorias; de unos anzuelos del n° 2 al n° 2/0. Con este material, existen muchas probabilidades que una gran faneca, de 1 kg de peso, por

ejemplo, pique gracias a su gran voracidad.

La faneca no dudará en lanzarse sobre un anzuelo destinado al congrio; el más rápido de los dos se llevará el premio. Cuando, en el borde de un bajío, pescamos faneca y de golpe las picadas cesan, se puede afirmar que hay «lubina encerrada».

LA RAYA

Las rayas son peces cartilaginosos que tienen hendiduras branquiales, la boca situada bajo el vientre, aletas en forma de alas y un cuerpo plano y romboide. Existen muchas variedades de raya que son pescadas desde embarcación.

En las costas más próximas sólo encontramos el águila marina (especie *Myliobatis*), de unos 10 kg de peso y un hocico que evoca el del sapo, y el chucho *(Dasyatis pastinaca)*, de 40 kg y de nariz puntiaguda. A menudo, se confunden, ya que ambas poseen una cola afilada, provista de un aguijón dentado bastante peligroso. Frecuentan las costas arenosas o cenagosas, sobre todo cerca de los bancos de ostras, donde son muy temidas, y las vastas lagunas, como la bahía de Arcachon.

Su alimentación se compone de moluscos de concha, crustáceos y sepia. La captura de una raya ocurre un poco al azar, durante la pesca nocturna al *surfcasting* y sin apenas detectar su presencia, ya que estos peces, bastante carroñeros, se abalanzan sobre su presa, la ahogan y se la tragan. Si conseguimos que un chucho abandone el fondo, debemos procurar que no caiga a nuestros pies, ya que su aguijón (muy común en la mayoría de especies de la raya) puede traspasar la bota.

◁ *El surfcasting permite una pesca abundante de rayas.*

CRÉDITOS FOTOGRÁFICOS

Portada: © IFA-Bilderteam, Munich/Foto: Aberham
Contraportada: © Losange

P. Affre: 64 s. izq., 68 i., 69 c., 83, 85, 94-95, 95 i., 96-97; **Berthoule/NATURE:** 10 i., 18-19 s., 41, 52 i., 54 i., 148 s., 182 s., 194-195, 197 s., 205 i., 208 s., 210 i., 218-219 s., 220 s., 232-233 s., 235, 238, 241 s., 241 i., 245, 286 i.; **H. Carmié:** 80; **Chaumeton/NATURE:** 16, 26 i., 46 s., 50 s., 58 s., 58 i., 62, 75 i., 78 i., 122, 136 s., 136 i., 156, 166, 208 i., 215 s., 215 i., 220 i., 224 s., 224 i., 226, 228, 234, 237, 240, 242 s., 242 i., 244 s., 244 i., 246 s., 246 i., 266 s., 276, 283, 291, 294 s., 296 s., 296 s. der., 296 c. der., 296 i. der., 297 s., 297 c., 299 s.; **Corel:** 250, 251, 252-253; **G. Cortay:** 12, 15 i., 21 i., 26 s., 31, 33 c., 34 s., 34 i., 36, 38, 43, 46 i., 49 i., 50 i., 57, 63, 98 i., 112 i. izq., 113 c., 114, 115, 119 s., 120 s., 125, 126, 130 der., 139, 140, 147, 149, 150, 152, 154, 157, 158, 162 s., 162 i. izq., 163 s., 163 i., 164, 165, 170-171, 172, 173, 174 s., 174 i., 175 s., 175 i., 176, 177, 178, 179 s., 179 i., 181 s., 181 i., 182 i., 183 s., 183 i., 184, 185 s., 185 i., 186, 188, 190, 191, 192 izq., 192 der., 204 i.; **M. Courdot:** 70, 78 s., 84, 89 s., 93 i., 99 s., 100 izq., 104, 105, 109; **Dupraz:** 22 s., 32, 33 s., 35, 44-45, 48-49 s., 132-133 i., 248-249, 254 i., 255 s., 257, 258, 260-261, 271 s., 273 i., 277, 280 i., 281, 282, 287, 298 s., 298 i. der., 299 i., 301; **P. Durantel:** 7 i., 8-9, 15 s., 20 i., 22 i. izq., 24, 27 i., 28-29, 30, 37 s., 39, 40, 52 s., 54-55 s., 55 i., 56, 59, 60, 61, 64-65, 66 i. izq., 67 i. izq., 72-73, 74 i., 76-77 s., 77 i., 81, 88, 89 i., 90 i., 91, 92, 93 s., 101 s. der., 102 s., 102 i., 110-111, 116, 121 i. izq., 123, 130, 134 s. izq., 134 i. izq., 135 s., 137, 138, 143, 145, 151, 161, 162 i. der., 167 s. der., 169 s., 200 i., 202 s., 203 i. der., 205 s. der., 210 s., 214 s., 221, 233 i., 262, 263 s., 264, 265 s., 265 i., 266-267 i., 268 i., 278-279 i., 279 s., 284, 285, 288, 292, 294 c. s., 294 c. i., 294 i., 298 i. izq., 300 s., 301; **Durantel/NATURE:** 227; **Durantel-Pasquet:** 23 s., 25 s., 51, 53, 117 i., 148 i., 153; **Fiom/IFREMER (La Rochelle):** 300; **Huin/NATURE:** 247; **Lanceau/NATURE:** 216, 239, 263 i., 296 i. izq.; **G. Lemaître:** 196 i., 199, 207, 212 i., 214 i., 217 i., 223; **Losange:** 5 s., 5 i., 6 s., 6 c. s., 6 c. i., 6 i., 7 s. der., 7 c., 10 s., 11, 18 i., 20 s., 21 s., 21 c., 22-23 i., 23 c., 25 c., 37 c., 66 s., 66 i. der., 67 s. izq., 67 s. der., 67 c., 67 i. der., 68 s. der., 68 c., 69 s., 69 i., 73 der., 74 s. izq., 75 s., 75 c., 76 izq., 87 s., 87 c., 90 s., 98 s., 99 i., 100 i., 100-101 s., 101 i. izq., 101 i. der., 107, 112 s., 112 i. der., 113 s., 117 s., 118, 119 c., 120 c., 120 i., 121 s., 121 i. der., 134 s. der., 134 i. der., 135 c., 135 i. der., 155, 167 c., 169 c., 169 i., 196 s., 198 izq., 198 der., 200 s., 200 c., 201 s., 201 i., 202 c., 203 s., 203 i. izq., 204 s. izq., 204-205 s., 205 c., 206, 212 s., 213 i., 217 s., 254 s., 255 i., 268 s., 272 s., 273 s.; **Sauer/NATURE:** 280 s., 297 i.

Los números remiten a las páginas y las abreviaturas a la colocación de las ilustraciones: s. = superior; i. = inferior; c. = centro; izq. = izquierda; der. = derecha.